Das Geheimnis des Schönen

Waxmann Verlag GmbH
Steinfurter Straße 555, 48159 Münster
info@waxmann.com

Stefanie Voigt

Das Geheimnis des Schönen

Über menschliche Kunst und künstliche Menschen oder:
Wie Bewusstsein entsteht

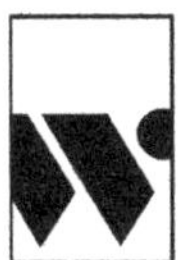

Waxmann Münster / New York
München / Berlin

Bibliografische Information Der Deutschen Bibliothek
Die Deutsche Bibliothek verzeichnet diese Publikation in der
Deutschen Nationalbibliografie; detaillierte bibliografische
Daten sind im Internet über http://dnb.ddb.de abrufbar.

Internationale Hochschulschriften, Band 447
Die Reihe für Habilitationen und sehr gute und ausgezeichnete Dissertationen

ISSN 0932-4763
ISBN 978-3-8309-1524-9

© Waxmann Verlag GmbH, 2005
Postfach 8603, D-48046 Münster

http://www.waxmann.com
E-Mail: info@waxmann.com

Umschlaggestaltung: Christian Averbeck
Satz: Stoddart Satz- und Layoutservice, Münster
Gedruckt auf alterungsbeständigem Papier, DIN 6738

Für Swantje und Uwe

Inhalt

Vorwort

In diesem Buch geht es um das „Geheimnis des Schönen". Wieso ist das Schöne geheimnisvoll? Das mag ich und das nicht; das ist doch alles ziemlich klar! Na ja, eben doch nicht so ganz! Heute finde ich den ‚armen Poeten' von Spitzweg ganz lustig und idyllisch, morgen finde ich ihn ätzenden Kitsch und übermorgen stehe ich sehr betroffen vor dem Bild, weil es mir plötzlich unheimlich und vielschichtig erscheint und gar nicht mehr komisch. Ist nun der ‚arme Poet' schön? Für mich also manchmal schon, dann wieder auf eine andere Weise, dann wieder gar nicht! – Und soll man die Schützengrabenbilder von Otto Dix aus dem ersten Weltkrieg nun schön finden, weil sie einem gefallen oder wie soll man es einordnen, dass man sie „schön" findet aber trotzdem häßlich und abstoßend? Ich finde endlose, menschenleere, schmutzige Vorstadtstraßen mit Fabrikmauern und ärmlichen Behausungen schön! Neapel hingegen, nach dessen Anblick man bekanntlich sterben kann oder soll, ließ mich ziemlich kalt. Was soll man damit anfangen? Ich weiß, warum ich die Vorstadtstraßen schön finde; sie erinnern mich an die Gegend von Düsseldorf, in der ich als kleiner Junge lebte und wo es mir im großen und ganzen gut ging. Mit Neapel hingegen verbindet mich gar nichts. Vermutlich sah es aber auch früher, als der Ausspruch geprägt wurde, „Neapel sehen und dann sterben", ein bisschen anders aus als heute, z.B. nicht geprägt durch eine riesig große Autobahntankstelle, an deren Zapfsäulen vorbei in der Ferne irgend so was wie Neapel erkennbar ist. – Und das sind nur die Widersprüche in mir. Es fällt mir schwer, meine Eindrücke von Fabrikmauern und dem ‚armen Poeten' anderen zu vermitteln. Andere finden wieder ganz andere Sachen schön.

Wieso ist Schönheit ein Geheimnis? Manchmal setzt man Schönheit in Beziehung zur Ästhetik. Auf den ersten Blick scheint das weiter zu helfen. Dieser Begriff hat ein griechisches Etymon, das ‚Wahrnehmen' bedeutet. Ist also das Wahrnehmbare schön? Oder – besser! – das Wahrnehmenswerte? Nun, bestimmt kann man wahrnehmbar und schön nicht gleichsetzen, denn das meiste, was man so wahrnimmt, ist gar nicht ästhetisch, sondern – im Gegenteil – ziemlich unästhetisch. Aber das setzt sich vom Alltag in die einschlägigen Institutionen fort. Auch vieles, was man in Kunstausstellungen oder Museen findet, erscheint einem nicht wahrnehmenswert, also sind noch nicht einmal die Sammlungen wahrnehmenswerter Gegenstände durchgängig wahrnehmenswert. Na ja, dem einen erscheint das so, dem anderen anders! – Aber was soll man z.B. von jenem zwei Kilometer langen Rohr halten, das in Kassel im Boden steckt und von dem man nur den allerkleinsten Teil sieht. Und der sieht wiederum so aus wie das Ende eines ganz normalen Wasserrohres. Das Ganze ist also zum größten Teil nicht wahrnehm*bar* und zum kleineren Teil nicht wahrnehmens*wert*. Wieso ist dieses Rohr nun ein ästhetisches Objekt? Sehen Sie: das ist das Geheimnis des Schönen!

Nun, darüber, was man als ästhetisch ansehen soll und was nicht, kann man trefflich und – was noch besser ist! – endlos streiten. Das hat wiederum den Vorteil, dass einem der Gesprächsstoff nicht so leicht ausgeht. Aber irgendwie unbefriedigend ist das alles schon!

Nun gibt es im Hinblick auf die Festlegung dessen, was ästhetisch ist oder nicht, zum Glück ja die psychologische Messtheorie. Damit kann man alles vermessen, Persönlichkeit, Denkfähigkeit und sicherlich auch die Ästhetik. Man kann ja einfach Leuten z.B. Bilder zeigen und auf einer Skala von –2 (= „gefällt mir überhaupt nicht!“) bis +2 (= „gefällt mir außerordentlich!“) einstufen lassen. Und so kann man ja wohl doch herauskriegen – empirisch herausfinden! –, was ästhetisch ist. Man kann Mittelwerte berechnen und Standardabweichungen. Und dann kann man sagen, dass Picassos Gitarrenspieler um 0.91z schöner ist als Menzels Alter Fritz beim Flötenspielen. Und die Messwerte kann man dann mit Persönlichkeitsmerkmalen kovariieren. Und dann könnte man z.B. finden, dass alle Militaristen das ‚Flötenkonzert von Sanssouci‘ von Adolf Menzel schön finden, weil da ja der alte Fritz drauf ist, der bekanntlich ein Militarist war. Und Leute, die Guernica von Picasso mögen, sind natürlich Pazifisten. Dumm ist es natürlich, wenn man Leute findet, die sowohl das eine als auch das andere mögen, das sind dann Militaropazifisten.

Ehe man sich durch solche Widersprüchlichkeiten allzu sehr ins Bockshorn jagen läßt, sollte man aber noch darauf hinweisen, dass ästhetische Urteile im Hinblick auf die psychologische Messtheorie die unangenehme Eigenschaft haben, nicht reliabel zu sein. Oben habe ich schon im Hinblick auf meine schwankende Wertschätzung des ‚armen Poeten‘ auf diesen Umstand hingewiesen. Also ist die Psychologie gut beraten, von der Ästhetik ihre Finger zu lassen. Das ist kein vernünftiger Gegenstand! – Man kann ihn auch nicht zuordnen. Bekanntlich gibt es in der Psychologie eine ‚Allgemeine Psychologie I‘ und eine ‚Allgemeine Psychologie II‘; die eine handelt von Lern- und Wahrnehmungsprozessen, die andere von Denk- und Motivationsprozessen. Die Psychologen sind da klar und deutlich. Genau wie die Ingenieure ihre Disziplin aufteilen in Hochbau, Tiefbau, Elektrotechnik, Maschinenbau usw., teilen die Psychologen ihren Gegenstand auf in Wahrnehmungstheorie, Motivationstheorie, Lerntheorie und Denktheorie. Ist Ästhetik nun Wahrnehmungstheorie? Müsste ja eigentlich, weil das Etymon ja ‚Wahrnehmen‘ heißt. Aber (s.o.) manche Dinge findet man erst schön, wenn man drüber nachdenkt oder nachgedacht hat. Also fällt Ästhetik in die Wahrnehmungs- und die Denktheorie. Aber Lernen und Gedächtnis spielt auch eine Rolle (s.o.: „Vorstadtstrasse“!). Also gehört die Ästhetik zur Wahrnehmungs- und zur Denk- und zur Lern- und Gedächtnistheorie. Dann hat aber Ästhetik noch einen deutlichen Bezug zum Gebiet „Emotion und Motivation“. Denn ästhetische Objekte bereiten Lust! Oder Ärger! Oder Gähnen! Oder all’ das! Wenn das aber der Fall ist, gehört Ästhetik zu allen Gebieten der Allgemeinen Psychologie und keine Teildisziplin ist allein dafür zuständig. Auch wieder dumm; wie soll man das denn prüfen? Und wer?

Nun ja: Spaß beiseite! – Obwohl: bei näherem Hinsehen ist das Verhältnis Psychologie und Ästhetik überhaupt nicht komisch. Eher traurig! Denn wenn etwas ein ausgezeichneter Gegenstand für die psychologische Forschung wäre, dann die Ästhetik. Hier kommt nämlich *alles* zusammen: Gefühle, Motive, Denken, Gedächtnis, Persönlichkeit, ... Also sollte das Studium der Ästhetik eigentlich zentral sein für die Psychologie. Ist es aber nicht!

Vielleicht ändert sich ja daran etwas durch Stefanie Voigts Buch. Sie macht den großangelegten und tiefgründigen Versuch, den Bereich des Schönen zusammenzubringen mit dem Grundkonzept der modernen „systemtheoretischen" Psychologie, mit „Informationsverarbeitung". Seele als Informationsverarbeitung in Nervennetzen: wenn man diese Idee ernst nimmt, dann muß man auch „Schönheitsempfinden" als Informationsverarbeitung beschreiben können. Ok, muß man! Aber *kann* man auch? – Und mit dieser Frage sollte ich aufhören. Denn damit sollte man anfangen, dieses Buch zu lesen. Die Antworten, die Stefanie Voigt auf diese Frage gibt, nehme ich nicht vorweg.

Auf alle Fälle aber lohnt sich die Lektüre. Stefanie Voigt weiß, wovon sie redet, und ihre Auseinandersetzung mit einer systemtheoretischen Psychologie der Ästhetik ist spannend und amüsant und provokant und lehrreich! Viel Spaß!

Dietrich Dörner

„Vieles weiß der Fuchs,
Der Igel nur das eine,
Doch das ist groß!"

(Archilochos
Fragment 103D)

„Be like the swan
hugging da rabbit!
Beauty of heart ys his favourite habbit!"

(Steven of Yank
The soul of man)

An einem dunklen Novembertag am Ende des letzten Jahrtausends überkam die Muse der Kunst angesichts der sinkendenden Temperaturen das Bedürfnis, literarisch zu werden. Also begann sie, folgenden Text in ihren PC zu tippen:[*]

„Menschen brauchen Schönes. Sobald ein Mensch, aus welchen Gründen auch immer, nicht mehr dazu in der Lage ist, etwas schön zu finden, wird er krank. Er wird nicht auf die gleiche Weise krank, als ob er sich erkälten oder in ein Auto laufen würde, aber er wird krank, vielleicht sehr krank, und unter Umständen wird er sogar sterben.

Aber was genau ist Schönheit? Ist Schönheit etwas, das man nur in Kunstgalerien oder Modezeitschriften findet? Gibt es Gesetze, die bestimmen, was schön ist und was nicht? Oder ist das Vermögen, Dinge als schön zu empfinden, nicht vielmehr eine geheimnisvolle Kraft unserer Seele, die uns eigentlich erst menschlich erscheinen lässt? Nichts ist wichtiger als die Seele, als das menschliche Herz, und nirgendwo scheint beides heller auf, als in der Kunst. Ich will erklären, warum das so ist."

Mit diesem Anfang war die Muse der Kunst hochzufrieden. Sie dachte an die vielen Texte, bei deren Entstehung sie anderen über die Schulter geschaut hatte und fühlte sich angesichts ihrer ersten eigenen Zeilen selten feierlich. Dieses Buch sollte etwas ganz Besonderes werden. Sie wollte eine wissenschaftliche Erklärung von Schönheit und ihrer Bedeutung für das Bewusstsein schreiben. Doch wer würde ihr Glauben schenken? War es nicht so, dass den Menschen in diesen Tagen nur das etwas galt, was aus der Feder eines kühlen Wissenschaftlers stammte? Darum entschloss sie sich, eine psychologische Abhandlung zu schreiben. Sie hatte gesehen, dass in ihrem Häuserblock ein Psychologieprofessor wohnte, der sollte ihr dabei helfen. Möglichst viele Zitate zur Malerei wollte sie verarbeiten, denn diese war die vernachlässigste all ihrer Schützlinge. Nicht dass viele Leute es bemerkt

---

[*] Bei der vorliegenden Arbeit handelt es sich um eine überarbeitete Fassung der ursprünglichen Dissertation welche im Internet unter http://elib.uni-bamberg.de/volltexte/2002/10/ jankerk.pdf abrufbar ist.

hätten, aber nirgendwo, nicht in den Kultursendungen, den Zeitungen und nicht im Internet, wurde mehr über die großen Ausstellungen und ihre Maler berichtet. Und die Muse der Kunst fühlte sich deswegen sehr schuldig.

Einleitung – Was am Thema Schönheit schwierig und was wichtig ist und wie man beides in den Griff bekommt:

Am folgenden Tag weihte die Muse der Kunst den Psychologen in ihren Plan ein:

P. (Psychologe): *„Sie sind also hier bei mir in der Sprechstunde, weil Sie die Muse der Kunst sind und als solche haben Sie ein schlechtes Gewissen, weil Sie in den letzten dreihundert Jahren die Malerei vernachlässigt haben?"*

M. (Muse): *„Das auch. Aber eigentlich bin ich noch mehr deswegen hier, weil Sie als Psychologe mir helfen sollen, Schönheit zu definieren."*

P.: *„Das ist sehr interessant. Warum denken Sie denn, dass Sie die Malerei vernachlässigt haben? Der Kunstmarkt ist doch einer der stabilsten und gewinnträchtigsten überhaupt. Kürzlich wurden für Van Goghs ‚Dr. Gachet' 160 Millionen Mark und für Picassos ‚Junge mit Pfeife' sogar 104 Millionen Dollar gezahlt."*

M.: *„Es geht in der Kunst nicht um Geld, sondern um Kunst. Jeder weiß, dass sich nur 4% aller Kunststudenten später von ihrer Kunst finanzieren können und trotzdem studieren sie – wegen der Kunst und dem Gefühl innerer Schönheit, was immer das ist."*

P.: *„Sie als Muse der Kunst sollten doch eigentlich keine Schwierigkeiten damit haben, Schönheit zu definieren."*

M.: *„Natürlich nicht. Aber Sie sollen mir helfen, das ins Psychologische zu übersetzen."*

P.: *„Aus Sicht der Theoretischen Psychologie ist das ganz einfach. Schönheitsempfinden ist Unbestimmtheitsreduktion. Das heißt, ein Kunstwerk wird rezipiert, interpretiert, was daran unbestimmbar und rätselhaft erschien, wird nach und nach entschlüsselt und dann freut sich der Betrachter darüber, auf diese Weise sein Kompetenzgefühl gesteigert zu haben. Ganz einfach und auch programmierbar, falls man seinem Rechner Schönheitsempfinden verleihen möchte. So zauberhaft und mystisch, wie Künstler denken, ist dieser Vorgang gar nicht. Ich glaube eher, dass Künstler und Künstlerinnen überhaupt nicht wissen, wovon sie in ihrem Elan reden. Sonst wären sie ja gewissermaßen keine Künstler, nicht wahr? So wie Schuster angeblich immer die schlechtesten Schuhe haben und Lehrer die frechsten Kinder, so sind Künstler die schlechtesten Denker. Sie dürfen von Berufs wegen gar nicht wissen, was in ihnen vorgeht. Freud hat einmal eine psychoanalytische Behandlung Mahlers abgelehnt, weil er nicht verantworten wollte, dass dessen nächste Symphonie nichts mehr taugt. Ja, und George Lucas hat auch deswegen eine Therapie abgelehnt, weil er glaubte, in therapiertem Zustand nicht mehr kreativ sein zu können. Ich bin mir nur nicht ganz sicher, ob man den ‚Krieg der Sterne' mit einer Mahlersymphonie vergleichen sollte. Nein, Künstler sollen nicht reden."*

M.: *„Ihrer Wortgewalt nach zu urteilen ist es dann scheinbar keine große Kunst, Psychologe zu sein. Sie denken, dass Sie menschliches Schönheitsempfinden an einem Computer programmieren können? Das glaube ich nicht. Da könnten Sie genauso gut behaupten, eine Art künstliches Bewusstsein erschaffen zu können. Mit seelenvollem Empfinden und der Tiefe menschlicher Wahrnehmung hat das nichts zu tun.“*

P.: *„Was ist bitteschön seelenvolles Empfinden und was ist die Tiefe der menschlichen Wahrnehmung?“*

M.: *„Das fragen Sie mich? Sie sind doch der Psychologe.“*

P.: *„Ist eine so ausweichende Antwort nicht die typische Reaktion eines Künstlers, der nicht antworten will oder kann?“*

M.: *„Nein. Solche Dinge sind aber nicht in einem Satz zu definieren. Es ist eben nicht so einfach, über Schönheitsempfinden und ästhetische Wahrnehmung, geschweige denn über typisch menschliches Bewusstsein zu sprechen. Darum werden Künstler auch nicht von allen verstanden, wenn sie etwas darüber sagen.“*

P.: *„ Aber warum ist das so?“*

Nach diesem Gespräch verbrachte die Muse der Kunst viel Zeit in der Universitätsbibliothek der Stadt, notierte kompliziert klingende Sätze aus dicken Büchern, telefonierte mit dem Psychologen und bemerkte gar nicht mehr, wie die Temperaturen immer niedriger und die Tage immer kürzer wurden. Nach drei Wochen war ihr klar, warum es so schwer ist, über Schönheitsempfinden, Ästhetik und Kunst zu sprechen, warum sie es trotzdem tun sollte und wie sie ihre Abhandlung gliedern wollte. Sie hatte nun folgenden Text in ihrer Datei „schönes.doc“:

A. Schönheit spottet jeder Beschreibung

Menschen sind verschieden und nicht alle haben den gleichen Geschmack. Jeder Mensch hat seine eigene Vorstellung von dem, was für ihn schön ist, sei es die Norm bestimmter Konfektionsgrößen, ein sonniger Frühlingsmorgen, eine Umarmung oder ein ganz bestimmtes Lied im Radio. Noch dazu gibt es verschiedenste alltagssprachliche Bezeichnungen von dem, was KünstlerInnen Schönheit oder Gelehrte ästhetisches Empfinden nennen, z.B. Faszination, Authentizität oder eben Ästhetik. Jeder weiß so ungefähr, was damit gemeint ist, systematisch erklären kann es aber keiner. Schön ist nun einmal, was für jeden Einzelnen schön ist. Irgendwie. Auch in den Wissenschaften wird Schönheit meist nur irgendwie beschrieben. Zwar taucht dieses Thema in allen wichtigen Disziplinen auf, in der Psychologie, der Mentalitätsgeschichte, Philosophie, Linguistik, Anthropologie, Neurophysiologie, Kultur-, Kunst- und Ästhetiktheorie und natürlich in der Kunst selbst. Dass es trotzdem kein allgemeines wissenschaftliches Modell für Schönheit gibt, hat acht Gründe in den grundsätzlich dafür zuständigen Disziplinen: der Kunst, der Philosophie und der Psychologie.

Gründe im Bereich der Kunst: Kunst definiert sich heutzutage maßgeblich dadurch, dass sie weder wissenschaftlich noch sonst fassbar ist. Sonst wäre Kunst keine Kunst und nichts Besonderes mehr, sondern jeder wüsste, wie sie zu machen ist. Um nicht wie Tapeten, Kaffeekannen oder Strickpullis in den Geruch von Gebrauchsgegenständen zu kommen und damit einiges an Prestige und Preisaufschlag einbüßen zu müssen, arbeitet die **Kunst** mit zwei wichtigen Vorgaben, mit der

- definitorischen **Zweckfreiheit** (Grund 1) und
- sprichwörtlichen **Unbeschreibbarkeit** von Kunst bzw. ästhetischer Erfahrung (Grund 2).

Soll ein Ölbild z.B. höchsten Kunst-Ansprüchen genügen, darf es beispielsweise nicht nur eine farbliche Ergänzung zum Wohnzimmersofa sein. So etwas gibt es bei Ikea. Wirkliche Kunst findet sich dagegen in Galerien (an Wänden, vor denen eigentlich nie Sofas stehen). Dort sind diese Bilder dann auch erheblich teurer als die Ikea-Drucke. Das heißt, die Kundschaft bezahlt auch und gerade dafür, dass diese Bilder offiziell nie als Dekoration oder Mittel zum Geldverdienen gedacht waren, sondern nur hochzweckfrei für sich selbst und aus sich selbst heraus entstanden sind. Kunst! Solche Bilder erheben den Anspruch, irgendwelche zweckfreien Strukturen, irgendeinen Sinn bzw. eine neue Idee zu enthalten, die in irgendeiner Weise beeindruckt und so neu ist, dass noch kein Designer dieser Welt genug Zeit hatte, sie zu vermarkten. Was ‚in irgend einer Weise‘ bedeutet, ist schwer zu sagen. Denn wenn es möglich wäre, das ‚irgendwie‘ in Worte zu fassen, hieße das: Das Vorgefundene ist doch nicht so kreativ oder es ist schon von irgendwoher bekannt, sonst könnte es nicht beschrieben werden. Geht gleichsam ein sprichwörtlicher und unbeschreibbarer ‚Zauber‘ von einem Bild aus, dann muss diese Wirkung auf etwas Unbeschreibbarem beruhen, und je länger diese unbeschreibbare Wirkung anhält, desto wertvoller ist die Kunst. Die „Mona Lisa“ mitsamt ihrem unbeschreibbaren Lächeln hängt jetzt auch schon einige Zeit im Louvre (und als Druck auch bei Ikea). Wer also ähnlich wertvolle Werte schaffen möchte, beachte in seinem Tun Zweckfreiheit und Unbeschreibbarkeit. Allerdings darf die Zweckfreiheit nicht zum Zweck werden, sonst ist sie alsbald zweckgebunden und das ist, wie soeben bewiesen, beschreibbar, also nicht mehr unbeschreibbar.

Lassen sich solche Haarspaltereien ganz einfach mit vorsätzlicher Sinnlosigkeit übersetzen? Nein, denn Mutter Natur hat selten Dinge angelegt, die völlig sinnlos sind. Sogar dass sie bei der Planung von Katzen den Schlüsselbeinknochen vergessen hat, erweist sich bei deren Fall aus großer Höhe von großem Nutzen, da dieser Knochen dabei als erster brechen würde. Und obwohl davon auszugehen wäre, dass auch Phänomene wie die angebliche Unbeschreibbarkeit ästhetischen

Erlebens oder die fehlende Funktionalität sog. zweckfreier Kunst nicht existierten, wenn gerade diese Phänomene keine Funktion hätten, sorgen eben diese Kategorien paradoxerweise allgemein für die Vernachlässigung ästhetischer Theorie und ihrer Bedeutung. Denn beide Aspekte rücken vor allem das Thema Kunst in eine Ecke der abgestellten Überflüssigkeiten, und das Thema gerät dort in den

- Geruch einer sog. schöngeistigen Freizeitbeschäftigung (Grund 3).

Einmal dort angekommen, hilft es in punkto PR auch nicht mehr weiter, dass ästhetische Betätigung als höhere geistige Fähigkeit allgemein akzeptiert wird. Denn wenn die Kunst einerseits ihre Zweckfreiheit betont, diese aber andererseits den gelehrten Laien kraft Unbeschreibbarkeit des Metiers nicht einleuchtend erklären kann, verwundert nicht, dass vielerorts Kunst im Zweifelsfall nicht mit wichtigen Dingen in Verbindung gebracht wird, sondern nur mit luxuriösen bis überflüssigen Tätigkeiten, die sich getrost ignorieren lassen.

Innerhalb künstlerischer Gefilde gibt es noch ein weiteres Problem, das die einheitliche Forschung erschwert, nämlich die

- Gleichsetzung der Begriffe Ästhetik und Schönheit (Grund 4).

Das Wort Ästhetik gibt es erst seit ca. zweihundert Jahren, das Wort Schönheit schon viel länger. Beide Begriffe werden im alltäglichen Sprachgebrauch fast gleichbedeutend verwendet, obwohl beide manchmal auch sehr Unterschiedliches meinen. Schönheitsempfinden wird beispielsweise psychologisch gesprochen als subjektives Lustempfinden bezeichnet, etwas wird als ‚schön‘ empfunden. Was dabei ‚schön‘ wirkt, ist automatisch auch etwas Ästhetisches, weil es über die sinnliche Wahrnehmung (griechisch: *aisthesis*), also ästhetisch rezipiert wurde. Geschichtlich und gesellschaftlich gesehen ist es aber problematisch, bestimmte Kunst ‚schön‘ zu nennen, etwa die Kunstprodukte des Nationalsozialismus wie Kleins NS-Propagandamalerei, oder Kunst der Klassischen Moderne wie die Kriegsbilder von Otto Dix. In einem Fall wird nicht gerne zugegeben, dass Kleins Malerei samt ihrer politischen Funktionalisierung seinerzeit durchaus so etwas wie Schönheitsempfinden erzeugte. Im anderen Fall erzeugen die aus gesellschaftlicher Sicht tragischen bis abstoßenden Szenen Dix'scher Bilder durchaus so etwas wie ästhetisches Erleben, nur eben mit viel kritischer Distanz, sog. ästhetischer Distanz, aber ‚schön‘ sind diese Bilder trotzdem nicht. Was als ästhetisch gilt bzw. ästhetische Erfahrungen provoziert, ist nicht automatisch etwas Schönes. Und nicht alles, was mit den Sinnen wahrgenommen wird wie z.B. der morgendliche Blick in den Spiegel, ist deswegen auch ‚schön‘, geschweige denn bewusst oder emotional.

Dann gibt es noch ein ähnliches Begriffsproblem, diesmal innerhalb der Kunstgeschichte, nämlich den

- bildungsbürgerlichen und inzwischen unzeitgemäßen Begriff des sog. Schönen (Grund 5).

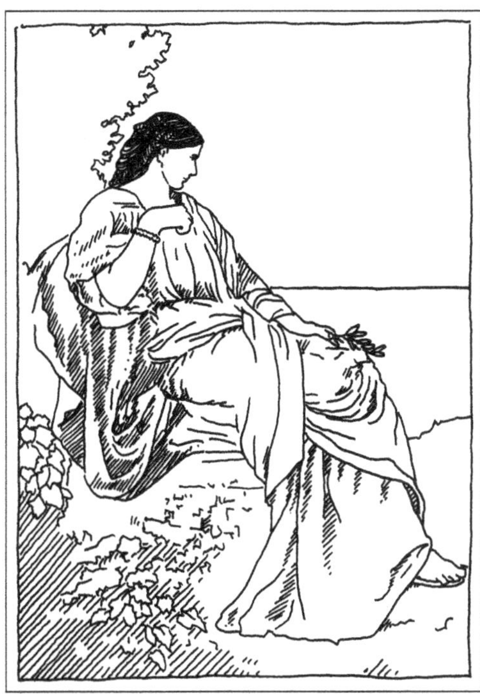

Abb. 1:   Frau Feuerbach auf Tauris

Schönheit wird gerne mit sog. klassischer Schönheit in Verbindung gebracht, also z.B. antiken Statuen oder deren Imitationen. Ein Beispiel aus dem 19. Jahrhundert dafür sind die Frauengestalten Feuerbachs, für die ihm seine Frau immer Modell saß. Sie war eine klassische Schönheit schlechthin, hatte einen versunkenen Blick wie Virginia Woolf, eine ebensolche Nase, trug antikisierte Kleider und trat meist in ebenso klassischen Rollen auf, wie z.B. als „Iphigenie auf Tauris".

Verschiedene Propagandamaler des 20. Jahrhunderts kupferten aufgrund des großen Erfolgs solche und andere klassischen Motive und deren penible Malweise fleißig ab. So rückten entsprechende Bildmotive von größtenteils nackten Körpern, unbebauten Landschaften und klassischen Heldengestalten im Extremfall in die Nähe faschistoider Ästhetiken und wurden ab da gemieden, ebenso wie die Vokabel des Schönen. Bildungsbürgerlich klassische Schönheiten mussten mangels Nachfrage abdanken und an ihre Stelle trat moderne Kunst, die alles andere als in diesem Sinn schön sein wollte.

Als ob diese kunstgeschichtlichen Komplikationen nicht schon genug wären, erschweren andere Probleme aus anderen Disziplinen eine einheitliche Definition von allem, was schön ist:

Gründe im Bereich der Philosophie: Wer Informationen verschweigt oder vertuscht, mit Tusche desinformiert oder sein Schweigen verschweigt, wird damit bestraft, dass er sich irgendwann in Widersprüchen verheddert oder zumindest eine Zeitlang komisch wirkt. Selbiges ist der Ästhetik als philosophischer Disziplin passiert. Sie hat im Laufe ihrer Geschichte immer wieder die Unbeschreibbarkeit von Kunst und ästhetischer Wahrnehmung thematisiert, immer wieder und wieder. Um diese Konstante herum sind im Laufe der Jahrhunderte immer wieder (scheinbar) völlig widersprüchliche Definitionen von Kunst oder Schönheit gewachsen. Einmal war Schönheitsempfinden Ausdruck göttlicher Erleuchtung, dann wieder nicht. Die einen Philosophen fanden nette Kunst nett, wollten, dass sie Gutes bewirkt und die Menschen zu besseren Menschen erzieht (= viel Zweck). Andere Philosophen wollten die Kunst dann wieder böse und gemein haben und solchen Leuten war das Gemeinwohl schnuppe (= viel Zweckfreiheit). Es gab und gibt eine

* Vielzahl verschiedener bzw. epochenabhängiger Definitionen von Kunst (Grund 6).

Aber wem ist das anzulasten? Wie sollen Philosophen ihre Philosophien auskleiden, wenn nicht mit den Versatzstücken, die akut zur Verfügung stehen? Aber das führt zu epochenabhängigen Weltbildern, also zu verschiedenen Interpretationen der Welt, die wiederum unterschiedliche Interpretationen ästhetischer Wahrnehmung nach sich ziehen. Verschiedene Epochen und verschiedene Philosophen verkaufen dabei jeweils unterschiedlich viele Anteils-Aktien an sog. ästhetischer Unbeschreibbarkeit, aber alle machen mit – erst recht, seit im 18. Jahrhundert durch den Philosophie-Guru Immanuel Kant die Forderung nach der per Definition unbeschreibbaren Zweckfreiheit der Kunst in Mode kam. Seitdem wurde ästhetisches Empfinden in der Kunst genauso wie im Alltag durch ihre Nicht-Definierbarkeit definiert (entspricht Grund 3), also z.B. so:

> *„Kunst ist Antiposition gegen szientifische, technologische oder sonst wie schematisierte Perspektiven, aber nicht Antifikation gegenüber jeglicher Sinnperspektive, die auf einen kontingenzüberwindenden, kontingenzverkraftenden Sinn hinausläuft."* (Koppe nach Oelmüller 1981, S. 191)

Solche Definitionen betroffen machender Unverständlichkeit und die große Menge epochengebundener Definitionen und Nicht-Definitionen führten dazu, dass das Thema Kunst in der Philosophie in der Nische meist wenig gelesener Ästhetiken dahinvegetiert.

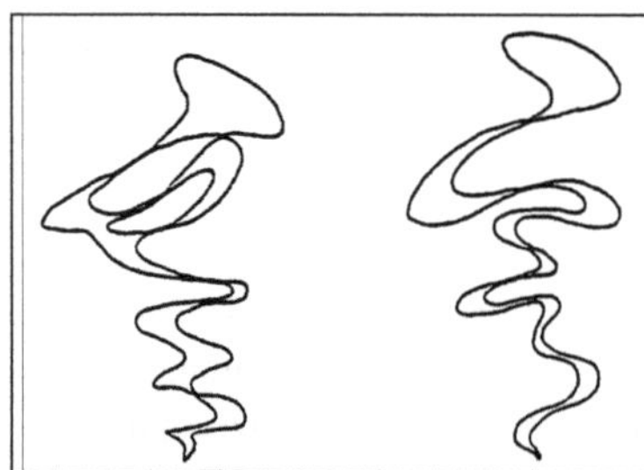

Abb. 2: Die rechte Linie wird von Menschen mit sog. Ästhetischer Sensitivität bevorzugt, also z.B. von Künstlern (Kobbert 1986, S. 12)

Gründe im Bereich der Psychologie: Auch die **Psychologie** kämpft in vielen Punkten mit diesen Eigenschaften der Ästhetik, die bei ihr einen chronischen Untersuchungsmethoden-Notstand auslösten, so dass auch sie bisher ohne ein umfassendes Erklärungsmodell dasteht. Vor allem die den Psychologen ankonditionierte Methode der Rezipienten-Befragung führt zu einem klassischen und eines Lehrbuchs würdigen double-bind: Wie können Menschen Unbeschreibbares beschreiben, ohne sich dabei massiv selbst zu widersprechen? Wer weiß, ob nicht bereits die Formulierung der empfundenen Gefühle die Forschungsergebnisse verfälscht, und wie ist dagegen anzukommen, dass auch nachträgliche Rationalisierungen des ästhetischen Erlebens denkbar und in keiner Weise zu kontrollieren sind (entspricht Grund 1). Zum (Un-)Glück für sie selbst hat die Psychologie ihre eigene Übersprungstechnik entwickelt, die Statistik. Grobe basics, also elementarpsychologische Aspekte der ästhetischen Wahrnehmung können mit ihr durchaus verifiziert werden, wie z.B.: Gelb macht lustig, grün stimmt friedlich und gelb-schwarz ist potenziell neurotisch, Kunststudenten mit einem bestimmten Grad an künstlerischer Praxis bevorzugen bestimmte Proportionen bzw. Linienführungen und von Affen gemalte Bilder können meist nicht automatisch (von Menschen) als solche identifiziert werden.

Das sind zwar auch ganz interessante Ergebnisse, aber für eine allgemeine Theorie sind

- elementarpsychologische und statistisch erfassbare Einsichten zu speziell (Grund 7)

Dass sich Menschen der Enträtselung bestimmter – bzw. im psychologischen Fachjargon ‚unbestimmter‘ – Bilder emotional hingeben, wird deswegen allgemein und unverbindlich mit dem Herstellen eines lustbringenden mittleren Spannungsniveaus als Zielfaktor begründet, obwohl so etwas vergleichbar einfach(er) über andere Praktiken, etwa Sporttreiben oder Lösen von Rätselheften zu erzielen ist. Probleme hat die Psychologie auch, wenn sie zu psychologisieren versucht, was vielleicht gar nicht zu psychologisieren ist. Bestes Beispiel dafür ist Freuds klassische Interpretation von Leonardos Anna Selbdritt. In Marias Gewand erkennt Freud das ägyptische Mutter-Symbol Geier, wo sonst niemand auf der ganzen Welt dieses Tier sehen würde. Er führt den Undercover-Vogel ganz freudianisch auf eine Kindheitserinnerung des Malers zurück. Auf dessen Kinderbettchen soll sich einmal zwar in der Tat ein Vogel gesetzt haben, aber nun einmal ganz bestimmt kein mütterlicher Geier, wie ein Übersetzungsfehler Freud glauben machte, sondern ein Milan.

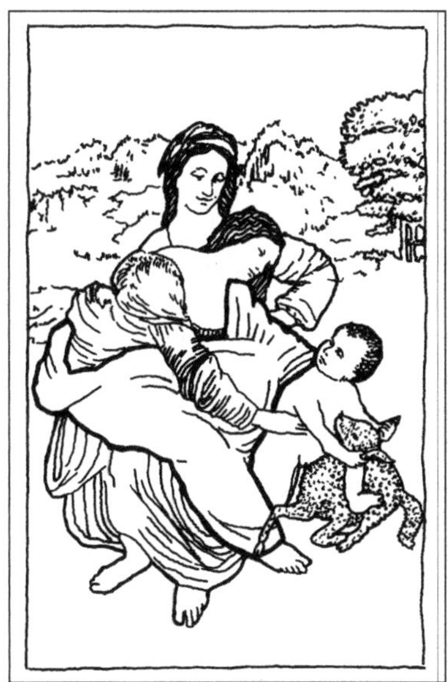

Abb. 3: Leonardos „Anna Selbdritt“ samt Freuds Geier (Berger 1960, S. 73)

Dieser kleine Kunstfehler verweist auf eine große Schwäche der Psychologie, die als

Wissenschaft erst nach dem Klienten Leonardo entwickelt wurde, nämlich am Ende des 19. Jahrhunderts. Kann die Psychologie über Zeiten vor ihrer Geburt sprechen, und wenn ja, wie soll sie ohne Modell mit anderen Disziplinen zusammenarbeiten, die dafür als Zeitzeugen in Frage kämen? Kommt die Psychologie ohne die Methoden der historischen Disziplinen aus oder liegt nicht vielmehr nahe, dass

- bestimmte ästhetische Phänomene nur interdisziplinär erfasst werden können (Grund 8),

ganz besonders deswegen, weil die heutige Wissenschaft sich in kleinste Teil-wissenschaften zersplittert hat und kaum jemand den Blick für umfassende Strukturen behält? Ausnahmeerscheinungen in der Psychologie, die wenigstens anthropologische, historische oder literaturwissenschaftliche Forschungen berücksichtigen, sind selten und noch seltener führen diese Ausnahmen dann zu umfassenden Modellen – die aber ohne Zeitmaschine und göttliche Hinweise zwangsläufig spekulativ ausfallen. Solche Positionen haben es dann schwer.

Ein interessantes Beispiel hierfür ist die These des Psychologen Jaynes vom „Zusammenbruch der bikameralen Psyche" (Jaynes 1988). Da diese These auch im weiteren Verlauf dieser Arbeit wieder auftauchen wird, hier das Wichtigste in Kürze. Sie besagt, dass menschliches Bewusstsein vor der frühgeschichtlichen Phase größerer Städte viel weniger selbstreflexiv war als heute. Jaynes nimmt an, dass die rechte und die linke Hirnhemisphäre früher strenger voneinander getrennt waren. Ähnlich wie manche es auch für heutige Gehirne annehmen, wurden in einer Hälfte bildlich-symbolische und im der anderen sprachlich fixierte Reiz-Reaktions-Schemata wie z.B. Sprichwörter abgespeichert. Im Gegensatz zur ihren Nachkommen war es den damaligen Menschen laut Jaynes nicht möglich, durch Selbstreflexion die beiden Instanzen als Teile ein und desselben Systems zu erkennen. Wenn die erste Instanz also Tipps von der zweiten bekam, dann hörte sich das an wie eine innere Stimme mit visionärem Charakter, gleichsam wie eine Stimme der Götter. Erst mit dem Zusammenbruch dieses uni-dualen Systems durch die sozialen Anforderungen der großen Städte entstand so etwas wie ein Ich-Bewusstsein im heutigen Sinne. Alle Kunst vor diesem Zusammenbruch war von daher nur Kunsthandwerk, weil so undistanziert sich selbst gegenüber, ähnlich wie Schizophrenie als regressiver Rückfall in diese vormoderne bzw. vorindividualistische Phase. Das Problem an solchen Thesen ist, dass sie, so interessant sie auch sein mögen, nicht überprüfbar sind. Nur eine interdisziplinäre Zusammenarbeit könnte auf psychologisch-historisch-mentalitätsgeschichtlich-neurophysiologischer Ebene zumindest Indizienbeweise zusammentragen, um wenigstens Wahrscheinlichkeiten zu verifizieren.

Soweit die acht Gründe dafür, dass das Themengebiet Schönheitsempfinden, Schönes, Schönheit, Ästhetik, ästhetisches Erleben oder ästhetische Wahrnehmung wissenschaftlich nicht leicht zu untersuchen ist. Zwar vermitteln alle diese Gründe den Eindruck, keine eigentlichen Gründe, sondern nur Symptome einer bestimmten Eigenschaft von ästhetischer Wahrnehmung zu sein. Warum aber diese Eigenschaft überhaupt erforschen und in solchen fachspezifischen Problemen wühlen? Alle genannten Gründe sind noch dazu sehr speziell und für Nichtexperten wahrscheinlich unwichtig. Was ist allgemein wichtig am Thema Schönheit und was hat Schönheit mit menschlichem Bewusstsein zu tun?

B. Was zählt, ist die Menschlichkeit

Ästhetische Wahrnehmung wird immer wieder mit menschlichen Eigenschaften wie Widersprüchlichkeit, Kreativität und vielfältigen Erlebnisqualitäten wie Erhabenheit, Einfühlung, Faszination, Rührung, Bewusstseinerweiterung, Ekstasefähigkeit oder allgemein ‚schönen‘ Gefühlen in Verbindung gebracht. Gerade diese Gefühle, die den Menschen grundsätzlich erst als Menschen auszuzeichnen scheinen, gelten in den Wissenschaften als Problem. Vor allem die Psychologie und die Neurophysiologie hadern damit, dass Emotionen allgemeiner und insbesondere ästhetischer Art nicht leicht zu vermessen und zu beschreiben sind, und propagieren ein eher vernunftlastiges und mechanistisches Menschenbild, innerhalb dessen Ästhetik zwar zur Kenntnis genommen, letztendlich dann aber doch auf grundlegende Wahrnehmungsmechanismen und schönheitschirurgische Leitlinien reduziert wird. Ähnliches gilt für die moderne Leib-Seele-Diskussion der Philosophie wie auch für die Forschung zu Künstlicher Intelligenz (KI): Für alle diese Disziplinen ist die Beschreibung von Menschlichkeit das Grundproblem schlechthin und gleichzeitig halten sie das Thema Ästhetik für ein Randproblem. Ist das ein Zufall? Nein, sagen einzelne Stimmen, aber keiner hört zu: Während sich in der modernen Forschung sog. Materialisten (Grundthese: „Alle psychischen Zustände sind Ausdruck bestimmter Hirnzustände, alles ist physikalisch bzw. biologisch erklärbar und so etwas wie einen menschlichen Geist gibt es nicht.") und Idealisten (Grundthese: „Materialisten sind langweilige Erbsen-, besser gesagt: Neuronenzähler. Wäre unser Gehirn wirklich so einfach nachbaubar, dann gäbe es doch schon lange künstliche Hirne. Die Summe menschlichen Seins ergibt mehr als ihre berechenbaren Komponenten.") in großen Scharen aufeinander losgehen, verhallen die Stimmen einzelner, durchaus namhafter Theoretiker, die auf den Zusammenhang zwischen ‚typischer Menschlichkeit‘ und Schönheitsempfinden bzw. ästhetischer Wahrnehmung hinweisen.

Bestimmte Aussagen von Vertretern der
- **Kunst** (Leonardo, Cézanne, Malewitsch, Picasso, Beuys u.a.),
- **Psychologie** (James, Jaynes, Festinger, Bever u.a.),
- **Philosophie** (Adorno, Lyotard, Gadamer, Sloterdijk u.a.),
- **Linguistik** und **Semiotik** (Chomsky, Ong, Peirce, Wittgenstein, Bachtin u.a.)

- **Anthropologie** (Bateson, Lurija, Duerr, Harris u.a.),
- sowie der **Kunstgeschichte** bzw. -**theorie** (Flusser, Barthes, Panofsky, Sedlmayer, Bataille u.a.)

weisen eindeutig auf psychische Funktionen von Ästhetik hin, die ästhetisches Denken als grundlegende Technik menschlicher Wirklichkeitsbewältigung definieren und, vorsichtig formuliert, weit mehr als nur die Bereiche des Schöngeistigen und repräsentativen Wandschmucks betreffen. Das Konzept vom Ästhetischen als Grundzug der menschlichen Psyche war unter dem Label ‚Aisthetik‘ sogar ein zentrales Leitmotiv der Postmoderne. Im Ästhetischen ist diesen Ansätzen zufolge d a s verborgen, was in Science-Fiction-Filmen Menschen von Robotern zu unterscheiden pflegen. Dort entwickeln Roboter stereotyp immer dann menschliche Eigenschaften wie ein Gewissen und Individualität, wenn sie plakativ damit beginnen, sich mit Kunst auseinander zu setzen und sich Malutensilien und/oder Musikinstrumente anzuschaffen, wie der malende und geigende Androide Data und der singende und fotografierende Hologramm-Doktor aus „Star-Trek“.

Besonders wichtig wird der Zusammenhang von ästhetischer Wahrnehmung und sprichwörtlicher Menschlichkeit, wenn dieser Zusammenhang zusammenbricht, z.B. bei Schizophrenie und Epilepsie, deren Krankheitsbilder bisher nicht umfassend erklärt werden konnten. Bei beiden Phänomenen können die Betroffenen ihre Vorstellung von der Welt, das innere Bild ihrer Umwelt, also das Produkt ästhetischer Wahrnehmung, nicht mehr auf konventionelle Art regulieren. Sie praktizieren dann zwangsläufige Alternativ-Manöver, nehmen Sachen wahr, die gar nicht da sind, oder produzieren spontan extreme Glücks- oder Schönheitsgefühle, die das psychische System natürlich überfordern. Solche Sonderformen ästhetischer oder para-ästhetischer Rezeption können bisher weitestgehend nur neurophysiologisch vermessen werden, aber ob eine inhaltliche Logik bzw. geistige Regulierung dieser inneren Zustände damit verbunden ist, weiß niemand. Das betrifft auch ästhetisch wahrgenommene Erlebnisqualitäten des Suizids. Laut psychologischen Lehrbüchern treten gewillte Selbstmörder irgendwann in eine Phase ein, in der sie von außen kaum mehr zugänglich sind und sich quasi in einer eigenen Welt verlaufen haben. So interpretiert das die psychologische Außensicht, aber von innen sieht das wahrscheinlich anders aus. Das berichten zumindest die Tat-Abbrecher dieser Klientel. Deren Aussagen zufolge ist die Innensicht dieser abgeschlossenen Welt ‚schön‘, inklusive einer als ‚schön‘ empfundenen ‚Selbstauslöschung‘ der eigenen Person und inklusive einer gewissen Unbeschreibbarkeit dieser ‚schönen‘, in sich geschlossenen Welt – ebenso wie bei Schizophrenie und Epilepsie alles charakteristische Begriffe ästhetischer Rezeption. Diese Sonder-Phänomene ästhetischen Erlebens wie auch Ästhetisches an sich und das typisch ‚Menschliche‘ daran sind nicht nur wichtig, sondern solchen Hinweisen nach entscheidend für ein umfassendes Verständnis der menschlichen Psyche.

C. Was nun folgt, ist Folgendes

Um ein System in all diese Andeutungen und Unwägbarkeiten zu bringen, soll nun folgender Weg beschritten werden: Zuerst werden ästhetische Theorien aus der Kunst- und Philosophiegeschichte untersucht. Alles, was sich bei diesem Spaziergang von den antiken bis zu den modernen Theorien an psychischen Konstanten vom Wegesrand pflücken lässt, wird in Form von Einzelbausteinen systematisiert und zu einem provisorischen Modell zusammengebaut (Kapitel 1). Dieses aus hochfliegender Theorie destillierte Modell wird dann mit Zusatzinformationen aus geerdeter Praxis versehen, also mit Zitaten von malenden und schreibenden Künstlern und Forschungsergebnissen aus Kunstpsychologie, Mentalitätsgeschichte, Anthropologie, Neurophysiologie und anderen Wissenschaften. Dabei werden stereotype Motive der Kunst und des ästhetischen Erlebens aus verschiedenen Blickwinkeln beschrieben, wie z.B. bestimmte Metaphern, das Phänomen Melancholie oder Mystizismus (Kapitel 2). So entsteht aus dem bisherigen Modellentwurf ein Modell, das nicht nur die (scheinbaren) Widersprüche der Kunst bzw. Kunsttheorie erklärt, sondern auch den gesamten Themenbereich Ästhetik und Schönheitsempfinden – wenn es richtig gemacht wurde. In diesem Fall müssten, wenn Ästhetik und menschliches Bewusstsein tatsächlich so viel miteinander zu tun haben, bei der Umsetzung des Modells in einer Computersimulation bewusstseinsähnliche Phänomene erzeugt werden können. Denn wenn man etwas wirklich verstanden hat, dann kann man das am besten beweisen, indem man es nachbaut und es dann auch funktioniert, nicht wahr? Und deswegen wurde für das hier zu erarbeitende Modell der Typ systemtheoretisches Flussdiagramm gewählt, der dafür denkbar geeignet ist, an einem Computer nachprogrammiert zu werden. Denn es ist die Art von Diagrammen, die auch Theoretische Psychologen und KI-Experten für ihre Arbeit an Künstlicher Intelligenz, am sog. cognitive modelling verwenden. Sollte sich herausstellen, dass ästhetisches Empfinden nicht programmiert werden kann, dann kann man aufgrund dieser Art der funktionalen Beschreibung wenigstens sagen, warum es nicht ging. Aber vielleicht geht es ja doch?

1. Philosophisch-historischer Grundkurs zum Thema Schönheit

> **P.:** *„Sie wollen also gleich menschliches Bewusstsein an sich definieren. Das ist ein sehr ehrgeiziges Projekt. Ich dachte, es ginge Ihnen nur um Schönheit?"*
>
> **M.:** *„Ich glaube, dass beides eng miteinander verbunden ist."*
>
> **P.:** *„Aber in der Kunst ist es doch oft gerade das nicht Schöne, sondern eher das Provokante, das im Betrachter etwas wecken soll, was auch Bewusstsein genannt wird. Wie ist das zu erklären?"*
>
> **M.:** *„Wenn einem Künstler die provokante Hässlichkeit seines Kunstwerks besonders gut gelungen ist, dann ist das auf eine bestimmte Art schon wieder schön. Sagt Adorno. Außerdem gibt es provozierende Kunst eigentlich erst seit hundert, hundertfünfzig Jahren, vorher war das ganz anders."*
>
> **P.:** *„Das klingt kompliziert."*
>
> **M.:** *„Solche Kunsttheorien sind so. Die einen widersprechen den anderen und bestimmte Begriffe heißen mal das und mal etwas ganz anderes. In der einen Epoche reden alle von Schönheit, in einer anderen von Ästhetik und dann von Provokation und Hässlichkeit. Manche Historiker sagen deswegen, dass ein allgemeines und epochenübergreifendes Modell der menschlichen Wahrnehmung gar nicht möglich ist."*
>
> **P.:** *„Was Ihren Plan von vorneherein zum Scheitern verurteilen würde."*
>
> **M.:** *„Genau."*
>
> **P.:** *„Na dann gucken wir einmal nach, wo das Problem liegt."*

Bis zum dritten Advent waren die Muse und der Psychologe damit beschäftigt, Kunsttheorie zu studieren, E-Mails an Historiker und Philosophen zu schreiben und auf einer großen Stellwand alle Informationen mit vielen Zetteln und dicken roten Filzstiftpfeilen zu systematisieren. Am dritten Advent nahmen sie alles wieder ab und zelebrierten ein kleines vorweihnachtliches Freudenfeuer. Die Datei „schönes.doc" war um zwanzig Seiten zur Geschichte des Begriffs Schönheit angewachsen und so aufbereitet, dass man sich auf die Ungereimtheiten von fast 2500 Jahren Ästhetik-Theorie einen (psychologischen) Reim machen konnte.

1.1 Historische Hintergründe von Schönheit und Ästhetik

Über das Thema Schönheit ist im Laufe der Jahrhunderte ganz schön viel geschrieben worden. Leider sind diese sog. Ästhetik-Theorien ein ebenso schönes Durcheinander. Große Unterschiede bestehen unter Umständen nicht nur zwischen dem eigenen Schönheitsempfinden und dem von Nachbar/Vater/Mutter/Kind. Auch die Differenzen zwischen einzelnen Epochen und ihren jeweiligen Thesen sind

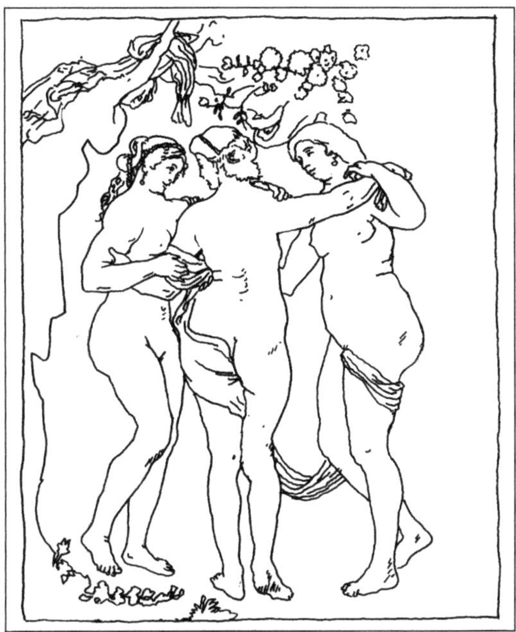

Abb. 4:   Rubens' „Drei Grazien" von 1648

enorm. Ein populäres Beispiel für eine historische Veränderung allgemeiner Schönheitsnormen ist der Körperfettanteil Rubensscher Weib- und Leiblichkeit, die so gar nicht in die heutige Werbeästhetik passen würde.

Auch die scheinbar universal gültige Wirkung sog. Klassischer Kunstwerke – egal ob sich das Wörtchen ‚klassisch' auf antike Klassik, Klassiker der Moderne oder andere, wie auch immer anerkannte Werke und Meister bezieht – ist einem von der Mode abhängigen, sehr wandlungsfähigen Diskurs unterworfen: Antike Statuen verdienten nach den Wertmaßstäben des Mittelalters keine Beachtung bzw. nur eine gelegentliche Steinigung, das Mittelalter war der Renaissance zu finster und gerade diese Eigenschaft fand wiederum die Romantik reizvoll. Auch die modernen Klassiker des Impressionismus galten nicht immer als schön. Gauguin und Van Gogh waren mehr als Psychopathen denn als Maler bekannt, und schon alleine das Wort Impressionismus war bei seiner Geburt dazu gedacht, so abfällig wie möglich zu klingen, vielleicht so wie ‚Schmierfinkerei'. Der Friedrich-der-Große-Maler Menzel hat den Expressionisten Liebermann vor dessen Sammlung von Impressionisten gefragt:

„Haben Sie wirklich Geld für das Zeug ausgegeben?"
(Liebermann nach Dittmar 1997, S. 44).

Heutzutage wünscht man sich, die eigenen Ururgroßeltern hätten Geld für solches Zeug ausgegeben, denn dieses Zeug ist mittlerweile so viel wert, dass über entsprechende Auktionsverkäufe sogar in den Nachrichten berichtet wird. Was folgt daraus? Die Ungewissheit darüber, was die Zukunft an Gegenwartskunst schön finden wird, macht die Kunstschätzerei zu einem unsicheren Beruf. Der Börsenwert des Schönen ist höchst spekulativ und Schönheit ist nicht krisensicher.

Da helfen auch die theoretischen Grundlagen der Ästhetik nicht weiter. Das fängt schon damit an, dass beispielsweise die einschlägigen Werke Platons oder

Leonardo da Vincis in eine sog. Geschichte der Ästhetik eingeordnet werden, obwohl es eine solche übergreifende Gattung bis Mitte des 18. Jahrhunderts überhaupt nicht gab. Sogar der Begriff Ästhetik wurde erst weit nach Beginn seiner Geschichte erfunden. Erst Baumgarten hat ihn mit seiner Schrift „Aesthetica" von 1750/58 als „sinnliche und lebhafte Erkenntnis" hoffähig gemacht. Kurz darauf schnappt einer nach dem anderen diesen Begriff auf und im 19. Jahrhundert entwickelte sich auf einmal so etwas wie ‚Ästhetik' als eigenständige Disziplin. ‚Wahrhaftigkeit', ‚Erhabenheit', ‚Kunstschönes' und ‚Schönheit' gerieten bald zu beliebten Modewörtern in einer Wortfeldsuppe, die dann im 20. Jahrhundert als rhetorisch ordentlich versalzen empfunden wurde, als sich totalitäre Regime diese Wörter samt ihrer Kunstsprache unter den Nagel rissen. In der nachfolgenden Zeit galt deswegen dann das, was vorher an beeindruckenden Naturansichten und braungebrannten Naturburschen als schön bezeichnet wurde, als realitätsferne, ‚schönfärberische' bis faschistoide Verkitschung der in Wirklichkeit nicht so schönen Wirklichkeit. Der Begriff der Schönheit als Relikt alter Zeiten wurde, wenn überhaupt, nur abschätzig oder ironisch verwendet. Moderne Kunst war für alles Mögliche gedacht, nur nicht dazu, beim Betrachtenden schöne Gefühle auszulösen, und so kam es, dass sich ein eigentlich handwerklich begabter Maler wie Duchamp weniger seiner Bilder als vielmehr seiner Kloschüsseln wegen in den Ausstellungsräumen der großen Museen und in der Geschichte der Kunstgeschichte einnisten konnte. Die Vokabel Schönheit war tot, es lebte die Vokabel Ästhetik! Also verzogen sich die Begriffe Schönes und Schönheit in ihre letzten Rückzugsgebiete und konnten nur noch in den Nischen verzagter Kunsttheorien und rein elementarpsychologischer Forschung überleben, wo sich das Erleben von Schönheit bzw. der Gebrauch des Schönheits-Begriffs auf die psychologischen Formeln vom ‚Erkennen von Gestalten' oder einer ‚Erlebniserweiterung durch positive Assoziationen' beschränkte.

Wie ist bei so epochenabhängiger Schönheits-Theorie eine epochenunabhängige Theorie der Theorie, also ein allgemeines Modell für Schönheitsempfinden möglich? Lassen sich die Widersprüche psychologisch erklären (Kap. 1.1.1) und worin bestehen dann die psychologischen Gemeinsamkeiten dieser Widersprüche (Kap. 1.1.2)?

1.1.1   Tradition und Moderne – Bauhütte und Bauhaus

Die Veränderung dessen, was über die Jahrhunderte hinweg als ‚schön' oder ‚ästhetisch' bis hin zu ‚gut-schön-wahr' definiert und empfunden wurde, strukturiert sich im Großen und Ganzen als Gegensatz zweier Gesetzmäßigkeiten, nämlich der vorneuzeitlichen und der modernen Vorstellung von dem, was wir heute Kunst oder ästhetische Wahrnehmung nennen. Diesem Gegensatz entspricht ein Vergleich von Bauhütte (= Werkstattverband mittelalterlicher Bauleute von

Kirchen) und Bauhaus (= 1919 in Weimar gegründete Hochschule für Gestaltung, Architektur und Industriedesign). Beides hat fast nichts miteinander zu tun, hört sich aber sehr ähnlich an. Das entsprechende Problem mit Vormoderne und Moderne besteht darin, dass im Alltag die jeweils spezifisch vorneuzeitlich-vormodernen bzw. spezifisch modernen Vokabeln zu einem anachronistischen Begriffs-Cocktail beider Konzepte gemixt werden, obwohl zwischen beiden Fronten massive inhaltliche Widersprüche bestehen. Um diese Unterschiede zwischen beiden Konzepten verständlich zu machen, werden nun die entsprechenden soziologischen, psychologischen und kunsthistorischen Unterschiede dargestellt:

In **soziologischer** Hinsicht gilt: Vorneuzeitliche Kunsttheorien unterstellen explizit oder implizit als Hintergrund des Kunstwerks eine überirdische, göttlich organisierte Weltordnung. Demgegenüber gehen moderne Kunsttheorien von einem ganz anderen Leitbild aus: Der moderne Mensch begreift die Welt nicht mehr als von überirdischer Instanz geordnet, große Leitbilder fehlen. Er muss sich alleine in einem modernen Chaos zurechtfinden und dabei in Eigeninitiative und ganz individualistisch die für ihn selbst und zwar erst mal nur für ihn relevanten Bezüge erarbeiten (Gadamer 1999).

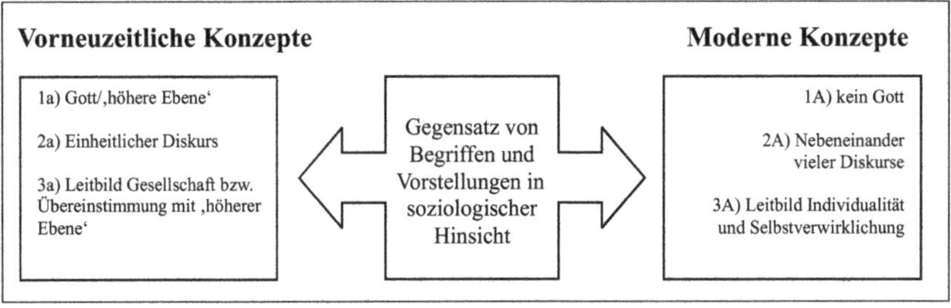

Abb. 5:   Vergleich soziologischer Kategorien

Selbstverständlich heißt das nicht, dass die vorneuzeitliche Welt wegen ihres relativ allgemeingültigen religiösen Systems harmonisch geschlossen und romantisch verklärt war. Auch wenn Mittelalterfilme meist sehr schön anzusehen sind – Robin Hood und der Highlander hatten auch immer ihre Sorgen. Ganz sicher ist aber, dass diese Faktoren psychologische Konsequenzen für das Erleben von Welt bzw. Kunst haben. Das verdeutlicht der Vergleich der psychologischen Gegensätze:

Die **psychologischen** Gegensätze zwischen Vormoderne und Moderne betreffen vor allem die Aspekte Intuition (= unvermitteltes Erkennen eines Ordnungsmusters) und Ekstase (= extrovertiertes Ausleben von ästhetischem Lustempfinden) oder Enstase (= introvertiertes Ausleben von ästhetischem Lustempfinden). Alle drei Phänomene werden in Vormoderne und Moderne verdächtig ähnlich beschrieben, aber in Abhängigkeit von der (Nicht-)Existenz einer übergeordneten (religiösen oder staatlichen) Ebene jeweils unterschiedlich interpretiert und benannt.

Zuerst zu den ähnlichen Beschreibungen: Alle drei Erlebnisqualitäten von Intuition, Ekstase oder Enstase definieren sich dadurch, dass unwillkürlich ein entweder kleineres (Intuition) oder größeres (Ekstase oder Enstase) Ordnungsmuster entdeckt wird, was zu erkennen ist an verschiedenen Ausprägungen von angenehmen, also lustbringenden Gefühlen mit charakteristischen Eigenschaften. Ein Beispiel für diese Eigenschaften sind ein subjektives Leichtigkeitsgefühl oder Lichtempfinden. Im Alltag werden solche Lichtempfindungen (ohne schwebende Zusatzstoffe) umschrieben mit dem sprichwörtlichen ‚Licht‘, das einem aufgehen kann, und dem (kronleuchter-)verwandten Ausdruck der ‚Erleuchtung‘.

Diese Phänomene erfahren in Vorneuzeit und Moderne jeweils verschiedene Interpretationen: Die ehemals als göttlich geltenden Erlebnisqualitäten werden in der Moderne nicht mehr auf eine allgemein verbindliche metaphysische Instanz zurückgeführt, sondern auf ein zunehmendes Bewusstsein für sich selbst. Erfahrungen werden psychologisiert und profanisiert. Moderne ‚Erleuchtung‘ tritt beim Nachschlagen der Lösung für die Schachecke ein oder beim Anknipsen des heimischen Breitbandfernsehers, ist aber meist nichts Göttliches mehr (es sei denn, dieser Fernseher genießt bei sich zu Hause sehr viel Verehrung). Ehemaliges Schönheitsempfinden vorneuzeitlicher Provenienz wird nun nicht mehr den dargestellten göttlichen Prinzipien in die geflügelten Schuhe geschoben, sondern gilt fortan als psychogen. Was vorher Gottesschau war, wird seit der Epochenwende zunehmend als ästhetische Erfahrung oder intuitives Erkennen umschrieben, wird also zu einer Empfindung, die sich ausschließlich aus der Struktur der menschlichen Psyche erklärt. So wie eine Ceran-Platte unter bestimmten Bedingungen anfängt, rot zu glühen, ‚erleuchtet‘ sich sozusagen auch das Gehirn, wenn es sich einschaltet, und in beiden Fällen sind keine Küchen- oder Kosmos-Götter mehr nötig. Das hat Konsequenzen für das Ausleben von feelings, formerly known as ‚göttliche Eingebung‘ oder ‚erhebende‘ Ekstase. Im Gegensatz zu diesen Gefühlsqualitäten aus der Vorzeit werden deren heutige Pendants deutlich verinnerlichter ausgelebt. Denn wie sollte spektakuläre Ekstase erklärt werden, wenn nicht mit Überirdischem, das aber nach und nach wegrationalisiert und frühpensioniert worden war? Ab der nachromantischen Zeit werden diese Erfahrungen unter Umständen sogar dem Bereich der pathologischen, verrückt genannten Fehlfunktionen zugeordnet und höchstens als Wahnsinn und/oder Loveparade interpretiert. Deswegen werden sicherheitshalber entsprechende Lustgefühle tendenziell nicht mehr extrovertiert (= Ekstase), sondern verinnerlicht ausgelebt (= Enstase). Eine Gesellschaft ohne religiöse Dimension kann ekstatischen Zuständen keine bestimmte Funktionen mehr zuschreiben. In früheren Zeiten wie auch in den meisten nichtwestlichen Gesellschaften war/ist hingegen ...

„... *die Fähigkeit, während bestimmter Rituale ohne weiteres in Ekstase geraten zu können, eine Vorbedingung des Erwachsenseins. Eine Person, die diese Fähigkeit nicht besitzt, gilt als anormal oder geistesgestört*" (Goodman F.N. 1991, S. 44)

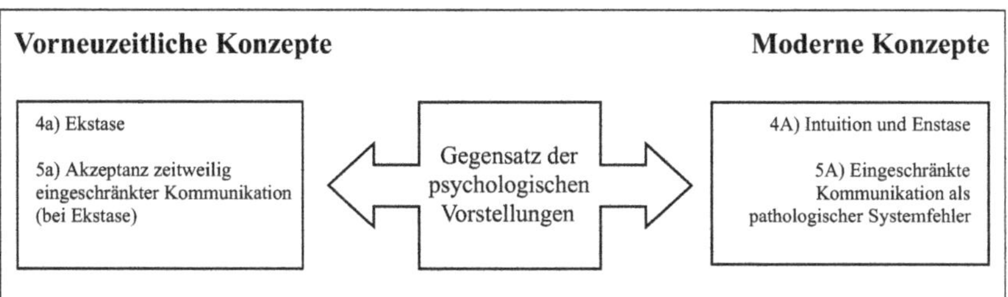

Abb. 6:   Vergleich psychologischer Kategorien

Für die **Kunstgeschichte** bedeutet das: Die alte Vorstellung vom Kosmos als Kunstwerk Gottes verliert an Aussagekraft. Gesellschaftsvereinende Symbole und Leitbilder, Kruzifixe und Herrschaftsdarstellungen sind nicht mehr gefragt. Jetzt ist nicht mehr ein hehres Gottes-/Götter-Bild oder ein ähnlich gutgeglaubter politischer Verband kollektives Vorbild, sondern der individualistische Einzelne ist in seinem Erleben auf sich selbst gestellt und macht alles mit sich alleine aus. Schönheit im Sinne gesellschaftsbestätigender (also das Individuum potenziell gefährdender) Leitbilder gerät in den Geruch von politischer Unkorrektheit. Provokation im Sinne von individualistischen (also potenziell gesellschaftsgefährdenden) Leitbildern gewinnt an Bedeutung.

Auf diese Weise entsteht so langsam der Unterschied zwischen gesellschaftsbestätigendem Kunsthandwerk und seinem Gegenspieler, der gesellschaftsverändernden Kunst (alle Heiligenfiguren oder antiken Sportler-Statuen aus vormoderner Zeit müssten genau genommen nur als Kunsthandwerk gelten, werden aber trotzdem heute als Kunst bezeichnet). Zeitlich begann dieser Wechsel vom einen zum anderen im 16. Jahrhundert, als Einzelne die Handwerkszünfte verließen und zu persönlich auftretenden Künstlergestalten wurden. So entwickelte sich die Bewertung künstlerischen Schaffens weg vom anonymen Kunsthandwerk (dessen Erschaffer hinter der allgemeingültigen Aussage des Werks zurückstehen) und hin zum Begriff autonomer Kunst, einer ab der Romantik alle Kunstwerke vereinenden Vorstellung von Kunst im Sinne ‚großer‘ Kunst (deren offiziell geniale Macher sich durchaus herausnehmen dürfen, den Rest der Menschheit mit ihrer individuellen Wahrnehmung der Welt und ihrer Reflexion dieser Wahrnehmung zu beglücken oder zu beunglücken). Beide Formen stehen sich bis heute diametral entgegen.

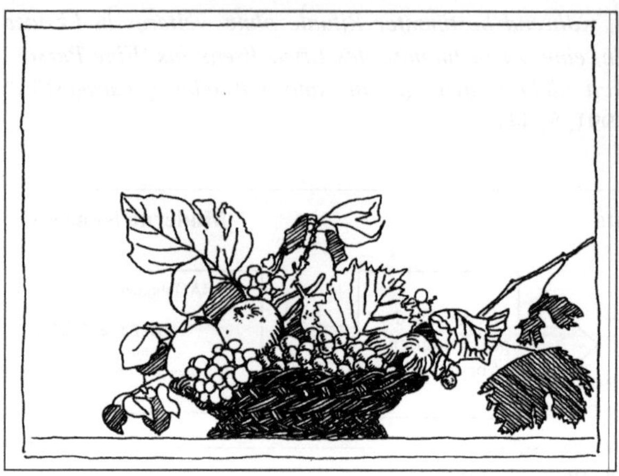

Abb. 7:   Caravaggios Früchtekorb

Das zunehmende Bewusstsein vom eigenen Bewusstsein führt in der Moderne dazu, dass auch Alltagsgegenstände zu ernst genommenen Bildmotiven aufsteigen. Das nennt die moderne Kunstgeschichte mit dramatischer Stimmlage die Autonomie der modernen Kunst in der Wahl des Gegenstandes. Das ist ihr Charakteristikum schlechthin. Wurde früher ein Glas Wein gemalt, so war das ein Symbol für das Blut Christi und die Vergebung der Sünden. In der Moderne ist Wein nur noch Wein, vielleicht sogar (nach viel Wein?) nur noch eine autonome Farbfläche in der Farbe von Wein. Zwar muss auch gesagt werden, dass dieses äußerst ernst genommene Mantra der Moderne auch schon weit vor seiner Zeit von Einzelnen praktiziert wurde, z.B. von Caravaggio bei seinem Früchtekorb von 1596, der früher einen italienischen Lire-Scheine zierte.

Solche vereinzelten Einzelaussagen über die Gleichberechtigung von trivialen oder erhabenen Gegenständen waren aber nie so wirkungsstark wie das geflügelte Wort Warhols „all is pretty", wie die ebenfalls gerne zitierte Aussage Liebermanns, dass es ihm egal sei, ob er

> *„einen toten Wallenstein oder einen Apfel"* male
> (Liebermann nach Koch-Hillebrecht 1983, S. 112),

oder wie andere ähnliche Aussagen von Duchamp, Beuys und anderen.

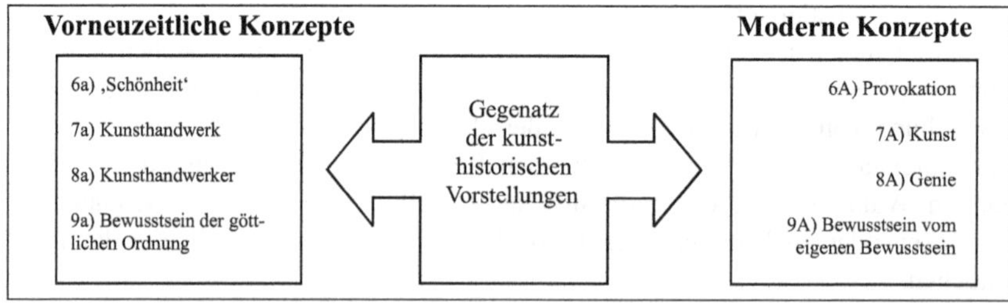

Abb. 8:   Vergleich kunsthistorischer Kategorien

Innerhalb des dominierenden Diskurses wurden also in vergleichsweise kurzer Zeit alle historischen Vorstellungen völlig invertiert, obwohl angesichts einer Spanne von zwei- bis fünfhundert Jahren mit Sicherheit nicht davon auszugehen ist, dass sich die menschliche Wahrnehmungsverarbeitung währenddessen grundlegend geändert hätte. Nicht nur gesunder Menschenverstand, sondern auch und vor allem moderne Anthropologie veranschlagen, dass das Gehirn des homo sapiens zur Zeit der ersten Höhlenmalereien im Wesentlichen genauso funktionierte wie im Zeitalter von Keith Haring und „Beverly Hills". Trotzdem fand in unserem Kulturkreis innerhalb kurzer Zeit dieser gewaltige Paradigmenwechsel von Begriffen und Vorstellungen statt. Die dabei entstandenen Werte prägen bis heute nicht nur die moderne Kunstauffassung, sondern auch moderne Denk- und Lebensgewohnheiten. Der Grund dafür? Gesellschaftliche Individualisierungsprozesse, sehr viel mehr selbstbezügliches Denken und eine entsprechende Verinnerlichung (nicht nur) von Kunst (Hauser 1973). Was steckt aber hinter dieser kryptischen Diagnose ganzer Jahrhunderte und was hatte zu scheinbar so tiefgreifenden Wandlungen geführt?

1.1.2 Schlagwörter und Geschichten aus der Kunstgeschichte

Diese Begriffsinversion vom vorneuzeitlichen zum modernen Begriffsapparat geschieht schleichend zwischen dem Mittelalter und der Generation unserer Ururgroßeltern Mitte des 19. Jahrhunderts. In dieser Zeitspanne stolpert der Betrachter über verschiedenste sog. Epochenschwellen. Das sind historische Ereignisse, die den Übergang in die Neuere Geschichte markieren, wie z.B. Luthers Thesenanschlag von 1517 als Stichtag für die Reformation gilt. Erfindungen wie z.B. der Buchdruck (wichtig für die Verbreitung reformatorischer Gedanken), Schießpulver (wichtig für die Abschaffung der mittelalterlichen Ritter) und Kompass (wichtig für weltverändernde geographische Entdeckungen) verändern im 16. Jahrhundert bestehende Handels- und Herrschaftsverhältnisse und verschaffen geschickten Taktierern ungeahnte Möglichkeiten. Kaufleute, die mit Waren aus der Neuen Welt handeln, werden jetzt reicher als die Könige; Maler, die ihre Arbeiten mit der Druckerpresse zur Massenware machen, werden berühmt.

Die Proto-Renaissance-Maler, die im Zuge dieser Marktveränderungen eigenmächtig die Handwerkszünfte verlassen, haben als eigenverantwortliche Ich-AGs erstmals Rechte auf einen eigenen Stil, verstärkte Selbstdarstellung und mit dieser den moralischen Anspruch auf namentliche Nennung bzw. ein eigenes Logo, wie z.B. die dekorative AD-Inititale Albrecht Dürers. Solche Malerprominenz glänzt zusätzlich als Illustrator neuer wissenschaftlicher Errungenschaften. So entstehen prestigeträchtige Mischformen von (auch heute noch) berühmten Ingenieuren und Künstlern, deren leitmotivische Kunst-Technik-Entwürfe auch heute noch Bildschirmschoner und Apothekerzeitschriften schmücken. Dieser wissenschaftliche

Touch der Kunst führt auch zu ersten eigenständigen und praxisnahen Kunsttheorien, die der Bildenden Kunst einen gewaltigen technischen Fortschritt einbringen. Ihre Protagonisten konstruieren mathematisch orientierte Perspektiven-
Darstellungen und bauen sich Hilfsmittel wie Gitternetze, Netzrahmen oder, sehr
wichtig, eine *Camera obscura* (eine Art mechanischer Projektor, der ungewohnt
realistische Darstellungen ermöglicht). Ab deren Verwendung gibt es auf einmal
überraschend naturgetreue Bilder in der typischen Renaissance-Optik. Bilder
wirken von da an nicht mehr länger wie gut gemeinte Hausaufgaben aus dem
Kunstunterricht einer elften Klasse, sondern wie das Werk wirklicher Meister wie
Vermeer und Caravaggio. Dürer hat die Dame, die früher den 5-DM-Schein
schmückte, vor und nach einer Italienreise um 1500 gemalt, und der Vergleich
beider Bilder zeigt deutlich, dass die Reise entweder eine Entziehungskur war, sich
die Dame in der Zwischenzeit die Nase hat richten lassen, oder Dürer in Italien mit
der *Camera obscura* Bekanntschaft gemacht haben muss (Hockney 2001).

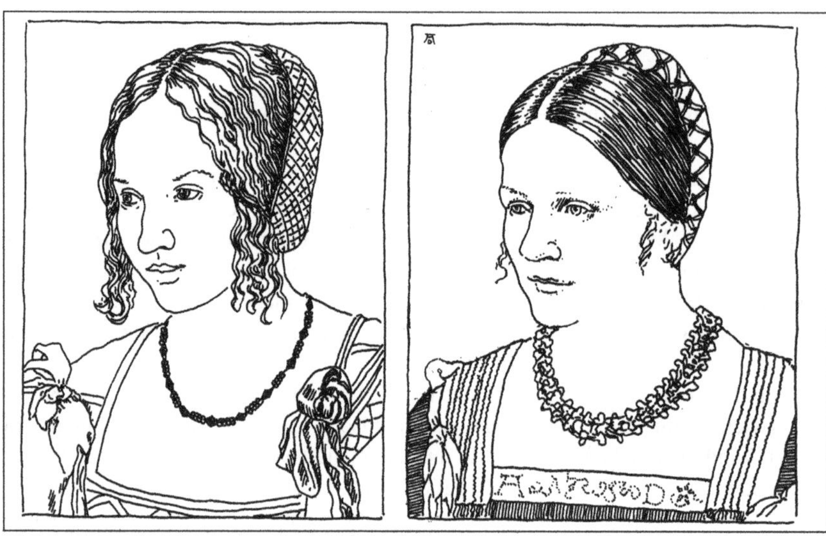

Abb. 9 und 10: Ein und dieselbe Frau um 1505, also vor Dürers Italienreise, und einmal
danach, um 1506–7

Die Bildende Kunst wird durch Hilfsmittel wie diese also richtig beeindruckend
und avanciert zur anerkannten Königin der Künste. Das heißt, dass einzelne Maler
sich sogar bis zu regelrechtem Starstatus hocharbeiten und hochstilisieren können,
wie z.B. da Vinci oder Rubens. Karl V. soll Tizian bei einer Portrait-Sitzung sogar
einmal einen Pinsel aufgehoben haben. Das ist so, als ob Altkanzler Kohl einen
gesetzlich versicherten SPD-Kleinstadtrat zum Arzt fahren würde. Dieser glanz-
volle Aufstieg einer immer selbstbewussteren Malergeneration treibt den Maler und

Architekten Vasari Mitte des 16. Jahrhunderts zu einer Dokumentation über die eigene Spezies, einer Sammlung von Künstlerbiografien über die aus seiner Sicht heldenhaften Überwinder des – wie er meint – barbarischen gotischen Stils des Mittelalters. So entsteht die erste Künstlerdokumentation der Mediengeschichte.

Aber auch die Nichtmaler der Menschheit begannen ab der Renaissance, sich verstärkt in Selbstbewusstsein zu üben, nicht nur Selbstbewusstsein als Stolz, sondern auch Selbstbewusstsein im Sinne verstärkter Selbstreflexion. An fast allen Fronten wurde die Verinnerlichung des Erlebens propagiert, sowohl auf politischer als auch auf religiöser Ebene. Hier wie dort kam es zu individualisierender Protestantisierung und egalitärer Eigendisziplinierung der Menschen. Das lässt sich so ähnlich vorstellen wie unsere gegenwärtigen gesellschaftlichen Tendenzen, die unter dem Schlagwort Selbstdesign eine präsentierbare Umsetzung verinnerlichter Erfolge fordern, verstanden als teure Kleidung und eine Mitgliedschaft im Fitnessclub. Jeder war ab fortan seines Glückes (und später seines Bodys) eigener Schmied und musste alles mit seinem neuerdings persönlichen (später Nicht-)Gott ausmachen.

Das brachte aber auch Nachteile mit sich bzw. war durch gesellschaftliche Notstände überhaupt erst ausgelöst worden. Ob zuerst die Henne oder erst die Not da war, lässt sich heute nicht mehr sagen. Sicher ist nur, dass durch die entstandene Eigenverantwortlichkeit die Vorstellung vom Gemeinwohl zurückging. Wo früher soziale Netze Kranke und Arme aufgefangen hatten, wurde jetzt an Krankenhäusern und Spenden gespart. Schließlich war fraglich geworden, ob diese Untersten der Gesellschaft nicht selbst an ihrer Misere schuld waren und ob sie überhaupt eine gesellschaftliche Funktion erfüllten. Für die früheren Jobs der neuen Außenseiter (für andere zu beten und beim Herrgott Fürbitte zu leisten) gab es immer weniger Bedarf. Es

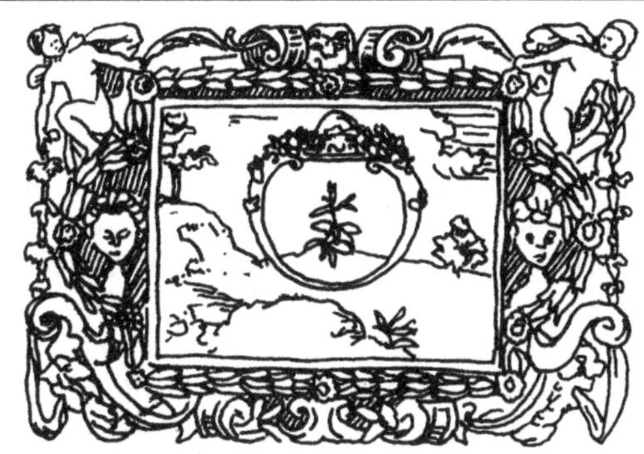

Abb. 11: Ein barocke Belehrung über in Tugend gefasste Schönheit
Übersetzung: Wie ein leuchtender Edelstein, den man in rötliches Gold eingefasst sieht, in hellerem Glanz erstrahlt: so bringt die Tugend, wenn sie in einem schönen Körper leuchtet, wunderbar anzuschauen, eine unsagbare Zierde hervor. (Henkel/Schöne 1978 S. 388)

entstand der *sacro egoismo* = *amour propre*, korrekt zu übersetzen mit Selbstliebe, umgangssprachlich mit Selbstverliebtheit. Was im Mittelalter noch als Eitelkeit geahndet worden wäre, wurde durch neue bürgerliche Eigentumsverhältnisse plötzlich legitim – die Negativseite moderner und gottloser Eigenverantwortlichkeit (Duby 1996). Im 17. Jahrhundert relativiert der 30jährige Krieg die Norm christlicher Nächstenliebe noch mehr. Barocke Kunst reagiert darauf mit einer Unterhaltungsoffensive, die den Konsumenten schier seiner Sinne beraubt. Alles wird groß, prächtig, opulent, zumindest für die wenigen, die sich so viel Gold leisten können. Allen anderen bleibt, wie dem Romanhelden Simplicissimus, nur die Flucht in Wald und inneres Exil, wo barocke Selbstdisziplinierung anhand moralischer Lebensregeln den Kunstkonsum prägt und das Sinnieren über die eigene Sterblichkeit, die *vanitas*, in jedes Blumenbild eine Schmeißfliege schmuggelt, die an Verwesung und Vergänglichkeit zu erinnern hat.

Aufgrund dieses Ungleichgewichts der Eigentumsverhältnisse verlangt im 18. Jahrhundert die Französische Revolution nach ‚Freiheit, Gleichheit, Brüderlichkeit‘, die von Geburtsrechten unabhängig sein sollen – und köpft konsequent demokratisch nicht nur Adelige, sondern auch einfaches Volk zu Zehntausenden. So viel Blut hält auch die stärkste historische Psyche nicht aus, und so passiert Folgendes. Die Menschen kommen auf die Idee, ihre sinnlichen Eindrücke einfach von gesellschaftlichen Werten zu trennen. Jetzt schlägt die etymologische Geburtsstunde der **Moderne,** als Baudelaire und Apollinaire den Begriff der *modernité* aufbringen. Modern sein heißt demnach genau genommen, dass Ästhetik und Moral getrennt werden. Nun folgen weitere Top-Vokabeln heutiger Lebenswelt und moderner Kunstvorstellungen Schlag auf Schlag (sie werden im Folgenden jeweils **fett gedruckt**).

Vor allem die Literaturgeschichte bezeichnet im Nachhinein die Zeit um 1800 als die der sog. **ästhetischen Revolution.** Genauer gesagt passiert diese Revolution offiziell 1795, als Schiller einen Brief an einen gewissen Gaarve schreibt, einer Art Briefkastenonkel, der auch mit Kant und allen anderen Wichtigen seiner Zeit korrespondierte. In diesem Brief verwendet Schiller den Begriff der Ästhetik noch als Verbindung von Schönheit und Ethik. Damit ist er aber zweifelfrei ein intellektueller Dinosaurier, denn überall anders gibt man sich aus damaliger Sicht modern. Wie gesagt: Sinnlich erlebte Eigenwahrnehmung, Ästhetik und gesellschaftliche Moral werden zunehmend voneinander separiert. Die Kinder der ästhetischen Revolution leiden unter dieser Scheidung und beginnen damit, ihre Erzeuger zu vertilgen, vor allem alle früheren Spielgefährten wie die platonischen Kategorien ‚Wahres‘ und ‚Gutes‘. Wo diese beiden sich vorher immer nur zusammen mit dem ‚Schönen‘ auf dem Spielplatz der Mentalitätsgeschichte tummelten, spielt in modernen Zeiten die Ästhetik für sich alleine – und redet mit sich selbst und erzählt sich von ihren überwältigenden Gefühlen:

Rauschhaft-synästhetische Schilderungen von Licht und Gefühl prägen den Beginn des 19. Jahrhunderts (z.B. bei Poe, Baudelaire und Rimbaud) und entwickeln so das Leitbild dieser Zeit, nämlich **ästhetische Wahrnehmung und Kunst als höchstmögliche Form der Vernunft.** Das Leitmotiv Vernunft war schon während der Aufklärung, also schon einige Zeit vorher gut im Rennen und im intellektuellen Diskurs tonangebend. Aber im Gegensatz zur damaligen vernünftigen Vernunft changiert die neue romantische Vernunft zwischen Lust an sinnlicher Erfahrung und Lust an logischer Erkenntnis. Vorher lag der Schwerpunkt dieser Wechselbeziehung nur auf der einen, auf der Vernunftseite, illustriert durch das Vernunft-Symbol der leuchtenden Sonne als Metapher der Aufklärung (im Grunde genommen aber nur eine Kontinuität der barocken Sonnenkönigssonne). Später wurde die Vernunft zur Metapher romantischer Wahrnehmung, einer alles durchdringenden Musik. Das nannte sich dann die ‚Poetisierung des Lebens‘, zu finden mit Hife einer romantisierenden „Wünschelrute" – so der Titel eines einschlägigen Gedichts von Eichendorff:

> *„Schläft ein Lied in allen Dingen*
> *Die da träumen fort und fort,*
> *Und die Welt hebt an zu singen,*
> *Triffst Du nur das Zauberwort. "*
> (Eichendorff 1977, S. 103)

Schopenhauer, Nietzsche, Hartmann und Mainländer hatten so etwas als das sog. **ästhetische Erkenntnismodell der Moderne** vorhergesagt (Pauen 1994). Will heißen: Wissenschaftler widmen sich zunehmend der sinnlichen, also der ästhetischen Wahrnehmung, dabei **wird zunehmend auf metaphysische Implikationen verzichtet.** Wer trotzdem nicht ganz auf Anbetungswürdiges in seinem Leben verzichten möchte, weicht aus auf den neu entstandenen Nationalstolz oder die ‚schöne‘ Wissenschaft als Religionsersatz. Wann immer diese oder die Kunst ‚schöne‘ Gefühle als sprudelnde Quelle lustvollen Erlebens beschreiben, werden diese mit dem Begriff Ästhetik bezeichnet. Das alles fördert das Image der Ästhetik als eigenständige wissenschaftliche Disziplin ungemein und führt nicht nur zu einer wahren Flut gefühlsbetonter Trivialliteratur, die sich weitaus besser verkauft als die vergleichsweise trockenen Erziehungsprogramme von Aufklärung und Klassik, sondern es entstehen auch ganz neue Künstlertheorien. Losgelöst von der früheren Verantwortung vor Gott und/oder der Welt begreift sich der Mensch nun als frei für seine eigene Selbstwahrnehmung. Ohne Metaebenen ist der Einzelne nun mehr denn je darauf angewiesen, sich seine Sinnzusammenhänge selbst und eigenständig zu erarbeiten, wie ein Kind, das die Welt neu erschließt.

Mit dieser naheliegenden Metapher kokettieren viele, bis auf die obligaten Sonderlinge, die anstatt Kind lieber gleich Zauberer spielen wollen. So z.B. Schopenhauer, der in den ersten Sätzen seines Werkes als, wie er sagt, selbstverantwortlicher Magier auftritt. Er hat sich diesen Magierstatus erarbeitet, indem er, wie er sagt, sich zugunsten seines selbstreflexiven Erlebens immer mehr von der äußeren Erscheinungswelt befreit. Das schafft (wie später auch Nietzsche sagt), wer bewusst seinen eigenen Willen verneint. Das hört sich sehr intellektuell an, macht aber Sinn bzw. trotzdem oder gerade deswegen auch Spaß und ist eine aus der romantischen Kunstpraxis bekannte Rezeptur, eigentlich sogar die psychologische Zusammensetzung für Verinnerlichungen überhaupt: Man nehme eine romantische Seele, also eine, die die eigenen Gefühle sehr aufmerksam wahrnimmt. So sensible Seelen reagieren (fast zwangsläufig) allergisch auf eine als ungerecht und grobschlächtig empfundene Welt, die sich so gar nicht nach deren eigenen Willen richtet. Das führt zu eigenständigen (und die Leiderfahrung kompensierenden) bis eigenständig-wahnhaften Gefühls-Erfahrungen, sobald die romantische Seele nämlich innerlich aufgibt, sich der bösen Welt gar nicht erst gönnt und sich nur noch sich selbst widmet. So scheitern romantische Menschen. Der Zeitgeist findet so etwas ‚ästhetisch‘ und die Kunst macht gleich mit und beschäftigt sich auch immer mehr mit sich. Ob diese Emigrationen ins Menschen-Innerste nur aufgrund von schlimmster Dekadenz oder tatsächlicher Überforderung durch eine sich massiv ändernde Umwelt (z.B. Übergang von traditionellen Feudalstrukturen zu bürgerlichem Kapitalismus, Säkularisierung und Industrialisierung) zustande kommt, wird wohl im Nachhinein nicht zu klären sein und ist auch individuell verschieden. Auf alle Fälle kommt es dazu, und so macht sich sehnsüchtige Einsamkeit und moderne Egozentrik breit (Wyss 1996).

Innerhalb der Malerei entsteht deswegen der **Terminus der ‚Stimmung‘**, also Landschaftsbilder ohne Menschen. Ein vorneuzeitlicher Betrachter hätte solche Bilder wie auch die zeitgenössischen selbstreflexiven Individualitätsvorstellungen mit Außenseitertum gleichgesetzt und wahrscheinlich für völlig verrückt gehalten. Das macht aber nichts, denn für die neue Zeit ist ein bisschen Einsamkeit und ein bisschen Wahnsinn quasi eine Art Zulassungsbedingung. Beides entspricht dem neuen Lieblingsmotiv der Zeit, dem **Genie**. Abgesehen von diesen Eigenschaften zeichnet sich das Genie dadurch aus, dass es die Wirklichkeit meidet und sich stattdessen verinnerlichten Idealen widmet, das Scheitern dieser Ideale in einer bösen, schlimmen Welt zelebriert und auf Eingebungen wartet, die nur wenigen Auserwählten zuteil werden. Dieses Konzept ist sogar noch steigerungsfähig bis hin zur (später obligaten) Unabhängigkeit von der Gesellschaft und (im Falle des Künstlers) vom Publikum. Nun gilt jede gemeinschaftsfördernde Konvention als Vorbote seelischer Erstarrung und Verkümmerung in einer Welt, der erst der isolierte und unbürgerliche Künstler das zu geben vermag, was sie lebenswert macht. Sogar wenn dieses **avantgardistisch-rebellische** Innenleben direkt in augenscheinlichen **Wahnsinn** übergeht, gewährleistet diese Rolle menschliche Würde in einer Welt voller Feinde, voller tumber Bürger mit engstirniger Tugendhaftigkeit und ‚kranker‘ Normalität. Wo noch kurze Zeit vorher der ekstatisch-exaltierte Narr Gegenfigur zur Gesellschaft war, sind das nun die modernen, enstatisch-romantischen Genies mit wehenden Haaren und Mänteln.

Der romantische Rückzug in das individuelle Innenleben bringt (in Rückwirkung mit einem enormen Anstieg der Alphabetenquote) auch **neue Lese- und**

Konzertgewohnheiten mit sich. Das heutzutage selbstverständliche stille Lesen wird Kult (Manguel 1999), ebenso wie stille Aufmerksamkeit bei Konzerten, auch wenn diese tw. bis ins 20. Jahrhundert hinein manchmal noch schier gewaltsam eingefordert werden muss, solange es bei Konzerten lauter zugeht als heutzutage auf der Börse (Gay 1999). Alle diese Wandlungen ästhetischen Erlebens von ekstatisch-extrovertierten hin zu enstatisch-introvertierten Formen sorgen für eine Verschiebung in der Hierarchie der Künste. Vor die Bildende Kunst, die frühere Königin der Künste, schiebt sich die vorher vernachlässigte Musik, und damit sind wir symptomatischerweise schon fast in unserer jüngeren Vergangenheit angekommen, der Moderne, in der die meisten viel mehr CDs in den Regalen als Bilder an den Wänden haben.

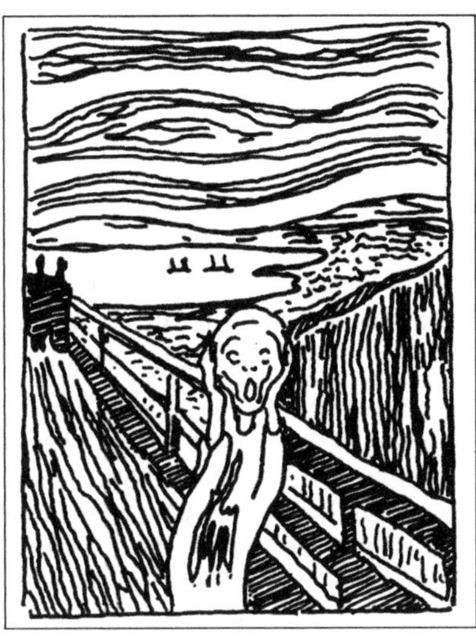

Abb. 12: Munchs „Der Schrei" von 1893 ...

Im 20. Jahrhundert passiert dann Folgendes: Das System Romantik kippt. Es entstehen gravierende Unterschiede zwischen positiver und negativer Bewertung von jeweiliger Gegenwart und Zukunft. Zwar hegte die Romantik in punkto Selbstverwirklichung des Menschen schon relativ düstere Gedanken. Diese konnten aber durch Relikte von Religiosität bzw. durch den Glauben an einen romantischen Sinn der Welt relativiert werden. So blieb in den meisten Fällen ein weitestgehend positives Menschenbild aufrechterhalten. Die in der Romantik noch stabilisierend-positive Ästhetisierung der eigenen Wahrnehmung mutiert jedoch immer mehr zum Gefühl moderner „**Bodenlosigkeit**" (Portele 1989), als die soziologischen und technischen bzw. medientechnischen Anforderungen und Neuerungen in der Welt immer mehr und immer stressiger werden: Das betrifft die zunehmende Individualisierung durch Auflösung traditioneller Sozialstrukturen, Beschleunigung der Lebenswelt durch Technisierung respektive neuer Waffengewalt und entsprechender Grausamkeit. (Die ist zwar nicht unbedingt eine Erfindung der Moderne, aber in Ermangelung von Fernsehen und Kino vorher nicht so präsent wie heute.) Allgemeinverbindliche Wahrheiten, Normen und Werte werden rar (Sloterdijk 1987, Duerr 1996). Jede Wahrnehmung wird durch immer mehr Kommunikationsmöglichkeiten und Medien immer **relativer** (Asendorf 1989). Irgendwann kennt sich die Menschheit gar nicht mehr aus und dann wird fast zwangsläufig **Nervosität** zur neuen Volkskrankheit. Die Vorzeichen von Idee und Leidenschaft verwandeln sich nun in Resignation und Melancholie. Der

Glaube an Wissenschaft und Fortschritt, den in der Neuzeit Bacon und Descartes repräsentierten, invertiert sich in die düsteren Visionen von Kafka und Heym, ganz zu schweigen von dem Schatten der Extremfigur Hitler. Moderne Kunstgeschichte hat zwei Lieblingsbilder: Vor der Moderne die „Mona Lisa", jetzt Munchs „Der Schrei", das Sinnbild des modernen und allem Wahnsinn ungeschützt ausgelieferten Menschen (von Kunstdieben heiß begehrt und in der Maske des Kinofilms „Scream" medial verewigt).

Spätestens ab da orientiert sich jeder am besten nur noch an sich selbst – was dank Freuds **Entdeckung des Unterbewussten** und der damit legitimierten **Imagination eigener Strukturen** auch zunehmend geläufiger und dank der freudianisch niedrigen Bewertung menschlicher Vernunft zunehmend sensibel und sinnlich wird. Gesteigerte Selbstwahrnehmung beinhaltet aber auch Gefahren. Stellvertretend für den Rest der Kunst beweisen das die zwei leitmotivischen Sätze des typisch modernen Malte Laurids Brigge, in denen er sagt, dass er „gesehen" habe und sich nun „fürchte" (Rilke 1996). Typisch daran ist ein ästhetisch-mystisches Erleben aufgrund von gesteigerter Sensitivität bzw. gesteigerter Selbstwahrnehmung („sehen') und die damit verbundene Gefahr der (Selbst-) Überforderung (die zu ‚fürchten' ist).

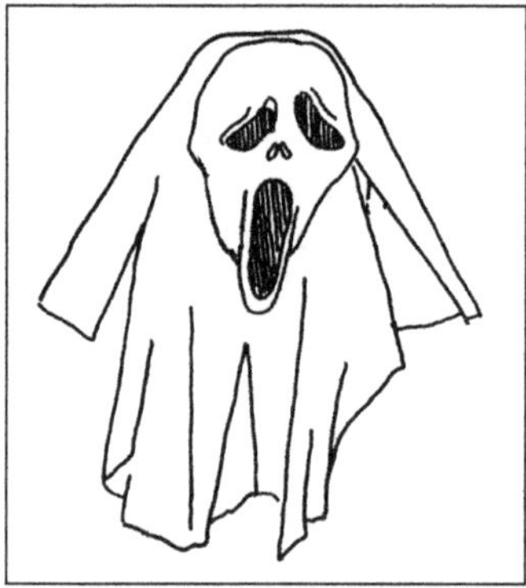

Abb. 13:   ... und die spätmedialen Folgen am Ende des 20. Jhdts

Auch die Malerei begibt sich auf das dünne Eis der Selbstwahrnehmung: Kandinsky (gilt als großer Abstraktor, hat das erste abstrakte Wasserfarbenbild gemalt, musste sich seinerzeit aber von Blumenbildern ernähren), Malewitsch (Held des „Schwarzen Quadrats", einer nur in schwarz bepinselten Leinwand) und Mondrian (Kästchenfanatiker) propagierten den **Begriff des Geistigen in der Kunst** als ästhetische Umsetzung der neuentdeckten psychischen Vorgänge. Die (so genannte) **Abstraktion** als Versinnbildlichung mentaler Vorgänge wurde entdeckt – und seither überfordert die Kunst den ein oder anderen Betrachter.

Leider ist diese heilige Kuh der Kunstgeschichte im Prinzip ein logiklogistisches Problem. Denn nicht nur Psychologen, sondern auch Künstler tun sich schwer mit einer definitiven Abgrenzung von Gegenständlichkeit und Abstraktion, allen voran die Erfinder derselben wie Klee und Picasso:

> *„Es gibt keine abstrakte Kunst ... Es gibt keine ‚figurative' und ‚nichtfigurative' Kunst. Alles erscheint uns in Gestalt einer ‚Figur'. Selbst in der Metaphysik werden Ideen mittels symbolischer Figuren ausgedrückt".*
> (Picasso 1982, S. 40f.)

Aufgrund dessen bietet es sich an, lieber bei den Kollegen, nämlich in der Literaturgeschichte nachzugucken, wie dort die Änderungen in der Kunst beschrieben werden. Dort wurden ähnliche Strukturveränderungen nicht mit zunehmender Abstraktion, sondern zunehmender Innerlichkeit, vorsätzlicher Kunstlosigkeit und/oder dem **Nebeneinander verschiedener Stile** übersetzt. Aber letztlich ist es egal, wie wir diese Theorien oder die dazugehörige Kunst interpretieren: Auf alle Fälle wird von allen Seiten auf Individuelles und Verinnerlichtes zugesteuert. Ästhetisierende und selbstreflexive Wahrnehmung wird immer gängiger, irgendwann gehen die Fronten von Innerlichkeit und Realität stark ineinander über und nach und nach verzichtet die moderne Malerei sukzessive auf Bilderrahmen. Da Kunst nämlich immer mehr Teil des Lebens wird, wird eine Abgrenzung aller Kunst zur Außenwelt durch einen ‚Rahmen‘ jedweder Art zunehmend unnötig (Koch-Hillebrecht 1983), sei es durch einen Holzrahmen oder einen gedachten Unterschied zwischen Kunst und Alltag.

Kunst ist kein eingerahmtes Areal einer idealen Utopie mehr, denn Utopien sind rar geworden. Deswegen gehen die Künstler nun auf alles los, was frühere Zeitgenossen oder vielleicht die typischen ‚Menschen auf der Strasse‘ als schön charakterisiert hätten. Als viel schicker gilt das Leitbild der hässlichen **Provokation.** Es entstanden Bilder, die bis heute nur selten in Esszimmern hängen, und Musikstücke, bei denen man glaubt, einen Hörsturz erlitten zu haben. Oder einen zu erleiden. Da die Kunst nun nicht mehr nur auf ‚Schönes‘ beschränkt war, durfte sie endlich zeigen, was sie kann; sie durfte nicht nur exzentrisch, sondern auch und vor allem kritisch sein. Picasso malte sein „La Guernica“, das heute im New Yorker Uno-Gebäude hängt (und bei der initialisierenden Rede Colin Powells zum Irakkrieg verhängt wurde). Künstler sollten auch als provokativ-avantgardistische Revolutionäre gegen die bestehende Ordnung bzw. die bestehende Kunstsprache auftreten. Als solche sollten sie sich von keinem Staatssystem und niemandem funktionalisieren lassen, auch nicht von bestehenden Kunsttheorien oder dem Publikumsgeschmack. Aber irgendwann, etwa siebzig Jahre, nachdem Duchamp Kunstliebhaber provozierte, indem er einer Postkarten-„Mona Lisa“ einen Schnurrbart angemalt hatte, hatten aber auch die letzten Kunden begriffen, wie der Beuys'sche Hase lief.

Spätestens ab da, als Provokation auch an den Akademien zum Allgemeingut geworden war, hatten es Künstlers schwer (Welsch 1988), denn nun trat ein, was Picasso als großes Problem der Kunst vorhergesagt hatte: Ein Akademismus, gegen den es sich rebellisch ankämpfen ließ, existierte nicht mehr, weil mittlerweile alle Rebellen waren: Denn wenn das öffentliche Bewusstsein die Kunst durch diese Vorstellung zum

> „Niemandsland macht“, in der „jeder zum Künstler oder zum Genie“ ernannt werden kann und „jeder Farbfleck, jeder Kritz und jeder Kratz ... zum Kunstwerk im Namen des heiligen Subjektivismus erklärt werden“ (Vasarely nach Kishon 1986, S. 134f.)

kann, dann hat sich der moderne Wert der Kunst als Provokation selbst eingeholt. Irgendwann hatte sich das Publikum an ein gewisses Provokationsideal gewöhnt und war paradoxerweise auch von bürgerlicher Seite her gewillt, Avantgardekünstler für ihre Kritik am Bürger zu entlöhnen. Durch diesen Verlust des Feindes begann der Rückzug der Kunst in die letzten zweckfreien Reservoire ihres Berufs, die **Thematisierung des eigenen Mediums**, wie z.B.

> *„Farbe an sich (Rothko)"* oder Farben wie *„Weiss (Zero), Blau (Klein), Schwarz (Reinhardt),"* oder *„Alltägliches (Schwitters), Kultisches (Beuys), Einmaliges (Opalka), Serielles (Warhol), Unsichtbares (Duchamp), Begriff (Kosuth), Rahmen (Viallat), der Kunstsammler (Haacke)"* und Ähnliches (Welsch 1997, S. 58).

Damit sind wir am Ende angelangt, am vielbeschworenen **Ende der Kunst**: Kein Thema, kein Feind, keine handwerklichen Mindestanforderungen (seit Abstraktion und Fotografie) und unter Umständen kein Unterschied zwischen Realität und Kunst (seit der Aktionskunst, welche die Grenze zwischen Realität und Kunst so aufweichte, dass in London in einer Ausstellung das ungemachte Bett einer Künstlerin stand und in Bukarest 2003 die Leiche eines Selbstmörders in einer Kunstausstellung als Teil einer anderen Ausstellung interpretiert wurde). Andererseits gilt, dass die These vom Ende der Kunst, die seit Hegels gleichnamiger Prognose immer wieder grassiert, eigentlich schon zu lange verkündet wird, um noch als langes Siechtum durchzugehen. Noch gibt es die Kunst und sie generiert neue Formen der Inhaltsvermittlung, gemeindet neue Medien ein und möbelt alte Techniken auf. Das meiste davon hat es nur bisher noch nicht in die allgemeinen Kunstgeschichtsbücher geschafft.

Wie diese Geschichte weitergeht, ist für ein psychologisierendes Modell der ästhetischen Wahrnehmung nicht wichtig, denn der Übergang vom Vorneuzeitlichen zum Modernen ist somit vollzogen. Aus Handwerkern wurden Künstler, wenn nicht gar Genies, aus bevorzugter (gegenständlicher) Schönheit wurde das Gegenteil, Göttliches wurde zum Restposten und Ekstatisches wanderte ab in die stillen Kämmerlein des persönlichen Psychohaushalts.

1.1.3 Kontinuierliche Sinnlichkeit

Wichtig für eine Psychologisierung dieser Kunst-Geschichten aus der Mentalitätsgeschichte ist die Rolle von moderner Individualität und Selbstwahrnehmung: Beides nimmt zu, je mehr sich die Welt in irgendwann nicht mehr überschaubare und zunehmend egozentrierte Einzeldiskurse zerlegt. Trotzdem bzw. gerade deswegen ermöglicht ästhetische Wahrnehmung dem typisch postmodernen Menschen weiterhin eine sinnerzeugende, weil sich selbst erfahrende und dadurch persönlichkeitsstabilisierende Reflexion der eigenen Person. Seit der Romantik wird dieses ästhetische Erleben im Extremfall, wenn nämlich keine argumentative Lösung der bestehenden Probleme mehr möglich scheint, sogar zum Rettungsanker und Sinnprinzip schlechthin. Duchamp und Schönberg bezeichnen dieses als vorsätzliches Prinzip des Hinauszögerns (Lyotard 1996). Und was folgt daraus?

Bei einer Psychologisierung der vorgestellten mentalitätsgeschichtlichen Vorgänge zeigt sich, dass die scheinbaren Widersprüche von Gottes-, Gesellschafts-, Ekstase-, Schönheits- und Kunstbegriff bei genauerer Betrachtung eigentlich gleiche psychische Funktionen mit jeweils verschiedenen Vorzeichen beschreiben, als zwei Seiten ein und derselben Sache oder als betont objektivistisches oder subjektivistisches Selbstverständnis des konstanten Systems Mensch.

Allgemeines ästhetisches Empfinden wird aus vorneuzeitlicher Sicht nur eben stärker an metaphysischen bzw. gesellschaftsorientierten Parametern und in moderner Sicht stärker an individuell orientierten Maßstäben ausgerichtet[1]. Da aber jeder Mensch grundsätzlich zwischen Gesellschaft und Eigenbezügen hin und her switcht, sind beide Formen ineinander verzahnt und beschreiben nur jeweils das Objekt der Begierde, nicht aber den Ablauf des Lustempfindens. In dieser Hinsicht lässt sich also nicht von einem absoluten und gar funktionalen Gegensatz, sondern lediglich von verschiedenen inhaltlichen Schwerpunkten der allgemeinen Ausrichtung an einem Weltbild sprechen.

Das betrifft auch die kunstgeschichtliche Antinomie von vorneuzeitlicher ‚Schönheit‘ und moderner ‚Hässlichkeit‘[2]. Sogenanntes Schönheitsempfinden findet immer statt, wenn das Betrachtete das entsprechende Weltbild bestätigt, und kann im Extremfall auch durch das ausgelöst werden, was der Zeitgeist an aus seiner Sicht hässlicher Provokation erwartet. Der Wortlaut scheint sich zu widersprechen, die psychische Funktion beschreibt in beiden Fällen Ästhetisches als subjektives Lustempfinden, egal, ob es durch das kunstgeschichtliche Leitmotiv der Schönheit oder das der Hässlichkeit ausgelöst wurde.

Wie sich anonyme Handwerker zu Genies mit Rang und Namen mausern, wurde bereits erklärt. Von letzteren werden hohe Grade an Provokation und Innovation erwartet, während der Kunsthandwerker systembestätigend arbeiten soll[3]. Beide müssen bestimmte Kunstfertigkeiten in der Vermittlung und Umsetzung des jeweiligen Weltbilds liefern, egal ob dieses Weltbild Provokation duldet, nicht duldet, erwünscht oder nicht erwünscht. Genauere Differenzierungen zwischen beiden sind im Prinzip völlig egal, denn derzeit werden Design und Kunsthandwerk so stark aufgewertet, dass diese Gegenüberstellung von Handwerk und Kunst schon wieder anachronistisch ist.

---

1 Vgl. Abb. 1, Punkt 1a/A: Gott oder Staat bzw. Metaebene vs. Atheismus, 2a/A: Metadiskurs vs. Nebeneinander vieler Diskurse, 3a/A: Leitbild Gesellschaft vs. Leitbild Individualität und Selbstverwirklichung.
2 Vgl. Abb. 3, Punkt 6a/A: ‚Schönheit‘ vs. Provokation.
3 Vgl. Abb. 3, Punkt 7a/A: Kunsthandwerk vs. Kunst und 8a/A: Kunsthandwerker vs. Genie.

Weiterhin aktuell ist hingegen die Gegenüberstellung von vorneuzeitlicher Ekstase und moderner Intuition und Enstase. Ekstase ist das, was früher die Vereinigung des Menschen mit seinen zeitgenössischen Göttern anzeigte. Nach deren Abschaffung ist anzunehmen, dass andere bzw. neu titulierte Formen dieser überschwänglichen Reaktion auftreten, und tatsächlich werden gerade in der Moderne unter dem Begriff der Ästhetik Erlebnisqualitäten beschrieben, die in punkto Lichtempfinden, Gefühl von Leichtigkeit oder Glück stark an Beschreibungen vorneuzeitlicher Ekstase erinnern. Der Unterschied zwischen vorneuzeitlichen und modernen Formen besteht lediglich in der extro- bzw. introvertierten Form dieses Erlebens, der Ekstase oder Enstase. Entweder hüpfen die Menschen zur Musik herum oder sie tun es eben nicht, je nachdem, ob sie sich auf einem brasilianischen Karneval oder in einem europäischen Konzertsaal befinden. Dass z.B. extrovertierte und/oder stark ekstasefähige Genies auch und gerade in den Epochen auftauchen, die sich von ihrem Verständnis her gegen die Existenz einer metaphysischen Ebene aussprechen, lässt ebenfalls eine gleichbleibende Funktion ästhetischen Erlebens vermuten. Das gilt auch für den psychologisierenden modernen Begriff der Intuition, der sich durch viele Übereinstimmungen mit der Definition der Ekstase auszeichnet[4]. So wie für die traditionelle Ekstase eine intellektuelle und sinnliche Übereinstimmung von Weltbild und einem Gefühl von Erkenntnis charakteristisch ist, wird auch sog. moderne Intuition im Falle ästhetischer Betrachtung durch eine unvermittelte und unbewusste Ordnungsfindung mit starken Gefühlsqualitäten beschrieben, nur eben weniger dramatisch. Jemand versteht irgendetwas quasi intuitiv und freut sich; und wenn der Betreffende Glück hat, hat er sogar das Gefühl, dass ihm ein sprichwörtliches ‚Licht‘ aufgeht. Nur hält sich der Gegenwartsmensch in seiner Freude eher etwas zurück, zumindest, was das Ausleben der großen Gefühlserlebnisse angeht. Er interpretiert seine Eingebungen nicht als spontane mystische Erleuchtungen. Zustände, bei denen jede Vernunft den Raum zu verlassen scheint und jede Kommunikationsfähigkeit gleich mit, lassen sich heutzutage schlecht begründen und werden deswegen kaum mehr öffentlich und wenn, dann nur unter Drogenlegitimation zelebriert[5]. Das heißt alles in allem: Menschen funktionieren früher genauso wie heute, egal, ob das, was sie dann und wann darüber sagen, sich widerspricht. Es gibt eine Kontinuität menschlicher Wahrnehmung.

Der Vollständigkeit halber muss darauf hingewiesen werden, dass es Menschen gibt, die eine solche Behauptung schier umbringen würde, wenn sie es nicht schon wären, z.B. den Historiker Le Goff oder die philosophisch-historische Mischform Foucault. Letzterer ging davon aus, dass Menschen, wie er sagt, nur Leerstellen von Diskursen ausfüllen. Das heißt, seiner Auffassung nach existieren so etwas wie

---

4   Vgl. Abb. 2, Punkt 4a/A: Ekstase vs. Intuition.
5   Vgl. Abb. 2, Punkt 5a/A: Legitimation eingeschränkter Kommunikation vs. pathologischer
     Systemfehler und Abb. 3, Punkt 9a/A: Bewusstsein einer göttlichen Ordnung vs. Bewusstsein
     vom eigenen Bewusstsein.

frei kursierende Zeitgeister und die Menschen schlüpfen in diese hinein und reproduzieren von diesem Zeitpunkt an die Inhalte dieser Wesen, so ähnlich wie das besessene Mädchen in „Der Exorzist". Da sich Zeitgeist-Diskurse ständig ändern, kann es nach Foucault kein gleichbleibendes Modell menschlicher Wahrnehmung geben, wie dies in der vorliegenden Arbeit angestrebt wird. Dieser Zeitgeist-Zombie-Vorstellung lässt sich aber entgegenhalten, dass auch sie vielleicht nur das Füllsel einer Diskursbesetzung ist, deren innere Logik mit einem allgemeinen Modell menschlicher Wahrnehmung erklärt werden könnte.

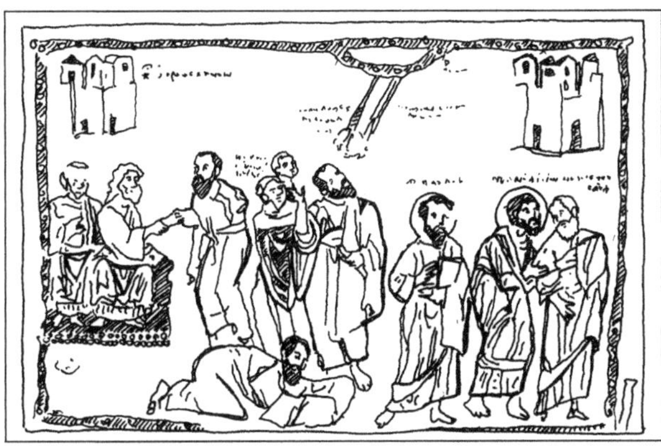

Abb. 14: Die Paulus-Geschichte in der Fassung byzantinischer Buchmaler um 950 n. Chr.: Paulus (mit Bart) mal fünf

Einen anderen Einwand gegen die Kontinuitätsthese bringt Panofsky. Auch er nimmt für die Vergangenheit eine völlig andere Art der Wahrnehmung an, nämlich die einer Multiperspektive im Gegensatz zur modernen Einfach- bzw. Zentralperspektive (Panofsky 1978). Beispiel: Ein mittelalterliches Bild, auf dem viele verschiedene Szenen einer Geschichte als aneinandergereihte Inhalte abgebildet sind. Saulus bekommt in Jerusalem den Auftrag zur Christenverfolgung, wird auf dem Weg nach Damaskus von einer Vision niedergestreckt, ist blind, wird wieder geheilt und ist als Paulus nun nicht nur ein Freund der Christen, sondern selber einer – das ist ein multiperspektivisches Bild. Zentralperspektiven, in der Renaissance mit technischem Hilfswerkzeug auf die Welt gekommen, haben nur einen Raum, eine Zeit, also eine Perspektive. Und darin outet sich vielleicht sogar moderne Selbstbezogenheit bis hin zu den totalitären Auswüchsen des 20. Jahrhunderts, sagt MacLuhan (1995). Diese These klärt zwar nicht, wie es dann zur mittelalterlichen Inquisition kommen konnte, aber dass ein Denken mit vielen Inhalten anders funktionieren könnte als ein ‚monofokales' Denken, leuchtet ein. Andererseits wussten auch die alten Griechen schon die Zentralperspektive gut zu nutzen, z.B. wirken griechische Tempel nur deswegen so monumental und gerade, weil sie eigentlich schief gebaut sind, um die perspektivische Krümmung menschlicher Sichtweise auszugleichen. Und außerdem sind multiperspektivische Bilder in Kinderzeichnungen oder bestimmten Kulturkreisen weiterhin latent vorhanden, so dass eine kategorische Trennung zwischen früherer Multi- und heutiger Zentralperspektive so kategorisch gar nicht

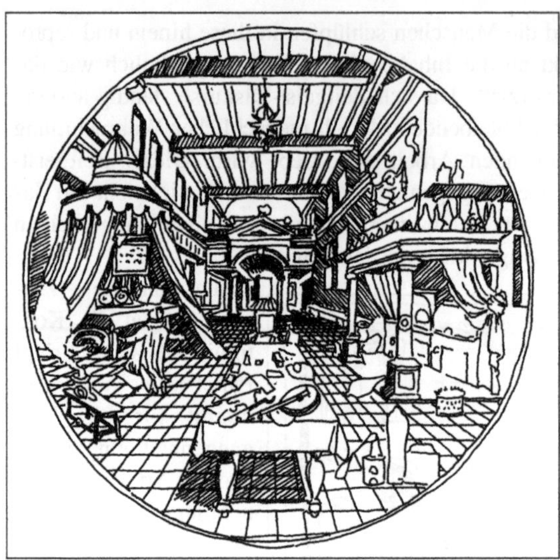

Abb. 15:   ... während die Zentralperspektive immer nur einen Moment und eine Sichtweise erlaubt

sein kann. Hinsichtlich der Kontinuität menschlicher Wahrnehmung gilt auch hier wieder, dass alle Entwürfe, egal ob pro oder contra Kontinuität, entweder gar nicht oder nur durch die literarisch-empirische Auswertung individueller Aussagen als wahrscheinlich validiert werden können. Außerdem wird nur durch die Grundannahme einer solchen Kontinuität eine Analyse verschiedener Aussagen aus verschiedenen Epochen überhaupt möglich. Andernfalls würde sich die Untersuchung tatsächlich in epochenabhängigen Vorstellungen verheddern. Fallen sind massenweise aufgestellt: Beispielsweise ist der Begriff ‚Seele‘ im Bereich der germanischen Schriftüberlieferung erst seit dem 8. Jahrhundert belegt, der Begriff von Bewusstsein erst seit dem 17., 18. Jahrhundert und der Begriff von Individualität ebenfalls erst seit dem 18. Jahrhundert. Nun könnte man einerseits entsetzt fragen, ob denn Menschen vor dem 8. Jahrhundert keine Seele hatten. Man kann das aber auch sein lassen und nur konstatieren, dass es vor dem 8., 17. und 18. Jahrhundert durchaus psychische Systeme gegeben haben muss, die sich diese Begriffe ausgedacht haben. Wenn sich diese Systeme trotz verschiedener Vorstellungswelten ähneln, dann sind bei einer funktionalen Analyse entsprechender Aussagen strukturelle Gemeinsamkeiten nachzuweisen. In unserem Fall wäre also zu prüfen, ob sich solche gleichbleibenden Strukturen in verschiedenen Aussagen aus verschiedenen Epochen (vor und nach der Erfindung der Begriffe von Seele, Bewusstsein, und Individualität) zeigen oder nicht. Mit einem solchen Strukturmodell, das sowohl individuellen Aussagen als auch allgemeinen historischen Pauschalisierungen gerecht wird, wäre der Nachweis (einer hohen Wahrscheinlichkeit) eines epochenübergreifenden psychischen Systems erbracht. Das folgende Kap. 1.2 soll eben dieses nachweisen, nämlich ein von der Antike bis zur Gegenwart immer gleiches Strukturmodell in den gängigen philosophischen Theorien, das mit den epochenabhängigen Widersprüchen von Kap. 1.1.1 (und den hier genannten Einwänden) kompatibel zu sein scheint.

1.2   Die Theorie und ihre Teilchen

P..: *„Hm, ich beginne zu ahnen, worauf ich mich mit Ihnen eingelassen habe. Gehe ich recht in der Annahme, dass Sie der Kunstsoziologie nun die Philosophie folgen lassen möchten?"*

M.: *„Ja, genau das möchte ich, Betonung auf ich. Bilde ich mir das nur ein oder haben Sie mittlerweile die Federführung an sich gerissen? Was wollen Sie nur immer mit Ihrer Informationsverarbeitung. Das ist so technisch und trocken."*

Im nächsten Abschnitt wird erzählt, was die klügsten bzw. die berühmtesten Denker ihrer Zeit zum Thema ‚Schönheit' gesagt haben. Was nun folgt, ist also so etwas wie ein Grundkurs in philosophischer Ästhetik-Theorie, und zwar nicht nur der Allgemeinbildung wegen, sondern um bei allen Theorien trotz unterschiedlicher Begrifflichkeiten und epochentypischer Schwerpunkte gleichbleibende Elemente herauszufiltern. Diese Elemente werden graphisch als ‚Bausteine' (abgekürzt **BS**) Stück für Stück – oder besser gesagt: ‚BauStein' für ‚**BS**' zusammengefügt. Diese Bausteine ergeben wie Lämpchen einer achtteiligen seriell geschalteten Lichterkette nur dann ein funktionierendes Ganzes – in diesem Fall ein Modell ästhetischen Erlebens – wenn alle acht Elemente dieser Kette vorhanden und funktionstüchtig sind. In einzelnen Fällen können einzelne Lämpchen zwar einmal mehr, einmal weniger stark leuchten, d.h. die individuellen Ausprägungen der Bausteine differieren unter Umständen gewaltig. Aber trotzdem ist ästhetisches Erleben jeder Art nur durch diese acht Bausteine zu realisieren.

Die folgende Herausarbeitung dieser Versatzstücke anhand einer chronologischen Aufzählung beruht selbstverständlich nicht darauf, dass im Lauf der Menschheitsgeschichte nach und nach acht psychologische Mechanismen zur Verarbeitung so genannter ästhetischer Prozesse aufgetaucht wären; im Gegenteil: Diese bleiben konstant und sind auch schon in frühesten theoretischen Entwürfen nachzuweisen. Die Verbindung von chronologischer Darstellung und sukzessiver Erarbeitung der acht Bausteine scheint aber eine gute Methode, mit der die beiden Aspekte sich gegenseitig illustrieren.

1.2.1   Aus der guten alten Zeit: Die Anfänge der Wahrnehmungstheorien in der Antike.

Platon und Aristoteles sind mehr oder weniger die ersten, von denen wir weniger oder mehr authentische Äußerungen zum Thema Wahrnehmung haben. Sie beide formulierten die wesentlichen Prinzipien auch aller nachfolgenden Theorien der Ästhetik, die dann nur noch dem jeweiligen Zeitgeist angepasst wurden. Denn diese beiden ‚Prototypen' argumentieren praktischerweise mit den zwei jeweils möglichen Extremen, mit einem religiösen (Platon) im Gegensatz zu einem rationalistischen Konzept (Aristoteles), also aus heutiger Sicht mit einem quasi altmodischen (Platon) im Gegensatz zu einem angesagten (Aristoteles) bzw. einem metaphysischen (Platon) im Gegensatz zu einem empiristischen Entwurf (Aristoteles) oder noch einmal anders gesagt mit einer objektivistischen (Platon) im Gegensatz zu einer subjektivistischen Kunsttheorie (Aristoteles). Zum besseren Verständnis: Die objektivistische Theorie (Platon) geht von unveränderbaren Gesetzen der Schönheit aus, somit auch von nachweisbaren Regeln. Das Schöne liegt im Gegenstand der Betrachtung verborgen. Im Gegensatz dazu geht die subjektivistische Theorie (Aristoteles) vom individuellen Zugang zum ästhetischen Erleben aus, untersucht also eher die psychologischen Regeln der subjektiven Wirkung von Kunst. Schönheitsempfinden liegt dann im Auge des Betrachters. Abgesehen von den Meinungen darüber, wofür Kunst eigentlich gut sein soll, sind das die jeweiligen Eckpfeiler jedweder ästhetischen Theorie.

1.2.1.1 Die Theorien von Platon und Aristoteles

Platon (427–347) ist (neben Aristoteles) quasi der große Held der abendländischen Philosophie. Von ihm (und von Aristoteles) wird gesagt, dass alle Reflexionen nach ihm (oder nach jenem) nur Fußnoten zu seinen (oder seinen) Gedanken seien. Er hat angeblich gerne geboxt. Sein Name bedeutet infolgedessen so etwas wie „platte Stirn", was auf einige Schläge in die Hirnregion schließen lassen könnte, was wiederum einige seiner Thesen auch für die Psychologen noch interessanter macht. Vielleicht erklärt das auch, warum er alle seine Texte in Dialogen geschrieben hat, so dass nie sicher ist, ob er gerade eigene Meinungen beschreibt oder nur jemand anderen etwas sagen lässt.

Platon lässt zum Thema Wahrnehmung also jemanden sagen bzw. sagt selbst, es existiere zwar die reale Welt, aber die sei eigentlich nur ein Abklatsch einer geistigen Geisterwelt, einer Art ideeller Mustersammlung der Gegenstände und Lebewesen. Das muss man sich so vorstellen, als ob eine Trickfilmfigur niedergeboxt wird und dann ganz viele kleine Vögelchen um ihren Kopf herumschwirren. Diese Vögelchen sind auch nicht real, sondern Idealvorstellungen von kleinen Vögelchen. Ähnlich kursieren laut Platon Idealvorstellungen von allem – von Pferden, Menschen, Vögelchen und was auch immer in den höheren Sphären. Alle realen Pferde, Menschen usw. sind zwar an deren ideale Blaupausen angelehnt und mehr oder weniger ähnlich, aber, weil eben real, stets ständigen Veränderungen unterworfen. Das hat dann mit Schönheitserleben insofern etwas zu tun, als ab und an die Realwelt (die „Erscheinungen") und die innere Vorstellung von der Welt (die „Ideen von den Wesenhaftigkeiten") sich manchmal ziemlich nahe kommen, z.B. im Falle von auserlesen gut gefiederten Vögelchen. Dann stellt sich ein mit Liebe vergleichbares Empfinden ein, begleitet von überraschend eintretender, positiver

Gesamtwirkung auf die Seele, ein gar „beflügelndes" Gefühl – so Platon im „Phaidros":

„Durchwärmt wird er (das sterbliche Pendant der unsterblichen Seele, Anm.d.V.) indem er durch die Augen den Ausfluss der Schönheit aufnimmt, durch welchen sein Gefieder gleichsam begossen wird. Ist er nun durchwärmt, so fließt um die Keim des Gefieders hinweg, was schon seit langem verhärtet sie umschloss und sie hinderte hervorzutreiben. Fließt aber Nahrung zu, so schwillt der Kiel des Gefieders und treibt, hervorzutreten aus der Wurzel überall an der Seele, denn sie war ehedem ganz befiedert. Hierbei also gärt alles an ihr und sprudelt auf und, was die Zahnenden an ihren Zähnen empfinden, wenn sie eben ausbrechen. Jucken und Reiz im Zahnfleisch, eben das empfindet auch die Seele dessen, dem das Gefieder hervorzubrechen anfängt: Es gärt in ihr und juckt und kitzelt sie, wenn das Gefieder heraustreibt." (Platon nach Hauskeller 1999, S. 102f.)

Platon bezieht dieses Liebesgefühl anfangs noch ganz konkret auf Liebe von Männern zu Männern, und erst später wird daraus das klassische und eher allgemeine ‚Schöne-Wahre-Gute'.

Übrigens hält Platon nicht allzu viel von Künstlern. Sie sind seiner Ansicht nach nur Nachahmer einer objektiv vorhandenen, metaphysischen Struktur und rangieren von daher sogar noch eine Stufe unter Handwerkern, die wenigstens reale, also auch benutzbare Möbel herstellen können. Da Kunst aber meist nur für zweckfrei-schöngeistigen Zeitvertreib taugt, taugt sie eigentlich gar nicht. Sie ist oft nur reiner Selbstzweck, wo sie doch eigentlich den Menschen auf eine mit den Sinnen wahrnehmbare, d.h. sinnliche Art zu „gutem", „wahrem" und tugendsamen Handeln erziehen sollte. Aber was passiert stattdessen? Die Künstler vermenschlichen die Götter in der Dichtung und in der Musik verwenden sie sogar sog. weibliche Tonarten. Aus Platons Sicht schlimm. Für ihn war die Vermittlung der Idee von zentraler Bedeutung, die Idee der Schönheit göttlicher Prinzipien (Platon 1970–1977, Eigler 1990, Kosman 1976).

Nach Vorstellung der Antike lässt sich diese göttliche Schönheit am besten so naturalistisch wie möglich darstellen. Man sieht das an den antiken Statuen oder an den entsprechenden Künstlerlegenden, wie z.B. um den Maler Zeuxis. Der hat Bilder so täuschend echt gemalt, dass Menschen und Tiere seine Bilder für echt hielten und gegen die Bilder liefen bzw. flogen (Zeuxis ist einen Kunsttod gestorben, wie es seinem Beruf angemessener nicht sein könnte. Er ist zwar nicht gegen eines seiner Bilder gelaufen, aber er soll sich totgelacht haben, als er eine alte Frau als schöne Venus hatte malen sollen; Gage 2001). (Hier noch eine zweite Zwischenbemerkung: Vielleicht fällt dem aufmerksamen Leser auf, dass es entgegen der Behauptung in Kap. 1.1.2 durchaus schon namentliche Nennungen von Künstlern vor der Renaissance gegeben haben muss. Das ist auch so, aber eben nur in dieser kurzen ‚Geburt-der-Demokratie-im-sonnigen-Griechenland-Phase'. Diese ist insofern mit der Renaissance vergleichbar, als sich auch hier eine Bürgerschicht in einer neuen Gesellschaftsform, nämlich der griechischen Polis, profiliert und dafür Künstler mit eigenem Namenslabel engagiert.)

Platons Schüler **Aristoteles (384–322)** hat nicht nur die Logik, die Wissenschaftstheorie, organisierte Lehrgemeinschaften und die biologische Systematik in die Welt gesetzt, er hat auch als erster in der Geschichte der Ästhetik eine eigenständige kunstphilosophische Schrift präsentiert, die leider – wie seit Umberto Ecos Roman „Der Name der Rose" allgemein bekannt – nur zum Teil überliefert wurde. Die Romanhandlung ist geläufig: Ein Held und dessen Heldenschüler versuchen, eine makabre Mordserie in einem mittelalterlichen Kloster aufzudecken und finden schließlich heraus, dass die Morde wegen einer Teilabschrift von Aristoteles Poetik geschahen, weil der Böse die positive Bewertung des Lachens darin vertuschen wollte. Wo wir schon einmal bei Morden sind: Seinerzeit kursierten Gerüchte über Aristoteles' angeblichen Mord an Alexander dem Großen. Und er hätte wohl in einem modernen Film rein optisch einen guten Bösewicht abgegeben, denn er war klein und kleinäugig und versuchte das angeblich durch massiven Einsatz von Ringen und Haarpflegemitteln zu kompensieren – womit wir wieder beim Thema Schönheit angelangt wären.

Im Gegensatz zu Platon betont das Allroundgenie Aristoteles, dass eine visionäre Sicht anderer, übermenschlicher Welten ebenso wenig nötig wie möglich ist, um die Wirkung von Kunst zu erklären. Was bei Platon noch die Teilhabe an göttlichen Prinzipien durch Kunstbetrachtung war, ist bei Aristoteles der innerpsychische Prozess einer Identifikation mit dem Kunstwerk, die bestimmte Gefühle wie Ergriffenheit, „Jammer" und „Schauder" auslösen kann und soll. Was bei Aristoteles Jammer und Schauder sind, wird später Lessing sehr erfolgreich und lehrplanträchtig mit der Formel von „Mitleid" und „Furcht" als Komponenten der charakterverändernden Wirkung der Kunst, der „Katharsis" übersetzen. Anders als Platon geht Aristoteles auch davon aus, dass nur tendenziell menschlich dargestellte Charaktere die Identifikation des Betrachters und damit auch eine psychische und erzieherische Wirkung des Kunstwerks ermöglichen. Diese Wirkung staffelt er in mehrere Instanzen, deren Wirkungsgrade sich von „Genuss" bis zu „Rührung" erstrecken (Lessing 1958, Walter/Küng 1992). (Übrigens wird sich Lessing auch das als Theorie der gemischten Charaktere unter den Nagel reißen.)

1.2.1.2 Platon und Aristoteles auf der Couch des Psychologen

Die Thesen des Aristoteles klingen in erster Linie deswegen sehr viel moderner als die Platons, weil sie sehr psychologisierend vorgetragen werden. Das ist aber nicht alles, was an Psychologie aus diesem Exkurs in die Antike herausgeholt werden kann. Was die psychologische Systematik von Schönheitsempfinden angeht, so beschreiben beide Theoretiker mit relativ verschiedenen Vorstellungen (mindestens) vier gleiche Abläufe der ästhetischen Wahrnehmung. Hier der erste **BS**-Baustein für die Schönheits-Systematik:

1.2.1.2.1 Außen- und Innenwelt treffen aufeinander (Baustein 1)

Die erste systematische Gemeinsamkeit dieser zwei antiken Philosophie-Ikonen besteht modern-psychologisch gesehen in Folgendem: Was immer an Außenwelt rezipiert wird – Pferde, Vögel, junge Männer oder ein Kunstwerk (= die Wahrnehmung der realen „Erscheinungen") – trifft auf die Innenwelt des Menschen, auf innere Interpretationsmechanismen (= die „Ideen"). Außen- und Innenwelt kommen zusammen – so die grundlegende Beschreibung ästhetischer Wahrnehmung überhaupt. Mit anderen Worten: Sinnliche Wahrnehmung der Außenwelt und abstraktes Denken bzw. die Wahrnehmung der eigenen Person werden gleichzeitig verarbeitet und korreliert. Diese vielschichtige Repräsentation der ästhetischen Prozesse passiert in verschiedenen Instanzen des Gedächtnisses, die diese äußeren und inneren Rezeptorsignale reproduzierbar und mit aktuellen Prozessen integriert aktiv speichern:

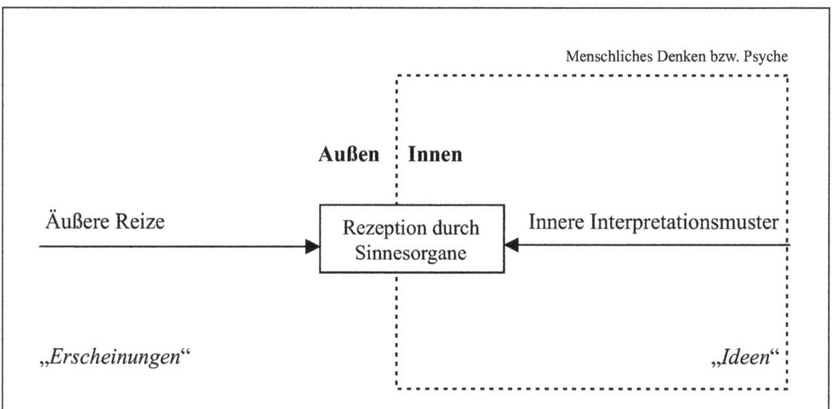

Abb. 16:   Die Vermittlung von Außen und Innen

Damit ist aber noch nicht viel gesagt, und deswegen soll nun gleich die nächste, darauf aufbauende Gemeinsamkeit beider Theorien beschrieben werden, die dieses Aufeinandertreffen von äußeren Reizen und inneren Mustern näher beschreibt:

1.2.1.2.2 Der Vergleich von Strukturen (Baustein 2)

Sowohl Platon als auch Aristoteles setzen für ihre jeweiligen Interpretationen von ästhetischem Erleben voraus, dass die sinnlich rezipierten Erscheinungen und die Ideen miteinander verglichen werden. Aber wie werden diese Außen-Innen-Pole miteinander abgeglichen? Schließlich haben wir hinter den Augen keine homunculoiden Hirn-Wichtel, die eingehende Informationen anhand einer Datensammlung analysieren, die dort in Holzregalen lagert. Zum Glück kann unser Hirn das auch ohne solchen mythologischen Beistand leisten, indem es eigenständig Strukturprinzipien der sinnlich (= akustisch, visuell oder haptisch) wahrgenommenen Dinge mit schon vorhandenen Wahrnehmungsmustern vergleicht. Diese Muster muss man sich vorstellen wie eine Lochmusterkodierung in den Synapsen. Dummerweise werden bei dieser Kodierung sinnliche Neueindrücke auf andere Weise repräsentiert als abstrakte und bereits vorhandene Interpretationsmuster. Also muss eine (ästhetische) Vermittlung zwischen diesen sinnlichen Neuinformationen und den vorhandenen abstrakten, also wohl eher sprachlich gespeicherten Erkennungsmustern stattfinden. Wird z.B. irgendwo ein Pferd gesehen, dann wird das Bild dieses sinnlich rezipierten Pferdes mit den inneren Mustern verschiedener Tiere verglichen, bis äußere und innere Form sich so überschneiden, dass von einem Erkennen bzw. von Identifikation gesprochen werden kann und sicher ist, dass Form, Anzahl der Beine oder Augen des gerade erblickten Wesens wirklich dem entsprechen, was mit ‚Pferd' assoziiert wird.

Fragt sich nur, wo diese Interpretationsmuster herkommen. Dafür sind mehrere Möglichkeiten denkbar. These 1: Solche Muster entstehen als zunehmende Schematisierung von oft wiederkehrenden Erfahrungen, auch geläufig als Abstraktion (Dörner 1999). These 2: Andere Abstraktionstheorien gehen demgegenüber davon aus, dass so etwas wie angeborene Schemata existieren, wie z.B. Chomskys angeborene „generative Grammatik" als Grundlage unserer Sprachfähigkeit (Chomsky 1970). In beiden Fällen ermöglichen Abstraktionen Bewertungen („Pferde sind sehr groß und schnell."), Zukunftsprognosen („Dieses Pferd rennt mich gleich um, und das könnte weh tun") und allgemeines Lernen („Ich bin schon mehrere Male von Pferden umgerannt worden und es hat immer wehgetan, aber als ich vor dem Pferd weggelaufen bin, ist das nicht passiert, also husch, husch, schnell weg.")

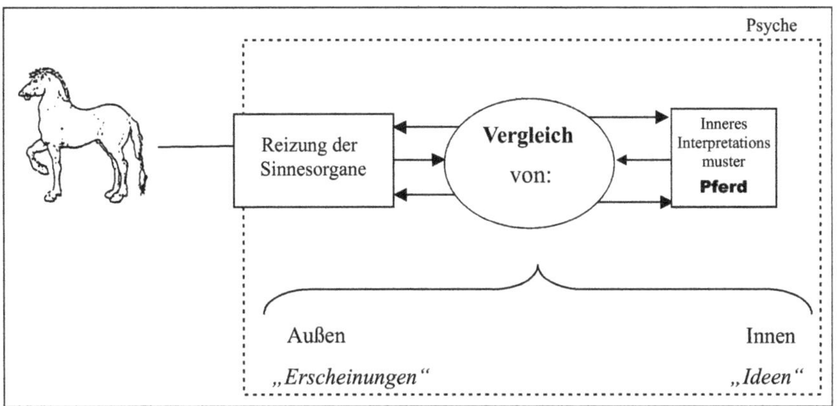

Abb. 17: Die ‚spiegelnde' Nachmodellierung von Strukturprinzipien

1.2.1.2.3 Die Beflügelung (Baustein 3)

Auf **BS 1** und **BS 2** baut der nächste Baustein auf, der sich so auch wieder bei Platon und bei Aristoteles findet: Sinnliche Rezeption, also das Vergleichen der äußeren Reize und inneren Muster, erzeugt ein Gefühl, z.B. Platons Gefühl von ‚beflügelnder' Liebe. Beides ist, bei aller Unschärfe, psychologisch zu übersetzen als ein subjektives Lustempfinden. Dieses Gefühl ist quasi das selbstreflexiv wahrgenommene Motorengeräusch des Hirns bei seiner strukturellen Neuorganisation während des Außen-Innen-Vergleichs. Es tritt potenziell sowohl bei der Wahrnehmung eines konkreten Gegenstandes als auch bei der Betrachtung einer künstlerischen Umsetzung ein, also beispielsweise bei einem realen Pferd ebenso wie bei einem Pferdebild. Vielleicht ist es einleuchtender, das ganze mit dem Knacken eines Tresorschlosses zu vergleichen, denn dabei empfiehlt es sich auch, ganz genau auf kleine Geräusche zu achten, damit eventuelle Übereinstimmungen von Dietrich und Schloss erkannt werden. Solche Übereinstimmungen werden indiziert anhand des dabei auftretenden Gefühls, nämlich der Freude über einen gelungenen Vergleich von Außen- und Innenwelt.

Klappt der Vergleich von Interpretationsmustern und äußeren Sinnesreizen nicht so recht und jemand weiß absolut nicht, was er mit einer wahrgenommenen Sache anfangen kann, dann stellt sich kein Lustfaktor, sondern eher so etwas wie Befremdung ein (aber dazu kommen wir später). Klappt der Vergleich jedoch, dann kommt die Freude über die gelungene Vergleichstätigkeit als neue Information zu dem vorhandenen kognitiven Musterbestand hinzu. Sowohl Platon als auch Aristoteles – und auch die nachfolgenden Theoretiker werden sich dem anschließen – bezeichnen diesen Vorgang als „Erkenntnis". Und Erkenntnis ist gut. Bis für diese Gefühl ein genauerer psychologischer Terminus erarbeitet wurde, soll hierfür der Begriff Beflügelung beibehalten werden: Das durch **BS 1** und **BS 2** entstehende Lustempfinden **BS 3** ‚beflügelt‘.

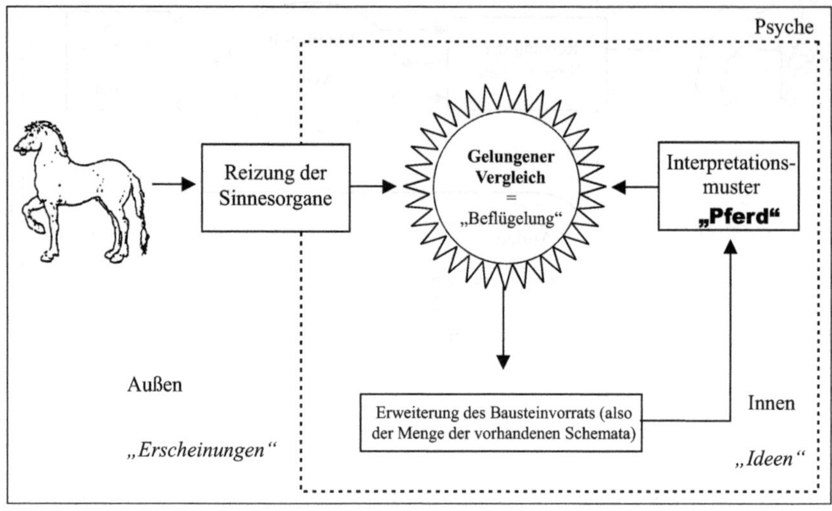

Abb. 18:   Die ‚Beflügelung‘

1.2.1.2.4   Das Steigerungsprinzip (Baustein 4)

Natürlich sind die Ausprägungen des ‚beflügelnden‘ Schönheitserlebens verschieden. Dieses subjektive Lustempfinden beginnt als Faszination, ist dann steigerungsfähig hin zum Genuss und anderen Graden von Affekten von aristotelischer „Rührung" bis platonischer „Ekstase". Wenn Sie z.B. beim Erblicken eines Tieres schlichtweg nur erkennen, dass es sich um ein Tier handelt, dann haben Sie lediglich das Objekt identifiziert. Nun ist ästhetisches Betrachten aber mehr als bloße Identifikation, denn der Vergleich von sinnlich wahrgenommenen, äußeren Eindrücken findet auf verschiedenen, steigerungsfähigen Ebenen statt und ist mit dementsprechend verschiedenen, steigerungsfähigen Emotionen bestückt: Haben Sie z.B. ein Tier mit vier Beinen in der Ordnungskategorie Säugetier untergebracht, dann ist nach dieser Einordnung weiteres Zuordnen möglich; Sie können weiterhin alle sinnlichen Informationen mit den verfügbaren Mustern Ihres Weltwissens vergleichen, also der Menge aller vorhandenen Verhaltensprogramme und Geschehnisschemata (Dörner 1999); und je mehr das, was Sie sehen, dem idealen Muster einer bestimmten Kategorie, z.B. der Kategorie ‚Pferd‘ entspricht, umso mehr steigert sich Ihr Interesse, Ihre Emotionalität und Ihr Lustempfinden. Gesteigert wird dies, indem Sie das Wahrgenommene mit Interpretationsmustern und jeweiligen Entwicklungs- und Veränderungsmöglichkeiten bis hin zu ganz idealen

Formen in Verbindung setzen. Auf diese Art wird quasi konjunktivisch abgeklopft, in welche Schublade von Gefühlsqualitäten der Anblick des Pferdes gehören könnte. Diese Betrachtung wird solange betrieben, wie sie dem Betrachter sinn-, also lustvoll erscheint. Macht die Betrachtung irgendwann keinen Spaß mehr, wird die Betrachtung abgebrochen, wenn z.B. das betrachtete Pferd in der Kategorie Ackergaul einzuordnen war und der Betrachter sich leider gar nicht für Landwirtschaftstiere interessiert. Die Betrachtung wird nur solange aufrechterhalten, wie die neuen Muster für das Weltwissen des Betrachters bzw. sein Lebenskonzept wichtig sind und einem emotional besetzten Ideal seines Weltbilds entsprechen. Ist der Betrachter unseres Pferdes extrem zufälligerweise ein mittelalterlicher Bauer mit starker Tendenz zu künstlerischer Betrachtungsweise, dann ist das Pferd für seine gesellschaftlichen Werte und Leitbilder zwar von Belang und faszinierender als für alle anderen Bauern. Für einen modernen Postangestellten ist das Ganze entweder völlig uninteressant oder vielleicht erst recht sehr ergreifend, weil er durch seinen inneren Abstand zum Pferd einiges mehr in das Pferd hineinprojizieren kann als jemand, der tagtäglich Pferde um sich hat. Wichtig ist an dieser Pferdefrage hier nur, dass sie aus noch zu klärenden Gründen steigerungsfähige Ausprägungen der ‚Beflügelung‘ (**BS 2**) verdeutlicht.

Diese können sich bis zu einer höchsten Stufe steigern, einem starken Glücksgefühl. Diese höchste Stufe zeichnet sich vor allem dadurch aus, dass der Glückliche in diesem Glücksmoment nichts anderes mehr wahrnehmen kann als nur noch diese Gefühl. Das funktioniert so: Der Verlauf der immer intensiveren Betrachtung führt dazu, dass die Speicherkapazitäten des Gedächtnisses zunächst immer mehr ausgelastet werden. Grund dafür sind die zunehmend abstrakten, also immer größeren Kategorien der ästhetischen Betrachtung. D.h. etwas wird rezipiert und dieses Etwas erscheint immer idealer, je mehr darüber reflektiert wird. Ein Beispiel: „Wenn das ein Säugetier ist, dann könnte es ein Pferd sein und wenn es ein Pferd ist, dann könnte es interessant sein. Dann kommt noch dazu, dass genau diese Rasse und diese edle Gangart viel Geld repräsentieren. Zu Recht, denn sind nicht diese Bewegungen Ausdruck perfekter Stärke und Disziplin? Und das hat alles miteinander zu tun, und... hach...“ Auf diese Weise können sich Pferdeliebhaber am Weidezaun in den Anblick ihres Lieblings versenken, bis sie vor lauter Rührung zusammenbrechen. Sind die Speicherkapazitäten durch diese schlussfolgernde Steigerung der Betrachtung nämlich irgendwann ausgelastet, dann nimmt das System – letztlich: das Gehirn – nichts anderes mehr wahr als die eigenen Emotionen und Assoziationen. Es steigert sich sprichwörtlich in die Betrachtung hinein und es kommt zu sog. ek- oder enstatischen Phänomenen. Emotionen, ansonsten eher nebensächliche Begleitumstände von Handlungen, werden so im Extremfall zur Hauptsache.

Die platonische Tradition umschreibt so etwas als die Schau der Idee des „Guten“ bzw. als Erleben des „Einen“, als ein Gefühl, mit dem nicht mehr zwischen Um-welt und Empfindungen unterschieden wird und das keine weiteren

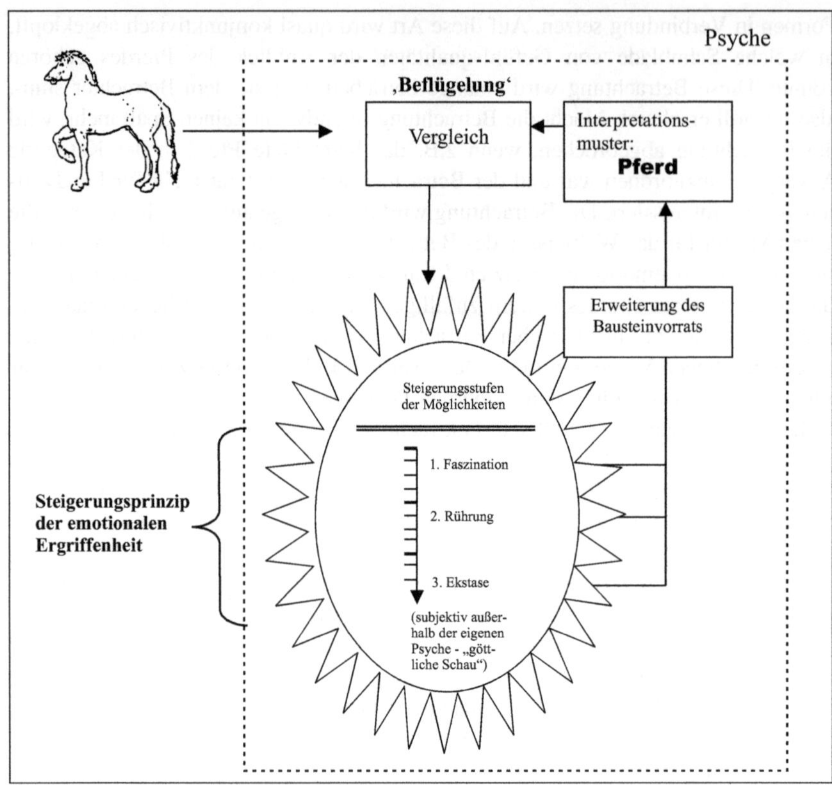

Abb. 19:   Das Steigerungsprinzip

Neuinformationen von außen mehr aufnehmen kann. Von daher ist dieser Zustand einerseits ein Zusammenbruch des logisch-diskursiven bzw. konventionell-begrifflichen Denkens, andererseits garantiert dieser **G**rößte **A**nzunehmende **G**lücksfall starke Empfindungsqualitäten von Glück in Form von Liebe, Leidenschaft bzw. Ekstase oder was auch immer.

1.2.2   Gott und die Welt: Ästhetische Aspekte christlicher Versenkung

Nach der Antike kommen die mittelalterlich-christlichen Philosophen. Die von ihnen beschriebenen Wahrnehmungstheorien stehen alle im religiösen Kontext der Zeit, aber im Prinzip verwenden auch sie die acht **BS** des ästhetischen Erlebens, von denen nun die ersten vier bekannt sind. Erklärter Lieblings-**BS** dieser Ära ist der **BS 4** in Form der religiösen Ekstase, dem absoluten Extrem der vorab beschriebenen Steigerungsformen des ästhetischen Erleben. Auch hier gilt die

Formel: Das Erkennen einer Ordnung führt zu einem Lichtempfinden, wie dies schon bei Platon und Aristoteles beschrieben wurde. Diese Vorstellung von Erleuchtung führt in der Kunstpraxis zum massiven Einsatz von bunt leuchtenden Kirchenfenstern und glänzenden Goldhintergründen auf Altarbildern. Verglichen mit den beiden Antipoden Platon und Aristoteles des vorangegangenen Kapitels stehen hier Platons mystisch-spiritualistisch-überindividuellen Akzente weit höher im Kurs als seine aristotelisch-individualisierende Konkurrenz.

Die Theorien dieser Zeit sind besonders dafür geeignet, den nächsten **BS** einzuführen, der beschreibt, wie eine gewisse Ruhe das ästhetische Lustempfinden fördern kann (entspricht **BS 3 bzw. 4**). Schließlich ist beispielsweise ein gotischer Altar je mehr psychologisches Schönheitsempfinden wert, je weniger die darum herumgebaute Kirche brennt und je mehr Zeit der Betrachter für kontemplative Versenkung hat. Alle nun folgenden Philosophen widmen sich intensiv den kontemplativen und – aufgrund der gerade angesagten Unberechenbarkeit göttlicher Wirkensweise – unberechenbaren Zugängen zu ‚erleuchtendem‘ Schönheitsempfinden.

1.2.2.1 Die Theorien des doch nicht so finsteren Mittelalters

Plotin (204–270) ist zwar grundsätzlich kein Christ, aber er hat in seiner Eigenschaft als großer Platon-Verehrer christliche Vorstellungen maßgeblich beeinflusst. Er war eine aus psychologischer Sicht ausnehmend interessante Person, denn er hat sich weit vor der Erfindung von Anorexie krank gehungert. Da solche Art der Selbstkasteiung bekanntlich zu Hochgefühlen bis hin zu mystischen Erleuchtungen führt, entstammen seiner Feder detaillierte Beschreibungen ‚beflügelnder‘ Ekstase (entspricht BS 4).

Plotin legt mehr als alle seine Vorgänger Wert darauf, dass das, was modern ästhetisches Erleben genannt wird, in erster Linie durch seelenvoll-intuitive, nichtdiskursive Betrachtung auf einem relativ niedrigen Bewusstseinsgrad entsteht. Plotin unterteilt dieses Erleben in drei Stufen, die deutliche Parallelen zu mehreren modernen Theorien sozialer Kompetenz aufweisen: Der Betrachter schreitet von sinnlich-„sensibler“ über abstrakt-„intelligibler“ zu schließlich „überintelligibler“ Wahrnehmung (entspricht **BS 1–3**). Die oberste Stufe dieser Erfahrung ist der Geist, der die Welt der Ideen als einen „schönen Tempel“ (Plotin, Enneaden) enthält. In diesem Tempel ist es möglich, der eigenen Person zu begegnen. Plotin umschreibt dieses Geist- und Tempel-Areal als das „Eine“, als einen virtuellen Raum des Schönen mit den amtlichen Erkennungszeichen Betroffenheit, „süße Erschütterung“, „Verlangen“, Liebe und „lustvolles Beben“ (Plotin 1956, Macha 1927). Das Eine ist die absolute Einheit aller Dinge und Gegensätze (entspricht der höchsten Stufe von **BS 4** bzw. einem Sonderfall von **BS 2**: Beim Vergleich von Außen- und Innenwelt ist kein Unterschied festzustellen).

Augustinus (354–430) war ebenfalls aus psychologischer Sicht eine interessante Persönlichkeit. Zuerst markiert er den Schwerenöter, und später macht er als Kirchenvater Karriere. Als solcher predigt er wie weiland Platon, dass jede Schönheits-, also Gotteserfahrung vor allem sittlich-vervollkommnende Erziehungsfunktion hat (entspricht **BS 3–4**: Verknüpfung von ästhetischer ‚Beflügelung‘ und ethischen Leitbildern). Eines Tages vergisst er aber in einem selbstvergessenen Moment diese eigene Doktrin und findet Gefallen am Netz einer Spinne. Seine anschließende Selbstbezichtigung ob dieser *curiositas*, reiner Neugierde der Neugierde wegen und ohne Bezug zu Gott, macht Schule und wird zu einem beliebten Gedankenkonstrukt des Mittelalters (Augustinus 1960, Bernhard 1981, Kreuzer 1994).

Ähnlich wie Augustinus änderte auch der dickliche und fast krankhaft schweigsame **Thomas von Aquin (1224/5–1274)** seine Meinungen im Laufe seines Lebens in beeindruckender Weise. Zuerst propagierte er eine aristotelisch-klare Analysierbarkeit menschlichen Schönheitsempfindens. Wie Plotin ist auch er nach einem mystisch-ekstatischen Erlebnis, das sich in seinem Fall aus heutiger Sicht unter Umständen als Schlaganfall diagnostizieren lässt, aber der Ansicht, dass Worte wie Stroh seien. Das führt sogar dazu, dass er die Arbeit an seinem Hauptwerk, der Summa Theologica einstellte. Vielleicht war er mittlerweile auch einfach nur zu dick für seinen Schreibtisch geworden, aus dem angeblich sogar ein Halbrund ausgesägt werden musste, damit Thomas samt Bauch daran arbeiten konnte (Thomas von Aquin 1882, Czapiewski 1964, Weischedel 1976).

Von **Ficino (1433–1499)** werden diese Ansätze dann zweihundert Jahre nach Thomas langsam in eine etwas theoretischere Form gebracht, was von ihm als einer der Vorzeige-Übergangsfiguren in Richtung Renaissance auch zu erwarten ist. Er umschreibt Kontemplativität als Zusammenwirken von aktivem und passiven Intellekt, als Synthese universaler und partikularer Prinzipien – verglichen mit zwei auf ihrer Spitze aufeinanderstehenden Kegeln, die in einer Art Spiegelprojektion Plotins Begegnung mit sich selbst versinnbildlichen (entspricht **BS 2**) (Ficino 1994, Oehlig 1992).

1.2.2.2 Wieder auf der Couch des Psychologie:
Der kontemplative Zugang (Baustein 5)

Das ekstatische Erleben von Schönheit scheint vornehmlich dann einzusetzen, wenn es die mittelalterlichen Christen nicht erwarten oder forcieren, wenn, psychologisch gesprochen, der Vergleich der Strukturprinzipien von **BS2** nicht diskursiv, sondern assoziativ, also in unwillkürlich unbewussten Prüfschritten vonstatten geht. Auf diese Weise tritt irgendwann ein subjektiv nicht erklärbarer und wegen seiner ‚Schönheit‘ sehr beliebter Zustand ein (entspricht **BS4**). Wie die Geschichte von Augustinus’ Spinne zeigt, muss bzw. kann das Eintreten in diesen Zustand (paradoxerweise) nicht unbedingt vorsätzlich ausgelöst werden, z.B. durch Meditationstechniken, sondern kann auch durch unbeabsichtigte Gedankenverlorenheit oder durch das Fehlschlagen erster, einfacherer Interpretationsversuche passieren.

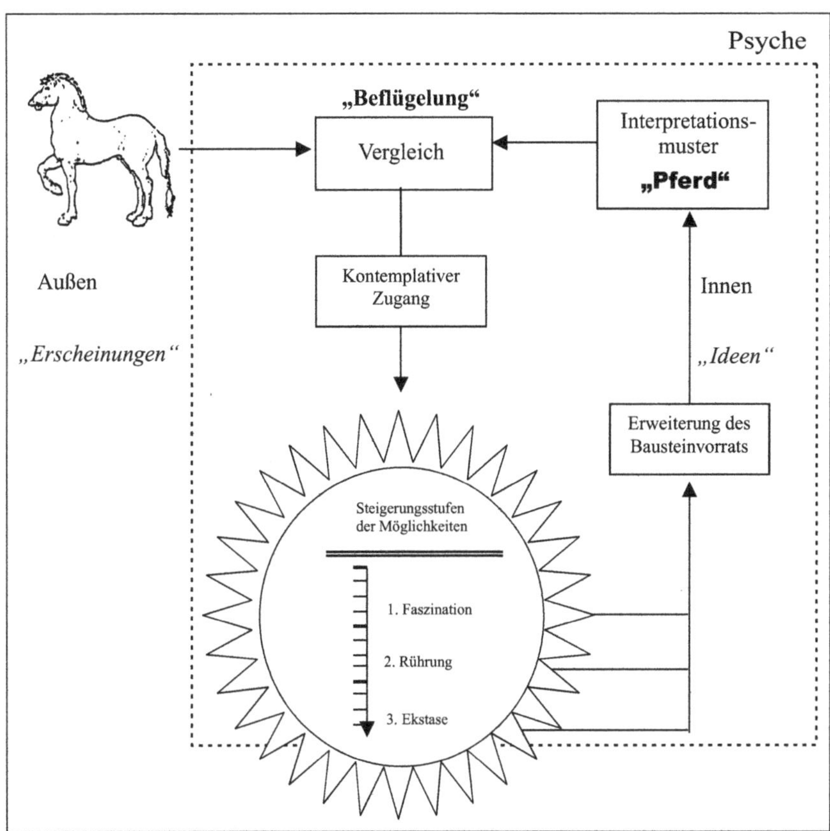

Abb. 20: Der kontemplative Zugang

Das Unwillkürliche dieser extremen Ekstase-Erfahrungen ist, wie bereits angesprochen, mit der etwas weniger dramatischen Intuition vergleichbar. Bei diesem wie jenem Phänomen schweift das diskursive Denken ab, es kommt zu einer „vertikalen Flucht" bzw. einem „thematischen Vagabundieren" (Dörner 1999). Beides definiert sich aus psychologischer Sicht u.a. über ein nicht handlungsorientiertes Assoziieren ähnlicher Schemata durch einen erniedrigten Auflösungsgrad. Das ist so etwas wie ein vergleichsweise grobes Suchraster der Wahrnehmung (Dörner 1999). In diesem Zustand ist ein relativ lineares, also logisch schlussfolgerndes und klares Denken schwierig. Die Kommunikationsfähigkeit nach außen hin ist ebenfalls eingeschränkt. Dafür wird aber eine bis ins Chaotische steigerbare Vernetzung verschiedenster Denkinhalte möglich. Je kontemplativer, also „vertikaler" oder vernetzter ästhetisches Erleben ist, desto ausgeprägter sind auch entsprechende Möglichkeiten von intuitiv gefundenen Musterüberschneidungen, d.h. umso mehr Assoziationen hergestellt werden können, desto wahrscheinlicher ist die Steigerung des Erlebens (entspricht **BS 4**).

1.2.3 Direkt vom Erzeuger: Ästhetik auf Seite der Produzenten

In der Renaissance melden sich erstmals die Praktiker der ästhetischen Produktion zu Wort. Die besonders Überlebenstüchtigen dieses Berufsfelds wie Leonardo da Vinci oder sein deutsches Pendant Dürer vermarkten nicht nur ihren eigenen Namen und persönlichen Malstil, sondern auch eine bestimmte Selbststilisierung. Leonardo und Dürer gelten u.a. deswegen bis heute als Urväter des Klischees vom eigenständigen bis genialischen Künstler, der besser nicht gestört wird, wenn er in seinen eigenen bis göttlichen Sphären schwebt. In dieser Zeit entstehen die ersten Theorien zur Künstlerpersönlichkeit, die (in Anlehnung an Albertus Magnus) sehr respektvoll die künstlerische Tätigkeit sogar mit dem Schöpfungswerk Gottes oder der Neuschöpfung einer eigenen Welt vergleichen. Deswegen sollen die Wahrnehmungstheorien dieser Epoche den nächsten **BS** illustrieren. Dieser besagt, dass innerhalb des kontemplativen Bereichs eigene Regeln herrschen, die nach eigenen Aussagen nur von genialischen Künstler gehandhabt werden können.

1.2.3.1 Die Theorien der Renaissance-Genies

Leonardo da Vinci (1452–1519) setzt massiv auf einen solchen Bereich künstlerischer Unangreifbarkeit und beschreibt den Künstler als schaffenden Vermittler, der zwischen der Welt und Gott und zwischen Berechenbarkeit und Unberechenbarkeit der Welt und von Gott steht – in einem Raum, dessen Gesetze in ihrer Gesamtheit nicht wissenschaftlich (entspricht **BS 1** und **5**), sondern erst durch göttliche Inspiration zugänglich und so nur dem ekstasefähigen *ingeniosus* vorbehalten sind (entspricht **BS 4**), z.B. ihm selber (Ludwig 1982).

Ein weiteres Universalgenie der Renaissance war **Alberti (1404–1472)**, schon alleine deswegen, weil er angeblich aus dem Stand über ein Pferd springen konnte. Sein Ruhm hatte allerdings eine geringere Halbwertszeit als der Leonardos, weil er sich vor allem mit Kunsttheorie und Architektur beschäftigte, was zum einen weniger Menschen interessiert, zum anderen nicht so postkartentauglich ist wie die „Mona Lisa". Dabei stehen die von ihm gebauten Häuser noch heute und auch seine Schriften gelten als erste moderne Traktate über Malerei, Bildhauerei und

Architektur. Entsprechend der zeitgenössischen Tendenz zum Universalen und Enzyklopädischen strukturiert er sehr ausführlich ästhetische Begriffe: Er entwickelt die erste Theorie der Zentralperspektive und eine Farbtheorie, und das alles erstmals ohne metaphysische Begründungen. Er beschreibt Kunstwerke als Fenster zu einem anderen Raum, als virtuellen Raum ungewöhnlicher Empfindungen, die bis dahin nur religiöser Erfahrung zugestanden hatten, aber als Genosse von Seele und Vernunft wichtige Aufgaben erfüllen. Die Regeln solchen Empfindens orientieren sich an Spiegel- bzw. Wiedererkennungsprinzipien: Proportionen der Welt werden auf der Suche nach der idealen Proportion auf andere Prinzipien übertragen, so wie in der damaligen Architektur und Wissenschaft (entspricht **BS 2**). Praktische, berühmte Beispiele hierfür sind damalige Kirchen, die den Proportionen des menschlichen Körpers entsprechen, oder Leonardos Proportionslehre.

Aber trotz dieser mathematischen Prinzipien kann Alberti nicht alle Gefühlsphänomene erklären, die Künstler oder Kunstrezipienten durchleben, z.B. Ekstasephänomene. Diese werden deswegen aus der Betrachtung ausgeklammert, was indirekt die besagten autonomen Regeln der Kunst bestätigt (Alberti 1970).

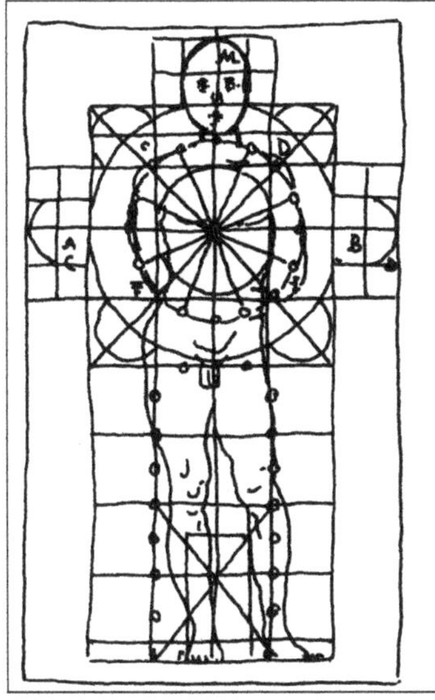

Abb. 21:   Konstruktionspläne einer Basilika nach dem Mass eines Menschen

Vergleichbare Schwerpunkte finden sich bei anderen Theoretikern jener Zeit: **Nikolaus von Kues (1401–1464)** beobachtet auf einer Schiffsfahrt wie die Sonne untergeht und zwar da, wo am Horizont Himmel und Erde aufeinandertreffen. Er vergleicht das mit der erkenntnisbringenden Versöhnung zwischen berechenbarem Denken und unberechenbar-eigenständiger Sinnlichkeit und nennt dieses Konzept *coincidentia oppositorum*. Die Versöhnung dieser eigentlich unversöhnlichen Kategorien ermöglichen ein inspirierendes, anregendes Bewusstsein göttlicher Unendlichkeit und Einheit (entspricht **BS 1–4**) – wahrscheinlich eine persönliche Sehnsucht, da er in seinem Alltag mit Nonnen um Grundstücke streitet (Nikolaus von Kues 1985, Scharpff 1862, Weischedel 1976).

Auch **Giordano Bruno (1548–1600)** (Theoretiker, Gedächtniskünstler und dogmatischer Märtyrer für undogmatische Meinungsfreiheit) und **Giovanni Paolo Lomazzo (1538–1600)** (Theoretiker und Portrait-Maler, später erblindet – ab dann nur noch Theoretiker) beschreiben nichts, was nicht schon irgendwoher bekannt wäre: Ästhetische Wahrnehmung ist wie eine eigene Sphäre mit eigenen Regeln, in welcher der Mensch seinen eigenen Intellekt mitbekommt – wie durch einen Spiegel. Kunst wird zum Äquivalent für das menschliche Bewusstsein, das den Menschen erst zum Menschen macht (Bruno 1995, Lomazzo 1584).

1.2.3.2 Auf der Couch: Die eigenen Regeln des ästhetischen Bereichs (Baustein 6)

Diesen neuen Richtlinien zum Schutz künstlerischen Tuns und ästhetischen Erlebens ist Folgendes gemeinsam: Alle thematisieren die eigenen Regeln ästhetischer Reflexion, die sich der mathematisch-proportionalen Berechenbarkeit ent-

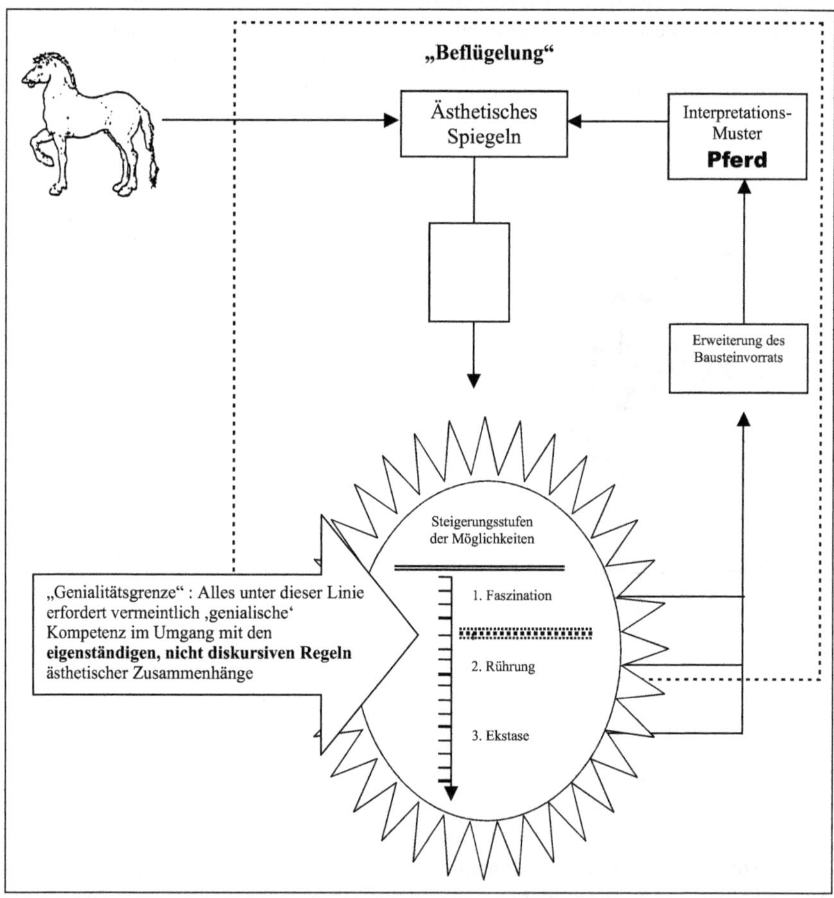

Abb. 22:   Die Eigenständigkeit des ästhetischen Bereichs

ziehen. Einerseits gilt die Wirkung von Kunst zwar als anteilig berechenbar, andererseits können vor allem starke bzw. intensiv empfundene Gefühlsqualitäten aber nur im Hinblick auf zwei ineinandergreifende Aspekte erklärt werden: 1) Durch spezielle Voraussetzungen der Künstlerpersönlichkeit, die den kompetenten Umgang mit diesen widersprüchlichen und eigenständigen Eigenschaften von Kunst gewährleisten, und 2) durch göttliche Inspiration. Gerade dieser Aspekt des Göttlichen ist per definitionem jeder Berechenbarkeit unzugänglich. Was bleibt, ist also die These, dass Künstler deswegen Künstler sind, weil ihr ästhetisches Erleben aus noch zu klärenden Gründen unberechenbar, weil ausschließlich kontemplativ, weil nicht auf regulär-diskursivem Weg zugänglich ist (entspricht **BS 5**). Denn im Vergleich zum rein logischen Denken ist die assoziative Mustersuche der ästhetischen Wahrnehmung vielschichtiger. Sie gehorcht einer eigenen Logik, die aber nicht erklär- oder beschreibbar ist.

1.2.4 Grau ist alle Theorie: Ästhetische Phänomene in der neuzeitlichen Wissenschaft

In Barock und Aufklärung boomen Buchdruck und Universitätsgründungen in Wechselbeziehung zueinander. Erste pseudomoderne Klassiker der Gattung Philosophie wie z.B. Descartes und Pascal, Locke oder Berkeley betreten die Bühne der späteren Schulbücher, geschmückt mit Perücken oder Brennstablocken. Das Theoriemonopol zum Thema Schönheit wandert nun in die Richtung neu entstehender Wissenschaft ab. Wer sich dort aufzuhalten geruht, betätigt sich allerdings selten hauptberuflich als Künstler, sondern kämpft eher an künstlerischen Nebenfronten wie z.B. als Theaterautor oder Literaturkritiker. Als solche sind die nun folgenden Autoren – wie sollte es anders sein – Meister wohlklingender Worte, sehr schreibfreudig und rational. Das rührt natürlich daher, dass mittlerweile die Vernunft als neues Leitmotiv, das Licht der Vernunft, damit begonnen hat, religiöse Erleuchtungsmöglichkeiten wegzumobben und zwar zunächst auf französisch, dann auf englisch. Erst präsentieren die Franzosen Klassizistisch-Diszipliniertes und später die Engländer Aufklärerisch-Empfindsames, und zwar nicht nur in den Wissenschaften, sondern auch in Kunst und Gartenbau, die sich inhaltlich und floral entweder bevorzugt symmetrisch oder bevorzugt – natürlich erscheinend – asymmetrisch geben, so wie der Gegensatz von entweder hochgradig begradigten Beeten oder englischen Landschaftsgärten (Boxels 2001). In beiden Phasen setzt sich der Glaube an die Überflüssigkeit des Glaubens durch, also an Wissenschaft, Vernunft und mathematische Berechenbarkeit. Das heißt für die zeitgenössische Wahrnehmungstheorie, dass alles, was sich mit Hilfe von Systematisierung nicht erklären lässt, als anachronistisches Moment der Unberechenbarkeit klassifiziert wird. Hinweise auf Ekstase werden qua Gottesmangel rar. Das entspricht auch den historischen Änderungen im gesellschaftlichen Status ekstasefähiger Menschen. Solche werden umgedeutet zu psychisch Kranken, weg von mittelalterlicher misericordia und hin zur aufgeklärten Vernunft, die solche Phänomene nur als bemitleidenswerten Wahnsinn begreifen kann.

Auf diese Weise entsteht innerhalb dieses Diskurses bis etwa 1800 mit Ausnahme weniger Versatzstücke der Grundstock des wissenschaftlichen Begriffsapparats zur ästhetischen Theorie, auf dem dann später modernes Kunstverständnis aufbauen konnte. Ein weiterer **BS** tritt in seiner Eigenschaft als neues Modethema an das Katheder der neuen Unis, nämlich ästhetische Empfinden als Garant der psychischen Gesundheit.

1.2.4.1   Die Theorien der neuen Unis

Ein ausgesprochener Vielschreiber seiner Zeit war, wie schon sein Name zeigt, **Anthony Ashley Cooper, Third Earl of Shaftesbury (1661–1713)**. Er beschreibt „vernünftige Ekstase", die dann eintritt, sobald jemand durch Schönheitsempfinden respektive „inneres", „geistiges Auge" zum intuitiven Einblick in die göttliche Ordnung zugelassen wird (entspricht **BS 1–4**). So vermittelt Schönheitsempfinden zwischen Natur und Mensch und ermöglicht gleichzeitig einen „harmonischen" Gleichgewichtszustand zwischen inneren und äußeren Kräften (entspricht **BS 1**). Denn während die Natur sich vom Unvollkommenen zum Vollkommenen entwickelt, ist die Ordnung des Intellekts genau umgekehrt, vom Vollkommenen in Richtung Unvollkommenes (wie bei Ficinos Doppelkegel). Wichtig ist Cooper an dieser Stelle wegen zwei Aspekten: Zum einen deutet er mit dieser Gleichgewichtszustandsthese an, dass ästhetisches Empfinden für das reibungslose Funktionieren des psychischen Apparats wichtig ist (Shaftesbury 1900, Spicker 1972). Zum anderen hatte er einen wichtigen Fan:

Francis Hutcheson (1694–1746) schrieb eine Verteidigung Shaftesburys und schuf damit die erste neuzeitliche Theorie des Schönen, die völlig auf metaphysische Implikationen, also Begründungen des Schönheitsempfindens durch göttliche Ursachen, verzichtet. Er gilt damit neben Baumgarten und anderen als einer von mehreren Vätern der modernen Ästhetik (Hutcheson 1977).

Das einflussreichste Regelwerk klassizistischer Berechenbarkeit war dann allerdings das Lehrgedicht „L'Art poétique" von **Boileau-Despréaux (1636–1711)**. Er macht *das je ne sais quoi* hoffähig, die obligatorische Restmenge an Unberechenbarkeit des ästhetischen Erlebens. Diese Formel von der Unbestimmbarkeit wird ab jetzt zum festen Kanon (Boileau-Despréaux 1966, Adam/Escal 1970). Sie stammt vom lateinischen *nescio quid* – seit Cicero Ausdruck für die Unfassbarkeit des Schönen und seit Augustinus für die Unfassbarkeit Gottes (entspricht **BS 6**).

Es gibt eine ganze Reihe damals bedeutender, heute unbedeutender Autoren **Edmund Burke (1720–1797)** fällt in dieser Hinsicht zwar nicht aus dem Rahmen, ist es aber wegen der Psychologisierung seines Wortgebrauchs und seiner rührenden Beispiele aus Tierreich und menschlichem Liebesleben wert, ausführlich dargestellt zu werden:

In seiner „Philosophischen Untersuchung über den Ursprung unserer Begriffe vom Erhabenen und Schönen" definiert er den Menschen zwischen dem Wunsch nach Selbsterhaltung und dem Wunsch nach Geselligkeit (entspricht **BS 1**). Zwischen diesen Kraftpolen scheint es ein eigenes, eigenständiges Areal von Reflexion zu geben, in dem keiner der beiden Wünsche ein Handeln bewirkt (entspricht **BS 6**). Bekommt man beides unter einen Hut, dann kommt es zu erleichternder Freude („delight"), und wenn diese Sympathie einigermaßen kontemplativ daherkommt, dann entsteht ein lebensnotwendiges Gefühl des Schönen („beautiful"). Die Berechenbarkeit von Schönheitsempfinden durch Proportionen lehnt Burke wegen allzu verschiedener Geschmäcker verschiedener Individuen ab. Auch Zweckmäßigkeit („fitness") und Brauchbarkeit („utility") erklären spezifisch ästhetische Phänomene nicht (Burke 1958, Bassenge 1980). Die spezielle Verbindung von Nützlichkeit und gleichzeitig wahrscheinlichem Schönheitsempfinden ist ein eher modernes, evolutionstheoretisches Argument, das zu Burkes Zeit noch kaum gebräuchlich war:

> *„Denn nach diesem Prinzip würde die keilförmige Schnauze eines Schweines mit den zähen Knorpeln am Ende seine kleinen tiefliegenden Augen und die ganze Beschaffenheit seines Kopfes ... außerordentlich schön sein. Der große Beutel, der am Schnabel des Pelikans hängt und für dieses Tier höchst nützlich ist, müsste in gleichem Grade schön für unsere Augen sein. Der Igel, der durch seine stachelige Haut gegen alle Angriffe so wohl gesichert ist, und das Stachelschwein ... müssten dann als recht hübsche Geschöpfe betrachtet werden"* (Burke nach Hauskeller 1999, S. 188).

Subjektiv Hässliches bewirkt körperliche Spannungszustände, Schönes erlaubt die Erschlaffung des Körpersystems – was der Vergleich mit physiologischer Liebe einsichtig macht:

> *Wenn wir solche Objekte vor uns haben, die Liebe und Zufriedenheit erregen, ist der Körper ... in folgender Weise affiziert: Der Kopf ist etwas nach einer Seite geneigt, die Augenlider sind mehr als gewöhnlich geschlossen, die Augen bewegen sich mit einer leichten Neigung nach dem Objekt hin, der Mund ist ein wenig geöffnet, der Atem geht langsam, ab und zu ertönt ein tiefer Seufzer, der ganze Körper ist in Ruhe, und die Hände hängen nachlässig zur Seite herab. All dies ist begleitet von einem inneren Gefühl der Rührung und der Schwäche ... Aus dieser Beschreibung lässt sich aber kaum ein anderer Schluß ziehen, als dass Schönheit wirkt, indem sie die Grundfesten des ganzen Systems erschlaffen lässt... und eine Erschlaffung, die eine gewisse Herabsetzung der natürlichen Spannung enthält, scheint mir die Ursache allen positiven Vergnügens zu sein. "* (ebd.).

Alexander Gottlieb Baumgarten (1714–1762) führt 1740 in Frankfurt/Oder Kunsttheorie als neue philosophische Disziplin ein, die Wissenschaft der sinnlichen Erkenntnis, der *scientia cognitionis sensitivae,* und schafft damit neue Arbeitsplätze. Zum Dank dafür gilt er als Hauptvater von mehreren Vater-der-Kunstpsychologie-Figuren, neben Hutcheson, Burke, und ganz hinten in vergangenster Vergangenheit auch Vasari.

Baumgarten versucht, der Verbindung von logischer und sinnlicher „Wahrheit" eine strukturierte „ästhetiklogische" Wahrheit nachzuweisen (entspricht **BS 1** und **6**). Sinnliche Erkenntnis ist poetisches, der Vernunft ähnliches Denken, aber gegenüber der Eindeutigkeit der abstrakt-logischen Erkenntnis „vielsagend". Von daher ist sinnliche Erkenntnis zwar minderwertig, aber nötig für tagtägliche Erkenntnisse. Künstler haben aufgrund ihrer Veranlagung besonders ausgeprägte Möglichkeiten solcher ästhetiklogischen Erkenntnis, nämlich Phantasie, spielerische Vernetzungsfähigkeit, ästhetische Urteilskraft, Witz und Scharfsinn. Damit können sie maximal viel – *ordo maxime compositus* – Einheit des Mannigfaltigen erkennen (Baumgarten 1961, Schweizer 1983). Dies ist die erfolgreichste Formel der Kunstpsychologie überhaupt.

> *„§ 556 … Die geringste Wahrheit ist die geringste Erkenntnis der geringsten metaphysischen Wahrheit. Je reicher also, 2) je bedeutender und angemessener, 3) je exakter, 4) je klarer und deutlicher, 5) je zuverlässiger und gediegener, 6) je leuchtender die Vorstellung eines Gegenstandes ist, 7) je mehr, 8) je bedeutendere, je gewichtigere Einzelheiten dieser enthält, 9) je stärker die Bezüge sind, durch die jene Einzelheiten zusammengehalten werden, 10) je besser alles zusammenpasst, was der Gegenstand enthält, um so bedeutender ist die ästhetiklogische Wahrheit."* (Baumgarten 1961, S. 192)

Nun zum theoretischsten aller Theoretiker, zu **Kant (1724–1804)**, der sein Leben angeblich keiner einzigen Frau, dafür aber komplett der Philosophie gewidmet hat und deswegen so theoretisch ist, dass auch heute noch mit größtem Erfolg Seminare über ihn abgehalten werden. Sein Vokabular ist Standardrepertoire aller theoretischen Theorie. Wäre auch seltsam, wenn es anders wäre. Denn es ist nicht leicht, rein abstrakt die sinnliche Wahrnehmung des Menschen zu beschreiben, die sich dadurch definiert, eben nicht abstrakt und somit auch kaum beschreibungsfähig zu sein. Kant selbst litt aufgrund dieses Dilemmas unter „tantalischem Schmertz", wahrscheinlich so etwas wie Migräne (Kant nach Schadel 1998, S. 1). Trotz dieses Leidens hat er versucht, mit mar-kant-igen Formeln die Möglichkeiten menschlicher Wahrnehmungsfähigkeit zu systematisieren. Diese ist geographisch innerhalb des Überschneidungsbereichs von Begriffen und Anschauungen angesiedelt und wird von Kant als das menschliche Erkenntnispotenzial zwischen Verstand und Sinnlichkeit bezeichnet (entspricht **BS 1**). Kant zeigt auf, wo menschliches Denken ‚unlogisch' wird, also auf nicht diskursive, sondern metaphorische Umschreibungen zurückgreifen muss. Er erläutert u.a. in seiner „Kritik der reinen Vernunft", dass die die abstrakten Begriffe von Raum und Zeit keine sinnlich erfahrbaren Größen sind, gedacht werden können sie aber trotzdem, wenn nämlich Verstand und Sinnlichkeit gleichzeitig antreten:

„Ohne Sinnlichkeit würde uns kein Gegenstand gegeben und ohne Verstand keiner gedacht werden. Gedanken ohne Inhalt sind leer, Anschauungen ohne Begriffe sind blind." (Kant nach Schmidt 1959, S. 95)

Schönheitsempfinden rührt nach Kant daher, dass der Betrachter überfordert wird, am besten indem ihm seine eigene physische Nichtigkeit vorgeführt wird. So begreift er, dass jede bewusste Bemühung um Selbsterhaltung hinfällig ist. Was angesichts solcher Sinnlosigkeit bleibt, ist die Wahrnehmung der eigenen Gefühle, welche wiederum als so schön empfunden werden können, dass einem irgendwann egal ist, was Schlimmes mit einem passieren könnte und ob einen beispielsweise Philosophen um den Verstand philosophieren.

Des weiteren entsteht die angenehme Wirkung ästhetischer Erfahrung immer und nur bei nicht vorhandener Zweckgerichtetheit. Auch wenn jemand es als schön empfindet, wenn er sehr zweckgerichtet Kupfernägel in die Gartenbäume seiner Nachbarn treibt, wirklich ästhetisch ist dieser Vorgang für ihn nur, wenn er in der Folgezeit ob der wunderschön braunrot verfärbten Blätter den Streit mit den Nachbarn für einen kurzen Moment vergisst (entspricht **BS 5**).

Für Leute, die so etwas wie diese Kupfernägel-Anwendung zur neuen Kunstform entwickeln, quasi Vorgarten-Land-Art, hat Kant eine berühmte Formel geprägt, nämlich die vom Genie, dem „Talent, das der Kunst die Regel gibt" (Kant nach Vorländer 1974). Genies dürfen neue Regeln entwerfen. Dieser spielerischkreative Vorgang selbst geschieht aber unbewusst und unartikulierbar (entspricht **BS 1, 5** und **6**). Denn schön ist nur das, was „unmittelbar" gefällt (Vorländer 1974, Schmidt 1956). Wann so unmittelbares Schönheitsempfinden nach Kants Biographie aber garantiert nicht eintritt, ist, wenn seine Nachbarn singen:

„Diejenigen, welche zu den häuslichen Andachtsübungen auch das Singen geistlicher Lieder empfohlen haben, bedachten nicht, dass sie dem Publikum durch eine solche lärmende ... Andacht eine große Beschwerde auflegen, indem sie die Nachbarschaft entweder mit zu singen oder ihr Gedankengeschäft niederzulegen nötigen." (Kant nach Weischedel 1976, S. 160)

Während bei Kant stets die Vernunft vor dem Gefühl rangiert, stellt **Schiller (1759–1805)** Gefühl vor Vernunft. Ansonsten schließt er sich im Wesentlichen seinem zeitgenössischen Guru an. Dessen (klassische) Verbindung von Schönheit und vernünftiger Moralität bzw. Sinnlichkeit und Vernunft ist auch für Schiller der bestmögliche Ausgangspunkt für ein seiner Auffassung nach schönes, also selbstgenügsames Seelenleben. Für ihn wäre ein rein sinnlich akzentuierter Mensch ein „Wilder" und ein rein vernunftorientierter ein „Barbar" (was eigentlich einen Menschen bezeichnete, der nicht artikuliert sprechen kann). Erleiden aber keine der beiden Seiten Zwang, so traut sich die Schönheit raus aus dem Haus und heißt deswegen „Freiheit in der Erscheinung".

Bezogen auf Kunst heißt das: Kunst findet in einem Grenzbereich zwischen Zweck und Nichtzweck statt oder ist, anders formuliert, ein Kompromiss zwischen dem Gesetz und den eigenen Bedürfnissen bzw. zwischen „Pflicht" und „Neigung". Bringt er beide Bereiche zur Deckung, so kann der Mensch er selbst sein, sich nicht in einer der beiden Sparten verlieren. So ermöglicht Kunst distanzierte Gelassenheit gegenüber der realen Welt (entspricht **BS 6–7**) und vermittelt noch dazu erlebniserweiternde Gefühle (entspricht **BS 3**). Um diese Erlebniserweiterung auch in seiner eigenen künstlerischen Tätigkeit zu garantieren, hat sich Schiller angeblich gerne schimmelnde Äpfel in die Schreibtischschublade gelegt, weil er den Geruch mochte (Wiese 1962, Jonas/Leitzmann 1996).

1.2.4.2   Auf der Couch: Ästhetik als Funktionsgarant (Baustein 7)

Laut barocker Philosophie kann der Mensch durch zweckfrei-kontemplative Betrachtung den sinnlichen und den logischen Bereich seiner seelischen Haushaltsführung einander annähern (entspricht **BS 5**). So wird das Ineinandergreifen dieser Gegenstücke garantiert, und das wiederum garantiert das Funktionieren des psychischen Systems im Sinne des philosophischen „Sittlich-Guten". Denn nur wenn dieser Wechsel zwischen den so beschriebenen Gegensätzen, zwischen Begriffen und Anschauungen, Göttlichem und Mensch, Subjekt- und Objektbewusstsein, Pflicht und Neigung oder zwischen Denken und Fühlen kompetent vollzogen werden kann, werden kognitive Fehlleistungen vermieden, die durch eine zu einseitige Handhabung oder Betonung eines einzelnen Schwerpunkts entstehen. Sinnliche oder logische Übersteuerungen werden vermieden und Denkfunktionen werden flexibler. Beispielsweise wird ein Mensch, der über Pferde nur nachdenkt, nie reiten lernen, andererseits wird ein Mensch, der nur reitet, nie richtig über Pferde reden können, und beides könnte zum Problem werden, wenn der eine Mensch dringend irgendwohin reiten muss und der andere ihm erklären soll, wie. Am besten also, sie können beides: Reden und reiten, denken und fühlen und vielleicht sogar noch Kants Raum- und Zeitbegriff erklären. Der kompetente Umgang mit Ästhetik, also an sich bereits die kompetente Handhabung von **BS 1** führt also zwangsläufig zu **BS 7: Ästhetik als Funktionsgarant**. Denn Ästhetik garantiert nicht nur das gute Funktionieren des Systems, sondern auch den Spaß an der ganzen Sache, denn es ermöglicht selbstreflexives Lustempfinden, ästhetisch organisierten Spaß, bei dem es nicht nur um das Objekt der Wahrnehmung geht, sondern auch und vor allem um den Wahrnehmungsvorgang selbst (entspricht **BS 3**).

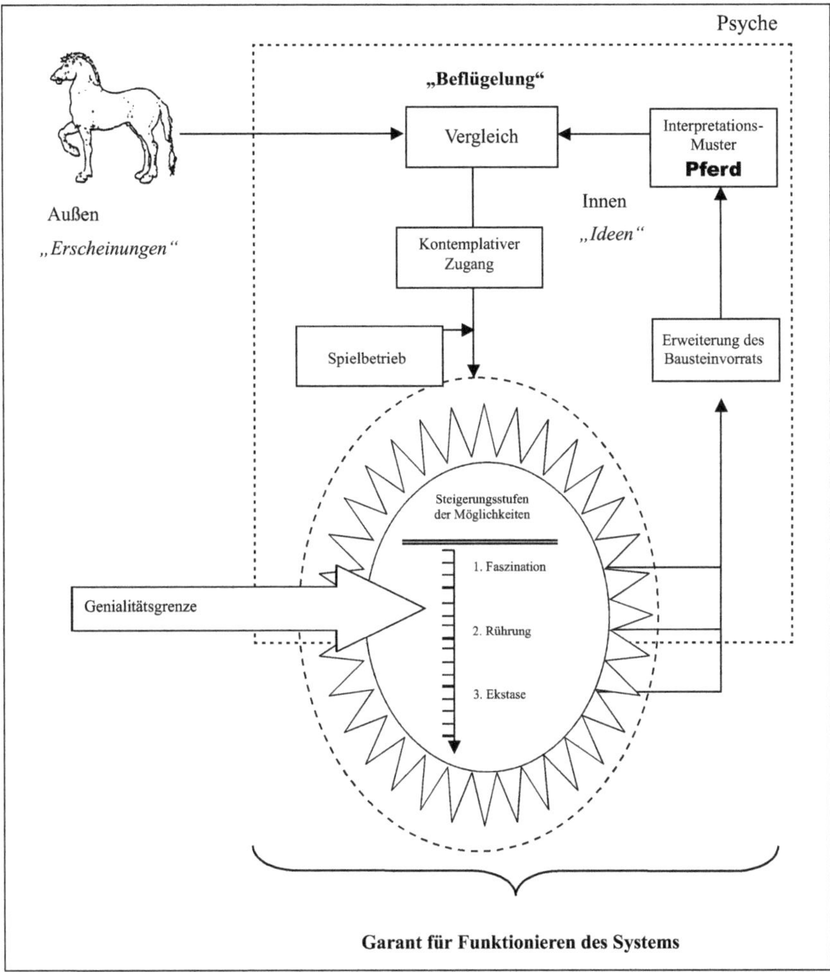

Abb. 23:   Ästhetik als Funktionsgarant

1.2.5   Zu schön, um wahr zu sein: Die Entstehung der Schönen Künste und des eigentlichen Ästhetik-Begriffs

Anfang des 19. Jahrhunderts werden die realen Utopien neuer demokratischer Gesellschaftsordnungen zusammen mit den napoleonischen Kriegen aus dem europäischen Taufbad ausgeschüttet. Was bleibt, ist der Rückzug in weniger politische Gefilde, und so beginnt eine heiße Diskussion über Wahrnehmungstheorien, angefangen mit einer Flut philosophisch-wissenschaftlicher Thesen, der Etablierung des

Ästhetik-Begriffs in der Alltagssprache, bis hin zu einer noch nie da gewesenen Popularität der Schönen Künste. Die richten ihren Blick bevorzugt in die Abgründe der Natur und ihrer eigenen Seele – und in nostalgisierende Vergangenheiten: Ritter, mythologische Szenen und alles, wovon sie denken, dass es so ähnlich aussehen könnte wie die Verfilmung von „Herr der Ringe". Manche führen das darauf zurück, dass die vorangegangene Vernunftphase die Menschen einfach nicht genug hatte mitreißen können. Das wäre dann so, als ob sich jemand nach einem lehrreichen Schultag mit viel Altphilologie, antiker Kunstgeschichte, Ethik und Sozialkunde am Abend endlich vor den Fernseher setzen darf, wo ihn dann bei „Braveheart" unter Umständen mehr Emotionsschübe und kreative Einfälle ereilen, als den ganzen Schulvormittag über. Bei aller Innerlichkeit und individuellem Fühlen wird sogar die Beschreibung ekstatischer oder wahnhafter Erlebnisqualitäten salonfähig, denn „Der Schlaf der Vernunft gebiert Ungeheuer", so der Titel eines Goya-Bildes von 1797.

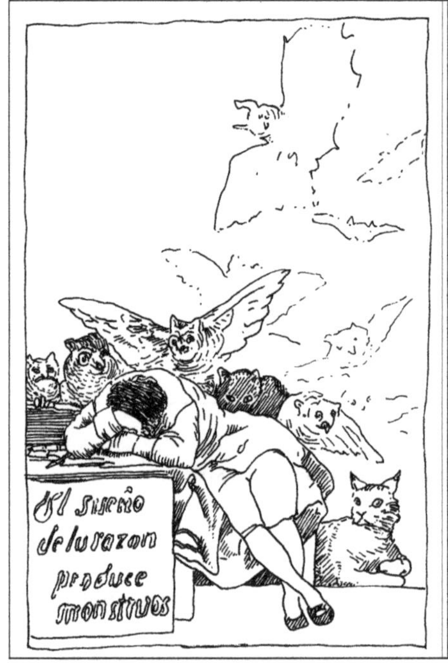

Abb. 24: Der „Schlaf der Vernunft" bringt zoologische Albträume hervor

Nicht mehr nur das Vernünftige zählt, sondern vielmehr das Atmosphärische bis hin zu den Grundlagen heutiger Gothic-Moden. Notfalls erträgt das Publikum dann auch seitenlange Gefühlsbeschreibungen. Wahnsinn bekommt Methode. Und gesellschaftliche Akzeptanz, denn sogar wenn romantische Helden katastrophal in religiösem Delirium oder im Liebeswahn enden, gelten sie trotzdem als ‚erhaben' und ‚schön', da sie ihr ästhetisierendes Innenleben klar vor Augen haben und starke Gefühle empfinden.

Also sind die in dieser Zeit entstehenden Theorien zu Schönheit und Wahrnehmung denkbar geeignet, den letzten **BS** einzuführen. Dieser **BS** beschreibt die Abhängigkeit des Schönheitsempfindens von den jeweiligen persönlichen Umständen und dem situativen Kontext, dem noch nie vorher so viel Aufmerksamkeit geschenkt wurde wie jetzt.

1.2.5.1 Romantische Theorien und die Folgen

Schelling (1775–1854) sieht auf Portraits aus wie ein Autor düsterer Schauergeschichten. Vielleicht brütet er da immer gerade über seiner These von der „romantisierenden Transzendierung von Welt und Denken". Diese besagt, dass Denken und Empfinden in der ästhetischen Erfahrung zur bedingten Einheit werden (entspricht **BS 1–2**) – bedingt insofern, als Schelling seine eigene Argumentation unter Schaffung gewaltiger Substantive und in Anlehnung an mathematische Theorien wieder zurücknimmt: Wie in der euklidischen Geometrie gilt, dass parallele Geraden wie auch Endliches (Begriffe) und Unendliches (Gefühle) sich in der Unendlichkeit treffen – was andererseits nicht passieren wird, weil z.B. jedes Treffen der Geraden wieder einen *fin*, also endlichen Punkt im Raum markieren würde. Und das Endliche kann im Unendlichen nicht mehr endlich definiert werden, weil es sich ja im Unendlichen befindet. Oder wie der übrigens leicht suizidal veranlagte Meister selbst sagt:

> *„§ 16 ... Die Schönheit ist weder bloß das Allgemeine oder Ideale (dies = Wahrheit) noch das bloß Reale (dies im Handeln), oder sie ist nur die vollkommene Durchdringung oder Ineinsbildung beider. Schönheit ist da gesetzt, wo das Besondere (Reale) seinem Begriff so angemessen ist, dass dieser selbst, als Unendliches, eintritt in das Endliche und in concreto angeschaut wird ... Schönheit ist Indifferenz der Freiheit und der Notwendigkeit, in einem Realen angeschaut ... Schönheit ist ein Gedicht, in welchem die höchste Freiheit sich selbst wieder in die Notwendigkeit fasst. Kunst ist demnach eine absolute Synthese oder Wechseldurchdringung der Freiheit und der Notwendigkeit. § 19. Notwendigkeit und Freiheit verhalten sich wie Bewusstloses und Bewusstes ... § 20. Schönheit und Wahrheit sind an sich oder der Idee nach eins."* (Schelling 1807, S. 85)

Wenn nun Denken und Empfinden, Endlichkeit und Unendlichkeit bzw. Reales und Ideales eine eigentlich unmögliche Verbindung eingehen, entsteht Schönheit, oder noch besser gesagt: die ästhetische Erfahrung, die beide Aspekte ‚fühlbar' macht. Lange lässt sich diese Balance aber nicht aufrechterhalten, denn die entsprechenden Einheiten des Denkens (Begriffe) können die Fülle assoziativer Empfindungen (Bilder) nicht abdecken, so wie auch bei Platon die Begegnung von Mensch und „reiner Idee" zum Wahnsinn führen würde. Sobald es aber möglich ist, spontan und kurzfristig Denken und Empfinden gegeneinander auszuspielen, entsteht „reines Denken", hochemotionales „Denken ohne Unterschied" (entspricht **BS 1–7**) (Schelling 1807).

Wie Schelling strahlt auch **Schopenhauer (1788–1860)** auf Abbildungen wenig pure Lebensfreude aus. Auch er ist eher dunkleren Gemüts und lebt entsprechend. Er lässt sich z.B. nicht einmal vom Friseur rasieren, weil er prinzipiell niemandem traut, höchstens noch seinem Pudel. Sein Leben ist ihm immer „unvollständig", immer „Leiden". Der Mensch kann sich seiner Meinung nach höchstens mittels dreier Techniken vor diesem Leiden retten: Erstens durch Allerbarmen – mit dem er wohl selber eine Näherin die Treppe heruntergeschubst hat und es danach auf eine Verhandlung ankommen ließ. (Er hat den Prozess übrigens verloren). Dann gibt es zur Errettung aus dem Leiden noch die Alternative Liebe, und wenn auch diese nicht greift, bleibt noch Lösung Nr. 3, das eigenständige Areal der Ästhetik, wo man sich von allem Leiden ablenken kann, indem man sich in den Zustand eines „reinen" (und wieder mit Licht verglichenen), „befreienden Erkennens" versetzt (entspricht **BS 3–7**). Diese Befreiung tritt ein durch das gleichzeitige Umsetzen des „Dings an sich", also wieder die Einheit von Begriffen und Erkenntnis, dem unmittelbaren Bewusstsein einer ästhetischen Erfahrung (Schopenhauer 1977). In „Die Welt als Wille und Vorstellung" legt Schopenhauer seine persönliche Befreiungspräferenz dar, die in der Betrachtung von Landschaftsbildern besteht:

> *„Außerdem ist, was den Anblick der vegetabilischen Natur uns so erfreulich macht, der Ausdruck an Ruhe, Frieden und Genügen, den sie trägt; während die animalische sich uns meistens im Zustand der Unruhe, der Noth, ja des Kampfes darstellt: daher gelingt es jener so leicht, uns in den Zustand des reinen Erkennens zu versetzen, der uns befreit."* (Schopenhauer nach Hauskeller 1999, S. 369)

Die Reihe menschlicher Animositäten in dieser Epoche lässt sich fortsetzen: Schelling reagierte auf **Hegel (1770–1831)** verärgert, weil er ihm angeblich seine Ideen gestohlen habe. Nun ist Hegel aber auch zuzugestehen, dass er noch grimmiger gucken konnte als Schelling und Schopenhauer zusammen und dass seine Schlagwörter peppiger waren. Neben solchen Erfindungen wie dem „Weltgeist", der personifizierten Gespenster-Variante des heutigen Zeitgeists, sind das die altbekannten Kategorien vom „Du" und „Ich", „Realen" und „Idealen", unbewussten und bewussten Wirken der „Natur" bzw. „Geist" und „Natur" (entspricht **BS 1**). Das Einssein dieser Gegensätze lässt sich nur ahnend, also fühlend und intuitiv erfassen (entspricht **BS 6**). Dann aber bietet sich einem die Möglichkeit, sich bzw. seine eigene Geistesstruktur widergespiegelt zu bekommen (entspricht **BS 1** und **7**), ähnlich wie Plotins Selbstbegegnung in der Ekstase. Neu ist dabei die Wertung von Kunst. Umso deutlicher hier „Geist in Erscheinung tritt" (!), umso mehr Schönheitsempfinden entsteht (entspricht **BS 4**). Da „Geist" = „wahre Ideen" = ästhetische Erfahrung am reinsten in der Kunst, nicht in der Welt erscheinen können, ist es für die Kunst sogar legitim, sich von der Natur abzuwenden (entspricht **BS 7**). Man wird später darüber sagen, dass diese Abkehr die Entwicklung einer Art ‚ideologischer Kunstreligion' war, die Kunst als Natur ersten Ranges, sprich vor der eigentlichen Natur begreift. Hierin begründet sich auch die heutige Gleichsetzung von hehrer Kunst/Kunsttheorie und Ästhetik als Definition Hegels, während bei Baumgarten Ästhetik eigentlich allgemein als Lehre von der Wahrnehmung gedacht war. So viel nachhaltige Wirkung von einem, dem ein Kommilitone angeblich ins Studienbuch geschrieben hatte, dass er nicht seinen Verstand versaufen solle – wobei die Überwindung des endlichen Verstands dann sein Erfolgsprogramm geworden war (Hegel 1955).

Rosenkranz (1805–1879) stellt in seinem einzigen bekannten Buch als erster eine Systematik des Hässlichen auf. **Schlegel (1772–1829)** und **Vischer (1807–1887)** fügen dem den Eigenwert des Hässlichen und den einigermaßen neuen Aspekt des Komischen zu. Denn jedes Ideal impliziert auch immer das Gegenteil, alles Schöne impliziert auch das gegensätzliche Hässliche. Mit genügend innerem Abstand wirkt alles dazwischen komisch (Rosenkranz 1990, Schlegel 1958, Vischer 1967).

Fechner (1801–1887) ist unter all diesen Herolden der Schönen Künste eine Ausnahme, schon alleine, weil er kein Philosoph war. In seiner Eigenschaft als Physiker bzw. Psychophysiker setzt er, ähnlich wie Baumgarten, auf ästhetische Regelhaftigkeit und Messbarkeit. Seine „Ästhetik von unten" versucht der spekulativen „Ästhetik von oben" der Philosophen notwendige wissenschaftliche Voraussetzungen zu liefern, indem er Prinzipien ästhetischer Wahrnehmung (wie z.B. den Goldenen Schnitt) untersucht (Fechner 1978).

Den gegenteiligen, weil völlig unphysikalischen und dafür umso poetischeren Beschreibungsstil wählt **Nietzsche (1844–1900)**, dessen Darstellungen ästhetischer Funktionen sich mit quasi allerhöchsten Prinzipien befassen und sich weit in den Bereich diskursiv nicht beschreibbarer Zusammenhänge hinauslehnen, nämlich in den Bereich des „Verbotenen Wissens" (Nietzsche nach Liessmann 1999). Das ist eine Art Überschneidungsbereich zwischen logischem, moralischem Denken einerseits und unmoralischem, unlogischem Denken andererseits, in dem keine Wertungen von Gut oder Böse möglich sind, sondern nur die Reflexion der ästhetischen Wahrnehmung selber (entspricht **BS 6**). Solche Aufhebung wertenden Denkens ist gesellschaftlich gesehen natürlich höchst bedenklich. Denn die Welt legitimiert sich so nur mehr als lustbefriedigendes ästhetisches Phänomen und ist dann nur noch ‚verboten schön'. Schön ist dann nur noch, was das persönliche Machtgefühl – psychologisch formuliert: das Kompetenzgefühl – steigert. Alles, was die allgemeine Selbsterhaltung bedroht, nennt Nietzsche in seiner Schrift „Götzendämmerung" entsprechenderweise „hässlich" (entspricht **BS 2**):

„Jedes Anzeichen von Erschöpfung, von Schwere, von Alter, von Müdigkeit, jede Art Unfreiheit, als Krampf, als Lähmung, vor allem der Geruch, die Farbe, die Form der Auflösung, der Verwesung, und sei es auch in der letzten Verdünnung zum Symbol – das alles ruft die gleiche Reaktion hervor, das Werturteil „hässlich". Ein Haß springt da hervor: wen haßt da der Mensch! Aber es ist kein Zweifel: den Niedergang seines Typus. Er haßt da aus dem tiefsten Instinkte der Gattung heraus. In diesem Haß ist

Schauder, Vorsicht, Tiefe, Fernblick – es ist der tiefste Haß, den es gibt. Um seinetwillen ist die Kunst tief... " (Nietzsche nach Hauskeller 1999, S. 268).

Allerdings hält Nietzsche privat solche Thesen nicht konsequent durch. Er fällt eines Tages einem Kutschenpferd, das gerade von seinem Kutscher geschlagen wird, also einer in ihrer Selbsterhaltung und Macht sehr geschundenen Kreatur, um den Hals, weint, ist danach für den Rest seines Lebens kaum mehr ansprechbar und guckt düsterer als Schopenhauer, Schelling und Hegel zusammen. Trotzdem etablieren seine Äußerungen nachhaltig einen Kunstbegriff, der über diese Vorstellungen von Hass und „Hässlichkeit" Erlebnisqualitäten wie eben diesen „Schauder" oder eine neue Lust am nicht nur Wahnsinnigen, sondern auch Grausamen hoffähig machen. Wenn ästhetisches Empfinden u.a. durch die instinktiven Mechanismen von Selbsterhaltung und Machttrieb entsteht und noch dazu alle Welt als Spiel oder Kunst gilt, ist nicht nur jeder Mensch eine Art Alltagskünstler zwischen Gut und Böse, sondern dann definiert sich Kunst auch nicht mehr nur durch das Auslösen angenehmer Empfindungen, sondern genauso gut durch die Darstellung grausamer Dinge wie Mord und Totschlag (Nietzsche 1883, Holz 1996). Wir verlassen damit endgültig den rein ‚Schönheits'-bedingten Kunstbegriff und bewegen uns pünktlich zu Nietzsches Todesjahr 1900 hinein ins 20. Jahrhundert.

1.2.5.2   Auf der Couch: Die Motivation (Baustein 8)

Ästhetisches Empfinden hängt maßgeblich von psychologischen Wahrnehmungsdispositionen im Inneren des Empfindenden ab. Bereits Baumgarten, Kant und Schiller hatten Spieltrieb und „Witz", also die Vernetzungsfähigkeit des Künstlers hervorgehoben. Neben dieser spielerischen Veranlagung betonen die eben vorgestellten Theorien die Abhängigkeit der ästhetischen Erfahrung von Faktoren wie dem Bedürfnis nach Selbsterhaltung und Macht oder persönlichem Leidensdruck und dem entsprechenden Bedürfnis nach Ablenkung.

Diese vielen Aspekte der Momentanverfassung werden funktionalisiert zu der einen Variable ‚Motivation', welche die Aufgeschlossenheit gegenüber dem ästhetischen Erleben von **BS 4** reguliert. Die Motivation entscheidet über den sog. Auflösungsgrad der Betrachtung = das Maß des Detailreichtums der Wahrnehmung = seine Vernetzungsfähigkeit = die Kompetenz zur Aufnahme differenzierter Einzelschemata. Ist die Motivation zur ästhetischen Betrachtung hoch, erhöht sich die Wahrscheinlichkeit neuer Erkenntnisse – egal ob damit eine innovative Einsicht gemeint ist, die das akute Leiden durch neue Erklärungsmuster lindert, oder ob sich die Erkenntnis auf eine weltflüchtende Bestätigung alter Einsichten bezieht, die durch das ästhetische Erleben nur noch einmal emotional aufgefrischt wurden.

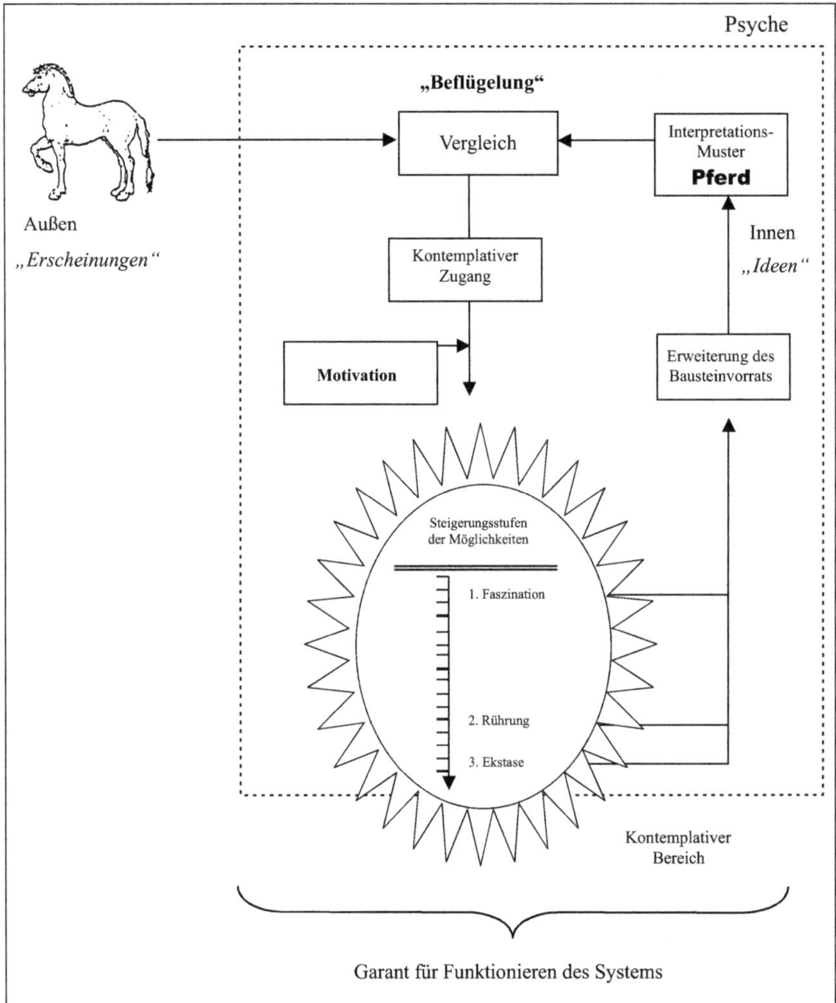

Abb. 25:   Die Motivation

1.2.6   Die Welt, in der wir leben: Moderne, Postmoderne und der ganze Rest

Nun sind also noch vor Beginn des letzten Abschnitts der Ästhetiktheorie alle acht
BSe vorgestellt worden. Das ist auch gut so, denn in diesen unseren Tagen gibt es
kein einigendes Band, keinen Lieblings-**BS** der Autoren mehr, anhand dessen ein
BS gut zu emplifizieren wäre. Was ab Beginn der sog. klassischen Moderne noch

kommt, sind Collagen schon genannter Versatzstücke, allerdings aufgrund der Aufsplitterung der Wissenschaft aus der Sicht sehr unterschiedlicher Berufszweige, aus der Sicht von Psychologen, Philosophen, Kunsttheoretikern und –historikern. Strukturelle Gemeinsamkeiten gehen in dieser Menge individuell unterschiedlicher Meinungen und Fachterminologien unter. Fast könnte man denken, das **8-BS-Modell** funktioniert nicht mehr. Vom ‚anything goes‘ der wundersamen Theorienvermengung zum ‚rien ne va plus‘ der Undurchschaubarkeit, in einem einzigen Zug, der alles mattsetzt? Nicht solange doch noch und nach wie vor einzelne Bausteine unter dem intellektuellen Spielzeug der modernen Theoretiker identifiziert werden können. Deswegen und im Namen der Allgemeinbildung soll dieser Grundkurs in philosophischer Ästhetiktheorie nun noch bis zum allerletzten Klassiker des Genres zu Ende gebracht werden.

1.2.6.1 Theorien bis heute

Freud (1856–1939) sagt zwar selbst in einer seiner Schriften, dass er nicht viel Ahnung von der Kunst hat, aber trotzdem sagt er viel über deren psychologische Ursachen. Bekanntlich würde sich die Menschheit aufführen wie ein Schwein im Trog, gäbe es nicht in jedem von uns verinnerlichte Normen, die uns z.B. davon abhalten, mit der eigenen Mutter oder dem eigenen Vater zu schlafen und unsere Mitmenschen zu töten, inklusive unsere Psychoanalytiker. Wer sich auf solche oder andere Tätigkeiten aber angewiesen glaubt, dem bleibt, um seine psychische Selbsterhaltung zu gewährleisten, der Ausweg in Traum, Kunst oder Witz. Diese drei Tätigkeitsformen umgehen die Kontrolle des gesellschaftlich reglementierten „Über-Ich" und des „Realitätsprinzips", um in diesem rechtsfreien Raum dem eigenen „Lustprinzip" zu frönen (entspricht **BS 5–7**). Da vor allem im Rahmen der Kunst der sublimierte Wunsch nach Verbotenem aller Art artikuliert werden darf, liegt nahe, dass problematische Persönlichkeitsstrukturen in diesen Ersatznischen von Welt besonders gut gedeihen (entspricht **BS 8**).

Wenngleich Freud Kunst und Künstler sehr schätzte, sind bei ihm Kunst wie Neurose ein Misslingen der Anpassung an die Realität infolge inkompetenter Handhabung (a-)sozialer Triebe und einer nicht gelungenen Rückkehr von der Phantasie zur Realität. Die Option Geisteskrankheit ist, im Gegensatz zur Option Kunst, ohne Möglichkeit zur Rückkehr in die soziale Realität (Freud 1940–1952, Mitscherlich 1996).

(Freuds bekanntester Schüler Jung sieht das schon etwas anders: Bei ihm haben Künstler weit mehr Prestige, weil gerade sie ein sozial wichtiges Gespür für die angesagtesten, weil aussagekräftigsten Kunstmotive aus dem unbewussten Symbolkatalog der Psyche haben, sog. Archetypen; das sind solche Motive wie die Mutter an sich oder der Krieger im allgemeinen).

Ein anderer Klassiker unter den klugen Köpfen der Moderne ist der Semiotiker Charles Sanders **Peirce (1839–1914)**. Wo sonst meist klar zwischen momentaner Erfahrung und inneren Interpretationsschemata unterschieden wurde, weist er darauf hin, dass emotionale Erfahrung und begriffliches Denken insofern immer eine Einheit bilden, als eigentlich jede Erfahrung Interpretationsschemata enthält und jedes Interpretationsschema in der Erfahrung bestätigt werden muss. Denn jede Wahrnehmung ist „Abduktion", also eine neue Einheit von beiden Fronten und das wiederum bezeichnet Peirce als „ästhetisches Denken" (entspricht **BS 1–3**). Ohne solches gibt es kein Bewusstsein (entspricht **BS 7**). Trotz so kluger Einsichten bekam Peirce nie einen Job an der Uni und starb in Armut (Peirce 1983).

Der Psychologe und Philosoph **William James (1824–1910)** hingegen war so klug, neben seinen eigenen auch Peirces Thesen gut zu vermarkten, so dass er es nicht nur zu Ruhm und Ehre, sondern auch zu einer professoralen Festanstellung brachte. Bei Peirce und ihm laufen der „Strom der Erfahrung" und der „Strom des Bewusstseins" parallel und beeinflussen sich gegenseitig. Auf diese Weise erschaffen sie eine Art ästhetischen Seins (entspricht **BS 1**). Dabei steht bei James das Individuum, bei Peirce die Gemeinschaft im Vordergrund, d.h. bei James die Übereinstimmung des individuellen Denkens mit der Umwelt und bei Peirce die Übereinstimmung innerhalb einer Gemeinschaft. Solche Gemeinschaften fördern das ästhetische Erleben, denn sie erleichtern den kontemplativen Zugang durch legitimierendes Gemeinschaftsgefühl (entspricht **BS 4 und 5**) (James 1979).

Ein ebenfalls prominenter Kunsttheoretiker ist **Benedetto Croce (1866–1952)**. Er ersetzt Hegels Hierarchie von Emanationen des Weltgeists durch eine kreisförmige Erkenntnishierarchie, den *riscorso* (entspricht **BS 4**). Darin ist jede aktive Strukturierung der Wahrnehmung Kunst. Konsequent weitergedacht ist auch Sprechen und Sprachverarbeitung Kunst (Croce 1930).

Benjamin (1892–1940) kritisiert vor allem überladene Kunst oder Kunst um ihrer selbst willen, welche die Wahrnehmung der Welt einschränkt (entspricht **BS 3–4 und 6**). Er kritisiert die zunehmende entpolitisierende Ästhetisierung der Welt. Recht hat er. Denn solche verabsolutierende Überästhetisierung legitimiert jedes Handeln ob seiner Ästhetik, beispielsweise auch Krieg (**BS 2–3 und 6**). Darüber hinaus kritisiert er die Reproduzierbarkeit von Kunstwerken durch moderne Vervielfältigungsmöglichkeiten (z.B. Kopiergeräte), welche die „Aura" der unersetzbaren Einzigartigkeit des Originals zerstört. Und wer ein Buch wirklich verstehen will, der soll es am besten abschreiben (Benjamin 1957).

Im Gegensatz zu Benjamin geht **Heidegger (1889–1976)** davon aus, dass es so etwas wie eine kritisch-distanzierte Kunst nicht geben kann (entspricht **BS 5**). Denn dann sei Kunst nicht mehr Kunst. Unbehelligt vom Begriffsapparat des Zeitgeists differenziert er zwischen „Dinghaftigkeit" und („dienlicher", zweckgebundener und deswegen stark assoziativer) „Zeughaftigkeit" bzw. (diese beiden -haftigkeiten verbindende) „Werkhaftigkeit" des Kunstwerks. Diese offenbart die „Wahrheit des Seienden" bzw. die „Wahrheit" über die eigene Person. Kunst kompensiert dadurch die zunehmende Technologisierung der Welt und bringt ihr so alle möglichen anderen -haftigkeiten ein, z.B. subjektiv nachzuvollziehende Schönheitshaftigkeit (Heidegger 1950). Sie ist sogar deren einzige Rettungshaftigkeit vor völliger Verzweckung. Raffiniert, raffiniert! (So angeblich der Kommentar eines Heidegger-Schülers über seinen Meister: „Primitiv im Leben, raffiniert im Denken", so ist jemand, der seine jüdische Geliebte zuerst sitzen lässt und danach um Care-Paket-haftigkeiten anbettelt.)

Kunst als Bastion gegen die Welt in Form des letztmöglichen Widerstands gegen die Auswüchse der Welt findet sich aus völlig anderer Perspektive auch bei dem Philosophen **Adorno (1903–1969)**: Bei ihm ist Kunst Garant menschlicher Würde, denn sie ermöglicht eine therapeutische Utopie von Vollkommenheit (entspricht **BS 7**). Der ästhetische Schein ist der Ort der „Wahrheit". Allerdings ist die Frage, ob sich die Menschheit so etwas nach der Erfahrung von Auschwitz noch unbeschwert gönnen kann und darf. Alle echte Kunst ist deswegen und aufgrund moderner Sinnlosigkeit immer traurig, flüchtig und melancholisch. Der Adel der Kunst besteht von daher in der Verweigerung von Kommunikation und Verständlichkeit und einem so aufrechterhaltenen Rätselfaktor: Jedes echte Kunstwerk ist ein Rätsel und muss irritieren. Alle Kunst, die nicht schmerzhaft deutlich auf die Hässlichkeit der Welt verweist, ist schlechte, weil schlechte Systeme bestätigende und angesichts der gesellschaftlichen Verhältnisse unangebrachte Kunst. Sobald Kunst wie ein Stimulans genossen wird, ist sie nicht mehr Kunst. Nur negierende Kunst taugt. Erst in der vollendeten Negativität leuchtet das „Licht der Erlösung" auf, eine Art „Selbstauslöschung" (entspricht einem Sonderfall von **BS 4**, auf den später noch eingegangen wird). Sobald dieses Licht aber scheint, holt sich diese Argumentation irgendwann selbst ein. Adorno hat das selbst in einer Art Theorie des Misslingens – Misslingen kann gelingen – beschrieben. Denn sobald die Zeichen des Zerfalls zur potenziell schönen Ahnung der „Wahrheit" bzw. zur „Wahrheit" werden, ziehen Schönheit und Geschlossenheit also durch die Hintertür der Argumentation wieder in das Haus der Kunst ein (Adorno 1948 und 1979, Adorno/Tiedemann 1973).

Für den Ethnologen und Ökologen **Gregory Bateson (1904–1980)** ist Schönheit das Ergebnis des Zusammenspiels von bewusster Planung und nicht zielgerichteten Prozessen (entspricht **B 2 und 5**). Ästhetik selbst ist so eine Art Grenzflächenphänomen zwischen verschiedenen Systemen im Allgemeinen (Bateson 1993), wie z.B. die Spannung zwischen seinen (eher ethnologisch orientierten) Hygienevorstellungen und denen aller anderen Amerikaner.

Einer der wenigen, die sich explizit in der Kunsttheorie hervorgetan haben, war **Nelson Goodman (1906–1998)**. Er geht davon aus, dass die ästhetische Wahrnehmung ständig das Verstehen der Welt, die „Weltversion" des Einzelnen prüft und so reguliert (enstpricht **BS 7**). Da die Welt sich aber stets ändert, sind auch die Versuche per Kunst Welt darzustellen, stark kontextabhängig. Eine Komposition, die in Raffaels Welt „falsch", weil ‚unstimmig' ist, kann in der Welt von Seurat „richtig", weil ‚stimmig' sein (Goodman 1953, 1951 und 1993).

Die Kunstgeschichtler **Erwin Panofsky (1892–1968)** und **Aby Warburg (1866–1929)** erforschen die Formalisierbarkeit von Symbolen innerhalb bestimmter Epochengrenzen, tragen dafür eine wirklich riesige Sammlung von Symbolen aus verschiedenen Epochen zusammen und suchen nach Gemeinsamkeiten, die sie dann auch finden (entspricht **BS 2**). Jungs Archetypenkonzept kann so in gewisser Weise bestätigt werden (Panofsky 1960 und 1978, Warburg 2000).

Jean-Francois Lyotard (1924–1998) propagiert „Präsenz". Selbige stellt sich, ähnlich wie bei Adorno, dann ein, wenn man die Wahrnehmung der eigenen Wahrnehmung ästhetisch wahrnimmt. Diese Wahrnehmungswahrnehmung wird als schön und selbstbestätigend empfunden, denn sie bewahrt vor der Erfahrung eines „Nichts". Rein formal gesehen ist aber eigentlich nichts passiert, im Gegenteil sogar viel weniger als nichts, denn dadurch ist es zu einer Art Selbstauslöschung gekommen, weil man seine eigenen Probleme nicht mehr so sehr spürt. Dieses Ereignis wird verglichen mit anderen „Entgrenzungen" wie Rausch, Sexualität, Ekstase oder Wahn (entspricht **BS 3**). Solche Entgrenzungen werden nicht mehr wie früher als metaphysische Instanzen, sondern als Körperzustände begriffen, erreicht durch sinnverweigernde, aber möglichst bewusste Selbstwahrnehmung (wie Schopenhauers Verneinung des eigenen Willens), früher rituell durch Askese forciert, in der Moderne ebenso durch das Gegenteil intensiver Sinnesreizung zu provozieren (Lyotard 1979, 1982, 1986 und 1994).

Wittgenstein (1889–1951) sagt: Es gibt ein Einheit von Ethik und Ästhetik im Sinne einer guten bzw. glücklichen Lebensführung, vergleichbar mit einem Kunstwerk, das die Menschen zu einer „richtigen Perspektive" auf die Welt zwingt (entspricht **BS 7**). Denn das Schöne ist eben das, was glücklich macht (entspricht **BS 3**). Übrigens vertritt auch er die Ansicht, dass der Begriff der Schönheit epochengebunden, von daher der Begriff der Schönheit (heute Ästhetik) zwar relativ ist, der entsprechende Vorgang des Schönheitsempfindens aber nicht. Abgesehen von diesen einleuchtend einfachen Aussagen und seiner Vorliebe für zweitklassige Cowboyfilme ist Wittgenstein auch ansonsten eine wahre Größe der Kunstgeschichte, weil er zwei Erbschaften an Künstler verschenkte (Wittgenstein 1977 und 1978, Weischedel 1976).

Arthur C. Danto (1924–2004), ein weiterer reinrassiger Kunsttheoretiker, sagt (wie Croce), dass ein ästhetisches Empfinden mittels entsprechender Interpretation durch jedes Objekt ausgelöst werden kann (entspricht **BS 1**). So entstehen durch Kunsttheorien aus Alltagsgegenständen wie Brillo Boxes oder Urinschalen Kunstwerke. Damit verliert Kunst aber ihre Wirkung und ihr kritisches Potenzial (entspricht **BS 6**). Das ist dann das vielbeschworene Ende der Kunst (Danto 1993 und 1997). Ende der Kunst – Ende der Kunsttheorie.

1.2.6.2 Auf der Couch: Die Gesamtheit der Bausteine

Wie bereits gesagt: Auch die letztgenannten modernen Theoreme gehen trotz scheinbar völlig konträrer Begriffe von den Bausteinen ästhetischen Erlebens aus, die nach der Analyse noch vergangenerer Zeiten bereits formuliert werden konnten.

Diese BauSteine 1–8 beschreiben zusammenfassend folgende Abläufe:
* Ästhetisches Empfinden vermittelt zwischen äußeren Eindrücken und inneren Interpretationsmustern (entspricht **BS 1**: Zusammentreffen von sinnlicher Wahrnehmung und abstraktem Denken bzw. gleichzeitige Wahrnehmung von Welt und eigener Person, d.h. von subjektiv inneren Schemata und subjektiv äußerer Welt).
* Diese Vermittlung funktioniert über den Vergleich innerer und äußerer Muster (entspricht **BS 2**: Entsprechung und Nachmodellierung von Strukturprinzipien).
* Dabei entstehen lustbringende Erlebnisqualitäten durch die interpretierende Wahrnehmung dieses Vergleichs, also einer Wahrnehmung der Wahrnehmung (entspricht **BS 3**: Eigenwert und Erkenntnisgehalt der ‚Beflügelung‘).
* Diese Gefühlsqualitäten fallen verschieden stark aus (entspricht **BS 4**: Steigerung der entsprechenden Ergriffenheit durch das Kunstwerk und zwar von Interesse oder Faszination bis hin zu Ekstase oder Enstase).
* Zugänglich ist dieser Erlebnisbereich nur über eine kontemplative bzw. gemäßigt stressfreie Art der Wahrnehmung (entspricht **BS 5**: Kontemplativer Zugang).
* Durch die Kontemplativität des ästhetischen Wahrnehmens entsteht ein Bereich mit eigenen Regeln, die während der Rezeption nicht bewusst und rational distanziert erfasst werden können (entspricht **BS 6**: Die eigenen Regeln des ästhetischen Bereichs).
* Das Zusammenspiel der vorangestellten Bausteine garantiert das langfristige Funktionieren des Systems Psyche, da auf diese Weise das Zusammenspiel mehrerer Funktionen das System durch bessere Denkfähigkeit nach außen und durch emotionale ‚Beflügelung‘ nach innen hin stabilisiert (entspricht **BS 7**: Ästhetik als Funktionsgarant).
* Die Offenheit bzw. Motivation für die ästhetische Betrachtung hängt ab von individuellen und situativen Bedingungen (entspricht **BS 8**: Abhängigkeit vom situativem und persönlichem Kontext und aktueller Vernetzungsfähigkeit).

2. Kunst-Klischees im Überblick

2.1 Grundsätzliches: Baustein 1 als oberstes Prinzip

P.: *„Was ist denn mit Ihnen passiert?"*

M.: *„Ich war auf einer Feier* (grinst). *Kennen Sie die Geschichte vom Außerirdischen Ford Prefect, der immer dort auftaucht, wo Astrophysiker irgendwo auf der Erde feiern? Er diskutiert dann immer solange über astrophysikalische Fachfragen, bis man ihn wieder hinauswirft. So etwas ähnliches habe ich gestern Abend gemacht, auf einer Weihnachtsfeier von Kunstpädagogen. Ich habe wohl ein bisschen getrunken und dabei von den acht Bausteinen des ästhetischen Erlebens geplaudert. War lustig."*

P.: *„Das glaube ich gerne. D.h. ich glaube gerne, dass man trinken muss, um diese Bausteine lustig zu finden. Bisher sind sie doch zu nichts nütze, oder? Ich meine, kann man diese einzelnen Bausteine z.B. einem Computer einprogrammieren?"*

M.: *„Klar, kann man sicher. Haben Sie zufälligerweise etwas Aspirin bei sich?"*

P.: *„Bekäme der Computer davon Bewusstsein?"*

M.: *„Klar nicht, sicher nicht* (überlegt). *Es sei denn, Sie programmieren ihn als Kampfmaschine gegen Kunsttheoretiker und Kopfschmerzen, als K&K-Krampf-Kampfmaschine, dann bekommt er bestimmt Kopfschmerzen und die sind doch ein ganz gutes Indiz für Bewusstsein, oder?* (kichert und stöhnt leise). *Was wollen Sie eigentlich immer mit Ihren Computern? Hatten Sie in Ihrer Kindheit traumatische Erlebnisse mit einem Elektrogerät, eine Kühlschrank-Kollision vielleicht oder einen Computer-Koller?"* (hält sich als Reaktion auf ihre eigene Bemerkung den Kopf vor Schmerzen)

P.: *„Eine Kaffeemaschine kann ich mir für Sie gerade gut vorstellen. Was Ihre geplante Definition von Schönheit angeht, so hat die nicht allzu viel mit Elektrogeräten zu tun, sondern mit Menschen. Angenommen, wir wüssten mehr über die Informationsverarbeitung bei menschlichen Wesen, dann wüssten wir beispielsweise, warum manche Menschen dazu neigen, zuviel zu trinken. Und was die Bausteine angeht, fehlt mir noch der Zusammenhang, die Anatomie der ganzen Argumentation. Diese Baustein-Versatzstücke sind zwar ganz nett, aber mir wird dadurch beim allerbesten Willen nicht klar, wie diese Vermittlung von Außen und Innen funktioniert. Oder die ‚Beflügelung'. Oder die Erlebnissteigerung von* **BS 4.** *"*

M.: *„Wenn Sie mich gestern hätten reden hören, wüssten Sie es. Vielleicht wären Sie dann jetzt auch besser gelaunt, als Sie es jetzt scheinbar sind."*

P.: *„Ach. Was für eine gute Psychologin Sie geworden sind."*

Als sich die Muse der Malerei nach diesem Gespräch wieder auf den Heimweg machte, war sie sehr nachdenklich. Egal, wie schroff der Tonfall ihrer Gespräche mit dem Psychologen manchmal geworden war, viel bedauerlicher fand sie es, wenn seine schroffe Kritik berechtigt war. Sie hatte selbst das Gefühl, dass ihrer Arbeit noch irgendetwas fehlte, doch sie wusste nicht was, und sie wusste auch nicht, wie und wo sie suchen sollte. Das war das Ärgerliche an ihrem Beruf: Musen sollen andere inspirieren, aber wer inspiriert die Musen? Ratlos ging sie durch die Straßen, vorbei an Menschen, die nervös nach letzten Weihnachtsgeschenken suchten. Da traf sie unter diesen vielen Weihnachtsopfern einen alten Bekannten, einen Biologen, deren malenden Sohn sie vor langer Zeit einmal mit schöpferischen Weihen versehen hatte, bevor dieser beschloss, doch lieber Informatiker zu werden. Das hatte die Muse ihm sehr übel genommen und nie mehr ein Wort mit ihm gewechselt. Doch seinen Erzeuger hatte die Muse schon immer gemocht, und so plauderten die beiden munter über dies und das, sie über ihr Buchprojekt, die Kunst und Probleme mit Farbverdünnern und er über seine Forschung, Zellen und Probleme mit Computern. Und dabei fielen völlig beiläufig die entscheidenden Hinweise für den Einstieg in das zweite Kapitel...

2.1.1 Von Maschinen und Menschen – Menschliches Bewusstsein und Künstliche Intelligenz

Schon viele haben versucht, menschliches Bewusstsein zu formalisieren und am Computer nachzubauen. Dabei gab und gibt es immer das gleiche Problem. Wenn Menschen etwas wahrnehmen, dann ist typisch Menschliches mit von der Partie. Menschen verfügen über Emotionalität, über Temperaturschwankungen wie ‚menschliche Wärme‘ oder ‚Kälte‘, kennen Mitleid, Schuld, Einfühlungsvermögen, Reue, Freude und Trauer oder Schmerzfähigkeit, Ironie und Kreativität, Selbstverantwortlichkeit und besitzen hohe Lernfähigkeit. Menschen empfinden Dinge als schön, sie haben Bewusstsein und das immer wieder als solches angeführte ‚rätselhafte Geheimnis‘ der menschlichen Seele. Künstliche Systeme haben das alles nicht. Menschen können außerdem relativ flexibel mit Widersprüchen umgehen. Sie können widersprüchliche Informationen, sog. double-binds verarbeiten und ‚stürzen‘ während dieses Verarbeitungsprozesses nicht ab wie Computer – zumindest nicht von jetzt auf gleich und auch nicht, indem sie wie Computer ihre Funktion ‚einfrieren‘, schwarz werden oder/und ausgeschalten werden müssen. Menschen ‚funktionieren‘, solange sie eben am Leben sind. In diesem Fall sind Menschen unter dem Strich für manchen Arbeitgeber rentabler als Maschinen. In anderen Fällen nicht: Da ist z.B. eine speziell menschliche Eigenart, das (vermeintlich) zweckfreie Handeln, das vor allem in den künstlerischen Berufen Tarifverträge unterbindet. Angeblich arbeiten Künstler/-innen nur dann gut, wenn sie sich ganz zweckfrei ihrer intuitiven Kreativität hingeben können. Überhaupt ist alle Kunst eine ganz speziell menschliche Angelegenheit. Menschen machen Kunst für sich und für andere Menschen. Maschinen machen das in aller Regel nicht, zumindest macht per Zufallsgenerator hergestellte Computerlyrik oder artverwandte

Formen elektronischer Musik nicht den Eindruck, anderen Computern oder Menschen zugedacht worden zu sein. Der Künstler Stelarc hat sich, um den Maschinen-Mensch-Unterschied zu überbrücken, eine dritte Hand anbauen lassen. Durch solche Implantatsversuche am lebenden Menschen wurden wertvolle Erkenntnisse im Bereich der kybernetischen Prothesen gewonnen. Allerdings mussten diese Kunstexperimente wegen der Abstoßreaktionen des Körpers abgebrochen werden. Kunst ist fehlbar. Fehlbar wie ihr Mensch. Je nach Arbeitsfeld ist dieses Charakteristikum Fehlbarkeit gut oder nicht gut. Menschliche Fehlbarkeit ist süß, wenn sich ein Mensch beim Essen bekleckert. So genanntes Menschliches Versagen ist dramatisch, wenn Menschen volle Züge neben die Gleise setzen. Maschinen sind nicht fehlbar, kleckern nicht, und wenn Züge doch entgleisen, dann lag es eben nur an den Menschen vor den Maschinen.

Wenn Menschen versuchen, Maschinen intelligent zu machen, dann ist die typische Unfehlbarkeit des Computers ein Mangel, der in der Fachsprache der KI-Programmierer „computertechnisches Paradox" genannt wird (Draisma 1996). Computer rekonstruieren z.B. die Gleichzeitigkeit von Wahrnehmungen nie bis zum Aufkommen von (typisch menschlichen) Denkfehlern. Wo Computerprogramme Ton für Ton verarbeiten, organisiert der Mensch vielschichtige Akkorde und erlebt dadurch auch eigenständige Fehlleistungen wie z.B. *déja-vu*-Erlebnisse. Solche und andere Menschlichkeiten werden in der derzeitigen KI eher als Fehler angesehen, auch wenn vereinzelte Psychologen behaupten, dass Bewusstsein sich auch durch Fehlleistungen bzw. auch und gerade durch den Umgang mit diesen Fehlleistungen definiert (Jaynes 1988, Dörner 1999). Konventionelle KI veranschlagt, dass durch eine bestimmte Menge an Informationen Bewusstsein und Emotionalität mehr oder weniger von allein entstehen, quasi als Randphänomen, ähnlich wie bei dem Blumenmädchen Eliza im Musical „My fair lady". Diesem Mädchen von der Straße hat ein Hochschullehrer wegen einer Wette mit viel Musik von allen Seiten Hochsprache und feines Benehmen wie einem Papagei andressiert bzw. wie einem Computer einprogrammiert. Irgendwann aber entwickelt sie anhand der neu erlernten Informationen ein eigenständiges Bewusstsein sozialer Werte und ist natürlich höchst erzürnt, weil sie nur Gegenstand einer Wette war (übrigens verändert sich auch der Hochschullehrer bei diesem Experiment, er verliebt sich in Eliza). Natürlich hinkt der Vergleich, solange das Blumenmädchen ein Mensch und kein Computer ist. Der Vergleich drängte sich nur insofern auf, als in Amerika ein Computer ebenfalls (und vielleicht nicht zufällig) den Namen Eliza trägt. Dieser Computer ist besser gesagt eine Art Therapieprogramm, das menschliche Kommunikation so überzeugend imitiert, dass es in Firmen tatsächlich schon erfolgreich den Haustherapeuten markieren darf (Weizenbaum/Wendt 1993). Die Grenzen zwischen Mensch und Maschine scheinen bei Eliza also unscharf zu werden. Allerdings scheitert Eliza an Menschen, die wirklich bewusst mit ihr sprechen und nicht nur in ihrem Jammer bestätigt werden wollen. Ähnlich wie bei einem Schachcomputer verhelfen auch Eliza ihre vielen Informationen nicht zu dem, was Menschen als ‚Geist' und ‚Seele' von ihrem menschlichen Gegenüber erwarten. Und so scheiterte bisher der Versuch, künstliches Bewusstsein durch eine große Informationsmenge bzw. durch die Mehrfachschaltung verschiedener Bearbeitungsprozesse bei Computern zu erzeugen (Horgan 2000). Dass Computer also ‚menschlicher' Aspekte fähig wären, wenn ihre Konstrukteure ihnen nur einen Körper mit entsprechend vielen Informationskanälen gäben (Putnam 1991), kann durch entsprechende Nachbauten nicht bestätigt werden, auch wenn entsprechende Programme schon den stolzen Namen ‚Künstliche Emotion' tragen. Die betroffen Programmierer berufen sich an dieser Stelle gerne auf die stereotype Formel vom Ganzen, das mehr ist als die Summe seiner Einzelteile. Aber wie kann eine Summe mehr ergeben als ihre Einzelteile? Das weiß keiner. Aber so ist das nun einmal. Auf der einen Seite der Forschung vermessen heutzutage die Neurophysiologen das Gehirn und programmieren die Informatiker ihre Computer, auf der anderen Seite plaudern die Geisteswissenschaftler wie eh und jeh über typisch Menschliches, über die menschliche Seele, Gefühle und die hehre Kunst. Dazwischen klafft ein Abgrund, der noch mit keinen Kabeln und Netzwerken überwunden werden konnte.

2.1.2   Im großen Abgrund zwischen Außen und Innen

Der **BS 1**, das Aufeinandertreffen von sinnlicher Wahrnehmung und abstraktem Denken, ist quasi die ‚Mutter aller **BS**e'. Sie bzw. er, der Baustein, stellt die Grundlage für jede Definition und für jede Ableitung ästhetischer Wahrnehmung dar. In ihm stecken nicht nur alle Probleme der Ästhetik-Theorie, sondern auch alle Klischees und Motive der Kunst, also z.B. das Motiv des schamanistischen oder kindlichen Künstlers, Kunst als Traum oder Rauschzustand oder so komplizierte Gefühle wie Melancholie oder die sog. ästhetische Distanz, die dafür sorgt, dass ein Mord in einem Krimi viel mehr Spaß macht als ein Mord im eigenem Wohnzimmer, zumindest in den meisten Fällen. Aber dazu später mehr. Zuerst zum **BS 1**: Alle im ersten Kapitel untersuchten Ästhetik-Theorien beschrieben **BS 1** (= das Aufeinandertreffen von sinnlicher Wahrnehmung und → abstraktem Denken) mit gegensätzlichen Formeln der Machart → Außen und Innen, Mensch und Welt, Ich und Du, Platons weißes und schwarzes Pferd vor dem Wagen der Seele, Kaffee und Kamillentee oder Ähnliches. Psychologisch gesagt umschreibt **BS 1** den Gegensatz zwischen der Neuinformation des Wahrnehmungssystems durch Reizung der Sinnesorgane und abstrakt schematisierten inneren Interpretationsmustern. So formuliert ist diese Außen-Innen-Vermittlung Teil jeder Wahrnehmung und zwar inklusive aller anderen formulierten **BS**e: Ein Individuum nimmt irgendetwas mit seinen Sinnenorganen wahr, indem das Gehirn diese Informationen irgendwie verarbeitet:

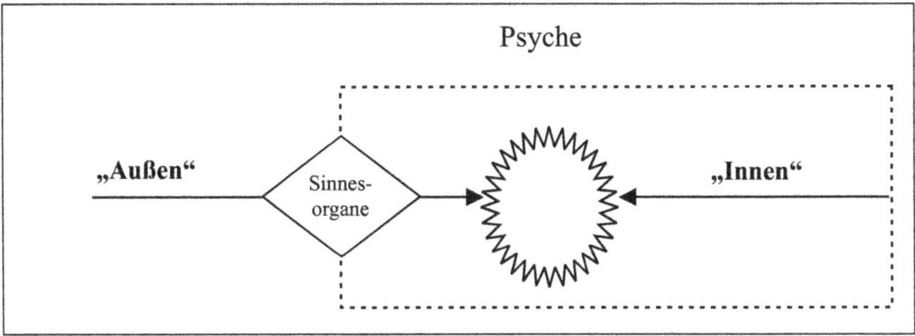

Abb. 26: **BS 1**

Beide Seiten dieses Vorgangs bzw. beide Informationsquellen knallen also irgendwie aufeinander. Dabei unterliegen die Inputs von außen vielen Filtertechniken. Individuell verschiedene Psychosiebe filtern die neuen Infos solange, bis entweder nichts mehr davon da ist oder sich ein Info-Nugget hervorgetan hat, eine Übereinstimmung beider Inputs, also eine Neuinformation. Unsere guten alten Ästhetik-Theoretiker nannten das immer Erkennen, wobei Erkennen nicht nur intellektuelles Begreifen, sondern auch emotionales Erleben beinhaltet (entspricht **BS 3**).

Unter einer systematisierenden Lupe sieht das dann so aus: Außen und Innen lassen sich auch als Ordnungsstrukturen beschreiben, die mit entweder bevorzugt bildlichen oder bevorzugt sprachlichen Erkennungssystemen arbeiten. Sie sind prinzipiell dazu gedacht, Wahrgenommenes zu kategorisieren, zu interpretieren und vielleicht auch Ereignisse zu prognostizieren. Diese beiden Informationsrepräsentationen sind also superverschieden, so wie z.B. deren jeweilige Königsdisziplinen, die Wissenschaften und die Kunst. Der Altmeister Beuys nennt beide deswegen:

> *„... zweierlei Dinge. Es gibt einen materialistischen Wissenschaftsbegriff, der hat Scheuklappen. Und es gibt ein anderes Ding. Das geht in ein noch unbekanntes Gebiet. Das heißt: das muss durch das erweitert werden. In etwa, wenn man's naiv formuliert"* (Beuys nach Platschek 1992, S. 101f.).

Oder anders gesagt: Sprachliche und bildliche bzw. wissenschaftliche und künstlerische Organisationsformen haben so etwas wie eigene Richtungen bzw. Techniken des Denkens. Beide Mustersuchen funktionieren völlig konträr und schließen sich gegenseitig um so stärker aus, je intensiver sie eingesetzt werden. Sinnliche Wahrnehmung ist umso weniger zugänglich für Abstraktion, je intensiver sie erfolgt, und je intensiver die abstrakte Verarbeitung der vorhandenen Informationen betrieben wird, desto mehr verweigert die sich der sinnlichen Übersetzung. Keine der beiden Techniken kann von der jeweils anderen Technik hinreichend in die Begriffe bzw. Muster der jeweils anderen übersetzt werden. Sinnliche Wahrnehmung kann nicht rein sprachlich beschrieben, und abstrakte Ordnungen können nicht rein sinnlich, sondern nur symbolisch und abstrakt dargestellt werden. Der Begriff Pferd ist nun einmal etwas grundsätzlich anderes als ein reales Pferd.

Neurowissenschaftlich umformuliert heißt das: Die hirnphysiologische Funktion ästhetischen Erlebens stellt die Vermittlung zwischen zwei Grundmustern bzw. verschiedenen Speicherformen innerer Repräsentation, zwischen sinnlich(-ikonischen) und abstrakt(-sprachlichen) Organisationsmustern dar. Deren Interaktion dient der Organisation der aktuellen Wahrnehmung (entspricht **BS 1**). Psychologen bezeichnen das Wechselspiel von ikonographischem und logographischem Gedächtnis als dualen Code (Dörner/Selg 1996). Entscheidend ist, dass keine spezifischen Speicherareale für diese Bereiche existieren. Es gibt nur entsprechende Aktivierungen, jeweils entweder schwerpunktgemäß vernetzt-assoziative oder aber tendenziell linear-serielle. Über den Unterschied beider Formen entscheiden bestimmte Stoffe, die dafür sorgen, dass die Weiterleitung der Nervenimpulse sich entweder einen möglichst geraden oder einen möglichst weitschweifigen Weg durch das Gehirn bahnt; deswegen heißt das dann auch geringer oder großer Bahnungseffekt (Spitzer 1996). Also greifen in der Wahrnehmung zwei unterschiedliche Formen der Wissensrepräsentation ineinander, nämlich tendenziell assoziative und tendenziell serielle Formen.

Das hört sich in etwa so an wie die astrologisch-populären Thesen über Mars (männlich) und Venus (bunt): Der Gegensatz zwischen einem linearen und vernetzten, in der Tradition gerne als weiblich titulierten Denken gehört mittlerweile zu den Allgemeinplätzen vieler Disziplinen und Frauenzeitschriften. Banal gesagt: Lineares Denken formiert sich beispielsweise durch die Vernetzung so widerspruchsfreier, serieller Informationseinheiten wie: „Ich will in die Stadt, Männerheft kaufen, Frau wird in der Zeit den Abwasch erledigen, egal, da ist das Auto, wunderbar, los". Ein fast noch beklopptères Beispiel für vernetztes und assoziatives Denken wäre hingegen: „Ich will in die Stadt, Frauenheft kaufen, aber darf ich in die Stadt, wo ich doch eigentlich den Abwasch erledigen sollte, oder sollte das nicht vielmehr mein Mann tun, hach, aber da ist ja auch schon das Auto, wie wunderbar wäre es, wenn das Auto ein Pferd wäre, ich hätte wieder ein Gefühl von Freiheit, aber egal, oder sollte ich lieber ein Pferdeheft kaufen?" Sog. lineares Denken denkt immer eine Sache nach der anderen. Assoziatives Denken denkt und verbindet viele Informationseinheiten gleichzeitig, erfindet Mögliches und schweift dadurch leicht ab – so weit, so einfach (dargestellt).

Mit dieser Feststellung ist der objektive Informationsgehalt des Gegensatzes leider erschöpft, da Folgethesen zu diesem Gegensatz, entgegen der Aussagen besagter Frauenzeitschriften, problematisch sind. Vor allem die populäre Antinomie der beiden Hirnhälften (links zuständig für Mathematik, rechts für Seidentücher) ist nur in Gestalt von ganz groben Schwerpunkten des vernetzten und linearen Denkens nachzuweisen. Auch die vielzitierte Rolle des sog. domänenspezifischen Lernens ist eigentlich viel weniger geklärt, als das ein oder andere Lebenshilfe-Handbuch glauben machen möchte. (Rechts wird in solchen Handbüchern bevorzugt für die Evaluierung formaler Ähnlichkeiten angenommen, links für funktionale. Ein Hut mit Krempe ist formal einem Kuchen vergleichbar, funktional passt er aber besser zum Handschuh). Es gibt zwar bestimmte Rechts-Links-Phänomene und hemisphärische Schwerpunkte, die in Hinblick auf semantische Aktivierungen auch tatsächlich nachgewiesen werden konnten. Z.B. bedeutet linksfrontale Aktivierung psychische Annäherung, rechtsfrontale Rückzug (Davidson 1978). Und vor allem in der Kunst- und Kulturtheorie erzeugen hemisphärische Aktivierungen tatsächlich viele interessante Phänomene, z.B. die These von den Richtungen des Bild- bzw. Schriftenlesens: Linke Bildseiten werden konnotiert mit der sprichwörtlichen Ferne, rechte mit dem sprichwörtlichen ‚Zuhause'. Wortwörtlich funktioniert das so wie im Vorspann der Serie „Voyager", bei dem das im Raum verschollene Raumschiff von links nach rechts Richtung Heimaterde zischt. Auch bei der Interpretation der Mona Lisa wird manchmal angemerkt, dass diese vor einem Bildhintergrund mit zwei völlig verschiedenen Landschaften zu stehen scheint. Links von ihr ist alles zerklüftet, rechts von ihr ist ein viel touristenfreundlicheres Italien zu sehen. Also muss genau hinter ihr eine Großbaustelle sein oder eine Akademie für totale Landschaftsgärtnerei. Anders kann man diesen Kontrast nicht erklären, womit auch das Rätsel um ihr Lächeln nach Jahrhunderten endlich gelöst wäre.

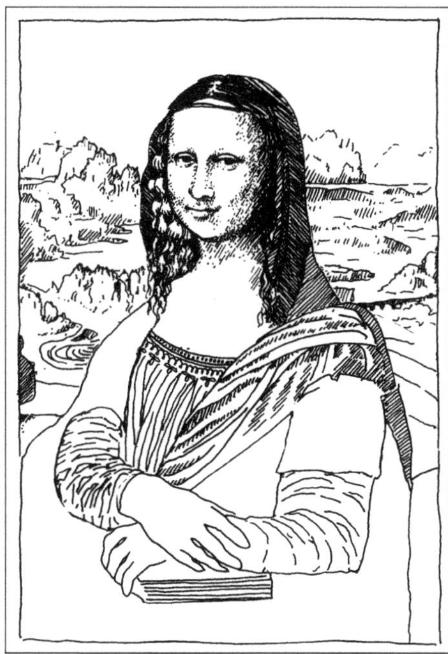

Abb. 27:   Sie muß nicht vorgestellt werden

Diese Richtung der Interpretation lässt sich auch auf ganz gewöhnliche Lesevorgänge übertragen: Liest jemand also von links nach rechts, so wie Sie gerade, dann liest er laut dieser These ‚rationalistisch'. In die andere Richtung liest es sich in mystische Offenbarung hinein, wie z.B. im Judentum (Buber 1996). Alle solchen Phänomene lassen sich aber nur mit großer Vorsicht auf den Alltag übertragen (Clausberg 1999), vor allem, wenn unklar ist, warum dieses Rechts-Links-System nicht völlig zusammenbricht, wenn größere Hirnareale oder ganze Hirnhälften ausfallen oder sich jemand, so ein Standardbeispiel, bei einem Arbeitsunfall tatsächlich eine Metallstange durch den Kopf geschoben hat, mitsamt der er sich fortan als Jahrmarktsattraktion verdingen kann.

Abgesehen vom Unterhaltungswert solcher Geschichten sind hirnhemi-sphärische Konzepte zwar sehr interessant, leiden aber stets darunter, nicht hin-reichend nachweisbar zu sein (wie z.B. Jaynes' Konzept von der bikameralen Psyche). Die sog. Split-Brain-Forschung (= Forschung an Leuten, denen die Verbindung zwischen beiden Hirnhälften fehlt) geht deswegen davon aus, dass funktionierendes Denken nur bedingt etwas mit der rechten und linken Gehirnhälfte zu schaffen hat (Schuster 1992, Bono 1986).

Diese Unklarheit betrifft leider nicht nur solche Rechts-Links-Phänomene, sondern auch Thesen, die eine einheitliche Mikrostruktur im Gehirn annehmen, innerhalb derer zwischen sog. abstrakten und sog. sinnlichen Elementen oder assoziativem und linearen Wissensstrukturen differenziert wird. Diese Differenzie-rungen besagen bei genauerem Hinsehen nämlich alles und nichts zugleich. Im Grunde genommen sind diese beiden Beschreibungen nämlich nicht voneinander zu trennen. Schier unmöglich ist beispielsweise bei einem Begriff wie Tierliebe, zwischen begrifflichem Abstraktionsgehalt und sinnlichen Assoziationseinheiten zu differenzieren und nicht automatisch kleine Hunde oder große Pferde zu sehen. Da sowohl abstrakte als auch sinnliche Elemente des Denkens für das Individuum relevant sind, ist dieser Gegensatz nicht zu untersuchen. Es bleibt immer unklar, wie die interne Vermittlung von Information verläuft, also die Zusammenführung der einzelnen Informationsverarbeitungen funktioniert (Damasio 2000). Zwischen Außen und Innen steckt dicker Nebel, Sichtweite gleich Null. Was also tun?

2.1.3 Die Verarbeitung von Unterschieden

Bis zum jetzigen Zeitpunkt sind also nur zwei Dinge sicher, nämlich die acht Bau-steine und die Tatsache, dass ein Unterschied zwischen einem tendenziell eher zielgerichtet linearen und einem vernetzt-assoziativen Denken besteht. Leider taugen auch die letztgenannten Bezeichnungen nicht viel, denn assoziatives Denken kann unter Umständen auch sehr zielgerichtet sein, wenn z.B. ganz asso-ziativ durchsinniert wird, wann und wo einen den lieben langen Tag lang der Haus-schlüssel verlassen haben könnte.

Dieses Problems wegen werden im Folgenden die beiden Denkarten mit den (kürzeren) Fachbegriffen Fixation und Vagation bezeichnet. Fixation umschreibt punktuell-zielgerichtete und Vagation umschreibt umherschweifend-uneigentliche Aufmerksamkeit. Fixation ist also zuständig für bereits vorhandene und abstra-hierte Muster (sog. bestimmte Elemente) und Vagation für alles, was gerade sinn-lich erfasst wird (sog. unbestimmte Elemente). Zwischen fixativen und vagativen Wissensrepräsentationen und ihren bestimmten und unbestimmten Elementen be-steht also der größtmögliche Unterschied.

Hoppla, da hat sich doch völlig unbemerkt ein ganz wichtiger Fachbegriff aller Systemtheorie eingeschlichen! Der Begriff des Unterschieds ist nämlich einer deren

90

wichtigster: Ein Unterschied ist ein Unterschied – diese Feststellung ist in keiner Weise so banal, wie sie sich erst mal liest. Das Erkennen von Unterschieden ist nämlich so ziemlich das Wichtigste, was ein kognitives System leisten kann. Wenn z.B. Fische erkennen, dass eine Höhle vor ihnen sich durch die Zähne am unteren und oberen Rand der Höhle maßgeblich von anderen Höhlen unterscheidet, dann leben sie länger. Das Setzen eines Unterschieds funktioniert auf biologischer Fischebene genauso wie auf kognitiver und informationstechnischer: Mit dieser Grundstruktur des Denkens in Unterschieden werden Erscheinungsformen voneinander differenziert. Das führt auf kurze und lange Sicht zu einem (relativ) geschlossenen kognitiven Weltbild. Nach dem gleichen Unterschiedsprinzip ermöglicht die Zellmembran einen Wechselbezug zwischen Zellinside und Zelloutside und dadurch ein (relativ) geschlossenes Biosystem (Maturana/Varela 1987). Das Setzen einer Unterscheidung stellt sich dar als:

> *„... das Aufzeigen eines Wesens, Objekts, einer Sache oder Einheit ist mit dem Akt der Unterscheidung verbunden, der das Aufgezeigte von einem Hintergrund unterscheidet und damit von diesem trennt. Immer, wenn wir implizit oder explizit auf etwas Bezug nehmen, haben wir ein Unterscheidungskriterium festgelegt, das das Kennzeichen dessen, von dem wir gerade sprechen, und seine Eigenschaften als Wesen, Einheit oder als Objekt spezifiziert ... Eine Einheit (Entität, Wesen, Objekt) ist durch einen Akt der Unterscheidung definiert. Anders herum: Immer dann, wenn wir in unseren Beschreibungen auf eine Einheit Bezug nehmen, implizieren wir eine Operation der Unterscheidung, die die Einheit definiert und möglich macht".* (ebd., S. 46)

Dieses Konzept vom Setzen eines Unterschieds bzw. das Konzept vom Zusammensetzen einzelner Unterscheidungen kursiert seit Urzeiten. Ursprünglich hatte Aristoteles diese Idee in Umlauf gebracht, aber das Ganze hat sich bis in die Gegenwart gehalten bis hin zu modernen Kybernetikern. Wenn Wissenschaftler die menschliche Entscheidungsfindung in Flussdiagramme pressen, dann nach so einem Entweder-oder-Prinzip: Eine Sache ist entweder so oder so und zwischen den beiden Möglichkeiten besteht besagter Unterschied. Entweder der Proband hat Angst vor Psychologen oder nicht und dann reagiert er auf den Anblick eines solchen eben so oder anders (Aristoteles 1995, Wiener 1963, Bateson 1987, Dörner 1999).

Der Witz an diesen Unterscheidungen besteht darin, dass das binäre Konzept mit der binären 0–1-Schaltung von Computern verglichen werden kann. Denn auch eine Schaltung im Computer ist entweder so oder anders, 0 oder 1. Dazwischen besteht ein Unterschied oder besser gesagt: **der** Unterschied schlechthin. (Dieses Prinzip der Informationsverarbeitung als moderne Fortsetzung des aristotelischen Unterschieds gibt es seit 1674. Damals hat Leibniz eine Kugel-Rechenmaschine auf der Grundlage von Nullen und Einsen konstruiert.) Ganz wichtig: Diese Schaltung findet ihre Entsprechung in der Funktionsweise von Nervenzellen, die entweder feuern oder nicht feuern. Von daher sind die beiden Systeme, das Feuern von Nervenzellen, also die funktionale Grundlage menschlicher Informationsverarbeitung, und die binäre Datenverarbeitung, die funktionale Grundlage von Computertechnologie vergleichbar. Mit dieser Gleichsetzung ist es möglich, sich in Richtung von Computerschaltplänen zu wagen:

2.1.3.1 Unterschiede im Modell

Mit diesem Unterschiedsbegriff lässt sich ein funktionales Modell basteln, das unabhängig von den historischen Umständen oder individuellen emotionalen Bezügen die Vermittlung von fixativen und vagativen Strukturen beschreibt. Es gibt also diese beiden Arten der Wissensrepräsentation von fixativen (= relativ bestimmten, weil vertrauten, subjektiv inneren, weil bereits intern vorliegenden idealen Mustern von Ideen) und vagativen (= relativ unbestimmten, weil neuen, subjektiv äußeren, weil von außen kommenden ‚realen‘) Inputs der Wahrnehmung (entspricht **BS 1,** dem Abgrund zwischen Außen und Innen, in dem implizit auch alle anderen **BS**e stecken). Die eine Seite denkt logisch, die andere vernetzt alles, aber auch wirklich alles miteinander, und diese beiden Seiten können sich irgendwie miteinander kurzschließen und durch noch zu klärende Tricks zu einem neuen Interpretationsschema zusammenschmelzen.

In allen philosophischen Theorien hieß dieser Vorgang Erkenntnis (entspricht **BS 2**). Er zeichnet sich stets durch positiv besetzte Gefühlsqualitäten aus (entspricht **BS 3 und 4**). Dieser Vorgang kann nur im Nachhinein und po(i)etisch-metaphorisch umschrieben werden, weil er teilweise unbewusst stattfindet. Das Unbewusste bietet sich deswegen als Arbeitsfläche an, weil so kreative Mustervernetzungen möglich werden, die im Normalfall nicht gestattet und deswegen bewusster Aufmerksamkeit nicht zugänglich wären. Auf diese Weise werden entweder tatsächlich neue Muster generiert oder die Suche wird erfolglos abgebrochen oder das Ganze geht nach einem Erst-Fehlschlag in die Verlängerung, wird noch kontemplativer und ermöglicht so eine noch kreativere Durchsicht der Muster (entspricht **BS 5 und 6**). So wird das kognitive System durch neue Erkenntnisse und dementsprechenden ‚beflügelnden‘ Spaß an der Sache immer leistungsfähiger (entspricht **BS 7**). Natürlich hängt dieser Vorgang auch von der Vernetzungsfähigkeit und Momentanverfassung des Rezipienten ab (entspricht **BS 8**).

In Einzelschritten und einem Schaltplan sieht das dann so aus:

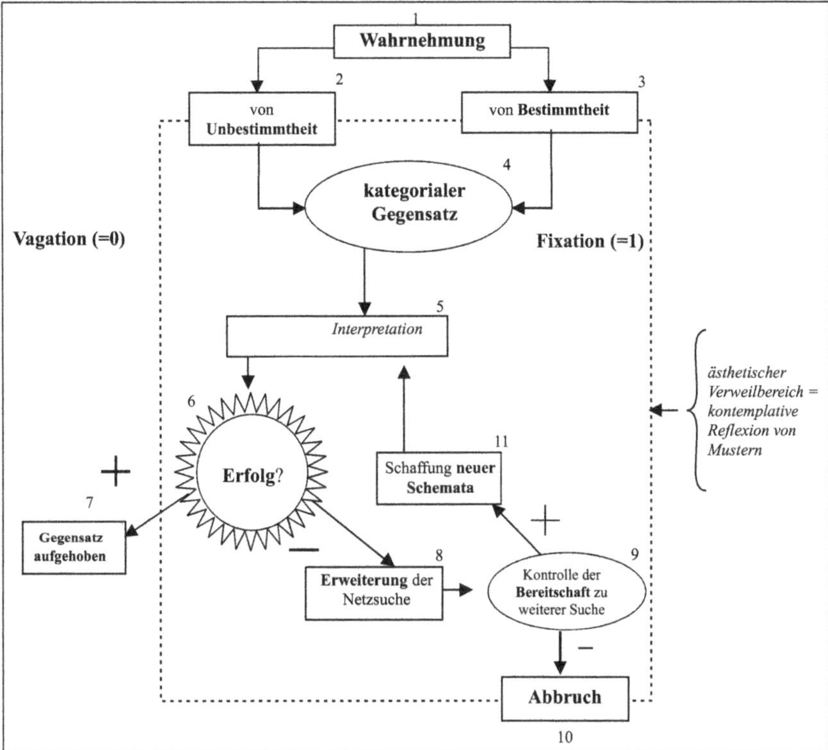

Abb. 28:   Das Unterschiedsmodell

Die einzelnen Schritte des Modells erklären sich folgendermaßen:

1. **Wahrnehmung** besteht aus verschiedenen Anteilen von
2. **Unbestimmtheit**, also unbekannten bzw. subjektiv ‚unberechenbaren‘ und ‚realen‘ Elementen (die sog. philosophischen Erscheinungen) und
3. **Bestimmtheit**, also bekannten bzw. prognostizierbaren internen ‚idealen‘ Schemata, also abstrahierten Sinneinheiten (die philosophischen „Ideen“).
4. Zwischen Punkt 3) und Punkt 4) besteht ein **kategorialer Gegensatz**, d.h. unbestimmte Strukturen werden tendenziell ‚vernetzt‘ und unter Umständen un-logisch, also vagativ repräsentiert, und bestimmte Strukturen linear und logisch, also fixativ.
5. Dass diese beiden Gegensätze nicht zusammenpassen, wirkt verunsichernd auf den Rezipienten. Also wird versucht, eine **Interpretation** für die vorliegenden Elemente zu konstruieren, also die neuen äußeren unbestimmten Elemente mit den vorliegenden inneren bestimmten Elementen in Einklang zu bringen.

6. Wenn die Interpretation **erfolgreich** verlief, also die Einordnung der neuen Elemente in vorhandene Schemata die anfängliche Unbestimmtheit zufriedenstellend reduziert hat, dann kommt es zum

7. Verlassen des kontemplativ-unbewusstenen Bereichs, in dem diese verschiedenen Schemata und Neueindrücke aufeinander abgestimmt wurden. Da der **Gegensatz** zwischen Bestimmtheit und Unbestimmtheit somit aufgehoben ist, entsteht jetzt eine bewusst abrufbare Interpretation des vorangegangenen Angleichungsprozesses bzw. des auslösenden Moments, z.B. eine logische Begründung für die Wirkung eines Kunstwerks.

8. Ist die Konstruktion einer neuen Interpretation in Punkt 6) nicht erfolgreich verlaufen, wird die Suche fortgesetzt und zwar noch kontemplativer bzw. vagativer als vorher. Die **Netzsuche** wird dadurch um weitere Möglichkeiten an Musterüberschneidungen **erweitert**.

9. Nun wird kontrolliert, wie viel **Bereitschaft** besteht, sich auf eine weitere Betrachtung bzw. Mustersuche einzulassen (= Variable x) und zwar in Abhängigkeit von der bestehenden Ausprägung der persönlichen Vernetzungsfähigkeit (= Variable n) und der jeweiligen Situation (sog. dogmatisches Denken entspricht einem geringen Wert der Variable n, sog. kreatives Denken entspricht einem hohen n-Wert).

10. Wenn $x > n$, kommt es zum **Abbruch** der Mustersuche.

11. Wenn $x < n$, werden weitere Vernetzungsmöglichkeiten aktiviert, und somit entstehen **neue Schemata**. Diese wiederum ermöglichen den abermaligen Versuch der Interpretation.

Bei diesem prinzipiell logischen Ablauf wird also im Bereich des Unbewussten Logik außer Kraft gesetzt, 0 und 1 auf einen Nenner gebracht und scheinbar Unvereinbares vereint. Wurde die Logik Opfer eines kalten, unwissenschaftlichen Mordes? Da der Bereich des Unbewussten nur kontemplativ zugänglich und durch eigene Regeln versperrt ist, existieren keine unmittelbaren Zeugenaussagen, nur Indizienhinweise über den Vorgang:

Die unbewusst-kontemplative Vermittlung der konträren Muster von Außen und Innen kann sich nur in Form einer **Wahrnehmung der eigenen Wahrnehmung** vollziehen (entspricht **BS 1** und **5–6**). D.h.: In der Schleife zwischen Konstruktion der Objektgrammatik und der Schaffung neuer Schemata entsteht eine besonders ausgeprägte Gleichzeitigkeit von fixativem und vagativem Denken bzw. Fühlen. Solange unwillkürlich-kontemplativ, sowohl sinnlich fühlend und intuitiv als auch abstrahiert denkend nach neuen Mustern gesucht wird, ermöglicht diese Gleichzeitigkeit eine Wahrnehmung der eigenen Wahrnehmung. Dadurch entsteht so etwas wie selbstreflexives Bewusstsein, eine Art Gleichzeitigkeit der handelsüblichen Wahrnehmung äußerer Sinnesreize bei gleichzeitiger Verarbeitung derselben (Dennett 1994). Etwas wird wahrgenommen und diese Wahrnehmung wird reflektiert, mit inneren Mustern verglichen. So entsteht (evtl. durch die Verzahnung von Hemisphären bzw. Aktivierungsschwerpunkten) eine Art Wahrnehmungsschleife, in der einander ausschließende Prozesse (vagativ/fixativ) im subjektiven Empfinden koexistieren. Dieses mehrschichtige Denken ist wie ein „Zugriff auf viele Möglichkeiten" des Denkens (Jaynes 1998). Möglichkeiten werden nötig, wenn (wie im Modell beschrieben) ein kognitiver Problemfall eingetreten ist, also poetisch gesagt, ein → Leiden oder kognitionswissenschaftlich gesagt, ein zu hoher Wert an Unbestimmtheit, um eine Vergleichbarkeit von Sein und Möglichkeit zu konstruieren.

"Wer den Möglichkeitssinn besitzt, sagt beispielsweise nicht: Hier ist dies oder das geschehen, wird geschehen, muss geschehen; sondern er erfindet: Hier könnte, sollte oder müsste geschehen". (Musil nach Dörner 1999, S. 485)

Der Vergleich mit KI-Computern erklärt die Vorteile solcher möglichkeitssuchender, parallelverteilter Verarbeitung von Informationen im Vergleich zu serieller Verarbeitung. Als Vorteile ergeben sich: Funktionale Konstanz, leichteres Verkraften von Teilverlusten und leichteres Überbrücken von Informationslücken und kognitivem „Rauschen" (Churchland 1992) – alles Vorteile, durch die sich auch menschliches Bewusstsein auszeichnet. Mehrschichtige Verarbeitungsmechanismen ermöglichen es, mit den zwangsläufig entstehenden logischen Widersprüchen zwischen einzelnen Mustern zurecht zu kommen und sich seinen sprichwörtlichen Teil zu denken. Ein Kippbild, das aus einem Blickwinkel ein Hase ist, kann so aus einem anderen zur Ente werden; bei einem Streit lässt sich zurechtreimen, was das Gegenüber möglicherweise gegen einen haben könnte, oder akademisch mit Husserl gesprochen: Sie sehen nur die Vorderseite eines Würfels und denken sich dabei auch die Rückseite. Das ist zumindest Husserls Definition des Bewusstseins als Erkennen von Ganzheiten. Wenn er damit recht hat, entspricht ästhetische Wahrnehmung von Wahrnehmung dem Begriff des Bewusstseins. Sie sehen nur die (Vorder-)Seite von Außen, 0 und Vagativem und denken sich dabei auch die (Rück-)Seite von Innen, 1 und Fixativem. Das ist die Definition der ästhetischen Wahrnehmung als Wahrnehmung der eigenen Wahrnehmung.

2.1.3.2   Vier Vorteile sollt ihr sein

Dieses Modell hat vier Vorteile. Erstens funktioniert es im Kleinen, Mittleren wie auch im Großen: Es kann im Kleinen auf ganz kleine Hirnstrukturen bezogen werden, und von solchen an sich einfachen Mikro-Struktur des Denkens ist ja auszugehen, weil sonst nicht erklärbar wäre, wie Menschen im Falle eines (Un-)Falles auch besagte Verluste von Hirnmasse kompensieren können. Das Unterschiedsmodell funktioniert andererseits auch im größeren Zusammenhängen, da sich viele kleine Strukturen auch zu größeren Formationen zusammenklumpen können, um Bearbeitungszentren bzw. hemisphärische Aktivierungen im Gehirn zu ermöglichen. Ein Komplex vieler Einzelunterscheidungen, die sich zu einem größeren Unterscheidungskomplex zusammenrotten wäre dann so etwas wie ein Hologramm, bei dem das Nebeneinander vieler Abbilder einer Vorlage diese Vorlage erstellt. Diese Vergleich taucht in der Forschung ab und an auf (Pribram nach Horgan 2000). Genau weiß man aber bisher noch nichts und noch ist nichts bewiesen.

Auf der Seite der sicheren Wahrheiten stehen zwei weitere Vorteil des Modells: Es ist epochenunabhängig und es erklärt alle wesentliche Motive, Umschreibungen und Erlebnisphänomene von Kunst. Wer beispielsweise innerhalb dieses Vorgangs lange nach neuen Interpretationsschemata suchen muss, wird darüber melancholisch (so wie viele Künstler) oder bricht die Suche verärgert ab (so wie viele Betrachter moderner Kunst). Wenn hingegen die Verschmelzung von fixativen und vagativen Mustern funktioniert, entstehen ‚schöne‘ Gefühle. Diese Gefühlsqualitäten, welche die Kunst bei der Verarbeitung von Unterschieden beschreibt, sind die gleichen Gefühle, die menschliches Bewusstsein auch im Allgemeinen auszeichnen. Und diese sind beim Nachbau menschlicher bzw. bei der Konstruktion künstlicher Intelligenz entscheidend, denn es gibt kein Bewusstsein ohne Gefühle (Dörner 1999). Hier schließt sich der Kreis zum Anfang dieses Abschnitts: Im Gegensatz zum Menschen hat KI in aller Regel ebenso wenig Bewusstsein wie Gefühle oder ästhetische Wahrnehmung. Kann ein ‚gefühlvolles‘ Ästhetik-Modell die KI aus dieser Sackgasse herausholen? Kommen wir also im Folgenden zu den Details, damit diese Frage beantwortet werden kann.

Vorher noch einmal das Wichtigste in Kürze über den **BS 1**: Ästhetisches Erleben vermittelt den kategorialen Gegensatz zwischen Außen und Innen, auch bekannt als der Unterschied zwischen unbestimmten und bestimmten Elementen des Denkens oder subjektiv ‚äußeren‘ Interpretationsmustern und subjektiv ‚inneren‘ Eindrücken. Informationstheoretisch kann diese Art der Vermittlung als Verarbeitung von Unterschieden umschrieben werden, als eine Art Wahrnehmung der Wahrnehmung. (Dieses Kapitel 2.1 entsprach **BS 1–8**)

2.2 Die Refrains in den Liedern des höchsten Lobs

M.: „*Also ich habe ja immer noch so meine Zweifel, ob Sie mit Ihrer superwissenschaftlichen Art da weiterkommen. Ich finde, es wird Zeit, dass wir von den überpsychologischen Konstrukten zu den wichtigen Sachen kommen und ich berichten kann, warum im Erleben von Kunst – und ich meine im wirklichen Erleben von Kunst – so viel Schönes liegen kann. Ich bin mir nicht sicher, ob Sie wissen, wovon*

Ästhetisches Erleben ist charakteristischerweise ästhetisch, vielleicht auch schön, auf alle Fälle etwas Besonderes. Ästhetik-Theoretiker haben Ästhetisches, die gelungene Wechselbeziehung zwischen Außen und Innen immer als ausgesprochen gewinnbringende Wahrnehmungsart beschrieben (im Gegensatz zu einseitig sinnlicher oder zu einseitig abstrakt-intellektueller Wirklichkeitsbearbeitung). Aber nicht nur diese Theoretiker oder natürlich die Künstler, sondern beispielweise auch Physiker singen wahre Lobeshymnen auf das ästhetische Denken. Interessant dabei: Während die Titulierungen der ästhetischen Wahrnehmung bei den Philosophen doch immer relativ verschieden und hochtrabend ausfielen, so sind die Umschreibungen praktisch tätiger Künstler vergleichsweise epochenkonstant und so gestrickt, dass sie auch Nichtexperten verständlich sind. Dieses Kapitel zeigt nun auf, warum und mit welchen Metaphern ästhetische Wahrnehmung in der Literatur dargestellt wird.

2.2.1 Kunst als praktiziertes Leben – die Aussagen der Künstler

Die Überbrückung des Gegensatzes zwischen Außen und Innen bewirkt eine Menge Gutes, z.B. neue Interpretationen der Wirklichkeit, ‚erleuchtende Kurzschlüsse' im eigenen Denken und eine allgemeine Stabilisierung des Psychohaushalts (entspricht **BS 3** und **7**). Soviel Gutes führt zu viel Lob. Oft wird dieses Gute als mystische und/oder höhere Bewusstseinsform beschrieben und in dieser Funktion als eine Art Gegenspielerin der Sprache präsentiert. Die Souveränität in der Handhabung dieser gewinnbringenden Wahrnehmungs-Technik wird gleichgesetzt mit so etwas wie Lebenskompetenz oder gekonnter Wirklichkeitserfassung. Diese Kompetenz gilt als sprichwörtlich menschlich, z.B. weil der hohe Grad an zu erlernenden Lebensbewältigungstechniken beim Menschen (im Vergleich zu instinktgesteuerten und deswegen stark auf unveränderliche Habitate angewiesenen Tieren) eine besonders flexible Art der Informationsverarbeitung vorauszusetzen scheint. Diese wird signifikant häufig mit einer hohen Kompetenz zu ästhetischer Wahrnehmung synonym gesetzt.

So wie alle untersuchten Theorien von der exklusiven Sonderrolle des Künstlers ausgingen, bezeichnen auch Künstler ihr Sujet als maximal authentisch und gewinnbringend sowohl im Hinblick auf das Erleben von Emotionen als auch auf das abstrahierende ‚Verstehen' der Wirklichkeit (entspricht **BS 7**):

> *„Kunst ist eine wertvolle Zeitverschwendung. Du verbringst Dein Leben gut. Kunst ist die wichtigste Aktivität, die es gibt. Wenn Du einen Fehler machst und etwas anderes wirst als Künstler, bist Du verloren, gibt es keine Hoffnung für Dich".* (Levine nach Wackerbart 1977, S. 50)

Denn hier bieten Beruf und Berufung eine blendende Möglichkeit zur Eigenreflexion zwischen unterschiedlichen Denkansätzen:

> *„Kunst ist auf diese nirgends sonst verfügbare Weise kommunikative Vermittlung zwischen Sinnlichkeit und Reflexion und als solche, wenn man mit der Tradition so will, dialektisches Ferment zwischen Subjektivität und Objektivität, zwischen Natur und Vernunft, zwischen Besonderem und Allgemeinem, zwischen Theorie und Praxis".* (Koppe nach Oelmüller 1982, S. 90)

Die metaphernhaften Umschreibungen dieser ‚bestmöglichen' Denktechnik des ästhetischen Erlebens werden immer nach folgenden funktionalen oder inhaltlichen Prinzipien dargestellt:

2.2.1.1   Hier wie dort ist wie ein Ort – Die Einheit der Gegensätze

Die beiden Seiten von

> *„Subjektivität und Objektivität ..., Natur und Vernunft ..., Theorie und Praxis" bzw. von „rein emotionelle(m) Wille(n), der emotionalen ungerichteten Aktionismus betreibt, ein gefühlsmäßig emotionales Bewegungsprinzip, und (dem) rein formell auskristallisierte(m) abstrakte(n) Theoretikertum".* (Beuys nach Kishon 1986, S. 153)

werden naheliegend gerne mit gegensätzlichen Metaphern umschrieben. Diese stellen das gleichzeitige Nebeneinander von Gegensätzen dar (entspricht **BS 1**). Dieses gleichzeitige Nebeneinander von Gegensätzen läuft immer irgendwie auf eine Gleichzeitigkeit von Außen und Innen oder Fixativem und Vagativem hinaus, wie z.B. Schönheit als künstlerische Vermittlung von

> „Ewigkeit und Momentaufnahme" (Baudelaire nach Wind 1979, S. 32), denn:

> *„Der Künstler ist nur Künstler, wenn er doppelt ist und wenn er keine Seite seiner Doppelnatur vernachlässigt".* (ebd.)

Goethe hat diesen ‚Doppelblick‘ des Künstlers mit dem Doppelblatt des Ginkos bzw. der Einheit zwischen zwei Liebenden verglichen. Denn das Ginkoblatt ist ein Blatt, das in der Mitte angeschlitzt ist, also wie zwei zusammengewachsene Blätter aussieht:

> *„Dieses Baum's Blatt, der von Osten/Meinem Garten anvertraut,/*
> *Gibt geheimen Sinn zu kosten,/ Wie's den Wissenden erbaut./*
> *ist es Ein lebendig Wesen?/ Das sich in sich selbst getrennt,/*
> *Sind es zwei? Die sich erlesen,/ Daß man sie als eines kennt./*
> *Solche Fragen zu erwidern/ Fand ich wohl den rechten Sinn;/*
> *Fühlst Du nicht an meinen Liedern,/ Daß ich Eins und doppelt bin?"*
> (Goethe nach Unseld 1997, S. 126)

Etwas geläufiger ist der Vergleich von ‚innerem und äußerem Auge‘ als Repräsentation von ‚Herz und Verstand‘. Beides zusammen ergibt die etwas geheimnisvollere Metapher vom Sehen mit dem ‚dritten Auge‘ (Berendt 1989).

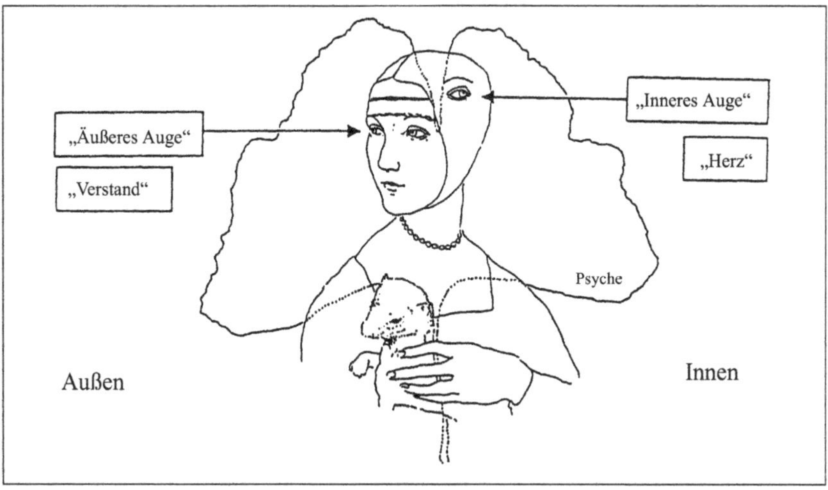

Abb. 29:   ‚Herz und Verstand‘ braucht der Mensch

Diese ‚organischen‘ Formeln sind sowohl kunst- als auch alltagstauglich und sie tauchen zu verschiedensten Zeiten in verschiedensten Kulturen auf. Ebenfalls universal ist innerhalb dieser two-in-one-Metaphern das Prinzip Außenwelt = Innenwelt. Zen-Kalligraphien gelten z.B. als Ausdruck der Seele des Schreibers oder eine Landschaft C.D. Friedrichs als

> *„... Seelenzustand. Der Maler soll nicht malen, was er vor sich sieht, sondern auch, was er in sich sieht. Sollte er nichts in sich sehen, so sollte er darauf verzichten zu malen, was er vor sich sieht. Sonst werden seine*

Diese Gleichsetzung von Außen und Innen betrifft sowohl Praxis als auch Rezeption künstlerischen Schaffens, bei der unter Umständen eine mystische Identifikation mit dem Kunstwerk oder eine subjektive ‚Verschmelzung' mit dem
Schaffensprozess eintreten kann. Es gibt dafür zwei beliebte Umschreibungen, die
als literarische Motive vor allem seit dem 19. Jahrhundert grassieren, nämlich zum
einen die psychologisierenden, modernen Begriffe des ‚Moments' oder des
‚Augenblicks' (Henckmann/Lotter 1992) oder zum anderen die subjektive Einheit
von Maler und Kunstwerk (Gay 1999). Sie kennen bestimmt diese Beispiele, nach
denen Maler ‚sind', was sie tun, und sich, wie Psychologen sagen würden, sym-
pathetisch einfühlen (Lipps nach Schuster 1992). V.a. Kunstsoziologen wählen für
diese künstlerische Gleichsetzung von Außen und Innen gerne Magrittes stereotype
Formel vom „Sich-die-Welt-Aneignen" (Magritte 1974 und Hauser 1974). Der
Überschwang ob dieser Aneignung der Welt durch Kunst geht auf Seiten mancher
Künstler sogar so weit, die jeweilige Art künstlerischer Darstellung als ‚realer als
die Realität' zu bewerten, eben als bestmögliche Wirklichkeitserfassung. Braques
spricht so über seine kubistische Malweise und ebenso Picasso über den Kubismus
als „reine Wahrheit" (Picasso 1982).

2.2.1.2   Die inhaltlichen Metaphern

Inhaltlich betrachtet werden die Gefühlsqualitäten der ästhetischen Wahrnehmung
mit verschiedenen Zuständen verglichen, welche die ästhetische Wahrnehmung als
lohnenswert wahrhaftige und glückbringende, wenn nicht sogar bestmögliche Art
der Wirklichkeitsbearbeitung auszeichnen. Diese Zustände sollen hier nur auf-
gelistet und erst später näher beschrieben werden.

- Der Vergleich mit einer Selbstbegegnung (entspricht **BS 4**)
- Der Vergleich mit Schlaf oder Tod (entspricht **BS 4** und **5**)
- Der Vergleich mit dem Traum (entspricht ebenfalls **BS 4** und **5**)
- Der Vergleich mit kindlicher Wahrnehmung (entspricht **BS 5**)
- Der Vergleich mit Schwerelosigkeit oder Sorglosigkeit und Freiheit (entspricht **BS 5**)
- Der Vergleich mit Rauschzuständen oder Sexualität (entspricht BS **4** und **5**)

2.2.2 Leben als praktizierte Kunst – die Aussagen der Nichtkünstler

Die Theorie der Ästhetik liefert massig Hinweise darauf, dass Wissenserwerb mehr ist als reine Vernunft und zwar in frappanter Anzahl und quer durch alle Epochen. Z.B. legten Aristoteles, Comenius, Spinoza, Wolff oder Kant großen Wert darauf, dass der handelnde Mensch nicht ausschließlich kognitiv oder ausschließlich sinnlich strukturiert ist, sondern eine menschliche Einheit von Denken und Gefühl, Kognition und Emotion aufweist. Die ist nicht notwendig nur kunstgebunden, sondern betrifft genauso Ästhetisches im Alltag. Entsprechende Umschreibungen werden aber nur selten an andere weitertradiert, sondern sind meist nur autorentypisches Vokabular einzelner Philosophen. Das liegt wahrscheinlich nicht nur an epochengebundenen Modebegriffen, sondern auch an der Komplexität und Unzugänglichkeit des Themas, das (aus noch zu klärenden Gründen) von jedem Theoretiker einen neuen, auf eigener Erfahrung beruhenden und nicht einfachen Zugang erfordert.

Hier einige Beispiele für solche individuellen Umschreibungen: Johann Amos Comenius führt den Begriff der „synkritischen Methode" als einer Kombination von analytischer und synthetischer Analyse ein. Die Analyse geht vom Ganzen ins Teil, die Synthese vom Teil ins Ganze, *syncrisis* entdeckt Strukturähnlichkeiten zwischen differenzierten Ganzheiten (Voigt 1997). Auch wenn sich das so ganz anders anhört, ist das nichts anderes als der Begriff der „Abduktion" bei Peirce, nämlich die Verbindung zwischen Einzelfällen durch je ähnliche Regeln, unter die sie fallen (Peirce 1983). Was bei Kant „ästhetischer Zustand", also die Aufhebung der an sich begrifflich nicht überbrückbaren „Subjekt-Objekt-Differenz" im konkreten Erleben, und bei Schiller „Begriff der Freiheit" ist, nennt Hegel die „Versöhnung von Geist und Stoff". Bei Danto, Wittgenstein und Lyotard ist das eine ausgesprochen „richtige Perspektive" (Lyotard nach Engelmann 1994), bei Blake „Unschuld", bei Bateson „Gnade", bei Kleist „Anmut", bei einigen neueren Autoren das typisch postmoderne „ästhetische" Denken (Welsch nach Guggenberger 1992 über Lyotard, Derrida, Foucault, Baudrillard, Vattimo, Sloterdijk u.a.) und bei Benedetto Croce die „Intuition" oder das „künstlerische Schaffen", die (im besten Fall) mit einer besonderen Art ausgesprochen realitätstauglicher, weil gleichzeitig nach Außen und Innen gerichteter Denktätigkeit gleichzusetzen sind (Croce 1930) wie Goethes ‚Doppel-Ginko-Ansicht'.

2.2.2.1 Sonderfall Naturwissenschaften

Als Sonderfälle im Niemandsland zwischen praktizierenden Künstlern und nichtkünstlerischen Wissenschaftlern werden in punkto ästhetisches Erleben oft Physiker angeführt, allen voran das Vorzeigepferd Einstein mit seinen Thesen über „Rätselhaftigkeit", „Geheimnis", „Schönheit" und „Zauber", mit seinen Vergleichen von Ästhetik und naturwissenschaftlicher „Wahrheit" sowie wegen seinen oft intuitiv-ästhetischen Lösungsfindungen. Er verglich Kunst und Wissenschaft und nannte die Kombination von beiden eine „zauberhafte" bzw. die bestmögliche Art der Wirklichkeitsverarbeitung an der Wiege von „wahrer" Kunst und Wissenschaft (Highfield/Carter 1996).

Etliche Naturwissenschaftler haben, zahlreichen populären Legenden zufolge, sich nicht nur deduktiver, sondern auch ästhetischer Prinzipien bedient: Kekulés Entdeckung des Benzolrings geschah z.B. angeblich durch einen Traum, und der Atomphysiker Nils Bohr kam genauso zu dem nach ihm benannten Atommodell. In den Naturwissenschaften existiert dementsprechend das Motiv des „Künstlerischen Schauens" (Weizsäcker 1970), ein nicht zu beschreibendes ‚Ahnen' von Zusammenhängen, also eine Art emotionaler Vorahnung der kreativen Ordnungsfindung. Solche Gefühle sind auch für rationalistische Denker ausgesprochen wichtig, denn wahrscheinlich werden wissenschaftliche Entdeckungen so gut wie nie nur auf deduktivem Weg gemacht. Logische Vorgehensweisen sind evtl. sogar zweitrangig und werden nur im Nachhinein als rationale Denkleistungen glorifiziert (Kuhn 1995, Penrose 1991).

> *„Ein Mathematiker, der nicht die Sensibilität hat, Ordnung und Struktur, die ästhetischen Muster wahrzunehmen, wird nie eine bedeutende Entdeckung machen."* (Poincaré nach Hauser 1973, S. 25).

Das Wichtigste in Kürze zu den Lobliedern auf die ästhetische Wahrnehmung: Sie wird in der Literatur als bestmögliche Wahrnehmung vor einseitig → fixativem oder betont → vagativem Denken gepriesen. Die gekonnte Wechselbeziehung zwischen diesen beiden subjektiven ‚Sphären' wird mit hochbewerteten Zuständen verglichen, beispielsweise mit dem Gefühl der Schwerelosigkeit, mit kindlichem Erleben oder Rauschzuständen. Diese positive Bewertung findet sich auch in der Philosophie oder in der Physik, wo die Fähigkeit für ästhetisches Empfinden als Voraussetzung für intuitive Ordnungsfindungen angenommen wird. (Dieses Kapitel 2.2 entspricht **BS 1–2**)

2.3 Genial und zweckfrei – Die Beschreibungen der ‚Unbeschreibbarkeit'

P.: *„Warum verwendet Ihr Künstler immer so blumige Umschreibungen für ästhetisches Erleben?"*

M.: *„Ich glaube, manchmal ist das einfach klüger. Manchmal könnte man fast glauben, die Leute wollen das so haben, damit ihnen Kunst und Künstler möglichst geheimnisvoll erscheinen. Hören Sie sich doch einmal an, was so geredet wird, wenn es um Kunst geht. Dabei bringt es doch gar nichts, über Kunst zu reden. Das macht nur alles kaputt."*

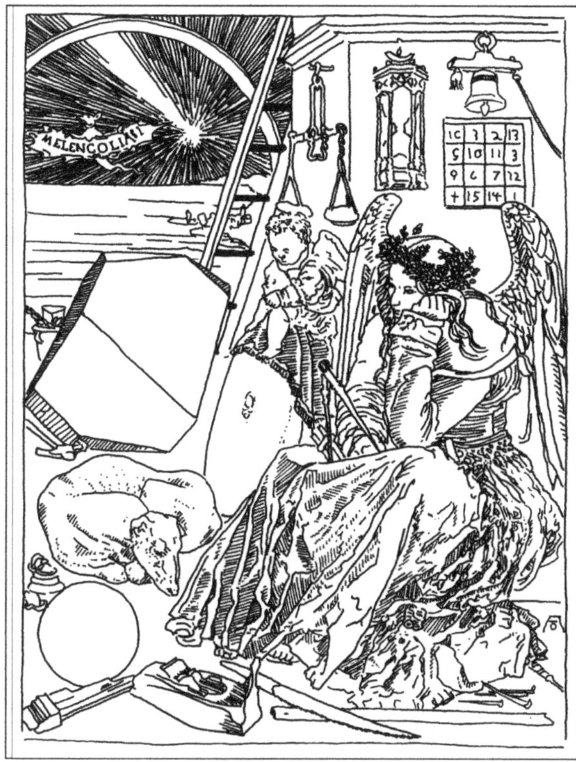

Abb. 30:   Dürers ‚*melencolia I*‘ von 1514

P.: „Also mir bringt das Reden über Kunst schon etwas, ganz abgesehen davon, dass wir das gerade tun. Eines meiner Lieblingsbilder, Dürers ‚melencolia‘ ist für mich viel interessanter geworden, seit ich weiß, dass darin alchemistisch-mystische Symbole versteckt sind, dass z.B. die Leiter sieben Sprossen hat, weil es sieben Metalle, sieben Planeten und sieben Stufen zur Erleuchtung gibt.“

M.: „Wissen Sie dann auch, dass die Engelsfigur auf der ‚melencolia‘ mal als Frau und mal als Dürer selber interpretiert wird und der Hund im Vordergrund sogar einmal als Schaf? Also ich habe mit Interpretationen immer so meine Schwierigkeiten.“

P.: „Jaja, ich kenne eine Dürer-Zeichnung von zwei Eichhörnchen, die wie Außerirdische aussehen – riesige Stirn, riesige schwarze Mandelaugen.
Vielleicht ist das Tier auf der ‚melencolia‘ weder Schaf noch Hund, sondern irgendetwas anderes. Sag, was mag das Tierchen sein, ist's vielleicht ein Pferdchen klein?“

M.: „Genau das meine ich: Nichts ist schlimmer, als unbefangene, persönliche Äußerungen zur Kunst. Über Kunst soll nicht geredet werden, Kunst soll wirken. Herder sagt: ‚Um sich begreiflich zu machen, muss man zum Auge reden‘. Oder noch besser George: ‚In der Dichtung – wie in aller Kunstbetätigung ist jeder, der noch von der Sucht ergriffen ist, etwas sagen zu wollen, etwas wirken zu wollen, nicht einmal wert, in den Vorhof der Kunst einzutreten.‘

P.: „Akzeptiert, zumindest als Zitate, denn inhaltlich gesehen ist so etwas natürlich Blödsinn. Das kann ich Ihnen auch mit einem Zitat zu belegen: Watzlawick sagt, man kann nicht nicht kommunizieren, jede Verweigerung einer Aussage ist quasi eine Aussage. Allein dass ihre zwei Dichter dachten, so blumige Verweigerungserklärungen formulieren zu müssen, spricht für ihren Wert als Kommunikationsabsicht, sonst hätten diese Herren so etwas gar nicht erst gesagt. Von daher wäre

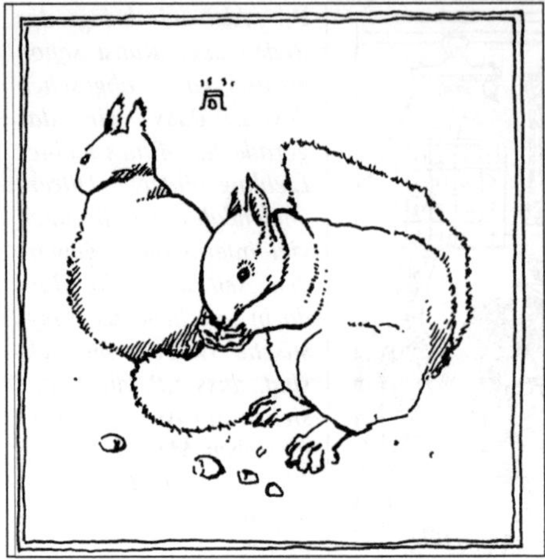

Abb. 31:   Dürers Eichhörnchen

zu klären, welche Mechanismen hinter so kryptischen Aussagen oder ihrer angeblichen Unbeschreibbarkeit der Kunst stecken. Können Sie mir die Gründe für solche Informationssperren wissenschaftlich erklären?"

M.: „Nein, will ich auch nicht."

P.: „Das sollte Ihnen zu denken geben."

M.: „Das tut es.
Doch ich bin guten Mutes, dass Ihnen dazu etwas einfallen wird, darauf verwette ich ein Pferd."

P.: „Vielleicht haben Sie in diesem Fall doch recht und es sollte nicht so viel gesprochen werden."

Die Reise durch die Gefilde der Kunstklischees, also die ‚schönste' aller Routen entlang des Abgrunds zwischen Außen und Innen geht weiter zu den noch relativ einfach zu erklärenden Begriffen von Unbeschreibbarkeit, Zweckfreiheit und Genialität, wichtigen Glaubensformeln in der Litanei moderner Beschwörung angeblich unbeschreibbarer Kunst:

> „Die Kunst ist ein Basilisk, der sich selbst vernichtet, wenn er sich im Spiegel sieht; schweigen wir von der Kunst, wenn uns die Kunst lieb ist".
> (Von Armin nach Borinski 1924)

Diese Begriffe entstammen der gleichen funktionalen Wurzel, nämlich der Tatsache, dass der Unterschied zwischen fixativen und vagativen Mustern nicht fixativ zu beschreiben ist, sonst wäre der Kurzschluss beider Muster kein Mix aus beiden, sondern eben nur fixativer Text ohne feeling. Die zur Beschreibung notwendige Distanz gegenüber diesem Erleben distanziert von der entsprechenden emotionalen Gefühlsqualität und umgekehrt (entspricht **BS 1**). Da die sinnlichen Anteile der ästhetischen Vermittlung von Außen und Innen nicht mit Wörtern – den Speicherformen der abstrahierten Interpretationsmuster – repräsentiert werden können, entsteht zwangsläufig die Unbeschreibbarkeit von Kunst (entspricht **BS 1, 5** und **6**). Zwangsweise wortgebundene Beschreibungen ästhetischen Erlebens können dieses Erleben nur rudimentär vermitteln, denn der Name ist nicht das Ding, die Landkarte ist nicht das Land. Trotzdem lässt ‚typisch menschliches Denken' oft Name und Ding, Land und Landkarte zusammenfallen, auch wenn Speisekarten oft nicht so gut schmecken wie das darauf beschriebene Schnitzel. Deswegen kann dieses Erleben ebenso wie Kunst gar nicht oder nur ‚blumig' umschrieben oder gleich im Vorneherein als Rätsel klassifiziert werden.

104

„Kunst ist etwas, was so klar ist, dass es niemand versteht". (Kraus nach Fischer 1965, S. 434)

Jaynes unterstellt sogar jedem Verstehen, nur in Form einer Metapher darstellbar zu sein (Jaynes 1998). V.a. die Kunst proklamiert, dass

„die Kunst das ist, was ohne Begriff verstanden wird" (Weidle 1981, S. 87)

oder schlichtweg überhaupt nicht beschreibbar ist, was z.B. 1978 bei eine Befragung von Jazzmusikern ergeben hat (Berendt 1978). Leute, die Jazz nicht mögen, finden das sicherlich sehr einleuchtend.

Diesem Dilemma zwischen (Un-)Beschreibbarkeit und sinnlichem Erleben tragen die Kategorien von der ‚Unbeschreibbarkeit der Kunst', ‚Zweckfreiheit', ‚Genialität', ‚Avantgarde', ‚Selbstzweck' und anderen Folgeformeln Rechnung, inklusive dabei auftretender Widersprüche (entspricht **BS 7** und **BS 5**):

2.3.1   Die Gegenstrebigkeit des Denkens

Fixatives und Vagatives sind wie Sprache und Bild. Beides trifft in der Wahrnehmung aufeinander, wird zu einer Einheit und beides bedingt sich gegenseitig (entspricht **BS 2**). Heraklit hat das vor Urzeiten als „Gegenstrebigkeit des Denkens" beschrieben (Diels/Krantz 1952). Diese Gegenstrebigkeit bewirkt, dass die Welt manchmal nur in Metaphern verständlich ist, so wie auch der Begriff des Schönen oft zugleich als wahr und nicht wahr beschrieben wird (Weizsäcker 1980). Dazu sagt der Experte Jaspers:

„Es ist möglich, in Bildern, Gestalten, Mythen, Göttern in Landschaften, Farben Naturerscheinungen, in Handlungen und Vollzügen zu denken ... Sprachloses Denken scheint es als Keim und als Übergang zu geben. Vielleicht geht das Entscheidende des Erkennens – der Sprung zum Neuen, der Ansatz, das ursprüngliche, vorwegnehmende Begreifen, im sprachlosen Denken vor sich. Aber was hier im Keim ergriffen wird, versteht sich nicht ohne Sprache, noch wächst es ohne sie". (Jaspers 1958, S. 415)

Das ist gut und schlecht für die entsprechenden Berufsfelder. Auf der einen Seite locken ja bekanntlich die Vorteile betont ästhetischer Betätigung. Auf der anderen Seite, ja, was soll man sagen? Bereits die platonische „Apologie des Sokrates" berichtet, wie Künstler zwar über alle Dinge erhaben sind und alles können im Sinne von: Sie können alles erleben, aber sie können nicht darüber reden, weil das eben nicht geht. Somit wird künstlerische Tätigkeit politisch und wissenschaftlich in eine unbedeutende Randposition der Gesellschaft abgedrängt, die durch die

Zweckfreiheit ihres Tuns noch potenziert wird. Anders im Alten China: Hier wurde Kunst nur von hohen Würdenträgern praktiziert und war, ähnlich wie auch beim modernen französischen Kulturverständnis, weitaus anerkannter in ihrer Bedeutung als woanders, z.B. hier bei uns.

Dass die angebliche Unbeschreibbarkeit von ästhetischem Erleben und Kunst an der mangelnden Artikulationsfähigkeit der Künstler liegt, kann anhand der europäischen Kunstgeschichte nicht belegt werden. Viele Autoritäten der Kunst haben sich durch ausgesprochen rege (und kompetente) Schreibtätigkeit hervorgetan, z.B. Tizian, Michelangelo, Rubens, Leonardo, Mozart, Cézanne und Matisse. Nur ist zwangsläufig die Wortwahl zur Beschreibung des Ästhetischen eine andere als die der wissenschaftlichen Betrachtung. Wissenschaftssprache arbeitet mit eindeutigen Begriffen, Kunst wird mit poetischen Metaphern umschrieben (entspricht **BS 6**). Deswegen mögen sich die beiden Sprachen nicht wirklich und darum ist

> *„die Kunst ... dazu bestimmt zu beunruhigen; die Wissenschaft macht sicher“.* (Braques 1958, S. 65)

Und darum wirkt die Kunst wie

> *„... ein so reines und selbstzufriedenes Wesen ... , dass es sie kränkt, wenn man sich um es bemüht“.* (Walser nach Greven 1978, S. 44)

Von daher ist auch nachvollziehbar, wenn an der Front zwischen Wissenschaftssprache und poetischer Umschreibung Kommunikationsprobleme auftauchen.

Im Gegensatz zur Unbeschreibbarkeit von Kunst existiert aber auch das Motiv von Kunst als einer Art von Sprache oder Text und weist in dieser Funktion auf die Möglichkeit der Kommunikation über ,Unbeschreibbares‘ mit verständlichen Begriffen hin (übrigens eine Metapher, die das typische Produkt einer Schriftkultur ist, so wie sie mittlerweile auf 90% der Welt besteht. 1900 waren das noch etwa 10%). Kunst macht sich so als

> *„Vermittlerin des Unaussprechlichen“* (Goethe 1972, S. 529)

verständlich, ist also Text, wenn auch mit ,unbeschreibbaren‘, ,rätselhaften‘ bzw. metaphorischen Bezeichnungen (Barthes 1983). So hat z.B. Plotin die Hieroglyphen interpretiert und so funktionieren auch russische Ikonen. Die werden bei sich zuhause nicht als gemalt, sondern wegen der festen Anordnung der Einzelelemente als geschrieben gedacht. Ähnlich galt im 19. Jahrhundert die Umschreibung eines Malers als Dichter als höchste Auszeichnung (Gay 1999).

Die These vom Kunstwerk als Text ist auch aus soziologischer Sicht einleuchtend, denn die Kommunikation über unbeschreibbare Kunst scheint innerhalb der Gemeinschaft von Kunstkonsumenten in sehr genormten Formeln und Verhaltensweisen geregelt zu sein (Warburg 2000, Lomazzo 1584, Wittgenstein 1978). Das betrifft z.B. die Ehrfurcht vor dem genialischen Künstler, die Begriffe der

Zweckfreiheit, Rätselhaftigkeit, Unbeschreibbarkeit oder auch die gleichlautenden Aussagen über den ‚beflügelnden‘ Effekt solcher gemeinschaftlicher „*Kulte*" (Zola nach Muschg 1963, S. 99). Von daher kann Kunst nicht ausschließlich Selbstzweck sein, sondern sie dient auch gesellschaftlicher Kommunikation. In jedem anderen Fall wäre Kunstschaffen so absolut und ausschließlich individuell, dass es angesichts unendlich vieler Möglichkeiten dann keine kollektiven Kunststile und öffentlichen Museen samt bestimmten Verhaltensregeln, Ästhetiktheorien oder Normen von Regelkonsens oder Regellosigkeitskonsens im Hinblick auf ikonographische Zeichen und Symbole mehr gäbe. Denn Kunst ist ...

> „... *unentbehrliches Kommunikationsmittel, das die Menschen durch ein und dieselben Gefühle vereint*". (Tolstoj 1980, S. 48)

> „*Die Kunst ist – entgegen allen ästhetischen und philosophischen Schulmeinungen – nicht ein Luxusmittel, in schönen Seelen die Gefühle der Schönheit, der Freude oder dergleichen auszulösen, sondern eine wichtige geschichtliche Form des gesellschaftlichen Verkehrs der Menschen untereinander, wie die Sprache*". (Luxemburg nach Karallow 1972, S. 35)

> „*Kunst ist Sprache, nichts als Sprache, doch eine Sprache eigener Art und Struktur, anders als die begriffliche*". (Sedlmayer nach Kultermann 1987, S. 183)

> „*Kunst ist Sprache, also im höchsten Sinn soziale Funktion*". (Hauptmann 1942, S. 415)

Bei aller Gegenstrebigkeit des Denkens existiert also trotzdem die Möglichkeit zur verschlüsselten Kommunikation über das Unkommunizierbare.

2.3.2 Im Namen der Zweckfreiheit

Die Kategorien von Zweckfreiheit und Selbstzweck, also Kunst um ihrer selbst willen, sind fester Bestandteil der Definition von Kunst in Handbüchern und Lexika.

> „*Die Kunst ist nur Kunst, wo sie sich Selbstzweck, wo sie absolut frei, sich selbst überlassen ist, wo sie keine höheren Gesetze kennt als ihre eigenen, die Gesetze der Wahrheit und Schönheit*". (Feuerbach nach Badt 1968, S. 141)

Funktional und psychologisch gesehen soll so gewährleistet werden, dass die gegenstrebigen Pole von Außen und Innen zusammengebracht werden können und zwar durch das Kontemplative von **BS 5**. Nicht weiter kompliziert.

Soziologisch gesehen wird es dann schon etwas schwieriger. Hier soll die Zweckfreiheit Kunst vor politischer Inbesitznahme und Kommerzialisierung retten, auch wenn paradoxerweise geglückte Zweckfreiheit bei offiziellen Kunstwettbewerben und Kunstverkäufen mit hohen Geldpreisen geahndet wird. Dadurch, dass Kunst sich ausdrücklich nicht von vermarktbarem Genuss und manipulierender Propaganda verzwecken lassen möchte, rutscht sie wieder in neue Zwecke hinein. Denn moderne Kunsttheorie fordert, dass gute Kunst nur die Kunst ist, die den Betrachtenden u.a. durch ihre Zweckfreiheit irritiert und ihm so seine eigene Wahrnehmung und deren kritisch zu beleuchtenden Aspekte vor die Nase hält. So zwingt moderne Kunst ihre Konsumenten ins Meditativ-Kontemplative und somit zwar nicht immer in ‚beflügelnde Erleuchtung‘, aber doch unter Umständen in eine Art kritischen Erkenntnisgewinn, ein jüngeres Geschwister der ‚beflügelnden Erleuchtung‘ – ein Zweck (entspricht **BS 3, 5** und **6**). Dieses Potenzial der Provokation und Hässlichkeit ist Grundbestandteil kritischer Ästhetiken der Moderne, wie sie von Theoretikern wie z.B. Adorno oder Künstlern wie beispielsweise Kafka formuliert wurden:

> *„Ich glaube, man sollte überhaupt nur solche Bücher lesen, die einen beißen und stechen. Wenn das Buch, das wir lesen, uns nicht mit einem Faustschlag auf den Schädel weckt, wozu lesen wir dann das Buch ... Solche Bücher, die uns glücklich machen, könnten wir uns zur Not selber schreiben. Wir brauchen aber die Bücher, die auf uns wirken wie ein Unglück, das uns sehr schmerzt, wie der Tod eines, den wir lieber hatten als uns, wie ein Selbstmord, ein Buch muss die Axt sein für das gefrorene Meer in uns“.* (Kafka nach Manguel 1999, S. 114)

Diesem vergleichsweise ernsten Irritationskonzept moderner Kunst können zwar gegensätzliche Entwürfe entgegengehalten werden, die ihrerseits ganz ausdrücklich unterhaltsame Kunstgriffe zulassen. Beispiele dafür sind Koons Kitschbilder oder Ecos Zitatenspiele. Das Witz daran ist, dass dieser ungewohnt witzige Kunstgriff zu einer Verunsicherung der in der Regel ernsten Verbraucher und somit zur kontemplativen, also potenziell zweckfreien und entsprechend potenziell erfolgversprechenden Betrachtung führt. In beiden jeweils ernsten oder nicht so ernsten Fällen führt das Scheitern der zunächst angewandten Erkennungsmuster in den Bereich der vagativ erweiterten und unkontrolliert-unbewussten Ordnungssuche (entspricht **BS 5**). Genau das soll sein, und das ist einwandfrei ein Zweck. So gesehen wohnt aller Zweckfreiheit doch ordentlich viel Zweck inne, nur eben nicht vorsätzlicher Zweck, sondern so etwas wie uneigentlicher Zweck.

Wo so verzweckte Zweckfreiheit in überflüssigen Schund, Kunsthandwerk oder Produkte der jugendstilvollen Machart *art pour l’art* übergeht, ist schwer zu entscheiden. Denn Kunst als Selbstzweck und *„Muster um der Muster“* willen kann eine *„hirnlose Kunst“* werden, die sich dem *„ungeduldigen Publikum und ge-*

schäftstüchtigen Handwerkern" anbiedert (Gide nach Wind 1979, S. 23) und schafft so vielleicht Legitimitätssignale, wo diese aus moralischer Sicht nicht angebracht sind. Das heißt dann Kitsch. ‚Kitsch' gibt es unter diesem Begriff seit der industriellen Massenproduktion, die im 19. Jahrhundert die Frage nach dem guten Geschmack entstehen ließ, der sich von der Masse absetzt – bis die 1950er Jahre die gleiche moderne Reproduzierbarkeit auf einmal gut fanden. Psychologisch gesehen sind psychische Voraussetzungen solcher bevorzugt einfachen Kunst ein niedriges Kompetenzgefühl und das Bedürfnis an regressiver Harmonisierung (Halcour 2000). Somit bleibt die Frage, wann der Kitsch anfängt und wo er aufhört, letztendlich wieder am jeweiligen Wertgefüge und der psychischen Verfassung von Künstler und Rezipient kleben.

Egal in welcher Bewertungsliga das Uneigentliche von Zweck und Zweckfreiheit dann spielt, das Wichtige an diesem (Un-)Beschreibbarkeitsdilemma illustrieren in der Kunst die entsprechend kontemplativen Arten der Rezeption. Ein prominentes Beispiel für diese nicht alltägliche Art sog. ‚Sehens', ‚Hörens' oder ‚Spürens' ist die Metapher des durch das Kunstwerk Hindurchsehen(s). Dali hat irgendwann einmal diese Sehanweisung für seine Bilder ausgegeben. Man sollte das Bild eine Zeitlang aus einer leichten Distanz mit einer gewissen zerstreuten Starrheit betrachten, bis sich irgendwas tut. Von Leonardo gibt es auch eine solche Anweisung, nur dass der eine Mauer angestiert wissen wollte, bis sich Halluzinationen einstellen, so wie bei einer gleichlautenden chinesischen Malanweisung aus dem 11. Jahrhundert. Denn ab einem gewissen Grad hilft nur noch mystisches *„Finden, nicht suchen!"* (Picasso 1982, S. 7) vor Mauern, Schokoladentafeln oder Kunstwerken, je nach persönlicher Präferenz.

> *„Wenn man ganz genau weiß, was man machen will, wozu soll man es dann überhaupt noch machen? Da man es ja bereits weiß, ist es ganz ohne Interesse".* (ebd.)

Solche und ähnliche Umsetzungen der offiziellen Zweckfreiheit lassen sich in vielen Kunstschulen finden, egal ob bildender oder darstellender Kunst. Überall trifft man auf Künstler, die sich ganz zen-buddhistisch geben, so wie Bogenschützen – die mit geschlossenen Augen ihr Ziel treffen (ohne Angaben über den Verlust durch ‚friendly fire' in Zenklöstern). Solch treffliche Umsetzungen der Zweckfreiheit betreffen auch Bild- und Wortverbote oder abstrakte Titulierungen von Bildern oder Musikstücken (Roob 1996).

Der uneigentliche-zweckfreie Zugang zur Kunst hat Funktionen, die sich (konsequenterweise ‚schön' und poetisch) mit beispielhaften Metaphern umschreiben lassen: Kleine bewegte Dinge wie z.B. ein Igel werden in der Dunkelheit nur dann gesehen, wenn sie sich nicht im Zentrum, sondern am Rand des Blickfeldes befinden. Sie werden nur von dem gesehen, der von anderem absieht. Ferne Galaxien sind manchmal nur durch verfremdende Linsen zu sehen, die an der üblichen Perspektive vorbeisehen. Diese paradoxe Verfahrensweise entspricht dem mittelalterlichen Motiv der so genannten Theologia negativa: Gott als das ‚göttliche Nichts in allen Dingen‘, zu dem durch das gezielte Absehen von allen Dingen mystischer, weil vorsätzlich unbeabsichtigter Kontakt hergestellt werden kann (ein an sich neuplatonisches, aber vor allem im Barock sehr beliebtes Motiv). Der Islam kennt das sog. Bilderverbot, das figürliche Darstellungen untersagt, weil sie für die Abbilder Gottes gehalten werden könnten. So uneigentlich verläuft auch der Weg hin zu der ‚zauberhaften‘ Wirkung eines Kunstwerkes, die sich verflüchtigt, sobald man sich dem Kunstwerk „nähert“ bzw. bewusst zuwendet (Adorno 1973).

2.3.3 Die geniale Unbeschreibbarkeit von Genialität

Die Helden dieser zweckfreien Uneigentlichkeit sind die Genies. Das Genie hat den Job, auszuhalten, dass es beim vagativen Mustersuchen von Schemata geradezu überschwemmt wird. Wen das nicht verrückt macht und wer danach auch noch authentische Rechenschaftsberichte, also neue und ungewohnte Möglichkeiten an Kunstmustern präsentieren kann, wird mit Attributen des Genies belegt. Als Marc z.B. seine „blauen Pferde“ malte, hat er sich weit weniger als andere Maler seiner Zeit daran gestoßen, dass Pferde eigentlich nicht eckig sind, sondern er hat die Möglichkeit einer kubistischen Sichtweise auf dieses Objekt übertragen, das sich eigentlich durch seine natürlich-gerundeten Formen auszeichnet.

Was sich auf dem Kunstmarkt an neuen Entwürfen durchsetzt, richtet sich, abgesehen von anderen Marktfaktoren wie z.B. dem Tod des Künstlers, nach der subjektiven Überzeugungskraft der neu entdeckten bzw. geschaffenen Schemata des Kunstwerks. Wenn die Präsentation dieser Schemata erfolgreich verläuft, dann spricht das Publikum von einem avantgardistischen Kunstwerk mit hohem Innovationswert. Und solche Werke sind auf dem Markt begehrt. Kunstwerke, die mit althergebrachten Formen funktionieren, gelten dagegen als Kitsch und daher auf dem Markt nichts.

Die Legenden der Genieverehrung sprechen dann gerne von absoluten Innovationen, aber bei genauerem Hinsehen zeigt sich, dass es sich dabei meist nur um relativ neue Musterverknüpfungen handelt. Seien wir ehrlich: Wirklich ganz neue Sachen kann es doch eigentlich nicht geben. Zum einen gab es schon so vieles, zum anderen würde doch niemand so völlig neue Sachen verstehen, und so scheint bei dem ein oder anderen Genialischen doch eine gewisse handwerkliche Komponente durch, quasi Kunst als höchste Form des Handwerks (Liebermann 1983). Neue und als genialisch gefeierte Kunstformen sind oft nur Variationen alter Formen in anderem historischen Kontext: Baselitz’ Konzept vom Portrait-Kopfstand hatte bereits Guiseppe Arcimboldo in seinen Gemüse-Obst-und-Blumen-Bildern umgesetzt. Luca Camiaso malte im Barock geometrisierende Zeichnungen, die ebenso gut im Kubismus hätten entstanden sein können, und die Ruine als Sinnbild melancholischer Betroffenheit findet sich nicht nur auf den Schwarz-Weiß-Fotos des 20. Jahrhunderts, sondern unter anderen Vorzeichen genauso auf Porzellan und Bildern des 18., genauso wie die Darstellung verrottenden Fleisches keineswegs von Damien Hirst erfunden oder die Darstellung des Menschen ohne Haut erst durch plastinatorische Verfahren des 20. Jahrhunderts möglich wurden, denn das hatten schon die barocken Plastiken Jean-Antoine Houdons ziemlich gut umgesetzt.

Was den Kult um Genies und den Absolutheitsanspruch dazugehöriger Schönheitsvorstellungen zusätzlich diskreditiert, ist der Umstand, dass Neuerungen in der Kunst unter Umständen Zufallscharakter besitzen können. Das betrifft z.B. die Gerüchte um krankheitsbedingte Malstile. Nach denen hat nicht nur VanGogh zuviel Lösungsmittel konsumiert, sondern auch einem der vielen Väter moderner Malerei, Paul Cézanne, wird unterstellt, er habe nur dank einer Augenerkrankung einen neuen Malstil entwickelt (Merleau-Ponty 1986, Trevor-Roper 1998). Seine ersten Malversuchen hatten demgegenüber gemeinhin als Niederlagen gegolten. Von dem großen Landschaftsmaler Turner wird berichtet, er habe angeblich nur keine Menschen malen können und hätte sich deswegen auf ausdrucksstarke Farbflächen verlegt, wegen derer er später auch Akademiedirektor und ein weiterer Vater moderner Malerei geworden ist (Freeman 1999). Denn

> *„... Kunst ist, wenn man's nicht kann, denn wenn man kann, ist's keine Kunst“.* (Nestroy nach Oelmüller 1981, S. 168)

Da den Helden der modernen Kunst in der Gegenwart aber fast die gleiche Ehrerbietung zuteil wird wie im Mittelalter den Heiligen, ist das Aussprechen dieser Thesen sozial unerwünscht, auch wenn sich andererseits gerade der Altmeister Picasso in punkto Kritik an moderner Kunst als eines der schlimmsten Lästermäuler überhaupt betätigt hat.

Neben der Kompetenz zum Entwurf neuer Möglichkeiten an Musterverbindungen ist ein weiteres soziologisches Charakteristikum des genialen Künstlers seine gerne praktizierte Kommunikationsverweigerung unter Berufung auf sein als unbeschreibbar geltendes Metier. Vor allem in den Medien werden Künstler zu Genies stilisiert, deren geniale Intuitionen in keinem Fall klare Analysen waren, die der Betrachter vielleicht nachvollziehen könnte (entspricht **BS 6**). Denn deren Schaffen scheint genauso wenig vollständig erklärbar wie auch

> *„... tatsächlich nicht zu erlernen – ganz genau wie die schöpferische Arbeit und Erfindungskraft in der Wissenschaft oder in der Technik nicht gelehrt oder gelernt werden kann.“* (Kandinsky nach Bill 1955, S. 309)

Moderne Berichterstattung betont sehr stark die Unbeschreibbarkeit der künstlerischen Genialität. Dem Zuschauer wird mitgeteilt, dass er Kunst zwar nie verstehen wird, diese kryptische Rätselhaftigkeit, ein seit den Surrealisten sehr beliebtes Klischee, aber wertschätzen soll (Resch 1999). Gerade diese rätselhafte Kommunikationsverweigerung wird zum eigenständigen Kommunikationssignal.

> *„Ich schleudere den Schöngeistern meine Flaschenständer und meinen Nachttopf ins Gesicht, um sie zu ärgern und zu provozieren, und sie – sie bewundern meine Kreationen wegen ihrer ästhetischen Schönheit".* (Duchamp nach Kishon 1986, S. 133)

Der Gebrauch des Geniebegriffs und das Klischee des kommunikationsverweigernden, weil unerfassbaren und seiner Umwelt überlegenen Künstlers sind insofern wichtig, als ihre Entstehung zeitgleich mit dem Beginn der Moderne angesetzt wird und auch wesentlich zur Entstehungstheorie der Moderne beiträgt.

Das gilt für zwei widersprüchliche Ansätze zur Bewertung von Genies als außergewöhnlichen Menschen: Während einerseits gerade in der Romantik die Verklärung Einzelner zum Genie zunimmt, bereiten andererseits die egalitären Ideale der Französischen Revolution den Trend vor, in jedem Menschen einen potenziellen Künstler zu sehen. Denn auch das Leben autorisiert formaljuristisch eigentlich jeden Menschen zum ‚Künstler‘, quasi zum Genie der Alltagsbewältigung. Das meinte zumindest Altmeister Warhol, der kryptisch von sich gab, dass jeder Mensch für fünfzehn Minuten ein Star sein könne. 1964 wollte die Documenta 4 die Außenseiterrolle der Künstler eindämmen. Aber diese Demokratisierungsversuche drohen den Geniebegriff zu unterhöhlen:

> *„Als man sich darauf einigte, dass es auf die Gefühle und Emotionen des Malers ankomme, dass jeder die Malerei neu schaffen könne, so wie er sie verstand, ganz gleich, wo er begann, da gab es keine Malerei mehr. Es gab nur noch Individuen. Die Skulptur starb den gleichen Tod. Angefangen mit van Gogh sind wir alle, wie groß wir auch sein mögen, in einem gewissen Grad Autodidakten. Jeder moderne Maler hat das Recht, diese Sprache von A bis Z zu erfinden... In gewissem Sinn ist das eine Befreiung, aber gleichzeitig ist es eine ungeheure Begrenzung, denn wenn die Individualität des Künstlers beginnt, sich auszudrücken, verliert er das, was er an Freiheit gewinnt, an Ordnung. Und wenn Du nicht mehr in der Lage bist, dich einer Ordnung zu unterwerfen, dann ist das im Grunde ein gefährlicher Nachteil".* (Picasso 1982, S. 11)

Denn diese allgemeine Genialitätsinflation ist Auslöser oder zumindest Teil einer (typisch modernen) sog. Ästhetisierung des Alltags, der mittlerweile voller individueller Alltagsgenies steckt und immer mehr Wert auf Optik und eigenen Stil legt. Das wiederum bewirkt nicht nur eine (typisch moderne) Vereinheitlichung von gesellschaftlichem und ästhetischem Empfinden bzw. eine Vereinheitlichung der Begriffsapparate von Kunst, Gesellschaft und Politik. Diese Ästhetisierung spitzt sich darüber hinaus mancherorts zur sog. Überästhetisierung der Moderne zu

(Sloterdijk 1994, Flusser 1988 und Benjamin 1977). Überästhetisierung bedeutet soviel wie eine Art Überdosis an Ästhetik zwecks Ablenkungs- und Sedierungsbedürfnis bei gesellschaftlicher Beschleunigung und Technisierung hin zu Distanzierung und ‚Gefühlskälte‘ (Koch-Hillebrecht 1983). Diese Kühle geht nicht von ungefähr einher mit der ausgesprochen kühlen Stimmung in unseren Museen. Diese Einrichtung hat, genauso wie die dazugehörige Berichterstattung, unter Berufung auf die Ehrfurcht gebietende Unbeschreibbarkeit von Kunst eine ‚ästhetische-geistig‘ rezipierende Haltung durch Regeln der Ruhe und des Abstands zu Kunstwerken durchgesetzt, in der Geduld, Zeit, besagte Ehrfurcht und Bildung als Zulassungsbeschränkungen fungieren. Es heißt, jeder stirbt alleine, aber was ist das gegen moderne Museen in denen gilt:

> *„Kunst ist die Brücke zwischen Mensch und Natur. Kunst ist nicht die Brücke zwischen Mensch und Mensch“.* (Hundertwasser nach Schurian 1983, S. 136)

Wie anders sind da Fußballstadien. In vergleichenden Studien konnte nachgewiesen werden, wie sich Kunstrezeption von Fußball durch die Unbeschreibbarkeit des Sujets unterscheidet (Resch 1999). Das läuft dann darauf hinaus, dass sich ganz simpel Fußballer einfach besser und mehr miteinander unterhalten können, als das bei Kunstbetrachtern der Fall ist. Beim gemeinschaftsstiftenden Fußball kommen die Fans sich nahe, aber die Kunst verliert ab einem gewissen Grad der Übereinstimmung der Betrachter im schlimmsten Fall schon wieder an Glaubwürdigkeit. Nur halten sich laut Statistik in diesem Augenblick sehr viel mehr Menschen in Museen als in Fußballstadien auf. Wenn aber der Alltag vor lauter Genies zum Museum wird, werden dann in Zukunft Fußballstadien die letzten Kommunikationsreservate bilden und entscheiden dann Schiedsrichter darüber, was ‚schön‘ ist?

Vielleicht kommt alles aber auch ganz anders. In unbeschreibbaren und zu Widersprüchen neigenden Gefilden lässt sich schwer spekulieren. Was Genies und ihr unbeschreibbares Metier angeht, so wäre denkbar, dass das derzeitig ausgerufene Ende der Kunst vielleicht eher nur das Ende dieses codierten Geniebegriffs meint, der an seinem Überangebot zugrunde geht (Seubold 1997) – samt all seiner Attribute und Attitüden, wie eben der Unbeschreibbarkeit seines Tuns, des unüberbrückbaren Gegensatzes zwischen Betrachter und Künstler, seiner potenziellen Vorreiteransprüche für neue Kunstrichtungen und seiner heroischen Kommunikationsverweigerung. Dass diese Parameter eigentlich historisch gesehen hochromantisch, also am Anfang des 3. Jahrtausends vielleicht tatsächlich etwas anachronistisch sind, das Auf und Ab von Moden und die oben genannte Nivellierung bestimmter Lebensbereiche, die auch den Künstler-Nichtkünstler-Gegensatz einebnet, sprechen für eine Relativierung des Geniebegriffs. Der nachhaltige Erfolg dieses Konzepts nicht. Dieses Konzept verkraftet, dass auf dem Kunstmarkt einmal die Dauer der Beschäftigung mit künstlerischen Themen Indiz für Genialität ist, zu anderen Zeiten eher die unverbrauchte Frische des noch jungen Künstlers. Im Grunde ist doch alles sehr relativ und der Kunstmarkt eigentlich das unbeschreibbarste Phänomen von allen und die Kunsthändler sind die wahren Genies, so unbeschrieben und genial in ihrem Tun, dass sie es bislang geschafft haben, dass immer nur über die Künstler, aber fast nie über die Kunsthändler berichtet wird. Das heißt: Genug der soziologischen Komponenten des ‚Schönen‘.

Das Wichtigste in Kürze zu Unbeschreibbarkeit und Zweckfreiheit: Ästhetisches Erleben wird wegen der Differenz zwischen fixativem und vagativem Denken ‚typisch künstlerisch‘, also metaphorisch umschrieben. Aus dieser Tatsache entstanden die These von der Unbeschreibbarkeit der Kunst, und die vor allem kunstsoziologisch relevanten Begriffe Zweckfreiheit, Genialität, Avantgarde und Selbstzweck. Alle diese Begriffe setzen einen kontemplativen Zugang zu Produktion und/oder Rezeption von Kunst voraus. Diese Bezeichnungen illustrieren anhand ihrer Relevanz für den modernen Kunstbegriff, wie wichtig der ‚unwissenschaftliche‘, also nicht diskursive Zugang zum ästhetischen Erleben ist. (Dieses Kapitel 2.3 entspricht vor allem **BS 1–3** und **5–6**)

2.4 Und nun versenken wir uns tiefer und tiefer in die Kontemplation

M.: *„Kennen Sie das Gefühl, wenn Sie andere Menschen nicht wahrnehmen?“*

P.: *„Ich habe Sie doch gefragt, ob Sie Tee möchten.“*

M.: *„ Das meine ich nicht. Danke für den Tee.“*

P.: *„Was meinen Sie dann? Es gibt Wahrnehmungsabwehr bei der Vermeidung unangenehmer Erlebnisse, wie z.B. das Übersehen missliebiger Arbeitskollegen, kognitive Fehlleistungen bei Erschöpfung oder echte Blindheit. Oder Fälle von Blindsichtigkeit, bei denen man keine Gesichter mehr, aber die zu den Gesichtern gehörigen Stimmen erkennen kann. Prosopoagnosie.“*

M.: *„Es gibt eine Legende um Picasso, nach der er ein Modell einmal einfach nicht sehen konnte. Er hatte diese Frau wirklich vor sich, aber konnte irgendwie nichts mit ihrem Gesicht oder vielleicht ihrer ganzen Persönlichkeit anfangen. Er hat sich geärgert und dann solange herumprobiert, bis doch noch ein Bild dabei herauskam. Wie kann man so etwas psychologisch erklären? Apropos Prosopoagonie oder was auch immer: Picasso konnte sehr wohl regulär sehen, und trotzdem war er in diesem Moment wie blind. Können Sie mir erklären, wie so etwas funktioniert?“*

P.: *„Sie als Malerin stehen Picasso näher als ich. Also erklären Sie mir, was da los war.“*

M.: *„Wie soll man wissenschaftlich erklären, dass man eigentlich nur mit dem inneren Auge gut sieht, mit dem Herzen?"*

P.: *„Wir könnten es ja vorerst mit weniger poetischen Begriffen wie Projektion, empathischer Selbstidentifikation oder ästhetischer Kompetenz probieren."*

In diesem Kapitel: Das wirklich Schöne am Schönen, also am ästhetischen Erleben, ist eigentlich weniger das intuitive Finden neuer Muster als vielmehr das emotionale Erleben dieser Musterfindung. Irgendwie stecken in der ästhetischen Mustersuche zwischen fixativen und vagativen Mustern Emotionen, irgendwo in dem bereits vorgestellten eigenen Bereich mit eigenen Regeln, in den nur kontemplativ vorzudringen ist (entspricht **BS 5** und **6**).

An diesem Vorgang sind zwei Aspekte wichtig: Semantisch gesehen konstituiert sich hier Bewusstsein in Abgrenzung zu nur interpretierender Wahrnehmung ohne emotionalen Selbstbezug (entspricht **BS 1–4**). Technisch gesehen erklärt die Struktur des Kontemplativen eine ganze Reihe kunsttypischer Metaphern, wie z.B. das ‚Nichts‘, die ‚Seele‘ oder Picassos Maxime vom ‚Malen wie ein Kind‘.

2.4.1 Emotionalität und Wahrnehmung

Wahrnehmung bzw. ästhetische Wahrnehmung und Emotionen gehören zusammen. Alles andere funktioniert entweder überhaupt nicht oder nicht so richtig. Das illustriert z.B. das Phänomen der → Blindsichtigkeit, auch bekannt als sog. Schachblindheit oder psychische Blindheit. Es gibt dafür auch den Begriff des Blindsehens, der das Ganze eigentlich am besten trifft. Betroffene können dann z.B. durchaus eine Tasse ergreifen oder laufen auch nicht zwangsläufig gegen jeden Türrahmen. Sie nehmen durchaus visuell wahr, haben dabei aber so gar keine Gefühle, dass sie im Endeffekt das subjektive Empfinden haben, blind zu sein oder anders gesagt ‚sinnes-gefühls-blind‘. Ursache dafür sind oft traumatische Erfahrungen, z.B. Kriegserlebnisse oder Vergewaltigungen. Ab dann verweigern die Betroffenen die Verknüpfung von Gesehenem mit Gefühlsinhalten und werden ‚blind‘, obwohl ihre Augen intakt sind. Diese kognitiv-affektive Abnormität bewirkt einen Mangel an Erlebnisgefühlen sowie Schmerzunempfindlichkeit und Traumarmut. Wahrnehmung setzt also eine interne Bewertungsinstanz des Erlebens voraus, die emotionales Erleben ermöglicht bzw. dieses Erleben auch bis hin zu subjektivem Wahrnehmungsverlust verweigern kann. Zwangsläufig sind auch im Falle von Kunst interne Bewertungen des Kunstwerks vorhanden. Leider sind diese Bewertungen schwer zugänglich. Individuelle Geschmäcke sind nicht nur verschieden, sondern auch, wie bereits teilweise dargelegt, schwer zu begründen. Kollektive Bewertungssysteme widersprechen sich.

2.4.2 Ein Tetrapack und zwei Autos

Es zeigt sich also, dass das Modell zur Verarbeitung von Unterschieden mit seinen sprachlichen und sinnlichen Informationseinheiten um deren emotionalen Bezug erweitert werden muss. Da es im Gehirn kein isoliertes Emotionszentrum gibt, ist eine spezielle Form der Interaktion von sinnlicher Bestimmtheit und sprachlicher Unbestimmtheit anzunehmen, also ein Zusammenwirken von Sprachmustern und Körperbewusstsein, bei dem Emotionen entstehen. Ähnliches besagen auch historische Entwürfe, beispielweise bei Aristoteles, Dante oder Albertus Magnus. Auch der mittelalterliche sog. Gemeinsinn war die Summe der Sinne Sehen, Hören, Riechen, Schmecken und Tasten, von der aus Verbindungen zu Gedächtnis, Wissen, Einbildungskraft, Träumen und dem *splanchum*, dem mittelalterlichen Begriff für Herz (wörtlich: Eingeweide) als Zentrum allen Empfindens bestehen. In unserem Fall sieht das dann so aus:

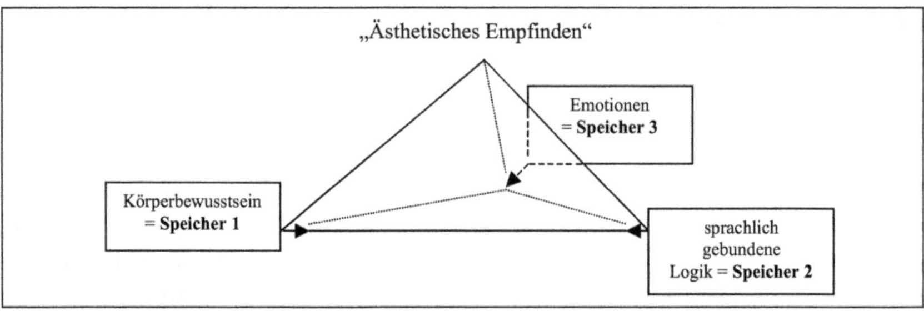

Abb. 32:   Tetramodell

Dieses Tetrapack-Modell besagt Folgendes: Der Mensch verarbeitet Informationen mit seinem nichtsprachlichen Rezeptoren-Verarbeitungssystem (= Instanz 1), mit sprachlich gebundener Logik, der Syntax (= Instanz 2), und mit der Emotions-Bewertung dieser beiden Instanzen, der Semantik (= Instanz 3). Der Mensch kann umso schneller zwischen diesen verschiedenen Instanzen hin- und herschalten, je flexibler und undogmatischer sein Denken strukturiert ist. Dieses dreidimensionale Verschalten der Speicher muss als ästhetisches Denken angenommen werden, als ein Prozess, der zunächst jenseits der menschlichen Sprache stattfindet und dann versprachlicht wird. Natürlich sind auch diese Instanzen im ‚richtigen Leben' und Empfinden keine voneinander getrennten Instanzen, sondern eine ‚Suppe', ein Konglomerat aus allen dreien. Um diese homogene Masse aber zu untersuchen und zu verstehen, warum sie so ‚schmeckt', muss sie in ihre Einzelteile zerlegt werden. Erst wenn Sie die Zutaten einer Mahlzeit kennen, können Sie sich die Kochschürze umbinden. Oder anders gesagt: Körperbewusstsein, Sprache und Emotion sind nicht voneinander zu isolieren. Sie sind im Endeffekt eine Einheit von Fähigkeiten, die sich gegenseitig bedingen und so die Einheit Mensch konstituieren. Körperbewusstsein, Sprache und Emotion werden vom Menschen wahrgenommen. Er verfügt über die bereits erwähnte Wahrnehmung der eigenen Wahrnehmung. Und das wiederum heißt, dass er diese drei Aspekte sowohl getrennt als auch im Kombi-Pack reflektieren kann. Ein Mensch ist sehr wohl in der Lage, beispielsweise im Restaurant zu bemerken, dass sein Körperbewusstsein ihm dazu rät, die soeben aufgetischte Haifischflossensuppe schnell wieder zurückzugeben (Instanz 1: Nicht-sprachliches Rezeptoren-Verarbeitungssystem); er kann gleichzeitig wahrnehmen, dass er in einem 5-Sterne-Etablissement sitzt, in dem Krawattenzwang herrscht und man sich fein benehmen soll (Instanz 2: Sprachlich fixierte Syntax); da er aber als Alternativsuppe nur eine mit Pferdefleisch vermengte organische Masse angeboten bekommt und er sich in die Dressurreiterin verliebt hat, mit der zusammen er hier in diesem 5-Sterne-Restaurant am Tisch sitzt (Instanz 3: Semantisch-emotionale Bewertung), schafft der Mensch es, als eine Einheit von Instanz 1, 2 und 3 sitzen zu bleiben, Haibrei bei sich zu behalten und sich der Reiter-WM '98 in Rom zu widmen.

Das funktioniert dann folgendermaßen: Wenn Speicher 1 nicht sprachlich oder logisch erfassbar ist, wenn Speicher 2 logisch strukturiert ist und Wahrheitsfindung hier linear-seriell vor sich geht, dann bleibt folgerichtig für Speicher 3 die Funktion der Bewertung von 1er- und 2er-Eindrücken in Hinblick auf den emotionalen Nutzen für das psychische System. Funktional gesehen sind Speicher 1 und 2 u.a. auch deswegen nicht kompatibel, weil Speicher 1 einen hohen und Speicher 2 einem niedrigen Auflösungsgrad voraussetzt. Sprich: Verschiedene Arten zu denken schließen sich grundsätzlich gegenseitig aus (entspricht **BS 2**). Sie können aber trotzdem ineinander greifen und zwar über Speicher 3, die Emotions-Bewertungs-Wahrnehmung von Speicher 1 und 2. Nr. 3 muss wegen dieser Gegen-strebigkeit des Denkens nur darauf achten, sich auf keinen Fall zu sehr gegenüber 1 oder 2 zu öffnen, möglichst nie zuviel zu denken oder zuviel zu fühlen, da sonst das System Tetrapack kippen könnte. Am besten, man installiert dafür einen zu-sätzlichen Wachtposten, das ästhetische Empfinden als Beobachter von 1, 2 und 3. Aus dieser Beobachtungsbeobachterwarte heraus werden diese drei Speicher wahr-genommen und die drei wiederum stehen in Wechselbeziehung zu ihrem ästhe-tischen Observator. Dieses wechselseitige Konstrukt ist so stabil wie ein Tetrapack. Man kann es drehen und wenden, wie man will: Durch so eine Tetravernetzung wird garantiert, dass die eigene Person als Objekt und Subjekt des Denkens wahrgenommen werden kann. Und das ist eine coole Sache, weil so etwas nur ein Bewusstsein kann (Damasio 2000). (Es sei denn, es geht bei dieser gleichzeitigen Wahrnehmung aller drei Speicher etwas schief und es kommt zu einer krankhaften, weil alle kognitiven Systeme überfordernden und somit beschädigenden Über-schwemmung mit Reizen. Auf diesen Sonderfall wird noch eingegangen werden.)

Nach diesen Vorgaben funktioniert jede Wahrnehmung anteilig ästhetisch, vor allem sobald genug Zeit vorhanden ist, um die gleichzeitige Verarbeitung aller drei Instanzen zu reflektieren. Umso mehr Wahrnehmung dieses Ablaufs, also der

Wahrnehmung der eigenen Wahrnehmung möglich ist, desto höher die Erfolgs-
aussichten beim Streben nach den Erlebnisqualitäten, die auch im Alltagssprach-
gebrauch als ästhetisch bezeichnet werden (entspricht **BS 3** und **5**).

Entscheidend ist die Vermittlung der konträren Denktechniken von fixativen
und vagativen Strukturen bzw. die Möglichkeit und Sensibilität dafür, diese Vermittlung zu reflektieren. Denn an dieser Schnittstelle zwischen den Instanzen 1, 2
und 3 entstehen Gefühle und damit auch vielschichtiges Bewusstsein als ästhetischer Umgang mit einem logischen bzw. logistischen Problem, nämlich der
gleichzeitigen Vermittlung dieser einander im Prinzip ausschließenden Instanzen.
Das Aushalten dieser Gegensätze ermöglicht die souveräne und bewusste Verarbeitung von ‚double-binds‘, wie sie sich im Alltag ständig ergeben (entspricht **BS
7**). Die komplette und flexible Verschaltung dieser Ebenen gewährleistet die wechselseitige Beeinflussung von Denken und Gefühl und dadurch ein hohes Informa-
tionsniveau, flexible Anpassung an eine wechselnde Umwelt (= Autonomie) und
‚präsente‘ Selbstreferenz (= Autopoiesie). Diese zwei ‚Auto‘-Aspekte gelten als
maßgebliche Kennzeichen alles Lebendigen.

2.4.3 „Verweile doch, Du bist so schön"

Zwischen den verschiedenen Arten von Wirklichkeitsrezeption entsteht also, weil
sich lineares Denken in Sprache und ‚Denken‘ in ... (Unbeschreibbarem) sich
gegenseitig ausschließen, eine Art Pufferzone verweilender Betrachtung (entspricht
BS 5). In dieser kontemplativen und vielschichtigen Wahrnehmung der eigenen
Wahrnehmung werden viele mögliche Muster vernetzt und unter vielen möglichen
dann aber die bevorzugt, die dem individuellen Bedarf am nächsten stehen. Was
der individuelle Bedarf akut am nötigsten hat, zeigt sich daran, welches Muster sich
durchsetzt, weil und indem es als ‚schön‘ empfunden wird.

Alles, was den Namen ‚Kultur‘ trägt, versucht je nach entsprechender Tradition
mal mehr, mal weniger ein kontemplatives Verweilen zu ermöglichen, in dem
fixative und vagative Strukturen mit möglichst viel Emotionen vermittelt und ver-
einbart werden, egal ob in Form eines Museums, eines rituellen Alkoholexzesses,
zweckfreier Kunstbetrachtung oder der absichts- und selbstlosen Absichtlichkeit
des taoistischen ‚Wu-wei‘.

Durch diese anteilig erlernbare Technik der verweilenden (Nicht-)Aufmerk-
samkeit wird die Sensibilität für averbale Kommunikation oder nur → intuitiv
erfassbare Zusammenhänge erhöht. Watzlawick vergleicht dies mit dem psycho-
analytischen Begriff der frei flottierenden Aufmerksamkeit oder des Zuhörens mit
dem ‚dritten Ohr‘, vergleichbar mit den in Kap. 2.2 dargestellten Metaphern vom
‚dritten‘ oder ‚inneren‘ Auge (Watzlawick 1991, S. 41). Diese ‚beflügelnde‘
Gleichzeitigkeit bzw. gleichzeitige Überprüfung kategorial gegensätzlicher Muster

wird in der Geschichte der Ästhetik nur – das aber immer wieder – synästhetisch, metaphorisch oder tautologisch beschrieben, denn ...

> *„... die Kunst ist eine in Form gebrachte Forderung nach dem Unmöglichen"* (Camus 1969, S. 220),

nach verweilender, regulierter Widersprüchlichkeit, dem

> *„Zustand gleich der Stille im Zentrum eines Wirbelsturms (angesichts des) Vergänglichen".* (Janssen nach Jacobsen 1995, S. 55)

2.4.3.1 Klassische Motive des Verweilens

Diese Widersprüchlichkeit charakterisiert alle klassischen philosophischen Fragen der Kunst. Denn ab einem bestimmten Niveau der Informationsverarbeitung, also einer bestimmten Quantität und Qualität der Vernetzung widersprüchlicher Gedächtnisinhalte entstehen nicht nur im Tetrapack-Modell, sondern auch im Laufe des Lebens zwangsläufig Widersprüche. Funktional gesehen führen diese kognitiven Widersprüche zu einem Motiv- bzw. Motivationsflimmern: Einerseits erzeugt es beispielsweise ein angenehmes Gefühl, Nusskuchen zu essen, andererseits wird man davon dick und außerdem kann man in der Zeit, die man dafür beim Bäcker verbringt, nicht an seiner hervorragenden und bedeutsamen wissenschaftlichen Arbeit arbeiten. Nun gilt es, über diesen Konflikt zwischen verschiedenen Motivationen nachzudenken, und deutlich wird: Dieses Flimmern zwischen verschiedenen Motivationen kann durch den Eigenwert der ästhetischen Betrachtung kompensiert werden, d.h.: Die so verursachte wechselseitige Relativierung der Instanzen erzeugt ästhetisches Lustempfinden. Oder noch einmal anders gesagt: Im Dilemma zwischen Nusskuchen und wissenschaftlicher Karriere erscheint vielleicht der Moment am ‚schönsten‘, in dem man tagträumt und sich vorstellt, wie man die Gelder hochrangiger Wissenschaftspreise an Freunde, Forschung und Bäckerei-Fachgeschäfte verteilt. Das so illustrierte Flimmern kann sogar zugunsten subjektiv völlig zweckfreier Betrachtung aufgehoben werden, indem der eigentliche Grund der Betrachtung im ästhetischen Lustempfinden völlig untergeht und der Kuchen selber unwichtig wird (entspricht **BS 5**). Probleme, welche durch die kognitiven Widersprüche der Welt entstehen, können so entweder verdrängt oder in dieser Form psychologisch-ästhetisierenden Selbstmanagements (unlogisch/logisch) aufgehoben werden (entspricht **BS 7**). Neben dem virtuellen Ebenenwechsel durch Kunst gibt es an alternativen Lösungen für dieses Dilemma nur die Möglichkeit der partiellen Wahrnehmungsverweigerung durch Blockaden und Neurosen.

Entscheidend ist die Gleichzeitigkeit verschiedener Informationsrepräsentationen, ein Verweilen ohne logische Richtung. Wegen der Zusammenschaltung verschiedener Denkarten ist das Verweilen zwangsläufig mysteriös und scheinbar unbeschreibbar.

Interessant ist daran, dass zwar einerseits die ambivalente, weil gleichzeitig fixativ und vagativ orientierte ästhetische Wahrnehmung von Welt als Souveränität des Denkens oder als Eintrittsbillet zu Kulturformen von der Gesellschaft eingefordert wird (Bachtin 1985), andererseits gilt als offizielles Ideal unseres naturwissenschaftlich orientierten Bildungswesens natürlich lineares, zielgerichtetes Denken. Das ist ein weiterer der zwangsläufigen Widersprüche menschlicher Art, zu dem auch eine kunsttheoretische Parallele vorliegt, nämlich der Begriff der Binokularität. Der umschreibt die Tatsache, dass wir mit unseren beiden Augen im Prinzip zwei Sachen sehen, die zu einem einzigen zusammengeschalten werden. In der Kunst gibt es Bilder, die das umsetzen, also Bilder, auf denen zweimal das Gleiche zu sehen ist. Forschungen zu solchen doppelperspektivischen Bildern bei Magritte oder Dali weisen nach, dass die menschliche Doppelperspektive der zwei Augen im Bild und im Alltagsleben meist umgangen wird, um so auf kontemplative Art den gesellschaftlichen Konsens des ‚ideellen Zyklopenauges' herzustellen (Clausberg 1999). Es scheint so zu sein, dass die Binokularität zwar schon aus verkehrstechnischen Gründen allgemeinverbindlich ist, andererseits tauchen nicht binokulare, sog. Doppelbilder oder Stereogemälde doch hin und wieder auf, z.B. bei Escher, Picasso oder Dali.

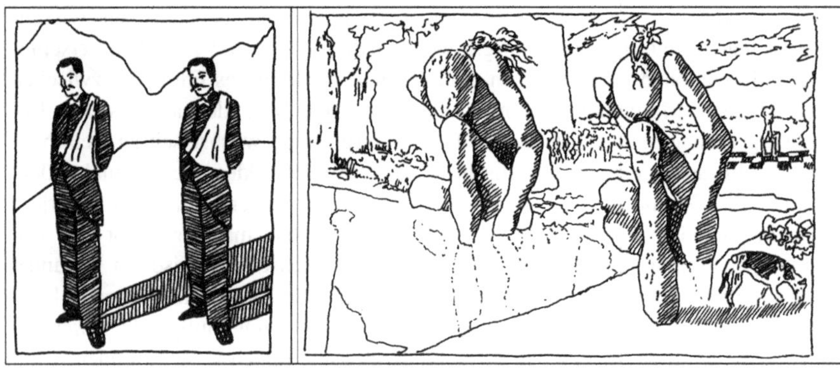

Abb. 33 und 34: Doppelbilder von Magritte („L'imprudent" von 1927) und Dali („Métamorphose de Narcisse" von 1937)

Das ist aber einer der eher nebensächlichen Widersprüche, die das Leben mit sich bringt. Geläufiger ist der folgende klassische Kanon von Motiven, die im kontemplativen Verweilen daheim sind. Hier einige entsprechend **fett gedruckte Schlagwörter** der Philosophen, Psychologen und Künstler:

Als sog. **Mängelwesen** oder **„Transitexistenz"** (Sloterdijk 1993) hat der Mensch das Problem, das einzige Lebewesen zu sein, das um seine **Sterblichkeit**

120

weiß. Abgesehen von der Flucht in die Ästhetik kann man damit so oder so umgehen, im Extremfall das Problem entweder völlig unterschlagen oder per Spiritismus relativieren (wovon z.B. der heutige Rohrschachtest zeugt. Dessen Vorform, die Klecksographie war eigentlich zum Nachweis von Geistern gedacht). Abgesehen von der Unmöglichkeit, dann noch langfristig Videorecorder zu programmieren, problematisiert das die

> *„... unüberwindliche Antinomie zwischen der äußeren Erfahrung der Sterblichkeit aller Menschen und der inneren Unmöglichkeit für den Menschen, sich den eigenen Tod vorzustellen, die Freud in dem berühmten Ausspruch formuliert hat, dass das Unbewusste unsterblich ist".*
> (Borkenau nach Löwenthal 1991, S. 24)

Und dieses Problem ist unter Umständen für ganze Kulturen prägend, die nach todesverleugnenden, todesverherrlichenden und todesüberwindenden Kulturen gestaffelt werden können (ebd.) und sich dementsprechend die Themenvariationen Angst vor dem Tod, ästhetische Lust durch Gleichgültigkeit gegenüber dem Tod (Musil 1950) und/oder dem Verarbeiten todesähnlicher Erfahrungen (Dostojewski 1996) entwickeln.

Das Menschsein bringt an weiteren Widersprüchen z.B. die allgemeine **Ungerechtigkeit und Unberechenbarkeit** und **widersprüchliche Kommunikations- und Kausalstrukturen** der Welt mit sich. Klassiker dieser Gattung sind in diesem Zusammenhang die grundlegenden und vor allem in der Literatur thematisierten Gegensätze von **Liebe und Macht, freiem Willen und Schicksal** und **Wunsch und Wunscherfüllung** deren Pendants sich sowohl gegenseitig bedingen als auch widersprechen (Popper 1996). Wir kommen noch darauf zurück. Menschen sollen mit diesen kognitiven Widersprüchen umgehen können. Wenn nicht, dann treiben sie diese Widersprüche in Weltflucht und **Melancholie**, auf die ebenfalls noch gesondert einzugehen ist.

Wie gesagt: Kompetenz zum ästhetischen Denken entspricht einer bestimmten, graduellen Entwicklungsstufe des Bewusstseins im Hinblick auf Reflexion der eigenen Denktätigkeit und kompetenten Umgang mit der eigenen Wahrnehmung und deren Widersprüchen. Eine traditionsreiche Umsetzung dessen ist die Dreistufigkeit des Verstehens, die **Dreiheit von Wahrnehmung, Vorstellung und Geist**. Diese Dreiheit reicht von Aristoteles, Mannheim, Cassirer, Warburg und Homer bis hin zu Jaynes oder anderen kunsthistorischen oder soziologischen Entwicklungsstufen. Vor allem Philosophie und Psychologie beschreiben dazu unabhängig voneinander ähnliche Strukturen (mit verschiedenen Begriffen).

Aus psychologischer Sicht entspricht die dritte Stufe der entwicklungspsychologischen Stufe, in der einfühlsames, verweilend-reflexives Denken möglich wird: Im Alter von zwei bis vier Jahren kommt es zu einem Wachstumsschub in der linken Hemisphäre, der eng mit Sprachentwicklung und dem Erwerb komplizierten

Werkzeuggebrauchs einhergeht (Schuster 1992). Zeitgleich entsteht die **Verknüpfung von moralischer Reflexion und ästhetischem Denken** bzw. Moral und Ästhetik: Bei einem Experiment konnte nachgewiesen werden, dass Kinder, sobald sie in der Lage sind, sich selbst im Spiegel wiederzuerkennen, quasi (Kants kategorischem Imperativ folgend) Empfinden nachempfinden und sozialer werden (Bischof 1999). U.a. deswegen heißt die Zeit vor dieser Stufe der Persönlichkeitsentwicklung bei Piaget **Vorstufe ästhetischen Denkens** (Piaget 1974). Nach dieser Entwicklungsphase sind Kinder hilfsbereit, haben aber auch gelernt zu lügen. Nicht nur Primaner, sondern auch Primaten entwickeln die Kompetenz zur Vortäuschung falscher Tatsachen, sobald sie in der Lage sind, ihr Spiegelbild zu erkennen (Pinker 1998). Eine Warnung am Rande: Seien Sie vorsichtig, wenn Sie mit Linguisten über solche Sachen reden. Laut denen tritt die dritte Verstehensstufe erst dann in Kraft, wenn Kinder, die am Anfang ihrer Sprechkarriere heftig von Metaphern Gebrauch machen, diese irgendwann vernachlässigen und erst als junge Erwachsene wieder aufgreifen – also wesentlich später als Piaget vorschlägt. Das gleiche Problem unterschiedlicher Entwicklungsstufen-Zeitpunkte haben auch andere Entwürfe, die den souveränen Umgang mit Widersprüchen moralisch besetzen und dann von einem viel späteren Zeitpunkt der dritten Entwicklungsstufe ausgehen (Dewey 1977). Der Psychologe Erikson nimmt diese z.B. erst als letztes Lebensstadium an: als „**umfassendes Generationsbewusstsein**" im fortgeschrittenen Alter, das sich durch Anteilnahme am Schicksal der jüngeren, ungeborenen Generation auszeichnet (Erikson 1998). Alle diese Alternativvorschläge beschreiben aber ein ähnliches Prinzip entweder eher eng- oder grobmaschigerer Widerspruchsverarbeitung durch Verweilen.

Dass Wissenschaftler bei diesem Thema unabhängig voneinander zu wundersamen Koinzidenzen gelangen, gilt z.B. auch für Welschs Unterscheidung zwischen **ästhetischer, „imaginativer und reflexiver Bilderfahrung"** (Welsch 1997) oder Schurians Unterscheidung von „**aktiver, reaktiver und ästhetischer Wahrnehmung**" (Schurian 1992). Beides ist banal zu übersetzen als: Man rezipiert ‚irgendwie' (das kann aber auch jeder Kopfsalat), merkt ‚irgendwie', dass man rezipiert und macht sich einen ersten Reim darauf (das tun Kopfsalate eher weniger), und dann hat man das Rezipierte ‚irgendwie' so richtig verstanden (und dafür muss man schon ziemlich viel im Nicht-Salat-Köpfchen haben).

Einen Schritt weiter in der Beschreibung dieser Stufen gehen die klassischen Begriffe des ‚**freien Willens**' und der sog. **Schuldfähigkeit**, also die Möglichkeit, sowohl intellektuell als auch emotional und trotz kognitiver Widersprüche das eigene Handeln zu bewerten und zu erleben. Die Motive von **Narr, Kind** oder **Verrücktem** stehen für das Verweigern dieser Fähigkeit. Prominenter Urheber dieses Motivs war übrigens Jesus als erster weiser Narr. Vor allem in der russischen Literatur gibt es viele Typen, die solche Rollen einnehmen, wie z.B. Dostojewskis Gottesnarr (bzw. der ‚Idiot', der byzantinischen Tradition) oder seine Differenzierung zwischen „napoleonischen" und „Herdenmenschen", also Menschen mit viel bzw. gar keinem Hang zur Eigenverantwortlichkeit (u.a. in „Schuld und Sühne"). Nicht-Schuldfähige sind in solchen und anderen Geschichten demnach stets im Besitz der ‚Wahrheit des Narren' und werden mit ebenfalls ‚unschuldigen' Kindern verglichen. Denn sie sind ‚Arme im Geiste', gerade als solche aber durchaus erleuchtungsfähig, weil nicht so sehr auf den Sprachspeicher Nr. 2 des Tetrapack-Modells fixiert.

Protagonisten dieser Art waren früher beliebter als heute. Signifikanterweise verschwinden mit der Renaissance z.B. die jährliche Feiern der ‚**verkehrten Welt**', ein europäischer Narrenkult, bei dem alles Übliche, z.B. Fleisch in den Wurstpellen oder Andacht in der Kirche, invertiert wurde, z.B. mit Fäkalienwurst oder Kirchenparties (diese Partyart geht zurück auf die römischen Saturnalien, während derer Diener von ihren Vorgesetzten bedient wurden). Ein amerikanisches Pendant dazu waren die Legenden von den sog. indianischen Gegenteilmenschen (Kopf unten, Beine oben), die bei der Auseinandersetzung mit europäischer Kultur verschwanden (Duerr 1996). Ab der Renaissance ist die narrentypische und als heilsam verstandene Mischung von Lachen und Wahnsinn oder Unwissenheit und Sinnlichkeit nicht mehr erwünscht, und wo zu diesem Zeitpunkt die Rolle des Künstlers zunimmt, nimmt die Rolle des Narren in der Moderne ab und werden die Künstler genialisch. Von der alten Ausfertigung bleibt höchstens ein Restposten Narrheit in Form des weisen Narren, der hie und da einmal durch amerikanische Filme und durch Psychologiebücher geistert, z.B. im „König der Fischer" als modernes Parsival-Remake, oder in Form des psychologischen Phänomens der modernen **Multipersonalität**, die evtl. eine Fortführung des vormodernen Narrenkults darstellt (Goodman 1991).

Kommen wir zu einem Beispiel aus dem Ausland: Das ‚**Herz**' symbolisiert im japanischen Denken die Begegnung der körperlichen Form mit dem quasi geistigen *li*, das sich darin individualisiert, ohne deshalb aber seinen absoluten Charakter zu verlieren. Es wird verglichen mit der buddhistischen Metapher von der Spiegelung des Mondes in Fenstern oder auf dem Wasser, also ohne Veränderung der eigenen Wesenheit (Macauer 1995). Der Begriff des Herzens umschreibt also zumindest in Japan die kompetente Wechselbeziehung zwischen sog. geistigen und materiellen Ebenen bzw. besagte Reflexion der eigenen Reflexion oder Wahrnehmung der Wahrnehmung im Verweilen. So jedoch nicht nur in Japan. Auch in Europa ist das Herz poetische Umschreibung dieser verweilenden Reflexion bzw. Reflexion der eigenen Reflexion und entspricht so der Definition des spezifisch menschlich-ästhetischen Bewusstseins bzw. der Menschlichkeit (entspricht **BS 7**). Ästhetisches Verweilen ist also mehr als nur schöngeistige Freizeitbeschäftigung, nämlich ein Zeichen für eine hochreflexive Art der Informationsverarbeitung. Die Fähigkeit zum ästhetischen Verweilen ist mutmaßliches Indiz für die Existenz eines eigenständigen Bewusstseins, wenn nicht sogar eines Menschen.

Das heißt zusammenfassend: Ästhetisches Erleben ist also zuerst Sinnlichkeit (= vor allem Speicher 1 und 3), dann Abstraktion (= vor allem Speicher 2 und 3), dann Rückkehr zu souveräner Sinnlichkeit, die als Schönheit empfunden wird

(= ästhetisches Empfinden, das diese ganzen Speichereien observiert). Im Kinofilm „American Beauty" bringt es ein junger Mann auf den Punkt, als er über den Anblick einer verstorbenen Obdachlosen sagt:

> *„Wenn man so etwas sieht, dann ist es, als ob dich Gott direkt ansieht. Nur für 1 Sekunde, und wenn man aufpasst, kann man den Blick erwidern."* – *„Und was sieht man dann?"* – *„Schönheit."* (Mendes 1999)

2.4.3.2 Die Konstruktionspläne des Verweilens

Verweilen besteht wesentlich aus zwei technischen Aspekten:

- Erstens: Verweilen funktioniert über **geringe Unterschiede**, denn die Unterschiede zwischen fixativen und vagativen Informationsstrukturen sind im kontemplativen Zustand geringer als sonst (entspricht **BS 5**). Signifikanterweise arbeiten alle Beschreibungen des Kontemplativen mit reduzierter Sprachfähigkeit, also nur geringer Wechselbeziehung von abstrakten Interpretationsmustern und sinnlicher Wahrnehmung (entspricht **BS 6**). Für Sprache wären quasi große Unterschiede vonnöten. Der Zustand geringer Unterschiede reduziert das Sprachvermögen aber so, wie das sonst im Rausch, in Träumen oder bei kindlicher Wahrnehmung der Fall wäre, zumindest aus der Sicht der Erwachsenen (entspricht **BS 1** und **5**). Das betrifft auch die klassischen Motive des wenig intellektuellen Narren oder anderer eingeschränkt Schuldfähiger.
  Psychologisch gesehen werden geringe Unterschiede durch die Steigerung des bereits dargestellten Auflösungsgrads (= Wahrnehmen von mehr Details), durch gleichzeitiges Senken der Selektionsschwelle (= zunehmende Offenheit und abnehmendes Differenzieren zwischen einzelnen Elementen) und durch Internalisierung (= gesteigerte Selbstwahrnehmung) erreicht. Intellektualisierung bleibt dabei oft auf der Strecke, wird aber auch nicht sonderlich vermisst. Sowohl Überreizungen der Wahrnehmung als auch Reiz-Entzüge bewirken den Eintritt in den Verweilbereich. Beides führt zu besagten geringen Unterschieden.
- Zweitens: Verweilen ist ausgelegt auf eine Überbrückung von Unterschieden, auf einen **Zusammenfall der Gegensätze** bzw. den Zusammenfall der Unterschiede zwischen fixativen und vagativen Mustern. Wie gesagt: In der kontemplativen Betrachtung werden viele verschiedenartige Muster aktiviert, je kontemplativer, desto geringer die Unterschiede. Die Unterschiede zwischen wichtigen und unwichtigen Dingen, zwischen Vorder- und Hintergrund des Denkens werden immer geringer bis hin zu Null. Dieser Extremfall ist das Ekstase- oder Enstase-Erleben des unterschiedslosen Einen – wobei diese platonische Formulierung auch informationstheoretisch genau ins Schwarze trifft: Wo keine Unterschiede mehr herrschen, ist alles ‚eines' (zumindest in

einem bestimmten Hirnareal). Solche verschmelzenden Zusammenfälle vormals
großer Unterschiede bereiten Lustempfinden. Je größer der kollabierte Unterschied, desto größer das Lustempfinden (entspricht **BS 2 und 4**). Auf diesen
Zusammenfall der Gegensätze wird später noch genauer eingegangen.

Wegen dieser zwei technischen Tricks wird ästhetische Wahrnehmung in funktionaler und inhaltlicher Hinsicht mit folgenden Metaphern umschrieben, die entweder die typischen Eigenschaften von Wahrnehmung mit geringen Unterschieden
oder den Zusammenfall von unterschiedlichen Gegensätzen beschreiben:

- **Funktional**: Verwendung von Gegenvorstellungen,
- **Inhaltlich**: Vergleich mit kindlicher Wahrnehmung, Rausch, Traum und
  Menschlichkeit bzw. ‚Herz‘.

2.4.3.2.1   Gegenvorstellungen

Jede bewusste Vorstellung – wovon auch immer – setzt voraus, dass gewusst wird,
was diese Sache eben nicht ausmacht. Ein Pferd definiert sich dadurch, dass es vier
Beine hat und wiehert. Wer das weiß, der weiß auch, dass alles, was nur zwei Beine
hat und Arien singt, (wahrscheinlich) kein Pferd sein kann. (Abgesehen von amerikanischen Pferden in Schwarz-Weiß-Serien der 50er Jahre.) Um die beschriebene
Spannung in einem Gegensatzpaar zu erzeugen, konstruiert die ästhetische
Reflexion auch immer das Gegenteil des aktuell thematisierten Gegenstandes, so
wie sich Tag auch als Gegenteil von Nacht definiert und nicht bekannt wäre, was
ein Tag ist, wenn es keine Nächte gäbe. Im Extremfall müssen dazu Abstrakta konstruiert werden, die es ‚gar nicht gibt‘, also beispielsweise das Gegenteil von
Existenz. Zwar ist das Wort Nichtexistenz in sich widersprüchlich, trotzdem ist
klar, was gemeint ist. Das ‚Nichts‘, die Formel von der ‚inneren Leere‘ oder die
Definition der Postmoderne, das Fehlen einer Definition als Definition – dies alles
sind Umschreibungen des hypothetischen Gegenteils einer Sache, wobei in diesem
Fall paradorweise nur die Sache, nicht aber das Gegenteil existiert oder nachweisbar ist. Beispielsweise gilt in der mystischen Tradition Gott – verstanden als das
Gegenteil von allem anderen – als in keiner Weise streng empirisch nachweisbar.
Ähnlich funktionieren, man verzeihe den Vergleich, Kasimir Malewitschs *„weiße
Welt der Gegenstandslosigkeit als Manifestation des befreiten Nichts"* (Pauen
1994, S.120), Camus Begriff des „Absurden" als Gegenüber des Menschen, der
Begriff des ‚Nichts als Schönheit‘, ‚Chaos‘, oder das ‚Eine‘ oder Adornos „Unerklärbares". Solche in sich widersprüchlichen Gegenteilskonstrukte sind Gegenvorstellungen (entspricht **BS 2** und **6**).

Da alle Vorstellungen davon leben, dass zu einer Sache auch immer das
Gegenteil gedacht werden kann, gibt es so viele Künstler-Gegensatzpaare in der
Kunst. Interessant ist jeweils nur die gleichzeitige Betrachtung zweier Gegensätze,

wie beispielsweise die Gegensätze von Dionysischem und Apollinischem, von Gesetz und Rausch, Individuation und Verschmelzung oder die Gegensatzpaare von Delacroix und Ingres, van Gogh und Cézanne usw. (Wyss 1996). Der Witz an diesen und anderen Gegensatzpaaren ist, dass das Gefühl für diese indirekte Gleichzeitigkeit von Sache und Gegenteil sich nur bei demjenigen einstellt, der sich im ästhetischen Verweilbereich befindet, d.h.: Wer fixativ den Begriff Pferd reflektiert, bemerkt mit Sicherheit nicht bewusst, dass er gleichzeitig ganz genau weiß, was alles ‚Nichtpferd‘ ist. Wer sich durch intensive ästhetische Betrachtung und/oder Drogenkonsum auf ein Niveau der → geringen Unterschiede, also einer zwangsläufig wenig fixativ-intellektuellen Betrachtungsweise, ‚hinauf- oder heruntergewirtschaftet‘ hat (je nach Sichtweise und Technik), dem erlaubt das vagative Betrachten mit geringen Unterschieden unter Umständen ein ‚Gefühl‘ für die Gegenvorstellung ‚Nichtpferd‘. Bezogen auf Kunst und ästhetisches Erleben heißt das: Wer dazu bereit ist, ein Kunstwerk mittels geringer Unterschiede zu betrachten, also dafür ‚offen ist‘, sich ‚darauf einlässt‘, für den können sich unerwartete Lustgefühle einstellen. Dann ist eine Bildbetrachtung nicht damit beendet, dass der Baum, der See und die Tiere auf einer barocken englischen Landschaft von Stubbs erkannt werden, sondern es fällt ein intensiver Blick auch auf alle anderen Details des Bildes, nicht nur auf die vordergründigen Elemente, sondern beispielsweise auch auf den neben all diesen schönen Pferden auf den ersten Blick nebensächlich erscheinenden Himmel. Eventuell werden Vorder- und Hintergrund des Bildes sogar vertauscht, ähnlich wie Sache und Gegenteil, so dass das Gefühl aufkommt, die Fläche, auf welcher der Himmel dargestellt ist, sei eine eigene Einheit, einfach nur eine Farbfläche, deren Ästhetik gefällt. Ganz wichtig ist, dass der Zusammenfall von eigentlich unvereinbaren Gegensätzen wie Sache und Gegenvorstellung, Himmel und Erde und/oder Kunstwerk und Rezipient als schön empfunden wird. Grund: Die kognitiv anstrengende Spannung zwischen beiden Gegensätzen fällt weg, das Bewusstsein von beiden Seiten des Gegensatzes ist trotzdem hoch, samt aller damit verbundener positiver Assoziationen. Dadurch ist zudem eine neue Musterverbindung von gegensätzlichen Informationseinheiten entstanden, die wiederum Grundlage für weitere Spielereien mit weiteren Gegensätzen ist usw. Auf diese Weise halten Gegenvorstellungen zwangsläufig mysteriöser Rätselhaftigkeit das Bewusstsein auf Trab. Egal, ob ein Mensch an einen Gott glaubt, an ein modernes Staatssystem oder den Wunsch nach dem Gefühl unendlicher Freiheit hegt, das manche Menschen mit der Vorstellung eines eigenen Motorrads, eines eigenen Pferds oder einer eigener Kunstsammlung verbinden. Zu einer bestimmten Sache, in diesem Fall dem Wissen um das gegenwärtige Lebensgefühl, wird ein hypothetisches Gegenteil konstruiert. Diese ‚phantastischen‘ Gegenvorstellungen motivieren das psychische System und erzeugen eine Art Grundspannung. Wenn das Gehirn sich nicht immer wieder weit aus dem Fenster lehnt, um nach der Unendlichkeit oder anderen Gegenwelten zu schielen, dann versauert es quasi im Eigenheim.

2.4.3.2.2 Der Spiegel

Die zweite funktionale Technik des Verweilens spiegelt sich in der Metapher des Spiegels. Der Spiegel umschreibt das Verweilen als Widerspiegeln der äußeren Welt in der inneren Wahrnehmung (entspricht **BS 2**). Diese Metapher ist eine der traditionsreichsten der Kunstikonographie. Z.B. forderte Leonardo da Vinci, dass der Geist des Malers einem *„Spiegel zu gleichen"* habe (Leonardo nach Ludwig 1882, S. 301). Berühmtestes Beispiel für eine Spiegelmetapher aus der Literatur ist Stendhals Umschreibung für den Roman als *„Spiegel, der eine Straße entlanggetragen"* wird (Stendhal nach Gay 1999, S. 281).

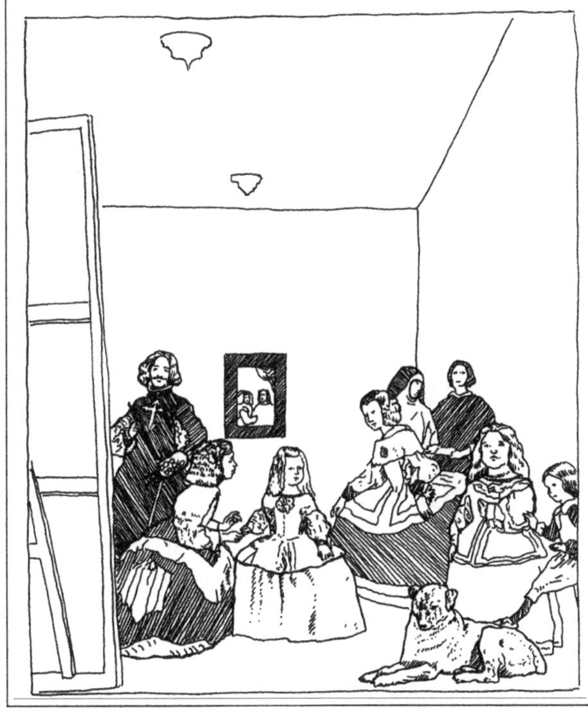

Der Spiegel symbolisiert Erkenntnis, er ist ein Mittel zum Seelenfang in Stammeskulturen, Accessoire der mittelalterlichen Todsünde der eitlen *Hoffart* und in den großen Religionen Symbol von Wahrheit, Selbsterkenntnis und Weisheit. In der Antike war er u.a. Symbol der Weiblichkeit, bei Platon bewegliches Abbild der Ewigkeit, bei Ficino ist *„die Seele... ein Gott nahestehender Spiegel ..., aus welchem ... das Bild des göttlichen Angesichtes zurückstrahlt"* (Ficino nach Hauskeller 1999, S. 101). Später bei der

Abb. 35: Das Spiegeln des Spiegelns des Malers beim Malen im Jahre 1656

Jungfrau Maria ist der Spiegel Symbol für Reinheit und Gerechtigkeit. Im Barock umfasst die Spiegelmetapher auch die Umschreibung von der Welt als Theater, das *theatrum mundi*, und von der Bühne als Spiegel des Publikums (entspricht **BS 2**).

Auch die Kunsttheorie liebt diesen Vergleich: Foucault hat, ähnlich wie Luhmann, die Moderne anhand der seit Spätmittelalter bzw. Renaissance immer häufigeren Verwendung von Spiegelmetaphern in der bildenden Kunst indiziert (Luhmann 1990). Angeblich spiegelt die Spiegelmetapher die Entdeckung moderner Individualität, das Spiegeln des Spiegels, also das Reflektieren von Reflexion, und somit den Beginn der Moderne aus mentalitätsgeschichtlicher Sicht wider. Foucault beruft sich dabei auf die Spiegelung des Malers Velasquez in dessen Bild „Las Meninas" (Foucault 1978). Das stellt einen Maler bei der Arbeit dar, aber in einem Spiegel an der Wand ist das Königspaar zu sehen, das gerade portraitiert wird.

Der gleiche Kunstgriff findet sich auch beträchtlich früher bei van Eycks „Arnolfini-Hochzeit", wo hinter einem Hochzeitspaar ein Spiegel an der Wand hängt, auf dem die Trauzeugen erscheinen.

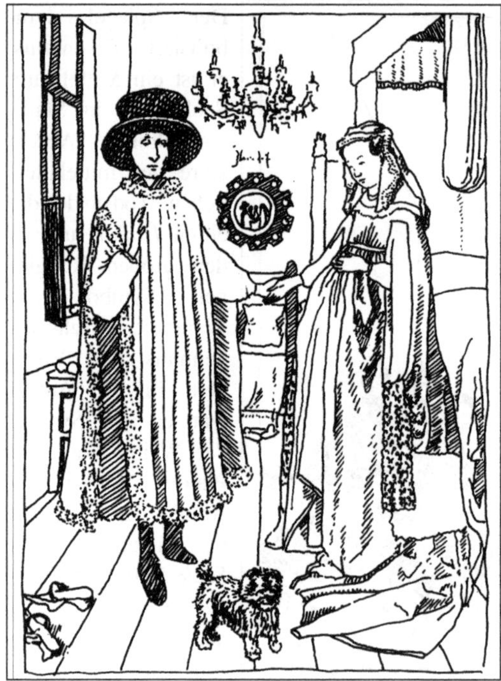

Abb. 36:   Arnolfinis Hochzeit mit Hund 1434

Spiegeln von Außen und Innen ist nicht einfach nur Bilder-Spiegeln, sondern immer auch emotionales Spiegeln. Deswegen nennt Wittgenstein die Seele eine Zuschreibung von Gefühlen bzw. Mitleid an andere Wesen in Form einer empathisierenden Spiegelprojektion (ebd.). Im Falle von Kunst gibt es dabei nur ein Problem, denn hier kann ganz genau genommen hauptanteilig immer nur eigenes Empfinden gespiegelt werden. Die Spiegelmetapher zeichnet sich also sowohl durch die Möglichkeit zur Empathie als auch durch die Möglichkeit zur ‚empathischen Solipsierung' aus. Auf diese Art kann Kunst im Endeffekt auch zum Selbstzweck der Betrachtung werden. Sie kann dadurch aber auch bewirken, dass ihr Betrachter endlich einmal mit sich alleine ist, was ja manchmal ganz heilsam sein kann.

„Kunst ist nicht ein Stück Welt im Spiegel eines Temperaments, sondern ein Stück Temperament im Spiegel des Bewusstseins". (Morgenstern 1981, S. 90)

> *„Kunst ist wie ein Spiegel, der ‚vorausgeht‘ wie eine Uhr. Manchmal“.*
> (Kafka nach Janouch 1951, S. 88)

> *„In Wahrheit spiegelt die Kunst den Betrachter, nicht das Leben“.* (Wilde
> 1981, S. 7)

Im übertragenen Sinn taucht das Spiegelmotiv auch in der Entwicklungspsychologie auf. Das Vermögen, Strukturprinzipien quasi spiegelnd nachzumodellieren und so Wahrnehmungsanalogien herstellen zu können, entspricht hier einer bestimmten Entwicklungsstufe (entspricht **BS 2**). Psychologische Spiegelei ist somit zentrale Bedingung für Selbstbewusstsein und Identitätsvorstellungen. Denn mit der Spiegelmetapher beschreiben die Entwicklungspsychologen, wie die kindliche Wahrnehmung zuerst einer bruchstückhaften Wahrnehmung von Welt gleicht, die aber im Laufe der Zeit mehr und mehr über Annahmen kompensiert werden kann, d.h.: Das Kind nimmt eigentlich immer nur Teile wahr, beispielsweise das Glänzen eines Fells, eine Bewegung, ein Geräusch. Indem man aber die Vorstellung eines Ganzen, ein Interpretationsmuster entwirft und ‚spiegelbildlich‘ mit diesen Details vergleicht, sortiert es die Einzelteile zu etwas zusammen, das es als Ganzes, als eine Einheit empfindet, beispielsweise ein Pony oder irgendwann auch die Vorstellung der eigenen Person.

Gegenvorstellungen und Spiegelmetaphern sind also die technischen Handgriffe, mit denen ästhetisches Verweilen operiert. Alles, was denkbar ist, wird mit diesen beiden Tricks abgedeckt, denn Gegenvorstellungen decken den ganzen virtuellen Bereich und Spiegelungen den ganzen realen Bereich von Assoziationsmöglichkeiten zu welchem Kunstwerk oder was auch immer ab. Mit diesen beiden Inspektionsabläufen wird gecheckt, wie die innere Reflexion von Wahrnehmung, Interpretationsmustern und ihrem jeweiligen Gegenteil oder Spiegelbild sich anfühlt. Jeder Teil dieses Satzes ist wichtig: Ästhetisches Verweilen reflektiert Wahrnehmung. Beim Verweilen werden Interpretationsmuster mit der aktuellen Wahrnehmung verglichen. Jedes Interpretationsmuster hat auch ein Gegenteil. Und: Der Vorgang dieser hier funktional beschriebenen Reflexionen wird empfunden, ‚gefühlt‘.

2.4.3.2.3 Rausch, Traum und Sex

Auch inhaltlich gesehen werden ästhetische Erfahrungen mit Metaphern umschrieben, die zum Wahrnehmen geringer Unterschiede passen, vor allem mit Metaphern von Traum oder Sexualität. Vor allem zu Drogenkonsum bei Künstlern sind viele biographische Beispiele verfügbar:

> *„Opium: De Quincey, Coleridge, Poe, Absinth: Musset, Wilde, Äther:*
> *Maupassant, Jean Lorrain. Haschisch: Baudelaire, Gautier. Alkohol: Rem-*
> *brandt, Carracci, Barbatelli Pocetti, Li-Tai-Po (der große Dichter,*

*welcher trinkt), Burns, … Schubart, Schubert, Nerval, Tasso, Händel,
Dussek, G. Keller, Hoffmann, Poe, Verlaine, Lamb, Murger, Grabbe, Lenz,
Jean Paul, Reuter, Scheffel, Liliencron, Reger, Hartleben, Löns, Beet-
hoven".* *(Lange-Eichbaum nach Prause 1994, S. 235)*

Ein prominentes Beispiel des Alkoholgenusses bietet Gluck. Dessen letzte Worte
sollen der Legende nach gewesen sein:

> *„Mein Gott, Herr im Himmel, dann sauf ich's eben selber".* (Gluck nach
> Fuld 2001, S. 80)

Eigentlich hatte Gluck Alkoholverbot wg. Bluthochdruck, aber ein Gast hatte ein
Glas Likör abgelehnt, das sich Gluck dann doch genehmigt hatte. Zweites Beispiel:
Beethovens famous last words:

> *„Schade, mein Gott, ist das schade".* (Beethoven über verschütteten Wein,
> ebd., S. 22)

Toulouse-Lautrec nannte sogar einen ausgehöhlten Spazierstock sein eigen, den er
mit Hochprozentigem füllen konnte (Doubek 2000). Rausch, Traum oder Sexuelles
funktionieren alle über geringe Unterschiede, also fehlende Intellektualisierung bei
hohem Auflösungsgrad und niedriger Selektionsschwelle (entspricht **BS 5**). Diese
analogen Zustände bewirken das Empfinden für ein Einssein mit allem. So schil-
dert auch die Prominenz der Psychologen Rausch, nämlich Freud über Kokain.
Ähnlich wie bei der Kunstbetrachtung entfallen im kontemplativen Bereich die
Kontrollmöglichkeiten bewussten Denkens. Große Unterschiede werden nivelliert.
Das hemmt die Fähigkeit zu regulärem Wortgebrauchs immer stärker, je mehr sich
dieses potenziell ästhetische Erleben steigert. Daher auch die steten Vergleiche von
Kunst mit einer Art von Rauschhaftigkeit:

> *„Kunst ist ein Rausch am Leben, gespeist von allen vitalen Instinkten, und
> der ästhetische Zustand … ist nichts anderes als eine Erregung jener
> Sphären, eine Anreizung aller animalischen Funktionen durch Bilder und
> Wünsche gesteigerten Lebens, eine Erhöhung des Lebensgefühls".* (Nohl
> 1954, S. 412)

> *„… aber sicher ist alle Kunst auch Rausch – aber disziplinierter Rausch".*
> (Beckmann 1965, S. 38)

Auch der Traum hat große Ähnlichkeit mit dem Rausch durch die massive Vernetzung vieler Informationseinheiten. Diese wird zum Glück meist nur unbewusst
und schlafend durchlebt. Fände sie bei vollem Bewusstsein statt, würde die
Außenwelt das als Wahn interpretieren:

„Träume besitzen eine dichterische Integrität und Wahrheit. In dieser Rumpelkammer und Abfallgrube des Denkens herrscht auch eine gewisse Vernunft. Ihre Abweichung von der Natur vollzieht sich auf einer höheren Ebene. Sie scheint uns ein Hinweis auf eine Fülle und Beweglichkeit des Denkens zu sein, die wir im Wahren nicht kennen ... Meine Träume sind nicht ich, sie sind nicht die Natur oder das Nicht-Ich; sie sind beides. Sie haben ein doppeltes Bewusstsein, sie sind gleichzeitig sub- und objektiv".
(Emerson nach Fromm 1981, S. 94)

Ganz besonders ‚wahnsinnig‘ sind natürlich visionäre Träume wie z.B. die Legende um Dantes Sohn und seine Entdeckung des „Paradiso" (Dantes letztem Werk) durch einen Traumhinweis oder Tartinis geträumte „Teufelssonate", die ihm nach eigenen Angaben der Teufel im Traum vorgespielt hatte. Ähnlich wie der Wahnsinn als *„reinste Form der Intuition"* (Bash nach Bartl 1996, S. 59) kann auch der Traum als Freuds *„Via regia ins Unbewusste"* (Freud 1912, S. 23) nur zweckfrei, also ohne Vorsatz und Bewusstsein betreten werden, so dass auch das Vergessen der Trauminhalte gewährleistet wird (entspricht **BS 5–6**). Und das wäre eine von zwei Funktionen, die Träume haben können. Dabei werden durch Zufallsaktivierungen sinnvolle Zusammenhänge geschaffen, vor allem bei Themen, die dem Träumer Probleme bereiten (Hobson/McCarley 1977), oder der Traum ist aktives Vergessen bzw. Verlernen schlechter ‚parasitärer‘ Verknüpfungen im Gedächtnis zur Steigerung der Kompetenzhygiene (Crick/Mitchison 1983, Dörner 1999).

2.4.3.2.3   Der Kinderblick als blinder Kick

Die Zustände geringer Unterschiede werden ebenfalls gerne mit Begriffen aus dem Wortfeld rund ums Kind belegt, denn

„man spürt in ihnen das Vorhandensein einer ganz und gar ungeheuerlichen, abweichenden Intelligenz". (Dali nach Prause 1994, S. 178)

Das ähnlich dem Narren noch ‚unschuldige‘, nicht sozialisierte Kind ist ein Motiv, das vor allem seit der Romantik kursiert. Im 20. Jahrhundert vergleicht dann Stephen King Kinder und Verrückte mit Gott und Picasso erteilt seine berühmte Maxime vom ‚Malen wie ein Kind‘ bzw. vom lebenslangen Lernen, um dann als erwachsener Mensch wie ein Kind zeichnen zu können. Picasso hat diesen ‚reziproken Reifungsvorgang‘ laut eigener Aussagen mittels besonderer Disziplin vollzogen, denn Künstler, die ‚nur‘ Kinder bleiben, aber über die ‚erwachsene‘ Zwischenstufe nichts wissen wollten, waren seiner Ansicht nach schlechte Künstler (Picasso nach Koch-Hillebrecht 1983). Deswegen orientiert sich Klee auch an den Bildern seines Sohnes und sagt darüber:

„Die Bilder, die mein kleiner Felix gemalt hat, sind bessere Bilder als die meinen". (Klee nach Dittmar 1997, S. 50)

Wüssten Kinder, dass sie so oft mit Zuständen geringer Unterschiede in Verbindung gebracht werden, würden sie wahrscheinlich ihrerseits vielleicht großen Wert darauf legen, dass sie sehr wohl Unterschiede wahrnehmen, auch ihrem Empfinden nach große Unterschiede, wie z.B. den zwischen einer aus ihrer Sicht guten und einer bösen Tante. Kinder können aber (je nach Alter) nun einmal leider vergleichsweise schlecht sprechen. Und deswegen empfinden sich Erwachsene, wenn sie sich in kindliches Denken hineinversetzen, bei geringem Worteinsatz oft angenehmer als in der vergleichsweise ‚bösen' Erwachsenenwelt, die unter Umständen ganz genau und mit entsprechenden Konsequenzen drohend eine Erklärung dafür verlangen würde, warum die eine Tante gut, die andere böse sein soll. Die Beschreibung der kindlichen Wahrnehmung ist von daher vielleicht keine gute Umschreibung von den tatsächlichen Strukturen, aber eine gute Beschreibung der elterlichen Vorstellung vom Leben des Säuglings und von den Wünschen der Erwachsenen (Geary 1990). Diese sehnen sich ab und an nach Zuständen geringer Unterschiede, also nach relativ entspannten Phasen von Kontemplativität, in denen Sorgen, Scham, Verachtung anderer, Verantwortung und Schuldfähigkeit fehlen. All das entwickelt sich erst im Laufe der Kindheit durch Sozialisation (Sloterdijk 1993). Scham gilt z.B. als Indiz für die Entstehung von sozialem Bewusstsein (bzw. auch deren Gegenteil, also die derzeit reziproken Entwicklungen zerfallender Familienstrukturen bei gleichzeitiger Senkung der allgemeinen Schamgrenze, Duerr 1996).

Zwei weitere Aspekte der kindlichen Psyche sind aus Sicht des Erwachsenen typisch kindlich. Das ist zum einen ein geringes Raum-Zeit-Bewusstsein mit grobem Auflösungsgrad, das stark von einer Wahrnehmung des Moments lebt und keine Zukunft antizipiert. Nur besagter Moment zählt. Dabei wird die Umwelt stark empathisiert und es kommt zu einer später noch eingehender zu beschreibenden Einheit damit:

> *„Es war ein Kind, das ausging jeden Tag / Und was es zuerst erblickt, das wurde es, / Und das wurde ein Teil von ihm für den / Tag oder für einen Teil des Tags."* (Whitmann nach Reisinger 1983, S. 67)

Eine Differenzierung zwischen eigenem Ich, Außen und Innen ist nicht oder nur eingeschränkt möglich:

> *„Alles muss sein Gemüt ergreifen, wie ihn in einer Landschaft die Gerüche dieser Gegend erreichen".* (Matisse nach Flam 1982, S. 266)

Ein weiterer Aspekt des Kindlichen ist die synästhetische Wahrnehmung. Synästhesie wird als Wahrnehmung von Neugeborenen angenommen (Maurer 1987 und Ackermann 1991). Diese Art der Wahrnehmung über Hirnrinde und limbisches

System, dem Gefühlszentrum, ist äußerst vernetzt, von daher sehr intuitionsfähig und aus der Sicht des Erwachsenen vergleichsweise sinnlich-fühlend und emotional: Aus Sicht der Kunstgeschichte ist das zu illustrieren anhand des offiziell ersten abstrakten Bilds, Kandinskys Umsetzung einer synästhetischen Erfahrung in Wasserfarben.

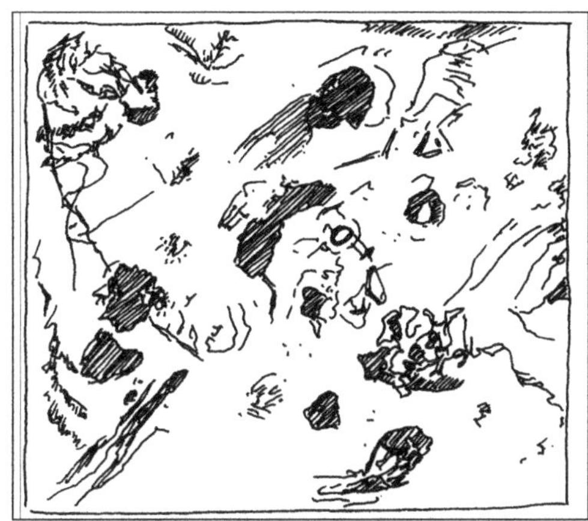

Abb. 37: Nach einer Reise nach Tunis beginnt Kandinsky 1914 seine abstrakte Malerei.

Auch Matisse vergleicht seine eigene Sichtweise mit dem Blick eines Kindes: Diese ermöglicht es ihm, dem Modell ohne vorgefasste Meinungen entgegenzutreten. Er muss dabei ehrlich sein, so wie auch das Kind noch nicht kompliziert genug denken kann, um zu lügen. Dem entspricht das Motiv von der Kunst als einzige Sprache, in der nicht gelogen werden kann (Menuhin 1986) (zu der es auch den entgegensetzten Entwurf von der Kunst als Lüge gibt, den nur ‚schönen Schein‘).

Oft wird diese Art der (pseudo-)kindlichen Wahrnehmung auch mit tierhafter Wahrnehmung verglichen (Schütt 1990). Dieser Vergleich thematisiert meist Sprache bzw. Sprachfähigkeit als Voraussetzung für Bewusstsein, die bei Kindern wie Tieren entsprechend gering ausfällt. Allerdings verstehen z.B. Delphine ganze Sätze, sogar semantisch reversible Sätze verstehen Delphine allerdings. Auch wenn man Bewusstsein mit ästhetischer Kompetenz bzw. künstlerischem Interesse konnotiert, ist keine scharfe Trennung zwischen Mensch und Tier möglich. Von vielen Tieren ist bekannt, welche Art von Musik sie bevorzugen, z.B. geben Kühe angeblich zu Mozart mehr Milch als zu heavy metal. Manche Vögel finden Artgenossen schön, wenn sie künstliche Federhäubchen haben, und andere bauen regelrechte ‚Kunstwerke‘ aus Mistkäferschalen und Ästen. Auch der Kunstmarkt stellt die Differenzierung zwischen Tier und Mensch in Frage und verkauft Bilder von Tieren.

An der Schreib- und Lesefähigkeit scheint es dann alleine wohl nicht zu liegen, aber ein klein wenig schon. Der Linguist Lurija hat Anfang der 30er Jahre im zivilisationsfremden Usbekistan geforscht und herausgefunden, dass Menschen, die lesen können, anders denken als Analphabeten, nämlich nicht logisch-deduktiv, sondern ‚anschaulich‘. Verschiedene Werkzeuge werden z.B. nicht nach ihrer Funktion, sondern nach ihrer Geschichte oder nach ihrem Material geordnet. Eine

Säge, ein Beil, ein Hammer und ein Holzscheit können nach Funktionen geordnet werden, dann fällt der Holzscheit aus dieser Reihe. Weniger abstrakt gedacht, ereilt dieses Schicksal den Hammer, denn es ist nicht so gut dazu geeignet, den Holzscheit zu zerkleinern, wie die Säge oder das Beil (Ong 1987). Lesefähigkeit erzeugt also größere Abstraktionsfähigkeit. Und mit solcher Werkzeugabstraktionsfähigkeit hat das Denken des alphabetisierten Handwerkers eine potenziell größere Fähigkeit zur Unterscheidung als das zivilisationsfremder Usbeken (zumindest, was Werkzeuge angeht). Lesefähigkeit gilt also (bei den Lesefähigen) besonders viel. Deswegen werden Kinder in die Schule gesteckt. Dort wachsen unsere Kleinen aus dem Denken in geringen Unterschieden, wie sie auch die Kunst liebt, in das Denken der Erwachsenen hinein und dürfen sich irgendwann für naturwissenschaftliche und betriebswirtschaftliche Studiengänge einschreiben, sobald sie ihre Unterschiedsverarbeitung genügend abstrahieren können. Wegen dieser Gegenüberstellung ist ...

> *„... die Kunst ... einem Kinde, die Wissenschaft einem Manne vergleichbar“.* (Caspar David Friedrich nach Hinz 1968, S. 92)

Und deswegen nennt der Kunsttheoretiker Vilèm Flusser (erwachsenes) schriftgebunden kritisches Wortdenken „eindimensional“ und das (kindliche) Gegenteil „Magie“ und „zweidimensionale Einbildungskraft“, die menschliche mysteriöse Kraft zum „Zurücktreten“ und das Vermögen, zum „Subjekt“ zu werden. Im Gegensatz zu (erwachsenem) kritischem Denken, das stets Fortschrittsgedanken erzeugt, herrsche beim (kindlichen) magischen Denken die Wiederkehr des Immergleichen (Flusser 1988, S. 18). Das ist der jeweiligen (kindlich) oralen oder (erwachsen) literalen Kunst entsprechender Kulturen auch anzumerken. Archaische Kulturen produzierten Literatur in gebundener Rede, dann kam die Schrift in Mode und die Kunst stieg auf Prosa um. Das ist auch der Zeitpunkt, zu dem die gesellschaftliche Akzeptanz von Ekstase nachzulassen begann und die Stimmen der Götter nach und nach verstummten.

Allen diesen Kindergeschichten ist die verweilende Einfühlung in einen emotional gebundenen Bereich der geringen Unterschiede gemeinsam, also ein quasi kindlich hoher Auflösungsgrad und einer niedrigen Selektionsschwelle, dicht gefolgt von der Wahrnehmung von Licht und dem Gefühl (kathartischer) Erleichterung oder subjektiver ‚Reinheit‘. Auch und gerade Erwachsenen, welche die Phase dieser vermeintlichen kindlichen Einheit überwunden haben, ist die willentliche Regression in diese Entwicklungsstufe möglich, beispielsweise in Form einer bewusst kindlichen Betrachtung von Bildern zum Zweck eines meditativen Zugangs zum Bild. Das gilt auch für Künstler, die eine solche vorsätzliche Regression vornehmen. Nur ist auch wieder die Rückkehr in die Wahrnehmungsart Erwachsener vonnöten. Erwachsene bzw. (kompetente) Künstler können diesen Ebenenwechsel zwischen geringen und großen Unterschieden regulieren und sie switchen zwischen sprachgebunden-fixativen und vagativen Ebenen hin und her.

Das Wichtigste in Kürze über das Kontemplative: Ästhetisches Empfinden ist wie ein Verweilen in einem Bereich geringer kognitiver Unterschiede. In diesem Bereich wird eruiert, wie die vielen Vernetzungsmöglichkeiten der vagativen Suche ‚sich anfühlen‘, also welche Vernetzungen welche Gefühle auslösen. Der Zugang zu diesem Bereich ist kontemplativ. Nur die unvorsätzliche, zweckfreie Betrachtung führt zu authentischen Informationen über das teilweise unbewusste Innere. Sie ermöglicht ästhetische Wahrnehmung, vergleichbar mit Traum, Rausch oder Sexualität oder dem ‚Fühlen wie ein Kind‘. (Dieses Kapitel 2.4 entspricht vor allem **BS 1–6**)

2.5 Empathie

P.: *„Solange Sie mir nicht exakt sagen können, was Sie mit ihrer Kritik meinen, können Sie auf mich nicht viel anders wirken, als einfach nur ein bisschen überspannt."*

M.: *„Wenn Sie auch nur die geringste Ahnung davon hätten, wovon ich rede, dann müsste ich Ihnen überhaupt nichts erklären."*

P.: *„Eine beeindruckende Argumentation. Lernt man so etwas auf der Kunstakademie?"*

M.: ... (wird rot)

P.: *„Fassen Sie das doch nicht als Beleidigung auf. Ihre Darstellungen sind auch nicht gerade zimperlich."*

M.: (schweigt)

P.: *„Was ist denn jetzt los? Sie verstehen mich wahrscheinlich schon wieder falsch. Ich versuche wirklich, Sie zu verstehen. Sie würden mir dabei sehr helfen, wenn Sie etwas sagen würden."*

M.: *„... können Sie sich an unsere Anfangsgespräche über Kunst erinnern? Sie hatten gesagt, dass Sie prinzipiell böse würden, wenn Menschen ungerecht behandelt werden, und dass Sie auch deswegen die sozialkritischen Bilder von Goya und Hoghart mögen. Damals dachte ich, dass unsere Gespräche uns beiden viel bringen würden. Aber dann habe ich mich immer wieder über Ihre Thesen geärgert und dieses Gefühl war weg. Dass Sie gerade eben davon sprachen, mich verstehen zu wollen, war seit damals das erste Mal, dass Sie wieder menschlich auf mich wirken."*

(Beide schweigen.)

M.: *„Sie müssen doch wissen, was Empathie bedeutet und wie wichtig das ist..."*

Die ganze Technik von Verweilen, Tetrapack-Modell, Gegenvorstellung und Spiegelprojektion wird im Alltag als Empathie bezeichnet, als emotionale Identifikation mit dem Gegenüber oder ein ‚Sich-in-etwas-Hineinversetzen‘ (entspricht **BS 2**). Im Sinne der bisherigen Modelle gesagt: Unterschiede zwischen einer empathisierten Sache und dem Empathisierenden werden durch verweilende Betrachtung geringer gemacht, so dass irgendwann nur noch wenig bzw. kein Unterschied zwischen einem selbst und der Sache besteht. Einem Maler kann es dann passieren, dass er sagt:

> *„Ich und die Farbe sind eins. Ich bin ein Maler“.* (Macke 1969, S. 10)

Auch Musiker und Musik werden aufgrund einer berufsgebundenen neurophysiologischen Vereinheitlichung von Gehör und Motorik oft zur subjektiven Einheit, aber letztlich wird Empathie in jeder Kunstform thematisiert – nur leider in zwei gegensätzlichen Formen, in empathisierenden Gerechtigkeitsvorstellungen moralisierender Kunst einerseits und andererseits in der Verweigerung von empathischer Einfühlung moralisch neutraler Kunst (entspricht **BS 6**):

2.5.1 Empathie als moralisches Gesetz und die unmoralischen Gesetzesbrecher

Empathisieren heißt einfühlen und somit gegebenenfalls auch mitleiden. Ein empathischer Menschen kann von daher nur schön empfinden, was auch für andere gut und sinnvoll und von daher wahrscheinlich als ‚moralisch‘ angenommen wird, und das gilt auch für die Kunst und ästhetische Werte (entspricht **BS 7**). So beschreibt bereits Wolff Moralität als konstitutives ästhetisches Phänomen, und sein kritischer Weiterentwickler Kant definiert später Ästhetik als Schönheitsempfinden, das nur im Einvernehmen mit dem „kategorischen Imperativ“, also einer Art vorbildhaftem Verhalten möglich ist (Wolff 1720, Vorländer 1974). Schillers fast zeitgleich konzipierte „schöne Seele“ handelt dementsprechend. Menschen mit einer so „schönen Seele“ handeln nicht aufgrund von Regeln gut, sondern wegen des inneren ästhetischen Erlebens der damit verbundenen moralischen Schönheit. Dem entspricht in der Moderne Peirces Verbindung von physikalischer und ästhetischer Ausbildung, also eine Ausbildung über Welt und Moral. Etwas „schön wollen“ ist seiner Beschreibung nach gleichzeitig schön und gut, ist ...

> *„... selfmastery, in the way someone really desires to behave ... The sciene of the admirable is true aesthetics. Thuth, the Freedom of the will, such as it is, is a one-sided affair, it is Freedom to become beautiful, kalós k' agathos“.* (Peirce 1983, S. 337)

Dieses ästhetische Empfinden ist gleichzusetzen mit dem „Geist" bei Goethe, der „selbstbewussten Innerlichkeit" Hegels oder der „Frömmigkeit gegenüber dem Sein" Heideggers. Entsprechende Aussagen treffen auch Künstler (entspricht **BS 7**):

> *„Kunst ist dem Guten verbunden, und auf ihrem Grunde ist Güte, der Weisheit verwandt, noch näher der Liebe".* (Thomas Mann 1960, S. 398)

> *„Diese Wiederherstellung aller ursprünglichen Einheit des Daseins, die sich im Kunstwerk vollbringt, sie ist zugleich eine Predigt von der ewigen Liebe, deren eigenste Feier und Verherrlichung immer die Kunst ist".* (Mundt 1845, S. 69)

> *„Schön ist, was mit Liebe betrachtet wird".* (Hoffmansthal nach Steiner 1956, S. 106)

Kunst und ästhetisches Erleben sind demnach untrennbar mit gesellschaftlichen bzw. ethischen Normen verbunden. Es gibt aber auch exakt gegenläufige Definitionen von ästhetischem Erleben, die dieses als explizit nicht moralisch gebunden festlegen.

> *„Kunst, die moralisiert, ist keine Kunst".* (Hauptmann 1942, S. 419)

> *„Und eben weil es ein Rätsel ist, so hatten wir das Recht, es zu predigen, die Menschen zu lehren, dass das, woran gelegen ist, weder die Freiheit noch die Liebe, sondern das Rätsel, das Geheimnis, das Mysterium ist, dem sie sich unterwerfen müssen – ohne Nachdenken und auch gegen ihr Gewissen ...".* (Dostojewskis Inquisitor gegenüber Jesus in den „Brüdern Karamasow", Dostojewski 1996, S. 68)

Das betrifft z.B. das bereits erwähnte „Verbotene Wissen" Nietzsches. Die Schriften über dieses Wissen wollte er nicht veröffentlichen, denn sie beschreiben den eigenständigen ästhetischen Bereich, der eben nicht moralisch gebunden und eben deswegen gesellschaftsgefährdend ist (entspricht **BS 6**). Auch Übertretungen moralisch-ethischer Normen können als ästhetisch oder ‚schön' empfunden werden, denn individuelle Wahrnehmung orientiert sich unter Umständen nur am individuellen Nutzen. Das bedeutet in der Kunst, dass z.B. das Leiden anderer nicht aus moralischen Gründen empathisch mitempfunden werden muss, dass Kriegslärm ‚schön' sein kann oder dass ‚geniale' Künstler aufgrund ihrer ästhetischen Wahrnehmung über jede Art von Moral erhaben sein dürfen, so wie auch ‚unschuldige' Kinder.

Dieser Widerspruch zwischen Moral und Unmoral ist damit zu erklären, dass sich individuelles Schönheitsempfinden immer an den Bedürfnissen und ohnehin schon virulenten Vorstellungen des Rezipienten orientiert, also entweder bei moralisch gebundenem Gemeinschaftsgefühl oder individualistischem Selbstbezug. Deswegen kann Ästhetik sowohl moralisch wertend als auch wertneutral sein (entspricht **BS 6**). Entscheidend ist letztlich nur die Variable der empathischen Verbindung des Betrachters mit den Mitmenschen (entspricht **BS 9**): Wenn diese vorhanden ist, wird empathisches ‚Mitleid‘ aktiviert. Wenn nicht, so wird, wie in der Postmoderne oder in Nietzsches Bereich des Verbotenen Wissens, das ästhetische Erleben ohne Mitleiden und mit großer ästhetischer Distanz vollzogen – wenn man also bei Watership Down beim Hinscheiden diverser Kaninchen nicht weint, wenn man konservierte Tierteile in Scheibchen ausstellt (Damien Hirst), man sich darüber ärgert, dass man nicht so ‚schön‘ dünn ist, wie hungernde Kinder in der Dritten Welt (Mariah Carey) oder die Zerstörung des WTC als größtes Kunstwerk aller Zeiten (Arnold Schönberg) interpretiert.

2.5.2 How it works

Empathie funktioniert so: Innerhalb undifferenzierter bis hin zu kognitiv nicht vorhandenen Grenzen zwischen Denken und Fühlen, also in einem kontemplativen Verweilbereich mit geringen Unterschieden, wird ein abstraktes Muster mit den gegebenen realsinnlichen Informationen verglichen, also z.B. ein bestimmtes Thema mit der dazugehörigen künstlerischen Umsetzung auf einem Ölbild oder die Vorstellung von einem Idealpartner mit der Person am Nebentisch (entspricht **BS 5**). Leerstellen der Interpretation, also fehlende Informationen über Bild oder Nebentischperson, werden mit emotional möglichst positiv besetzten Mustern überbrückt, also mit besagten bedürfnisorientierten Idealvorstellungen. Alleine das selbstreflexive Erleben dieser Idealisierung erzeugt bereits ästhetisches Lustempfinden, da die Psyche in der empathischen Projektion viele positive Assoziationen zulässt (negativ empfundene Assoziationen führen ob der drohenden Überforderung des kognitiven Systems automatisch zum Verlassen des vagativen Bereichs). Diese Assoziationen sind steigerungsfähig je nach Grad der Bedürfnisse, Wünsche und Utopien und nach Aussagekraft von Kunstwerk oder Person am Nebentisch.

Angenommen, es käme zu einem Gespräch mit der letzteren, dann bewirkt Empathie eine Angleichung an das Gegenüber, so dass automatisch von allen verweilend entstehenden Sprachmustern solche ausgesucht werden, die für beide Seiten nachvollziehbar sind. Auf diese Art ist Empathie eine Voraussetzung für Sprachfähigkeit und soziale Kommunikation im Allgemeinen. Denn Empathie erfordert, sich auf sein Gegenüber einzulassen. Wer sich jemandem nähern möchte, muss dem anderen vertrauen und auch selbst (einigermaßen) vertrauenswürdig sein. Dieses Aufgeben eigener psychischer Schutzmauern und eigener Macht ist selbst schon eine Art Kommunikationssignal (Portele 1989).

Empathie lässt sich von daher auch als reziproker Altruismus interpretieren, als im Grunde egoistische Strategie der Wechselseitigkeit, d.h.: Empathisches, soziales Einfühlen ist aus egoistischer Sicht gewinnbringend (Horgan 2000). Es erleichtert gegenseitiges Verständnis, erweitert rein vernunftorientiertes Verstehen um das Nachempfinden eher gefühlsorientierter Handlungen und steigert durch eine wahrscheinlich höhere Anzahl gelungener Prognosen das subjektive Kompetenzempfinden. Es ermöglicht einen Erlebnisanstieg durch kollektives Idealitätsgefühl und somit Partizipation an der Umwelt (Bischof 1996). Von daher ist es nicht verwunderlich, wenn altruistischer Egoismus bzw. egoistischer Altruismus in Form von Gerechtigkeitssinn auch als Indiz für Intelligenz gehandelt wird (Maturana/Varela 1987). Denn das empathisch vollzogene Akzeptieren des anderen ist nicht nur Voraussetzung für Bewusstsein und Kommunikation, also individuell nutzbringend, sondern auch eine durchaus gewinnbringende Strategie in und für kollektive Gemeinschaften (entspricht **BS 7**).

> *„Wir haben nur die Welt, die wir zusammen hervorbringen ... nur Liebe ermöglicht uns, diese Welt hervorzubringen"*. (Ringel nach Maturana/ Varela 1987, S. 65)

Wie wichtig Empathie ist, verdeutlicht ex negativo das Beispiel vom afrikanischen Tabutod: Der Ausschluss aus der Gemeinschaft kommt hier einer Todesstrafe gleich, obwohl keine physiologischen Gründe dafür vorliegen. Die Menschen sterben einfach, wenn sie aus der Gemeinschaft weggeschickt werden. Ein weiteres Beispiel für eingeschränkte Empathie ist DeSade, für den (mit entsprechenden Konsequenzen) die Haut nicht nur Grenze des Körpers, sondern auch und vor allem die unüberwindbare Grenze eigener Individualität war, empathisches Einfühlen in andere also unerwünscht (Onfray 1993). Oder ein konstruiertes Beispiel: Angenommen, Beuys, so er noch leben würde, beschmiert Ihre Wohnzimmermöbel mit Butter, dann bewirkt das empathische Band zwischen Ihnen und der Kunstwelt und Beuys, so er wie gesagt noch leben würde, ein positives Gefühl. Angenommen, das von ihnen nicht geliebte Kleinkind eines Nachbarn macht daraufhin das Gleiche mit Ihren Küchenmöbeln, dann würden Sie sich wahrscheinlich über den Zustand ihrer Küche ärgern. Dem Kind können Sie das dann mit dem kunsttheoretischen Begriff der sog. Interpassivität erklären. Damit wird das Erleben quasi magischer, kontemplativer Übereinstimmung von Betrachter, Kunstwerk und der Gemeinschaft der Kunstliebhaber bezeichnet (Pfaller 2000). Erst das Unterstellen eines gemeinsamen, empathisch angekoppelten Gedankens erzeugt das Schönheitsempfinden (entspricht **BS 3–4**).

> *„Kunst ist empathisch, Erkenntnis, aber nicht die von Objekten"*. (Adorno 1970, S. 391)

Goethe und Adorno interpretierten aufgrund dessen Unkenntnis der Vergangenheit als Nichtsein, denn dass die empathische Übereinstimmung mit überlieferten Werten bzw. Wertgemeinschaften (und somit auch deren Geschichte) lustbringend wirkt, ist nun einmal so. Der Mensch ist nun einmal ein Hordenwesen, der die Präsenz des anderen wahrnimmt und braucht (Sloterdijk nach Klotz 1994).

Allgemein wird gelungene Empathie im Alltagssprachlichen mit den wirklich basalen, poetischen Umschreibungen für ästhetischen Erlebens ausgezeichnet: Neben der besagten ‚Harmonie‘ sind das die Metaphern von ‚Allverbundenheit‘, ‚Herz‘ und ‚Seele‘.

> *„Kunst ist Harmonie. Harmonie wiederum ist Einheitlichkeit des Ungleichen … und Einheitlichkeit des Ähnlichen … in Ton, in den Farben, in der Linie.“* (Seurat nach Hess 1953, S. 22)

Vor allem die Liebesmetapher tritt hier auf den Plan, auch mit Anspielungen auf die körperliche Liebe. Daran schließen sich die poetischen Formeln vom ‚sehend‘ oder ‚hörend sein‘ an. Auch sie umschreiben die Fähigkeit, aufgrund ausreichender Erfahrung mit empathisch empfundenen und gefundenen Ordnungen umzugehen. Die Umschreibungen dieser Souveränität in puncto Empathie sind historischen Präferenzen unterworfen. Im 20. Jahrhundert wird Empathie – im Gegensatz zum tendenziell eher ‚fühlenden‘ 18. und ‚sehenden‘ 19. Jahrhundert – wieder eher mit Hören verglichen und als ‚Wahrhaftigkeit‘, ‚Authentizität‘ oder ‚Ganzheit‘ bezeichnet (Berendt 1989). Die Änderung dieser Modalitäten je nach (mystischer) Musik oder (wissenschaftlich-illustrativem) Bild, liegen an ästhetischen Präferenzen und geschichtlichen Bedingungen der jeweiligen Epoche. (Im Glossar findet sich unter dem Stichwort ‚vagatives Fühlen‘ eine entsprechende Sinneshierarchie, die zeigt, welche Präferenz in etwa wie bewusst praktiziert wird.)

Allen diesen Metaphern ist gemeinsam, dass sie das Funktionieren des individuellen und gesellschaftlichen Systems garantieren. ‚Sehen‘ und/oder ‚Hören‘ bringt viel (entspricht **BS 7**). Wie gesagt: Empathie ermöglicht u.a. Sprachfähigkeit beim Menschen, Gemeinschaftsgefühl in Gemeinschaften und sogar stereoskopische Raumeffekte in Räumen – Effekte die durch das ‚Einfühlen‘ in mehrere Ansichten einer Sache möglich werden (Pinker 1998). Das sind lauter Phänomene, die gerne nur bewussten Systemen zugesprochen werden, womit Empathie sich als ein weiterer Begriff herauskristallisiert, der als Voraussetzung für Bewusstsein oder Bewusstsein als Voraussetzung für Empathie fungiert, wenn nicht sogar beide Begriffe vielleicht zusammenfallen und/oder sich gegenseitig bedingen.

Die Bezeichnungen empathischer Projektion lassen sich tendenziell in zwei Kategorien unterteilen:

- Empathie **ohne** Aussicht auf Kommunikation mit dem Betrachteten heißt ‚Erhabenheit‘ oder trägt die physikalisierten Bezeichnungen pythagoreischer ‚Harmonie‘.

- Empathie **mit** Aussicht auf Kommunikation mit dem Betrachteten schmückt sich mit poetischen Begriffen wie ‚Liebe' und ‚Herz' bzw. ‚Seele' als zusammenfassende Darstellung empathisierender Vorgänge.

Davon soll nachfolgend etwas ausführlicher die Rede sein.

2.5.2.1 Lost in space: Intransitive Empathie

Empathie mit unbelebten Gegenständen ist so eine Sache. Zwar sehen

> *„Menschen … in verbrannten Tortillas auch Bilder von Jesus und schreiben ihren Autos Gefühle zu"*. (Horgan 2000, S. 287),

aber riesige Bergschluchten oder Galaxien werden eher selten von Vermenschlichungen dieser Art heimgesucht. Alternative Gefühle bei der empathisierenden Identifikation mit einer eventuellen Bergschlucht zeigen sich in der vorneuzeitlichen, eher physikalisch gedachten Empfindung von ‚Harmonie', wie sie manchen angesichts von Matterhorn oder Grand Canyon ereilt. Noch moderner ist der Begriff einer gefühlten ‚Authentizität' in solchen grenzenlosen Marlboro-Weiten. Etwas älter ist hingegen die Bezeichnung ‚Erhabenheit', auf die Schiller die meisten Urheberrechte innehat. Sie ist die Grundidee seiner bereits erwähnten „schönen Seele", die aus Prinzip moralisch, also ‚schön' handelt. Natürlich fällt die Seele der „Iphigenie auf Tauris" nicht unter die Kategorie unbelebter Gegenstände. Aber ihre Erhabenheit macht sie zur idealisierten, in ihrer Erhabenheit eben unangreifbaren Größe. Durch diese Erhabenheit ist sie auch unansprechbar, denn sie weiß, wie gesagt, ja gar nicht von ihrer Größe und ihrer Rolle als Dramenfigur. Somit ist sie ähnlich unnahbar wie ein Matterhorn. Es besteht keine Aussicht auf Kommunikation, so wie auch das Matterhorn in dem Moment, in dem man es auf seine Erhabenheit hin ansprechen könnte, einiges an Erhabenheit verlieren würde. Erhabenheit ist ‚groß', mindestens ebenso groß wie ihr idealistisch-utopisches Beiwerk an schöner Moral. Wer sich solchen Ideen verschreibt bzw. sie sich verschreiben lässt, ist über die Welt, egoistische Interessen und Bedürfnisse erhaben. Erhabene Menschen überwinden sich und ihre menschlichen Bedürfnisse in schier unmenschlicher Weise zugunsten gesellschaftlicher Werte (Haeffner 1982 und Gehlen 1970). Sie sind dabei nicht nur leibhaftig gewordene Gegenvorstellung der meisten unserer Mitmenschen, sondern greifen auch in ihrer Argumentation stark auf Gegenvorstellungen, Leidenstopoi, Unendlichkeitsbegriffe oder Unsterblichkeitsvorstellungen als Umsetzung unsterblicher moralischer Werte und Regeln zurück. Ästhetisches Erleben angesichts solcher Größen bezieht sich subjektiv auf den Betrachter, weniger auf das unbeteiligte Betrachtete, im Bereich des Menschlichen wie des Botanischen:

„Der Mensch ist nur ein Schilfrohr, das schwächste der Natur; aber er ist ein denkendes Schilfrohr. Es ist nicht nötig, dass das ganze Weltall sich waffne, ihn zu zermalmen: Ein Dampf, ein Wassertropfen genügen, um ihn zu töten. Aber wenn das Weltall ihn zermalmte, so wäre der Mensch noch edler als das, was ihn tötet, denn er weiß, dass er stirbt, und kennt die Überlegenheit, die das Weltall über ihn hat; das Weltall weiß nichts davon. Unsere ganze Würde besteht also in Gedanken“. (Pascal nach Dunning 1991, S. 5)

„Denn das Schöne ist nichts als des Schrecklichen Anfang, den wir noch grade ertragen, und wir bewundern es so, weil es gelassen verschmäht, uns zu zerstören“. (Rilke nach Allesch 1987, S. 1)

Die Moderne wendet sich gegen vermenschlichende Personalisierungen der Natur, da sie nun in der Natur kein übergeordnetes und allgemeinverbindliches, ‚göttliches‘ Ordnungsmuster mehr aufzufinden glaubt, das menschenähnliche, also von ‚gleich zu gleich‘ empathisierbare Strukturen stiften würde. Der Mensch steht quasi mit sich ganz alleine vor dem Nichts (entspricht **BS 2**). Dem entspricht der Begriff des „Absurden“ bei Nietzsche: Absurdes definiert sich dadurch, dass der Mensch keinen angestammten Platz im Universum hat und ihm das auch bewusst ist. Empathische Projektion heißt deswegen dann auch das Erleben von „Andersheit“ (Levinas 1983). Von Harmonieempfinden zu sprechen wäre heutzutage kontraindiziert, da heutige kritisch-revolutionäre Kunst im Gegensatz zur früheren gesellschaftsbestätigenden Kunst den Betrachter aufwühlen soll. Harmonisch-empathisches Einschwingen fällt schwer angesichts zunehmend individueller Sinnzusammenhänge in immer individuelleren und ‚entzauberten‘ Lebenswelten (Weber 1919). Andererseits gibt aber gerade in der Moderne auch neben dem Begriff des Absurden den des Heiligen als moderne bzw. sog. depersonalisierte Empathie (Bataille 1990). Da in allen diesen Fällen keine ‚Rückmeldung‘ der empathischen Gefühle zu erwarten ist, lässt sich diese Art der Empathie als intransitive Empathie bezeichnen.

2.5.2.2   Transitive Empathie: ‚Herz und Seele‘

Während intransitive Kategorien mit Gegenvorstellungen oder dem Begriff der Erhabenheit arbeiten, wird rückbezügliche und stärker gemeinschaftsorientierte Empathie durch Begriffe wie ‚Liebe‘, ‚Herz‘, ‚Seele‘ usw. beschrieben. Im Falle der Kunst bedeutet das, es

„gibt nur die Liebe. Gleich welche. Und man sollte den Malern die Augen ausstechen, wie man’s mit den Distelfinken tut, damit sie besser singen“ (Picasso 1982, S. 77), denn

„Im eigentlichen Sinne des Wortes gilt: Kunst ist Liebe". (Hart 1897, S. 36)

„Das ist alle Kunst, die sich über Rätsel ergossen hat, – und das sind alle Kunstwerke: Rätsel, umgeben, geschmückt, überschüttet von Liebe". (Rilke 1965, S. 33)

„... nur mit seiner Liebe ist's am Ende, und wenn er ein Künstler ist, mit seiner Kunst". (Goethe nach Rothmann 1987, S. 117)

„Es braucht ... eine große Liebe, die dieses unablässige Streben nach der Wahrheit zu inspirieren und aufrechtzuhalten vermag, diese ganze Großzügigkeit und diese tiefe Entsagung, die das Entstehen jedes Kunstwerks begleitet. Aber ist nicht Liebe der Grund aller Schöpfung?" (Matisse nach Flam 1982, S. 264)

Solche Thesen unterstellen starke empathische Verbindungen zwischen Kunstwerk und Künstler und Betrachter, bei dem ...

„... der wesentliche Ausdruck eines Werks fast ganz davon abhängt, dass sich das Gefühl des Künstlers ins Werk projiziert; nach Maßgabe seiner Beziehung zum Modell und nicht nach dessen organisch genauer Wiedergabe". (ebd., S. 266)

Empathisiert, identifiziert sich bzw. ‚bringt sich' der Künstler oder Kunstrezipient in ausreichendem Maß ‚mit ein', dann besteht auch kaum mehr ein Unterschied zwischen Objekt und Künstler bzw. Objekt und Rezipient. Empfinden und Selbstwahrnehmung von Künstler und/oder Rezipient wird auf das Objekt übertragen, subjektiv externalisiert und von da aus über die beschriebene Eigenwahrnehmung wieder internalisiert. So entstehen glücksbringende Liebesgefühle, die sich selbst bestätigen, da ästhetisches Wahrnehmen selbstreflexiv sich selbst widerspiegelt. Liebesgefühl erzeugt also ästhetisches Liebesgefühl.

Diesen tautologischen Vorgang umschreibt pars pro toto das poetische Grundsymbol menschlichen Handelns, das Herz. Das Symbol des Herzens steht für das Erleben eigenen Liebesgefühls und die gleichzeitige, empathisierende Projektion dieses Erlebens auf die Umwelt. Dieses Motiv ist eines der ältesten überhaupt. Der Begriff dessen, was heute mit dem Symbol des Herzens umschrieben wird, ist weit älter als die Entdeckung des Blutkreislaufs im 16. Jahrhundert durch Andreas Vesalius und Leonardo, im 17. durch William Harvey. Erst ab da ist es aber ein Symbol für das Leben, die Poesie oder den Sitz der Seele. In archaischen Kulturen wurde diese Funktion meistens von Leber, Lunge, Niere oder Knochen eingenommen. In der Bibel ist das Herz noch der Ort des Guten und des Bösen, von Freude und Neid, aber auch Tücke, Unzucht und Gotteslästerung (im Gegensatz zum pneuma, dem Lebenshauch als Symbol für Seele und Leben). Zum positiven Symbol wird das Herz im Mittelalter: Es repräsentiert dann Liebe, Treue und Tapferkeit. Religiöse Konnotation besteht eher weniger. Die entsteht erst im Verlauf der Reformation, während der das Herz zum Symbol individueller Gottesbeziehung, des freien Willens, Bekehrung, Erwählung und göttlicher Gnade wird. Als William Harvey den Blutkreislauf entdeckt, ist das Herz Sinnbild menschlicher Sünde und göttlicher Erlösung, belegt in Wappen, Spruchbüchern, Predigt und Lied (Dunning 1992). Soviel zur Geschichte des Herzens.

Funktional gesehen werden wie bei der Arbeit eines Künstlers, bei dem eigene Person, Tätigkeit und Kunstwerk subjektiv eins werden, auch auf psychischer Ebene durch empathisierende Identifikation mit dem Betrachteten alle beteiligten Instanzen eins (entspricht **BS 2** und **3**). Somit bestätigt sich alles gegenseitig und führt auf diese Weise zu einem subjektiven Gefühl von Glück und Liebe. Die steigerungsfähigen Empfindungen ermöglichen bzw. signalisieren von daher auch den eventuellen Übergang von transitiver zu intransitiver Empathie: Wird Unbelebtes stark empathisiert, wird es irgendwann doch als Belebtes wahrgenommen, einfach weil so viel ‚von einem selbst‘ darin ist.

Je stärker die empathische Identifikation mit dem Betrachteten, umso tiefer das Vordringen in das Verweilen, desto mehr zeigt sich ein Herz – so die Alltagsübersetzung. So können wir ...

> *„... die Wahrheit nicht durch die Vernunft, sondern durch das Herz erkennen; in der Weise des letzteren kennen wir die ersten Prinzipien“.*
> (Pascal 1991, S. 67)

Dieses Herz ist also die eigentlich wichtige Erkenntnisinstanz, welche die nebensächliche Vernunft überbietet. Dieses Fühlen des Herzens, die emotionale empathische Erkenntnis, beschreibt den Grad der Musterüberschneidung von eigenem Empfinden und gedachten Empfindungen anderer Lebewesen. Das Herz ist in diesem Fall nicht einfach das Liebessymbol mit Poesiealbenstatus. Im Unterschiedsmodell umschreibt es vielmehr die ästhetisch-reflexive Vernetzung der Instanzen 3 mit 1, von 3 mit 2 und von 3 mit sich selbst. Wird diese eigene Wahrnehmung so stark reflektiert, dass sich ein Gefühl von Empathie bzw. von Liebe einstellt, gilt das Individuum als menschlich, es hat ein menschliches Herz (umso stärker, je größer die emotional besetzten und/oder gesellschaftlichen Werte reflektiert werden). Es stellt nicht nur diese Gefühle, sondern garantiert auch die psychische Selbsterhaltung in Gestalt höchstmöglicher Mustererkennung durch Vernetzung aller ‚Suchmaschinen‘, und es umschreibt auch jeweils die Individualität des Trägers durch die individuelle Handhabung dieser drei Instanzen. Denn der Verlauf der empathisierenden Betrachtung entscheidet über die persönliche Einstellung gegenüber der Lebenswelt bzw. die dadurch geschaffenen, vorhandenen Engrammspuren über die Art der intuitiven Ordnungsfindung – der Charakter im ursprünglichen griechischen Wortsinn, oder anders formuliert, das ‚Herz‘ des Menschen.

2.5.3   Ideale Ideale

Eigentlich müsste sich bei dieser Rückkoppelung der Instanzen gleichsam ein Gleichgewicht der Impulse ergeben. Jemand empathisiert eine Sache und reflektiert die dabei aufgerufenen inneren Muster. Dieser Prozess müsste sich eigentlich irgendwann an Null annähern bzw. sich im Fall einer zwischenmenschlichen Beziehung auf einer gemeinsamen Höhe gegenseitiger Projektion einpendeln. Ist aber nicht so, im Gegenteil. Dass sich vor allem gegenseitig erwiderte empathische Liebesgefühle gegenseitig hochschaukeln, ist ja bekannt (entspricht **BS 4**). Das liegt auf kognitiver Ebene daran, dass empathisches Betrachten Ideale konstruiert.

Psychologisch gesprochen sind Ideale abstrahierte kognitive Regelsysteme, also Vorstellungen in Reinform. Die Vorstellung des Regelsystems ‚Pferd‘ beispielsweise umfasst dann all die Regeln, nach denen ein Tier auf einem Marlboro-Plakat als Pferd identifiziert wird. Abstrakte Regeln werden auf Sinnesreize übertragen und ästhetisch, also zwischen fixativen und vagativen Mustern abgeglichen und emotional bewertet (entspricht **BS 2** und **3**). Idealisierung bedeutet, dass bei dieser Musteraktivierung Abweichungen der Sinnesreize von diesem (idealen) Regelsystem, wie z.B. das Fehlen eines Pferdebeins oder das niedrige Stockmaß von einem Meter, ignoriert = ‚wegidealisiert‘ werden, indem durch verweilendes Betrachten das kritische und vor allem fixative Denken unterbunden wird. Der Grad der empathisierenden Idealisierung richtet sich nach dem Grad des inneren Bedürfnisses nach dem Objekt (z.B. einem Pferd, falls gerade Eile herrscht) oder dem Inhalt eines Begriffs (z.B. dem Ideal von Freiheit), nach dessen Objekteigenschaften (die eben besonders ideal sein müssen, was z.B. im Falle eines karierten Pferdes dazu führen könnte, dass die ästhetische Betrachtung wegen kognitiver Verunsicherung abgebrochen wird) und nach dem Bedarf an ‚ästhetischer Beflügelung‘ (also einem Defizit an psychischem Erleben). Diese ‚Beflügelung‘ fällt umso größer aus, je mehr gegenstrebige Muster einander zugeordnet werden, bis hin zur subjektiven Identifikation des Empathisierenden mit dem Objekt der Empathie. Je größer die Gegensätze, desto voltintensiver der Kurzschluss zwischen den konträren Informationsströmen und desto größer der Knall. Dabei können auch metaphorische Sicherungen durchbrennen: Es kann beispielsweise passieren, dass das kognitive System diese Identifikation für bare Münze hält. In diesem wie jenem Fall bleibt nach einer Idealisierung stets die Erinnerung an diesen Kurzschluss, also die Erinnerung an ein subjektiv scheinbar reales Ideal. Diese Erinnerung nennt sich auch Läuterung oder Katharsiseffekt. Denn nach so einem Knall ist ein Anstieg des subjektiven Wohlbefindens zu verzeichnen, unter Umständen fühlt man sich nach idealisierender Empathie besser, ‚rein‘ und wie ein neuer Mensch. Dieser Effekt fällt umso größer aus, je höherrangig die dazugehörigen Ideale sind und je mehr diese Idealisierung selber reflektiert wird. Denn ein soeben erlebtes Ideal hat Orientierungsfunktion für nachfolgende Informationsverarbeitungen, das Denken erscheint reiner. Zudem wird die Spannung zwischen (harmonisierender) Utopie und eigener, subjektiver (disharmonischer) Deprivation von diesem Ideal als wohltuende Sehnsucht erlebt.

Der Wert dieser melancholischen Sehnsucht geht sogar so weit, dass die Beseitigung dieses Gegensatzes die energieerzeugende Spannung des ästhetischen Erlebens zerstören würde. Das erklärt, warum Sehnsucht glücklich machen kann und warum Feindbilder oder unerfüllbare Sehnsüchte bestimmte psychenstabilisierende Funktionen haben können. Dieses Konzept von eigenwertiger Sehnsucht nach Gegensätzen findet sich beispielsweise auch bei der Partnerwahl in soziologischer und biochemischer Perspektive. Soziologisch gesehen orientieren sich Partnerwahlen stark an ästhetisch-utopischen, nicht vernünftigen Kriterien (Mirsch 1999). Biochemisch entfernt sich die Partnerwahl sogar von chemischen Strukturen, die einem selbst ähneln (Smith 1978). Auch psychologisch gesehen ist die Spannung zwischen Ideal und Idealentzug unter Umständen einer der dramatischsten kognitiven Widersprüche überhaupt. Solange sich beispielweise ein Kind ein Pony wünscht, wünscht es sich nichts so sehr wie ein Pony – wie z.B. in Helge Schneiders Musical „Mendy – das Wusical". Sobald das Kind aber das Pony hat, dann wünscht es sich vielleicht bald nichts mehr so sehr, wie irgendetwas anderes. Das Pony zu bekommen ist erwünscht, das Pony zu haben nicht immer. Die Zerstörung dieser sehnsüchtigen Einheit von Ideal und Wunsch, egal ob durch Erfüllung der Sehnsucht oder Verlust der empathisierten Utopie ausgelöst, bringt vielleicht nicht wirklich alles Glück der Erde auf dem Rücken der Pferde.

> *„Es gibt im Leben zwei Tragödien. Die eine ist die Nichterfüllung eines Herzenswunsches. Die andere ist seine Erfüllung. Von den beiden ist die zweite die bei weitem tragischere". (Wilde nach Goleman, S. 52)*

Diese empathisierenden Projektionen machen die Spanne zwischen Ideal und eigenen Bedürfnissen von einem einfachen Nullsummenspiel zum kognitiven Motivationsmultiplikator (entspricht **BS 2–4**). Im Fachjargon der Kunst heißt das ‚Eigenwert', auch wenn dieser Eigenwert, wie gerade beschrieben, durchaus funktionale Vorteile mit sich bringt. In der Möglichkeit zu empathischer Idealisierung liegen auf diese Weise neben dem Ablenken von den alltäglichen Sorgen, dem Einüben spielerischer Denktechniken oder der empathischen Partizipation an einer kulturellen Wertegemeinschaft die therapeutischen Möglichkeiten von Kunst verborgen:

> *„Gestaltung ist Erlösung".* (Beckmann nach Koch-Hillebrecht 1983, S. 86)

Denn auch in der Kunst ermöglicht Empathie das Gefühl von Idealität, auch wenn unter Umständen vor lauter Idealisierung in manchen Kunstwerken mehr ‚steckt', als der Künstler ‚hineininvestiert' hat (Eco 1987). Denn:

„Die Kunst ist ihrem Wesen nach ideal, sonst hört sie auf, Kunst zu sein". (Fiedler nach Boehm 1971, S. 59)

Und deswegen ist in Schillers „Das Ideal und das Leben" das Ideale so ideal:

„Nur der Körper eignet jenen Mächten / Die das dunkle Schicksal flechten. / Aber frei von jeder Zeitgewalt / Göttlich unter Göttern die Gestalt / Wollt ihr hoch auf ihren Flügeln schweben / Werft die Angst des Irdischen von euch / Fliehet aus dem engen dumpfen Leben / In des Ideales Reich" (Schiller nach Echtermayer 1987, S. 261)

Ein anderes Wort für Ideal ist mehr oder weniger der Begriff der Utopie, frei zu übersetzen mit: So ideal, dass an keinem Ort der Welt denkbar, also wortwörtlich und griechisch ‚utopisch' (*topos* = Ort, *u* = kein). Weber bezeichnet auch individuellen Stil als Utopie, weil dieser nicht kopierbar ist und nie zu einem Ende kommt, sondern immer mehr perfektioniert und idealisiert werden soll. Dieses Konstrukt würde erklären, warum in der utopielosen Postmoderne die Architektur eine so große Rolle spielt, da zweckgebundene Bauten niemals reine, also zweckfreie Umsetzungen von Utopien sein können.

Das Wichtigste in Kürze über Empathie: Empathisches ‚Hineinversetzen' in ein Kunstwerk ermöglicht neben neuen Interpretationsmöglichkeiten ein Erleben von Idealität, also einer emotional hoch bewerteten Abstraktion. Damit belohnt und motiviert sich das kognitive System quasi selber. Von daher funktioniert Empathie genauso wie die bereits beschriebenen Gegenvorstellungen und Spiegelprojektionen. Das Erleben dieses Vorgang wird in der Kunst umschrieben als Spüren seines ‚Herzens', seiner ‚Seele' oder dem Gefühl von ‚Liebe', also mit sehr substantiellen Formeln des künstlerischen Diskurses vom Menschen. (Dieses Kapitel 2.5 entspricht **BS 1-e** und **6–7.**)

2.6 Der Stabilisierungspakt

(Eines Tages treffen vor dem Büro des Psychologen zufälligerweise dessen Mutter und ein Onkel der Muse aufeinander. Beide verstehen sich prächtig, nur dem Psychologen und der Muse sind die Indiskretionen ihrer Gefolge so peinlich, dass sie eine dringende psychotherapeutische Besprechung vorschützen und sich in die geschlossene Abteilung der benachbarten Psychiatrie flüchten, um dort Tee zu trinken.)

P.: *„Gemeinsames Leiden vereint zuverlässiger als vernünftige Argumente oder staatliche Förderprogramme, nicht wahr?"*

M.: *„Ich wurde einmal gefragt, warum es heißt, dass der Krieg der Vater aller Dinge sei. Ehrlich gesagt würde ich aber lieber in den Krieg ziehen, als zuhause bei meinem Vater zu sein. Aber wie ich sehe, sind Sie mit dieser Problematik vertraut?“*

P.: *„Meine Kindheit stand quasi unter dem Motto ‚Allein gegen die Einbahnstrasse‘. Andererseits muss man auch für solche Dinge dankbar sein. So lernt man wenigstens, mit Problemen umzugehen.“*

M.: *„Und wird Psychologe, oder? Mir geht es so ähnlich. Nur habe ich meinerseits beim Einsatz an der Heimatfront und den allabendlichen Argumentations-Scharmützeln immer nur still dagesessen und die Ölbilder an der Wand betrachtet. So werden also Maler und Psychologen gemacht. Warum haben sie eigentlich Psychologie studiert? Habe ich schon einmal erwähnt, dass Psychologen alle selber ...“*

P.: *„Haben Sie. Mehrmals. Ihr Künstler seid aber auch nicht gerade für eure solide Psyche bekannt, ihr Helden der Poesie und Leidenschaft, die Leiden schafft.“*

M..: *„Oh, bitte keine Schüttelreime!“*

P.: *„Das war kein Schüttelreim. Ein Schüttelreim ist: Schatz, ich muss zum Leinen weben, ich kann nicht nur vom Weinen leben. Das ist die Kurzfassung von Hauptmanns Schauspiel ‚Die Weber‘. Schüttelreime sind ohnehin alle sehr kulturaffin, z.B.: Der Meister aus der Meisterklasse haut das Klavier zu Kleistermasse, oder: Maler, geh’ mit Deiner Leinwand am besten in ein Weinland. Oder: Wenn man dem Dichter das Hirn stöhle, dann dächt’ er mit der Stirnhöhle.“*

M.: *„Schüttelreime definieren sich dadurch, dass man beim Zuhören leidet? Ich kenne ein Nietzsche-Zitat, in dem er sagt: ‚Der Schmerz lehrt Hühner und Künstler gackern. Fragt die Weiber: man gebiert nicht, weil es Vergnügen macht‘. Bevor ich hier anfange zu gackern, sollten wir wieder gehen. Hier ist ganz sicher nicht der richtige Ort, um zu gackern.“*

Ästhetisches Erleben stabilisiert die Psyche (entspricht **BS 7**). Wer gut vernetzt denken kann, reagiert auf Probleme flexibel und profitiert auch noch emotional davon. In der Kunst zeigen sich diese zwei Aspekte 1) an immer neuen Moden, die vor Innovation = kognitivem Problem nur so strotzen, und 2) am Motiv vom Schmerz oder Leiden des Künstlers, der gerade dabei ist, seine ästhetische Problemverarbeitung emotional auszuleben. Psychologisch übersetzt und abgeleitet für eine Theorie des Bewusstseins bedeutet das, dass ästhetische Wahrnehmung 1) sowohl zur Anpassung an innovative Modifikationen der Umwelt als auch 2) zur Stabilisierung bei Problemen, bei ‚Leiden‘ dient, sogar zu Stabilisierung im Falle von ‚Leiden‘ an der Kunst.

Psychische Stabilisierung durch ästhetisches Erleben kann sowohl bei Bestätigung als auch bei Frustration des Rezipienten erfolgen. Denn beide Möglichkeiten motivieren zu weiterer Suche nach Schönheit, sei es, weil schöne Gefühle von Harmonie und Liebe o.ä. wiederholt werden sollen, sei es, weil diese

Gefühlsqualitäten bei längerem Entzug immer sehnlicher vermisst werden (entspricht **BS 3**). Durch die stete Suche nach Schönheit zwischen Schönheitserleben und Schönheitsentzug kann so ein stabiler selbsterhaltender Erregungsgrad entstehen, noch dazu stabil nach zwei Seiten: Das System verliert sich nicht in inneren Interpretationsmustern ohne Kontrolle der Außenbedingungen, und es verliert sich auch nicht im steten Kontrollieren der Außenbedingungen ohne emotionales Erleben.

> *„Kunst ist nur ein Mittel, um dieses ewige Gleichgewicht zu erreichen. Wir müssen ein konkretes Gleichgewicht entdecken und schaffen. Wissenschaft, Philosophie, alle abstrakten Schöpfungen wie die Kunst sind Mittel, um dieses Gleichgewicht zu erreichen“.* (Mondrian nach Grassi 1980, S. 105)

> *„Wir tanken nicht Kraftstoff, sondern Ordnungen“.* (Schrödinger 1986, S. 78)

2.6.1 Vom Umgang mit Innovationen

In der Kunst gilt der Anspruch auf Neuigkeit. Vor allem die moderne Definition von Kunst setzt die Entwicklung einer innovativen Formsprache voraus. Bilder werden als ‚gewöhnlich‘, ‚nur schön‘ oder ‚nur hässlich‘ identifiziert und nicht weiter betrachtet, wenn sie den Betrachter nicht fordern (Gehlen 1970). Wirklich ästhetisch, weil vernetzt, ist solche Mustersuche nur dann, wenn sie entsprechend schwierig, weil mit unbekannten Elementen durchsetzt ist (entspricht **BS 2**).

Diese stete Forderung nach Innovation erklärt künstlerische Moden in Form von Kurven der Lust-Unlust-Schemata. Denn Leben ist Veränderung und

> *„Kunst ist Mode“.* (Schwitters nach Walden 1926, S. 196)

Moden müssen sein, denn wenn die Wahrnehmung von Dingen sprachlich fixiert werden kann, verlieren diese Dinge ihren ‚ästhetischen Zauber‘ und erfordern zwangsläufig keine Wahrnehmung ‚rätselhafter‘ Unbestimmtheit und somit potenzieller Idealisierung mehr. Dann werden die vormals innovativen Sachen gewöhnlich und dieser Umstand schreit wieder nach Innovationen. So unterliegen auch künstlerische Formsprachen diesem Wechsel von experimenteller und anarchistischer Avantgarde (neue Formsprache mit hoher Unbestimmtheit für den Betrachter), Klassik (Artifzierung bereits bekannter, vormals avantgardistischer Formen) und Gewöhnung (übersättigte Langeweile tritt auf) als Lust-Unlustkurven zwischen Avantgarde und Tradition. Beide Fronten bedingen sich wechselseitig wie ein genormter Ablauf (Guggenberger 2000).

2.6.2   Die Funktionen Leiden und Melancholie

Menschen definieren sich u.a. dadurch, dass sie eigentlich nie keine Probleme haben. Typisch menschliche Probleme definieren sich durch Leiden und Melancholie. Leiden und Melancholie sind typische Auslöser ästhetisierender Betrachtungsweise und ästhetische Betrachtung ist typisches Heilmittel gegen Melancholie und Leiden. Diese Wechselbeziehung funktioniert folgendermaßen: Psychologisch gesehen besteht Leiden in einem unbefriedigten Bedürfnis entweder substantieller, existenzerhaltender Art (= beispielsweise dem Bedürfnis nach Nahrung, Frischluft, Sexualität oder angenehmer Temperatur) oder kognitiver Art (= beispielsweise dem Bedürfnis nach Bestimmtheit, Kompetenzempfinden oder Gemeinschaft, hohem Selbstwert und Selbstbestimmung; Dörner 1999). Letzteres Leiden untereilt sich in zwei Untergruppen. Einerseits gibt es nämlich Leiden in Form von ‚Brüchen‘ des Erwartungshorizonts, eben innovative Änderungen der Umwelt. Andererseits gibt es Kierkegaards Leiden in Form von Langeweile als gefährlich spannungslosem Zustand (Manguel 1999). Schließlich ist auch das Leiden am Nichtstun und der damit verbundene Mangel an Kompetenzgefühl nicht schön (Csikszentmihalyi 1987). Diese beiden Formen von Leiden beherrschen nicht nur das Leben, sondern auch die Kunst, denn ...

> *„... Abstraktion in jeglicher Kunstausübung ist ein Zeichen von Angst“.*
> (Gombrich nach Koch-Hillebrecht 1983, S. 205)

Falls das psychische System durch eine dieser beiden Leidensformen überlastet ist, besteht ein Ausweg in den vertikalen Seitenstraßen der ästhetischen Wahrnehmung. Z.B. bei wenig Selbstvertrauen hilft sich das psychische System durch sehnsüchtige Gefühle. Dann verhelfen z.B. assoziationsfreundliche Bilder von Parklandschaften oder sphärische Harfenklänge zu einer ‚hoffnungsbringenden‘ vertikalen Gegenwelt. Es gibt in den psychologischen Theorien auch den Gegenentwurf einer horizontalen Flucht, der möglichst großen Entfernung zwischen Problem und Betroffenen, also einer Art logischem Eingraben in das Problem (Bartl 1996), bekannt von Informatikern, Psychologen, Schachspielern oder anderen kopflastigen Individuen. Künstlertypen bevorzugen aber eher Vertikales. Ein Beispiel für eine solche vertikale Technik ist Singen statt Sprechen. Singen funktioniert vagativ, antililinear, vertikal oder vernetzt, genauso wie rhythmisches Skandieren gebundener Rede (Jaynes 1988). Manchmal können sprachbehinderte Menschen sich deswegen durchaus verständlich machen, wenn sie Worte singen, anstatt zu sprechen. Nietzsche sagt wegen dieser Sonderrolle des Singens auch über seine Tragödienschrift, sie hätte lieber singen anstatt reden sollen (Nietzsche nach Wyss 1996). Weil Singen so künstlerisch funktioniert, ist auch das Lied das zentrale Motiv melancholischer Romantik.

Es bestehen also zwei Möglichkeiten, mit Leiden umzugehen, entweder horizontale oder vertikale Fluchten, entweder die verstärkte Suche nach abstrahierten Erklärungsmustern oder das Exil in den vagativ-ästhetischen Bereich (entspricht **BS 7**). Beide Formen funktionieren über ein Verkürzen des normalerweise großen Unterschieds zwischen stark vernetzt-vagativem und stark linear-logischem Denken. Also beruhen beide Formen auch systemtheoretisch auf der Schaffung von geringen Unterschieden, wenngleich stark logisch orientierte Lösungsansätze auf den ersten Blick nicht als geeignete Grundlage dafür wirken. Aber auch hier gilt: Die große Spanne zwischen vagativen, ästhetiklogischen Vernetzungen und logisch strukturierten Interpretationsmustern stellt zwar einerseits eine große Herausforderung an das kognitive System dar, ist aber andererseits eine notwendige Voraussetzung für das Funktionieren des Systems. Werden in hohem Maße vagative oder in hohem Maße fixative Lösungsversuche nämlich nicht ausgeglichen, dann führen beide vermeintlichen Lösungsansätze – ein Zuviel und ein Zuwenig an abstrahierendem Denken – zwangsläufig jeweils zum Zusammenbruch der Handlungsregulation: Denkt das System zu wenig abstrahierend, ist auf Dauer kompetentes Handeln im Alltag nicht mehr möglich. Denkt das System andererseits zu lange in rein abstrahierten Zusammenhängen, entsteht langfristig ein Defizit an emotionalem Erleben, und das wiederum muss irgendwann genauso zwangsläufig zum kompensierenden ‚vertikalen Absturz' führen. In der Folge tritt ein Gefühlsdefizit auf, aufgrund dessen der entsprechende Mensch Probleme haben wird, sich in seiner Umwelt zurechtzufinden; er weiß nicht, ‚was er will'. In beiden Fällen von Leiden wird das System Psyche sich selbst helfen. Das geht dann so:

Leiden schafft zwangsläufig den Wunsch nach empathischer Verschmelzung der Gegensätze von Leiden und idealer Utopie, der Wunsch als Sehnsucht nach einer Wunscherfüllung. Dieses Prinzip der melancholischen Vergegenwärtigung der jeweiligen Lage bzw. der utopischen Hoffnung gilt für Bildbetrachtungen ebenso wie für Lebenssituationen im Allgemeinen: Durch diese Art der gleichzeitigen Imagination von Ideal und gegenteiligem ‚Nichtideal' wird das Bewusstsein für beide Aspekte erhöht und im besten Fall die nichtideale Realität durch den motivierenden Eigenwert der melancholisch-sehnsüchtigen Betrachtung relativiert. Ästhetisches ermöglicht so eine Art der (vorläufigen) Problembearbeitung, weswegen z.B. Jaspers die Grenzsituation „Leiden" per se als „ästhetisches", d.h. „leidendes" Stadium bezeichnet (ebenso wie Aristoteles). Wenn aber jede Wahrnehmung anteilig ‚ästhetisch', also gleichzeitig fixativ und vagativ verläuft, ist dann nicht konsequenterweise auch jede Wahrnehmung im Aristo-Jasperschen Sinn Leiden? Im Rückblick auf das Modell zur Verarbeitung von Unterschieden muss das bejaht werden: Jeder Unterschied zwischen fixativen und vagativen Strukturen ist quasi Leiden, denn: Für irgendetwas liegt keine Interpretation vor, weil diese erst (ästhetisch) erarbeitet werden muss. Bevor das passiert, herrscht zunächst das Gefühl eines kognitiven Problems, einer kognitiven Schwierigkeit, also ‚Leiden'. Viele kluge Köpfe definierten Leiden von daher sogar als eine Grundvoraussetzung für Bewusstsein, bei dem hedonische (= lustvolle) Ereignisse mit algetischen (= schmerzhaften) Strukuren erkauft werden müssen (Watzlawick 1991). Auch die äußerst lustvoll erlebte Ekstase hat eher unangenehme Grundvoraussetzungen, wie starken physischen oder psychischen Schmerz, stundenlange Rituale, zermürbende Auseinandersetzung mit der eigenen Verwandtschaft, mit deren oder der eigenen Sterblichkeit o.ä. Auch gängigere Lust wie Lebensbewusstsein und Lebenswillen ist angesichts des Todes (Onfray 1993) oder im „sentimentalischen" Rückblick besonders stark (Dilthey 1907).

> *Nicht Sterbliches sahn meine Augen, als*
> *in deinen schönen aufging aller Frieden*
> *Nein, eine Seele, Bösem abgeschieden,*
> *traf die verwandte, liebend ebenfalls.*
>
> *Wär sie nicht gottgleich, hätte sie Genügen*
> *am Außenschönen, das dem Aug gefällt,*
> *nichts mehr begehrend; doch, weil Bilder trügen,*
> *so geht sie über ins Gebild der Welt.*
>
> *Ich sage, das, was stirbt, befriedigt nicht*
> *Einen, der lebt. Nicht aus der Zeit genommen*
> *wird Ewiges; sie häutet sich zu sehr.*
>
> *Was seelentödlich aus den Sinnen bricht,*
> *ist keine Liebe. Unsre macht vollkommen*
> *die Freunde hier und durch den Tod noch mehr.*
>
> (Michelangelo übers. v. Rainer Maria Rilke, nach Klaus Oppermann;
> http://www.oppisworld.de/zeit/biograf/michela.html)

Alltagslust(-iges) wie Lachen oder Humor, gleichfalls ästhetische Erscheinungen, werden ebenfalls als artverwandtes überwundenes Leiden an der Welt bezeichnet (Paul 1996). Leiden erzeugt auf diese Weise Bewusstsein, egal, ob Sie sich bei einer verkanteten Kühlschranktür Gedanken über die Konstruktionsweise von Türklinken machen oder beim Leiden am Leben über den Sinn desselben reflektieren:

> *„Ohne Einsamkeit kann nichts entstehen. Ich habe mir eine Einsamkeit*
> *geschaffen, die niemand ahnt. Es ist sehr schwer alleine zu sein, weil es*
> *Uhren gibt. Haben Sie je einen Heiligen mit Uhr gesehen? Ich habe keinen*
> *finden können, selbst unter jenen Heiligen nicht, die als Schutzpatrone der*
> *Uhrmacher gelten". (Picasso 1982, S. 28)*

Leidende Wesen wie die singenden Todesschwäne tauchen deswegen symptomatisch oft in der Geschichte der Ästhetik auf. Dabei handelt es sich nicht um die

Singschwäne Nordeuropas, sondern um eine höckerschwanähnliche Spezies aus den romantischen Märchenlanden des 19. Jahrhunderts. Diese Tiere wurden dabei erwischt, wie sie im Sterben wunderschön gesungen haben). Solche und andere Abgesänge auf das Leben weisen auf ästhetische Wirklichkeitsbearbeitung bei Problemen hin. Denn ...

> *„... Kunst ist Erinnerung besserer Zukunft"*. (De Chirico nach Mäckler 1998, S. 159)

Synonym für Ästhetik ist deswegen auch nach moderner Definition das Melancholische. Vor allem moderne Kunst gibt sich vergleichsweise melancholisch (Lyotard 1994), da hier das eigenwertige Erleben der ästhetischen Betrachtung für die entsprechende Art der Individualisierung so wichtig ist. Für die ganz Vergesslichen noch einmal: Früher durften Menschen auf Gott, Engel und Jenseitiges hoffen. Das dürfen sie zwar immer noch, aber sie wollen und können es nicht mehr so gut. Dem modernen Menschen wird nur noch ein Diesseits offeriert, und so bleibt ihm oft nur noch das Driften in ‚sehnsüchtiger' Melancholie. Um zu verstehen, nach was sich der moderne Mensch so verzehrt, empfiehlt es sich, noch einmal in den Konstruktionsplänen des Verweilens im Absatz über Gegenvorstellungen nachzuschlagen. Gegenvorstellungen ermöglichen es, sich in einer nicht so schönen Realität z.B. ein irreales Ideal zusammenzuzimmern, das einen dann über den Tag rettet, wenn man daran denkt. Deswegen besteht die Ikonographie des Melancholischen auch darin, dass die entsprechenden Personen mit aufgestütztem Kopf dasitzen und sich eine kleine Auszeit nehmen.

Das aber wurde in den Konstruktionsplänen noch als eine gute Einrichtung gelobt, weil es das System Psyche stabilisiert. Warum kommt dann moderne Melancholie in den Geruch von Antriebsschwäche und Depression? Das liegt daran, dass die

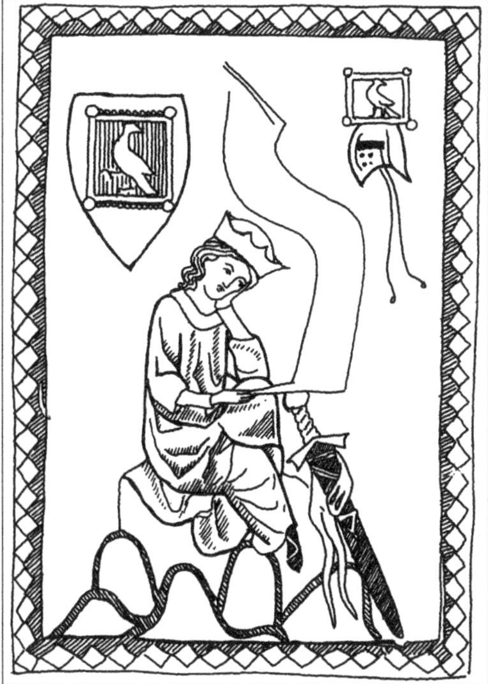

Abb. 38: Walther von der Vogelweide (1170–1230) in der Manesse-Handschrift aus dem 14. Jhdt.

Spanne möglicher kognitiver Gegensätze, die in der ästhetischen Reflexion nivelliert werden wollen, in der Moderne geringer ist als in früheren Zeiten. Denn was sollte größer sein, als eine Spanne zwischen Dies- und Jenseits? Nun gut, zugegebenermaßen gibt es da in der Moderne noch ganz andere Probleme, Individualisierung, Steuererklärungen und Rentenversicherungen. Da kann einem schonmal die Galle hochkommen. Das wäre zumindest das, was das Mittelalter noch als Begründung für Melancholie annahm, nämlich zuviel schwarze Galle im Mischungsverhältnis der vier Säfte des menschlichen Körpers (rotes Blut, weißer Schleim, gelbe und schwarze Galle). Trotzdem sind mitteleuropäische Lohnsteuererklärungen darauf ausgelegt, dass sie zwar mit Schwierigkeiten, aber eben doch vom System Psyche verkraftet werden, ohne dass sich dabei dann depressivmelancholische (Ver-)stimmungen einstellen. Wenn das passiert, dann liegt das daran, dass der motivierende Erlebnisgehalt der eigenen Wahrnehmung nicht ausreicht. Die Wahrnehmung verharrt in einer Schleife, leidet zuviel, so dass sie ständig in einen Verweilbereich abtauchen muss. Sie schafft es aber auch nicht, aus diesem Bereich genügend emotionales Erleben oder eine Lösung der Probleme durch neue Interpretationsschemata herauszuholen. Echte Melancholiker machen aus diesem Problem ein Konzept und sagen, dass ihre Vergegenwärtigung idealer Utopien im Alltag eigentlich doch etwas Schönes ist. Ist es ja auch, es ist vor allem tapfer und es erinnert tatsächlich an nicht vorhandene ideale Dinge. Und das ist eine ganz wichtige Aufgabe, die Künstler haben. Denn wenn sie nicht wegen irrealen schönen Dingen melancholisch werden würden, dann ...

> *„... opfern wir die Phantasie unseres Landes auf dem Altar der Alltäglichkeit, und am Ende werden wir nichts mehr glauben können und keiner unserer Träume wird mehr etwas wert sein".* (Martel 2003, S. 13)

Nun macht aber nicht jedes Alltagsproblem aus dem an diesem Problem Leidenden einen Künstler und nicht jeder Künstler leidet im alltagssprachlichen Sinne mehr als der Rest der Menschheit. Psychische Überlastung und künstlerisches Schaffen sind keine zwangsläufige Einheit. Für Künstler wie auch für alle anderen Menschen ist im Großen und Ganzen nur wichtig, ob sie die kognitiven Widersprüche der Welt bewältigen können oder nicht. Was das Allheilmittel Ästhetik angeht, so ist es wie mit jeder Medizin: Zuviel kann auch schaden. Solches Empfinden kann so eigenständig werden, dass der Kontakt zur Außenwelt leidet (entspricht **BS 6**). Mutet das so entstandene Schönheitsempfinden dann vielleicht schöner an als die Realität, kann im Extremfall sogar Selbstmordgefährdung einsetzen. Diese Gefahr ist groß, wenn nämlich Hoffnung und gute Laune nur noch innerhalb dieser selbstgebastelten Traumwelt der schönen Melancholie verfügbar sind. Dort alleine kann man sich ungestört seinen empathischen Projektionen, Idealisierungen und positiven Gefühlen widmen. Jongliert man dort artistisch mit seinen Gedanken, ist das wie ...

„... der Versuch der Kunst, innerhalb des allgemeinen Verfalls der Inhalte sich selbst als Inhalt zu erleben ... gegen den allgemeinen Nihilismus". (Benn 1951, S. 140)

Ästhetisches Empfinden ist durchaus in der Lage, auf diese Weise die Liebe eines anderen Menschen bzw. die Affiliation einer ganzen Gemeinschaft zu ersetzen und so vom Leiden abzulenken.

„Kunst ist ein sozialer Akt eines einsamen Menschen". (Yeats nach Bordieu 1980, S. 352)

Dadurch wird das Gondeln in ästhetischen Kanälen schön; wer darin aber zu lange gondelt, kommt darin vielleicht durch Ertrinken um, weil er als Melancholiker schlichtweg zu antriebsarm ist, um zu schwimmen.

Das heißt für die Berufsberater der Künstler, dass der Aspekt des relativen Abstands zur eigenen Arbeit ein wichtiges Thema ist, egal ob man ihn befürwortet oder nicht. Solcher Abstand zeichnet oft Mehrfachbegabungen aus. Beispiele dafür sind Leonardo, Busch, James, Maturana, Hoffmann, Cocteau, Dürer (der rückblickend sogar dachte, dass seine theoretischen Arbeiten wichtiger seien als seine Bilder) oder Goethe (der sich manchmal auch eher als Maler denn als Schriftsteller oder Politiker sah). Das Komplizierte an diesem Abstandsaspekt ist aber die damit verbundene Wertung, z.B. die Frage, in welcher Situation einem Künstler welche Art künstlerischer Umsetzung der Situation zugestanden wird und ob nicht auch quasi völlig distanzlose Kunst ihre Funktion und Berechtigung hat.

2.6.3 Das befreiende Licht der Hoffnung: Kunst als Therapie

Leiden jeder Art ist also gleichzusetzen mit dem Fühlen eines Unterschieds, beispielsweise eines Unterschieds zwischen Wunsch und Realität. Wenn eine Wunscherfüllung nicht möglich ist, egal ob vorerst oder überhaupt, dann besteht die Möglichkeit, sich mit dem Eigenwert der ästhetischen Betrachtung zufrieden zu geben. Anders gesagt: Melancholie befriedigt. Noch mal anders gesagt: Dann vernichtet Kunst ...

„... den Wunsch zum Handeln. Sie ist wundervoll unfruchtbar". (Wilde 1981, S. 208)

Wie bereits gezeigt ist der utopische Wunsch nach etwas, einem Pony/Bild/ Lebensgefährten nicht automatisch mit dem Erwerb von Tier/Kunstwerk /Ehemann oder –frau befriedigt, sondern auch der Eigenwert der Sehnsucht zählt. Das Eigenwertige dieses Eigenwerts gewährleistet mitten im Leiden eine Insel der Utopie eines leidensfreien Zustandes, der Hoffnung, und so entsteht in Kunst

„ein Mittel, mit dem wir behandelt werden und auch behandeln können".
(Salber 1977, S. 125, entspricht **BS 3 und 7**).

Die stereotype Formel von der Hoffnung besteht inhaltlich gesehen in der Erzeugung ästhetischer Erlebnisqualität durch den Entwurf vieler utopischer Möglichkeiten. Das, was alltagssprachlich ‚Hoffnung' heißt, wird dabei zum Orientierungspunkt inmitten von Leiden und ist daher sinngebendes Moment und obligates Element menschlichen Denkens, sei es im schlimmsten Fall, wenn ein Insasse eines Konzentrationslagers die baldige Befreiung herbeisehnt (Frankl 1976), sei es im ganz und gar nicht schlimmen Fall auf einem kleinen Gartenbalkon, dessen Besitzer auf Selbstverwirklichung und schöne Geranien hofft (Dörner 1999). Hoffnung besteht immer im Erleben der vagativen Suche nach utopisch-idealen Mustern, also Hoffnung auf Überleben im KZ oder Hoffnung auf den Anblick noch schönerer Geranien. Jede Hoffnung wird indiziert durch eine ‚erleuchtende' Lichtmetapher, das vielbeschworene ‚Licht der Hoffnung' (entspricht **BS 3**). Solches Lichtempfinden ist Indikator für ein mittleres Aktivierungsniveau bei der ästhetischen Betrachtung (Sprinkart 1982). Ein Beispiel:

> *„Im Gemälde möchte ich eine Sache sagen, tröstlich wie Musik. Ich möchte Männer und Frauen malen mit dieser Ewigkeit, deren Zeichen einst der Heiligenschein war, und die wir in dem Strahlen suchen, in dem Leuchten unserer Farben". (Van Gogh nach Koch-Hillebrecht 1983, S. 65)*

Auch Janssen hat sich oft über sein Bewusstsein von der *„höchsten Helligkeit"* bis zum *„Dunkel der Bewusstlosigkeit"* ausgelassen. Oben entspricht *„Euphorie"*, Unten *„Zerstörung an sich ... ja man könnte logischerweise behaupten, dass der Punkt auf dem First ebenfalls die ‚Zerstörung an sich' ist, im antipodischen Sinn"* (Janssen nach Jacobsen 1985, S. 70).

Bei Platon blendet der unvermittelte Anblick der reinen Ideen (und treibt den Geblendeten in den Wahnsinn). Weitere Lichtbeispiele finden sich in der hermetischen Lichtsymbolik als hierarchische Stufenfolge zum ‚göttlichen Licht' (Roob 1996), in der Aufklärung und ihrem Sonnensymbol als Licht der Vernunft, in der Französischen Revolution mit ihren Sonnenfeiern, anderen Sonnenfeiern oder auf Kerzen: „Wenn Du denkst, es geht nicht mehr, kommt von irgendwo ein Lichtlein her".

Die Orte dieses Hoffnungs-Lichts bzw. dessen konzeptionelle Ziele sind in zwei Kategorien aufgeteilt: 1) Objektives bzw. syntaktisches Ziel ist die Reduktion kognitiver Unbestimmtheit oder Widersprüchlichkeit, 2) subjektives bzw. semantisches Ziel ist das emotionale Fühlen dieser Reduktion. Lichtempfinden, also das Gefühl von Hoffnung, tritt immer dann auf, wenn diese beiden Ziele gleichzeitig erreicht werden. Immer dann fallen folgende Gegensätze zusammen:

- Fixative und vagative Informationseinheiten,
- Denken und Fühlen,
- ‚Vorder-‘ und ‚Hintergrund‘ des Denkens, also Wichtiges und Unwichtiges,
- Bewusstes Denken und Unbewusstes,
- Begriff und Gegenvorstellung,
- eine empathisierte Sache und ihr ‚Spiegelbild‘,
- ideale Utopie und das entsprechende Bedürfnis danach oder
- Individuum und bestimmte allgemeine Gesellschaftswerte.

Immer dann wird gehofft und ästhetisch erlebt. Das Reflektieren von Hoffnung und Erleben auf dem Grat zwischen diesen Gegensätzen, das *„Surf(en) auf dem Scheitelpunkt des Nichts“* (Grönemeyer auf dem Album „Alles anders“ 1998) fordert größtmögliches Bewusstsein, ästhetische Kompetenz und emotionale Erlebenskapazität. Solange Hoffnung darauf besteht, etwas schön zu finden, ist die Aufrechterhaltung des psychischen Systems gewährleistet. Wer die typisch menschliche Erlebnisqualität der Hoffnung aufgibt, gibt sich auf, aber wer hofft, für den besteht noch Hoffnung.

Und Hoffnung stirbt nicht nur immer zuletzt, sie tut das immer irgendwo da draußen. Egal, ob die Ursache der ästhetischen Inspiration epochenabhängig in einer Metaebene oder in speziellen Formen der psychischen Informationsverarbeitung vermutet wird: Alle Orte der Inspiration sind, egal ob sakral oder rätselhaft, ästhetisch gelegen und sie sind im utopischen wie im melancholischen Extremfall unbeschreib- und unerreichbar angesiedelt. Der Ort so zauberhafter Inspiration liegt immer dort, wo die aktuelle Gesellschaftstheorie, der persönliche Künstler oder Kunstrezipient den Ort der Erlösung von jeweiligen Leiden und ihrer Widersprüchlichkeit vermutet, z.B. in dem ‚Mittelalter‘ der Romantiker oder in Plotins niemals gebauter Stadt Platonopolis. Jede künstlerische Utopie arbeitet so im Sinne einer Erlösung von der Welt – egal mit welchen Stilmitteln dabei vorgegangen wird, ob dem gegenwärtigen Fortschritt ein vergangenes, ‚goldenes Zeitalter‘ entgegentritt (Nostalgiegedanke) oder ob sich eine stete Vorwärtsentwicklung darstellt (Fortschrittsgedanke) – beides ist utopisches *„Heimweh nach dem Universalen, Heimweh nach dem tiefen Selbst“* (Mondrian nach Mäckler 1989, S. 10) und beides erzeugt Hoffnung.

Wer auf diese Weise (nicht nur in der Kunst) in seinem psychischen System Hoffnung erzeugen kann, funktioniert, weil er relativ utopisch-ideale Leitbilder entwickelt hat, bzw. entwickelt er sie, weil er gut funktioniert – und diese Mechanismen können u.a. im Umgang mit Kunst erlernt und geübt werden.

> *„Kunst ist so lange Ersatz, als es dem Leben an Schönheit mangelt, sie wird in dem Maße verschwinden, in dem das Leben Gleichgewicht gewinnt“.* (Mondrian 1960, S. 99)

Eine genaue Differenzierung, wann solche hoffnungserzeugenden Techniken als Kunst oder als Kunsttherapie definiert werden können, ist nicht möglich. Es gibt in dieser Hinsicht nur relative Differenzierungen, ähnlich wie das Malen von Bildern nicht absolut von Sportarten oder anderen Hobbys, also ästhetische von nicht ästhetischer Technik zur Erzeugung von Hoffnung, zu trennen ist, solange es Menschen gibt, die z.B. die Dressur eines Dressurpferdes als hoffnungsbringende Kunst empfinden. Grob umrissen ist das, was in der Moderne unter Kunst verstanden wird, eine gesellschaftlich definierte Technik zur Verfeinerung der Sinne und zur möglichst lustvoll erlebten Wechselbeziehung der oben genannten Gegensatzpaare. Entscheidend ist dabei immer das Gefühl von Hoffnung, Liebe u.ä. sowie die Umsetzung dieses Gefühls in Kulturformen, die bei anderen Leuten ähnliche Gefühle auslösen können. Jedoch lässt sich anhand dieser Definition nicht abgrenzen, wann Kunst von psychisch Kranken ‚Kunst' ist oder nicht mehr Kunst, weil ‚nur' Kunsttherapie – was wiederum zeigt, dass jede Definition von Kunst wegen der Vielschichtigkeit der Phänomene ihre Grenzen hat. Bewertungen sind zwar möglich, aber immer schwierig.

2.7 Reizüberschwemmungen

P.: *„Was ist eigentlich Ekstase oder Enstase genau?"*

M..: *„Sagen Sie es mir!"*

P.: *„Wörtlich übersetzt heißt es wohl soviel wie Außer-sich-sein, also eine Art rauschhaft-affektiver Entpersönlichung. Diese wurde früher meist als religiöse Erfahrung interpretiert. Ekstasen können spontan und künstlich hervorgerufen werden beispielsweise durch Musik, Drogen oder Askese. Es gibt sowohl glückhafte wie auch bedrohlich empfundene Erlebnisqualitäten. Zusatzprodukte dieses Zustands, der jede Distanzierung vom Geschehen unterbindet, können sog. Heautoskopien sein. Das sind subjektive Selbstbegegnungen, wie sie auch bei starker Ermüdung, Träumen oder schizophrenen Schüben auftreten. Prominente Berichterstatter solcher Erlebnisse sind beispielsweise Goethe, Dostojewski und Maupassant. Enstasen hingegen können als Vorformen oder vielleicht auch gleichwertige Verinnerlichungen dieses Außer-sich-seins gelten. Sie funktionieren ähnlich. Ganz sicher gleich sind bei En- und Ekstasen das aufgehobene Bewusstsein von Raum, Zeit und Ich-Bewusstsein, subjektive Lichtwahrnehmungen, das Gefühl grenzenloser Geborgenheit und, wie gesagt, emotionalisierende Empathisierung eines Gegenübers."*

M.: *„Kennen Sie so etwas?"*

P.: *„Jeder Mensch kennt solche Zustände in der ein oder anderen Form."*

M.: *„Ja oder nein?"*

P..: *„Natürlich. Wenn Sie wollen, kann ich kann Ihnen bis zu unserem nächsten Treffen einen ekstasefähigen Computer programmieren."*

M.: *„Na klar doch, schön! Machen Sie das, wenn Sie es können. Das ist doch verrückt. Ich meine, Kleist hat ja mal gesagt, dass Wahnsinn der Schlüssel zum Bewusstsein ist – von daher weiß ich nicht, ob ich Sie diesbezüglich lieber als kompetent oder nicht kompetent beurteilen soll. Vielleicht können Sie wirklich Ekstase programmieren. Können Sie das?"*

P..: *„Ich habe schon immer gesagt, dass Ekstasefähigkeit konstitutiv für ästhetisches Empfinden ist."*

M.: *„Haben Sie das? Oder habe ich das gesagt?"*

P..: *„Wahrscheinlich haben wir es miteinander besprochen, nachdem ich Ihnen mein kybernetisches Ekstase-Modell präsentiert hatte."*

M.: *„Sie hatten davon gesprochen, nachdem ich damit angefangen hatte. Erinnern Sie sich an damals? Am Anfang dieses Projekts war Ihnen schon das Wort Ekstase extrem zuwider. Behaupten Sie nicht, dass Psychologen von sich aus auf solche Zusammenhänge kommen könnten – wenn das so wäre, wären Psychologen niemals Psychologen geworden, sondern würden irgendwo etwas Sinnvolles tun. Warum arbeiten Sie nicht in der Entwicklungshilfe?"*

P.: *„Warum arbeiten Sie nicht dort?"*

M.: *„Tu' ich doch. Nur verstehen Sie ja nichts, auch nicht was ich mit diesen Kunstsachen erreichen will. Ich kann das am besten, was ich tue. Und ich dachte immer, ich könnte daraus etwas Konstruktives machen. Was ich mache, ist sicher sinnvoller als Ihre Gegenfragen."*

P.: *„Ich versuche Ihnen zu helfen."*

M.: *„Sie mir? Ich dachte, ich Ihnen. Sie kennen so etwas nämlich nicht wirklich."*

P.: *„Ich kenne was nicht wirklich?"*

M.: *„Diese Zustände. Diese Zustände von Einheit, Glücklichsein."* (Der Psychologe runzelt die Stirn). *„Ich glaube nicht, dass Psychologen jemals einem Computer Ekstase einprogrammieren werden. Psychologen wissen nichts. Fragen Sie einen Psychologen doch einmal nach der Seele, nach dem menschlichen Herz oder nach Liebe. Solange ein Computer z.B. nicht weiß, was lieben heißt, wird er nie selbstvergessen sein können. Oder Individualität oder Selbstbewusstsein entwickeln. Was wissen denn die Psychologen über Dinge, die die Menschen von Tieren unterscheiden, z.B. über Humor. Über Selbstmorde könnt ihr doch auch nichts sagen. Oder über bösartige Aggressionen. Jedes Tier gibt irgendwann Ruhe, wenn man aus seinem Revier verschwindet, nur der Mensch nicht. Und warum? Warum gibt es den Todestrieb oder Kunst, Religion und Ekstase und Selbstlosigkeit. Davon wisst ihr doch gar nichts. Können Ihnen Ihre Kollegen erklären, warum man nur ein Mensch ist, wenn man liebt und wenn man weiß, was Glück ist?"*

P.: *„Sie machen sich durch solche Formulierungen vor anderen Wissenschaftlern unmöglich, und soviel ich weiß, hatten Sie doch die Absicht, in diese Sphären vorzudringen. Ich persönlich finde das sehr schade, weil ich dachte, dass meine Zusammenarbeit mit Ihnen bisher recht erfolgreich verlaufen war."*

M.: *„Ihre mit mir? Na, na, sie Psycho-un-loge!"*

P.: *„Zumindest ist es mir als Psychologe vergönnt zu erkennen, dass erstens Kompetenzgerangel hier nicht zweckdienlich ist, dass zweitens jede Unterstellung zu meinem Ekstasefundus wirklich reine Unterstellung ist. Und dass ich drittens, wie bereits gesagt, versuche Ihnen zu helfen."*

M.: (schüttelt daraufhin ebenso herzlich wie unvermittelt dem Psychologen die Hand) *„Ist es erstens wohl, ist es zweitens nicht und drittens brauche ich viel weniger Hilfe, als Sie denken."*

P.: *„Denken Sie."*

M (lacht): *„Nein, das habe ich so im Gefühl."*

P.: *„Denken Sie."*

Ästhetisches Erleben kann sich im Extremfall steigern bis hin zu Ekstase oder Enstase (entspricht **BS** 4). Das sind die besten aller möglichen Gefühle, für die viel Geld ausgegeben würde, wenn sie denn käuflich wären. Ekstase ist dabei so etwas wie das Gefühl von subjektivem Sprengen der eigenen Persönlichkeit. Dieses Gefühl wird extrovertiert nach außen hin ausgelebt und jeder Außenstehende bekommt mit, was da passiert. Enstase hingegen ist so etwas wie ein verinnerlichtes Zerschmelzen der eigenen Persönlichkeit, das nicht unbedingt von außen erkennbar ist. Was wann wie ausgelebt wird, hängt sehr vom gesellschaftlichen und situativen Kontext ab, systemtheoretisch funktioniert beides aber gleich. Beides entspricht einer lustvoll erlebten Selbstvergessenheit: Kein Selbst, viel Spaß. Die kognitiven Fähigkeiten des Alltagsbewusstseins werden zunehmend gedämpft, kognitive Neuorientierungen des Denkens nach außen hin werden zugunsten immer stärkerer Wahrnehmung des eigenen Fühlens reduziert (entspricht **BS** 5). Dieses Wahrnehmen der eigenen Wahrnehmung kann bis hin zur regelrechten Reizüberschwemmung gehen. Diese wiederum ist Grundlage künstlerischen Schaffens. Es umschreibt eine ausgesprochen positiv besetzte Gefühlsqualität, die in der Mentalitätsgeschichte besser unter dem Stichwort Mystik bekannt ist.

2.7.1   Mystik

Ästhetische Reizüberschwemmungen werden in der Regel mit altehrwürdigen Termini der Mystik umschrieben, also religiösen Strömungen, die eine Verschmelzung mit ihrer jeweiligen Gottheit kennen, eine unio mystica. Das ist eine nur religiös erklärbare und nur wenige Momente andauernde Erfahrung des sog. unterschiedslosen Einen. Man wird nicht nur eins mit seiner jeweiligen Gottheit, sondern mit so ziemlich allem andern, was es sonst noch so gibt, kürzer gesagt: die Erfahrung von Ekstase oder Enstase. Mystiker haben deswegen zwangsläufig Weltbilder mit logischen Schleifen, die tautologisch Begründungen mit Begründungen begründen oder nicht erklärbare Elemente einfügen wie z.B. das besagte ‚Eine‘ Platons (entspricht **BS 6**). Verfechter vernünftiger Weltbilder schütteln über so etwas die Köpfe. Ihr Denken stützt sich auf möglichst logische Erklärungsmuster und wird als möglichst logisch nachvollziehbar präsentiert. Dafür fehlen bei solchen Konzepten aber auch oft starke Gefühlsqualitäten. Der Unterschied zwischen diesen beiden Formen ist wie der Unterschied zwischen Wissenschaft einerseits und mancher Art von Kunst oder mancher Art von religiösem Denken andererseits (entspricht **BS 2**):

> *„Es gibt irdische Wahrheiten, und es gibt himmlische Wahrheiten. Die irdischen Wahrheiten werden uns durch die Wissenschaft, die himmlischen durch die Offenbarung gegeben“. (May nach Essig/Schury 1999, S. 127)*

Dieser Dualismus hat Methode. Nichtwissenschaftliche Weltbilder lieben die Spannung zwischen Gegensätzen wie z.B. Gut und Böse, Dionysisches (Weinbau und Unzucht, Ausgelassenheit, Zügellosigkeit, Gott der Ekstase) vs. Apollinisches (Harmonie und Ordnung), König (bewahrendes Prinzip und Kontinuität) vs. Narr (Auflösung und permanente Krise). Bei mystischen Systemen macht so etwas wie ein konzeptioneller ‚unlogischer Wahnsinn mit Methode‘ aus solchen Gegensatzpaaren immer eine Einheit, z.B. die Einheit von Yin und Yang, oder die alchemistische Einheit von ‚Oben‘ und ‚Unten‘:

> *„Wahr, wahr, ohne Zweifel und gewiß: / Das Untere gleicht dem Oberen, und das Obere dem Unteren, zur Vollendung der Wunder des Einen. / Und wie alle Dinge aus dem Einen sind, aus der Meditation des Einen, so werden auch alle Dinge aus diesem Einen durch Abwandlung geboren“.* (Kunstfigur Hermes Trismegistos nach Roob 1996, S. 9)

Diese vorsätzliche Unlogik betrifft auch die Kunst und vor allem die Metaphern für ästhetisches Erleben. Nach dem gleichen Prinzip kann z.B. ...

> *„... Rilke ... nur verstanden werden, wenn man die Dringlichkeit seines Versprechens mit der ebenso dringlichen und ebenso poetischen Notwendigkeit zusammenbringt, es im selben Moment, wo er es abzugeben scheint, zu widerrufen“.* (de Man nach Manguel 1999, S. 56)

Der Zusammenfall zweier möglichst umfassender Gegensätze wird in der Mystik gerne mit Schlaf oder Tod verglichen, einer als angenehme Empfindung ausgegebenen Art der → ‚Selbstauslöschung‘, z.B. die typisch moderne *„Ausmerzung des Ich“* (Wyss 1996, S. 97), so wie sie auch bei vorsätzlichem Drogenkonsum denkbar ist. Wie jeder, der schon einmal einen Rausch und den nachfolgenden Kater hinter sich gebracht hat, folgt dieser Selbstauslöschung das anschließende

Gefühl der ‚Wiederauferstehung‘, z.B. bei La Mettrie, Descartes, Pascal, Rilke, Plotin, Wilhelm von Ockham, Thomas von Aquin oder Spinoza.

> *„Und welch erhabenes Gefühl, die Kunst so zu treiben, dass man sein Leben dafür lässt“.* (Clara Schumann nach Mäckler 2000, S. 34)

> *„Mein Teil war nur, dass ich von Sinnen kam zu meinem Heil, und erstarb zu meinem Leben“.* (Augustinus nach Onfray 1993, S. 29)

In dem Buch „Zen und die Kunst ein Motorrad zu warten“ wird das Abschalten eines Computers mit dem Nirwana verglichen. Ähnlich moderne Vergleiche sind denkbar für ‚Selbstauslöschung‘ und ‚Wiederauferstehung‘. Denn wie bei einem Kreislaufkollaps oder einem Computerabsturz bewirkt die Unterbrechung üblicher Informationsstrukturen ein qualitativ besseres System nach dem ‚Hochfahren‘. Eine weitere typische Selbstauslöschung des Alltags ist vorsätzlicher Drogenkonsum. (Andere Selbstauslöschungen hingegen sind aufgezwungen, z.B. durch den Tod einer geliebten Person. Wird normalerweise diese andere Person empathisiert, dann entsteht durch deren Tod ein Spannungsabfall, der aber nicht wie Kunst, wenn überhaupt, kontrolliert werden kann. Ein unvollständiges Hochfahren des Systems nach so einem Absturz kann zu der bereits gezeigten Blindsichtigkeit führen. Kunst bietet den Vorteil, dass sie sehr selten solche Erlebnisse aufzwingt. Sogar wenn sich z.B. moderne Kunst ab und an selbstzerstörerisch gibt, so nötigt sie ihren Konsumenten diese Erfahrungen doch nicht tatsächlich auf. Zumindest meistens.)

Manchmal wird Selbstauslöschung auch mit der Vokabel der Selbstvergessenheit umschrieben, die eine ‚auferstehende‘ Selbstverwirklichung ermöglicht. Dem entspricht Freuds sog. Nirwanaprinzip als Anspannungsreduktion. Sachen müssen vergessen werden; wenn man danach auch noch sich selbst vergisst, tauchen diese Sachen von alleine wieder auf.

> *„Ich sehe nie in meinem Geist das Bild vor mir, ehe ich zu malen anfange. Im Gegenteil glaube ich, dass mein Bild erst fertig ist, wenn die Idee, die anfänglich darin enthalten war, völlig ausgelöscht ist“.* (Braques nach Hess 1986, S. 54)

> *„Denn die Erinnerungen selbst sind es noch nicht. Erst wenn sie Blut werden in uns, Blick und Gebärde, namenlos und nicht mehr zu unterscheiden von uns selbst, erst dann kann es geschehen, dass in einer sehr seltenen Stunde das erste Wort eines Verses aufsteht in ihrer Mitte und aus ihnen ausgeht“.* (Rilke 1996, S. 89)

Vor allem traditionelle Mystik kam zu produktiver Selbstvergessenheit, indem das eigene Selbst mit der Umwelt gleichgesetzt, also Ordnungssysteme wie die menschliche Proportion auf Kirchen und ganze Sternensysteme übertragen wurde. Bekanntestes Beispiel dafür ist Leonardos Studie der menschlichen Proportionen, neben der Mona Lisa das meistverbreitetste Kunstwerk der Welt, das mittlerweile u.a. die Versichertenkarte der DAK ziert. Begreift sich nämlich der Einzelne als Teil eines größeren Ganzen, dann ist er nicht mehr für alles verantwortlich und kann seinen Alltag etwas langsamer und selbstvergessener angehen lassen (entspricht **BS 5**). Ein weiteres Beispiel für mystische Allverbundenheit sind die Zahlenspiele, die stets wiederkehrende Zahlenstrukturen behaupten: Viele Blumen haben fünf Blütenblätter, so wie die fünf Ecken des Pentagramms, das sich seinerseits wieder so unterteilen lässt, dass rein rechnerisch die Grundlagen für den goldenen Schnitt entstehen; dieses Verhältnis zweier Flächen oder Längen zueinander ist aus mystischen Gründen in einer mathematisch nur unendlich darstellbaren Zahl zu bestimmen, usw. usw. Traditionelle Mystik verwendet vor allem bildhafte Darstellungen statt vieler Wörter: Durch entsprechende sinnhafte ‚Denkbilder‘ bzw. später *Emblemata* versuchten beispielsweise die Rosenkreuzer über die Sinne den Intellekt zu erreichen, so der Wahlspruch. Denn *„was nach der Vernunft lebt, lebt gegen den Geist“* (Paracelsus nach Jacob, S. 67). Auf solche Thesen berufen sich viele Künstler. Sie müssen das schon alleine der Gegenstrebigkeit des Denkens und aller anderen hier gezeigten Strukturen des ästhetischen Erlebens wegen tun. So entstehen zwangsläufig Parallelen zwischen der Kunst und dem mystisch-hermetischen *Opus magnum*, dem großen Werk der Alchemisten, vor allem in den Kunstschulen, die das Prozesshafte der Wirklichkeitserfahrung hervorheben, wie die Concept-Art und Fluxus bzw. bei Goethe, (Farbenlehre mit Temperamentenlehre), Strindberg, Joyce, Kandinsky, Polke (Biennale Venedig, 1986), Beuys sowie bei Duchamp oder Ingeborg Bachmann.

Was mystisches Denken im Alltag angeht, so wurde das Potenzial für den mystischen Zusammenfall großer Unterschiede zwischen Mensch und Utopie, zwischen einem göttlichen und einem irdischen Leben durch die bereits beschriebenen Säkularisierung der Welt immer geringer (und damit auch der Übergang von ekstatischen zu enstatischen Formen des ästhetischen Erlebens herbeigeführt). Allerdings gilt das nicht absolut. Denn trotz aller Wissenschaftlichkeit des Denkens bringt jede Gesellschaft irgendeine Art von ‚magisch-mystischer‘ Zauberkraft im Alltagsdenken unter. 1974 glaubten laut einer Spiegel-Umfrage in der BRD 45 % aller Bürger zwischen 16 und 65 an einen Zusammenhang zwischen Sternen und menschlichen Schicksalen. Das Gleiche betrifft aber auch allverbundenen Schicksalsglauben, der Leute z.B. für ihr Land patriotisch werden und in den Krieg ziehen lässt. Jede Gesellschaft hat in irgendeiner Form Reservate für mystisches Erleben (Harris 1997) und sei es auch nur in Formen von Aberglauben oder der Interpretation von Zufällen als (All-)Verbundenheit mit dem Schicksal:

> *„Zufall nennen es die Schwachen ... Seht doch, wie ich mir jeden Zufall erst in meinem Saft koche; und wenn er gar ist, heißt er mir ‚mein Wille und Schicksal‘“*. (Nietzsche 1872, S. 67)

2.7.2 Kunst und ekstatischer Schamanismus

Heutzutage werden Hinweise auf mystische Erfahrungen in der Forschung tendenziell ausgegrenzt oder nur vorsichtig gestreift, wenn z.B. normales Wachbewusstsein bzw. rationales Bewusstsein als nur eine von vielen möglichen Formen von Bewusstsein beschrieben wird (James 1997). Auch im anthropologisch-soziologischen Wissenschaftsbereich werden Ekstasephänomene zwar mentalitätsgeschichtlich untersucht, beleuchtet werden dann aber meist nur externe Wirkungszusammenhänge und weniger inneres Erleben. Übergangen wird dabei, dass z.B. der Anthropologe Duerr in seiner Widerlegung der Elias'schen Zivilisationsthese (Hauptthese: „Alles wird immer vernünftiger und besser.") schon vor längerem behauptete, dass Ekstase als vorneuzeitliches Phänomen wahrscheinlich weiterhin latent vorhanden ist und funktional eingesetzt wird, wie Beschreibungen vorneuzeitlicher, meist religiös motivierter Ekstase, archaischem Schamanismus und moderner Ästhetik zeigen. Hier der Sonderfall der christlichen Pfingsterleuchtung:

> *„Und es erschienen ihnen Zungen zerteilt, wie von Feuer; und er setzte sich auf eine jede von ihnen, und sie alle wurden erfüllt von dem heiligen Geist und fingen an, zu predigen in andern Sprachen, wie der Geist ihnen gab auszusprechen. ... Andere aber hatten ihren Spott und sprachen: Sie sind voll süßem Wein".* (Apg 2,1–13; Lutherübersetzung)

Dieses Reden in verschiedenen Sprachen, also das ‚Reden in Zungen' wird in aller Regel als ekstase-typische Glossolalie interpretiert (entspricht **BS 6**). Ähnliche Sprachprobleme, wie sie auch die Spanier beim Anblick des aztekischen Goldes hatten (Goodman 1991), sind von exotischen Ekstase-Techniken bekannt. Andere Ähnlichkeiten, Ekstase- und Enstasefähigkeit an sich oder z.B. die schamanistische Vision, sich in seine Einzelbestanteile aufzulösen (= die obligatorische Grundqualifikation schlechthin, die mit physischen Extremerfahrungen ausgelöst wird), fußen wahrscheinlich auf den gleichen physiologischen Vorgängen wie der sog. Flow-Zustand des Kunsterlebens. Dieser Modebegriff bezog sich eigentlich auf die wirtschaftswissenschaftliche Leistungsfähigkeit bei einem einigermaßen spannungslosem Zustand und Lustempfinden, hat es dann aber bis in die Psychologie geschafft und umschreibt auch im Falle von Kunst, was bereits als Bereich der geringen Unterschiede charakterisiert wurde. Hier wie dort werden auf dem Flow-Markt Raum und Zeit vergessen. Der ‚erleuchtende' ‚White Moment' wird erlebt (Csikzentmihalyi 1987), in dem alles „*Harmonie, Einklang, Leichtigkeit*" (Goleman 1996, S. 6) ist. Diese Umschreibung passt nicht nur zu Ekstase und Enstase, sondern auch zu Trance, Hypnose oder Traum. Solche Ergriffenheit kennt keine Distanz oder Selbstreflexion, sie ist nicht bewusst und kennt weder Raum noch Zeit oder Schamgefühle. (Ein schamhafter Schamane wäre ein Widerspruch in sich.) Diese Struktur des Flow-Erlebens belegen Messungen von Gehirnströmen auch beim Einschlafen oder im meditativ-intuitivem Zustand (Bartl 1996). Hier wie dort entstehen aufgrund von abnehmender Interaktion zwischen einzelnen Hirnarealen fehlendes Zeitempfinden, affektive Indifferenz und geringeres Schmerzempfinden. Ein weiterer Beleg für diesen Zusammenhang zwischen Flow-Erleben und Hirnzuständen mit geringen kognitiven Unterschieden ist eine medizinische Beschreibung eines Ekstase-Experiment von 1983: Versuchspersonen, die teilweise in Ekstasetechniken ausgebildet waren, teilweise nicht, wurden rhythmischen Geräuschen ausgesetzt, während sie aus der ethnographischen Literatur bekannte rituelle Körperhaltungen einnehmen mussten. In allen Fällen wurde ein Anstieg von Thetawellen beobachtet sowie eine Zunahme der Adrenalin-, Neoadrenalin- und Kortisonwerte, eine Ausschüttung von Beta-Endorphin; der Blutdruck fiel, der Pulsschlag beschleunigte sich massiv. Wichtig ist hierfür der alternierende Wechsel zwischen Spannung und Entspannung der Muskeln aufgrund eines Wechselspiels zwischen dem sympathischen und dem parasympathischen Nervensystem. Die Gleichartigkeit der Reaktionen wurde dahingehend interpretiert, dass die ...

> *„... Fähigkeit in Trance zu fallen, aller Wahrscheinlichkeit nach Teil unserer genetischen Grundausstattung ist“*. (Goodman, F.N. 1991, S. 36).

Dabei unterteilt sich ein solches Erlebnis in zwei Phasen, die auch in der Kunst explizit beschrieben werden (Koch-Hillebrecht 1983). In der **Phase 1** wird das Bewusstsein von Eindrücken überschwemmt, weil auf einmal fixative und vagative Einheiten gleichwertig sind. Das führt zu enorm vielen Denkmöglichkeiten und assoziativen Eindrücken. Damit fallen auch eigentlich zusammenhängende Sinneinheiten auseinander, im Extrem bis hin zur schamanistisch-virtuellen Vision vom Zerteilt-Werden des Körpers.

> *„Wie bekannt, sind das Zerreißen und in Stücke Schneiden und auch der Zustand des Chaos (psychische und geistige Unbeständigkeit) charakteristische Züge der schamanistischen Einweihung“*. (Koch-Hillebrecht, 1983, S. 50)

Selbiges entspricht den Thesen Rimbauds, Mallarmes und Verlaines, die besagen, dass der moderne Dichter zu sich selbst mittels systematischer Zerrüttung aller Sinne kommen soll, wie z.B. durch das „Auseinanderfallen des Ichs“ des Schachmeisters in Hesses „Steppenwolf“ (Hesse 1972). Das subjektiv empfundene Zerlegen und Zusammensetzen von Wahrnehmungskomponenten ist auch in der Kunst nachweisbar, wo ebenfalls der Vergleich zu schamanistischen Initiationsriten gezogen wird (Koch-Hillebrecht 1983, S. 56).

Unter Umständen kommt es in dieser ersten Phase durch den Zerfall in kognitive Einzelteile zu schizophrenen Erscheinungen, beispielsweise zur gleichzeitigen Wahrnehmung von Vorder- und Hintergrund, also unwichtigen und wichtigen bzw. abstrahierten und nicht abstrahierten Einheiten. Dieser *„Zusammenfall der Grenzen* *von Einheiten"* (Maturana/Varela 1987, S. 99) kann zu wortwörtlich schizophrenen Ich-Entgrenzungen führen, nämlich zu Visionen und Selbstbegegnungen (Bachtin 1985).

Dieser Zerlegung in Einzelteile folgt dann **Phase 2**: Sie beinhaltet das erneute Zusammensetzen der vorher getrennten Sinneinheiten aufgrund einer umfassenden Musterfindung. Alles wird zuerst kreativ mit allem vernetzt, um so Äquivalenzen herzustellen, die auf den ersten Blick nicht vermutet würden, auch Entsprechungen von Gegensätzen wie z.B. Cusanus' *coincidentia oppositorum* als Prinzip der vereinigten Gegensätze oder andere historisch-mystische Umschreibungen wie der Zusammenfall von Zeit als männliches Prinzip und Raum als weibliches (Blake nach Roob 1996). Alles wird zuerst in Einzelteile zerlegt – und dann wieder zusammengebastelt. Dieser Phase 2 entspricht das Motiv der Wiederauferstehung. Klappt diese Phase nicht, ist der Selbsterhalt des Systems gefährdet, wenn die vielen Einzelschemata nicht mehr einander zugeordnet werden können (entspricht **BS 2**). Für eine anthropologisch fundierte Definition von Ästhetik ergibt das dementsprechend folgendes Stufenraster von ästhetischem Empfinden:

Stufe 0–1) Assoziation und Kompetenzsteigerung als lediglich systembestätigendes Reiz-Reaktions-Schema: So Interpretationen sich nur im Bereich des Assoziativen bewegen und der Betrachtende in der Lage ist, die Assoziationen einzuordnen, wird er diese gelungene kognitive Leistung als Schönheitsempfinden interpretieren. Jemand sieht beispielsweise das Ölbild eines Schinkens oder die Statue einer griechischen Göttin und freut sich, weil er Ölschinken oder Göttin erkannt hat und das Betrachtete positive Assoziationen weckt.

> *„Der Alten ewig jungen Götter / Ergötzen Kuno unbeschreiblich /*
> *Besonders, wenn die Götter weiblich"* (nach Willems 1998, S. 67)

Ob diese Stufe der Betrachtung als ästhetisches Erleben im eigentlichen Sinne zu werten ist, ist Ansichtssache. Solche Schönheiten sind im Alltag zwar ganz nett, wirklich wichtig sind sie nicht. Ästhetische Erfahrungen dieser Stufe stellen, im Grunde genommen, keine wirklichen Anforderungen an das kognitive System. Sie als ästhetische Erfahrungen zu bewerten oder auch nicht, ist persönliche Einschätzung.

In der Sprache des Modells zur Verarbeitung von Unterschieden: Rezipiert wird nur Innen oder Außen, je nachdem, was für wichtig gehalten wird. In der Sprache digitaler Informationsverarbeitung: Rezipiert wird nur 0 oder 1, je nachdem, was für wichtiger gehalten wird. Diagnose: Ein lockeres Gefühl von Schönheitsempfinden mit leichter Tendenz zur Langeweile wegen kognitiver Unterforderung.

Stufe 2) Subjektiver Erkenntnisgewinn: Nimmt aber, je tiefer in den vagativen Bereich vorgedrungen wird, die auch körperlich spürbare und als positiv empfundene Überschwemmung mit Assoziationen oder neuen Schemata zu, so dass der Betrachter sich seinen Gefühlen regelrecht ausliefert und sich mit dem Betrachteten identifiziert, dann entstehen Gefühlsreaktionen von Faszination bis hin zu aristotelischer „Katharsis" und Lessingscher „Rührung". Sie verändern den Betrachter, weil der Eindruck des Geschehens so stark ist, dass der Betrachter gezwungen ist, seine Reaktion in sein Weltbild einzuarbeiten. Dieser Vorgang nimmt das kognitive System dermaßen in Beschlag, dass das Gefühl einer subjektiven Verunsicherung auftritt. Denn in diesem unbewussten Verarbeitungsbereich wird mit Gegenvorstellungen und Spiegelprojektionen hantiert, die zu kognitiven Widersprüchen führen, besser gesagt: zu einer wahren Überflutung des Denkens mit (widersprüchlichen) Einzelinformationen. Wertungen vor dem Austritt aus dieser verweilenden Betrachtung sind schwierig (entspricht **BS 5** und **6**).

> *„An dieser Stelle erweist sich dann die Streitfrage, ob Kunst schön sein muss oder ob sie, um wahrhaftig zu sein, hässlich werden muss, als eine Scheinfrage, entstanden indem das Wort ‚schön' um ein Gedankenstockwerk zu oberflächlich verstanden worden ist. Ob ein Werk nun akademisch schön oder expressiv hässlich ist, in beiden Fällen gibt es den Unterschied zwischen einer nur für den oberflächlichen Blick geleisteten Erfüllung der Forderung der Schulmeinung, der sich fügt, und jenem inneren Scheinen, das ihm keine gute Absicht geben kann und das Wahrnehmung von Wirklichkeit vermittelt".* (Weizsäcker 1970, S. 106)

Ästhetische Erfahrungen dieser Stufe erfordern merklich mehr Synapsenaufwand, bringen dafür aber auch merklich mehr Effekt.

In der Sprache des Modells zur Verarbeitung von Unterschieden: Außen und Innen bzw. die Schablonen 0 und 1 werden miteinander verglichen. Diagnose: Wegen kognitiver Anstrengung gemischtes Gefühl von Faszination bzw. Interessantheit bzw. Melancholie.

Stufe 3) Ekstase bzw. Enstase: Es gibt dann noch eine weitere Steigerung, eine dritte Stufe. Sie birgt die völlige Auflösung kommunikativer Verbindungen zur Außenwelt. Das äußerst lustvolle Erleben von Ekstase oder Enstase ist systemtheoretisch vergleichbar sowohl in schamanistischen Initiationsriten wie in der Kunst oder religiösen Bekehrungserlebnissen zu finden. Diese letztgenannten Phänomene stellen das äußerste Extrem ästhetischer Erfahrung dar. Alles wird subjektiv ‚eins'.

In der Sprache des Modells zur Verarbeitung von Unterschieden: 0 und 1 werden ebenfalls eins. Diagnose: Volle Reizüberflutung, Gefühl von Wahrheit und absoluter Schönheit, toll!

Phase 1 wäre nach dieser Stufenfolge gleichbedeutend mit Stufe 1–3. **Phase 2** ist der Rückweg der kognitiven Systems von Stufe 3 zurück zu Stufe 0 des Alltagsbewusstseins.

Dieser ganze Ablauf ist wichtig, weil sich dadurch selbstreflexive bzw. psychische Zustände selbst aufbauen: Auf Stufe 3 des Schönheitsempfindens gibt es kein Bewusstsein der eigenen Person im Gegensatz zur Umwelt, also kein Ich-Bewusstsein mehr (entspricht Sonderfall von **BS 2**). Diesem ‚Selbstauslöschungs‘-Vorgang folgt das Gefühl einer subjektiven ‚Wiederauferstehung‘, weil dadurch ein Gegenpol zum üblichen Alltagsbewusstsein entstanden ist, durch den das Alltagsbewusstsein wiederum mit Gefühlserleben mystischer Provenienz aufgeladen, weil kontrastiert wird. Jeder Mensch, der nach einem Konzert oder Kinobesuch glaubte, gleichsam als ein anderer Mensch nach Hause zu gehen, wird das bestätigen. Zwischen vorher und nachher besteht ein Unterschied und dieser Unterschied erhöht das Bewusstsein des Menschen. Denn Bewusstsein und ästhetisches Empfinden entsteht durch die Verarbeitung von kognitiven Unterschieden. Diese Unterschiede wiederum schaffen jeweils Gegenpole, welche durch empathisierende Spiegelprojektionen die jeweilige Vorstellung vom Gegenteil erst ermöglichen. Durch den Kontrast zu mystischen bzw. ekstatischen oder enstatischen Erfahrungen der Stufe 3 entsteht die Vorstellung eines eigenen Selbst bzw. einer eigenen Informationsverarbeitung und in Abhängigkeit davon so etwas wie individuelles Bewusstsein. Ganz einfach gesagt: Der Mensch reflektiert mal mehr Innen, mal mehr Außen; manchmal kann er beides nicht mehr unterschieden, und das reflektiert er auch.

Auf diese Weise erzeugt er immer wieder Spannung zwischen kognitiven Gegensätzen und baut sie mit Schönheitsempfinden wieder ab. Das macht er dann so im Schnitt um die achtzig Jahre lang. Der Auf- und Abbau von Gegensätzen durch den Ab- und Aufbau von Gegensätzen funktioniert wie die Kippbilder von Escher, in denen sich Hinter- und Vordergrund gegenseitig bedingen bzw. austauschen.

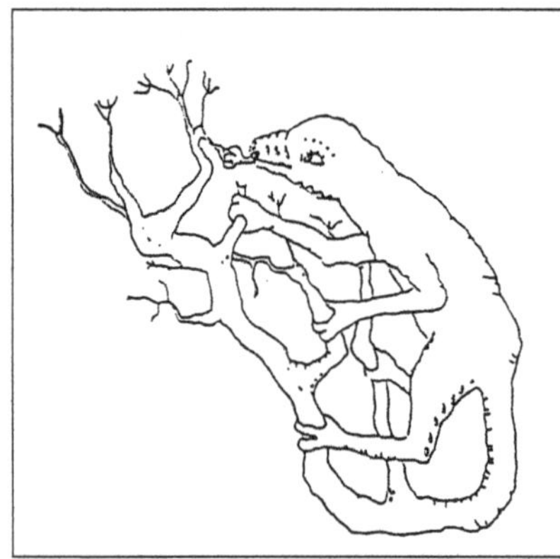

Abb. 39: Gegenseitiges (Maturana/ Varela 1987, S. 258)

Das ist zwar etwas anstrengend, aber genau dieses chaotische Ineinander bietet das beste Mischungsverhältnis von Stabilität und Flexibilität, das ein kognitives System zum Überleben braucht:

„Der Grund also, weshalb komplexe Systeme am Rande oder in sich geordnete Systeme in einer gewissen Nähe des Chaos existieren können, dürfte auf eine Strategie der Evolution selbst zurückzuführen sein". (Kaufmann in Spier 1998, S. 40)

„Auf der einen Seite droht die Gefahr, dass wir kognitive Phänomene unmöglich verstehen können, wenn wir eine Welt von Objekten annehmen, die uns informieren, da es in der Tat keinen Mechanismus gibt, der eine solche ‚Information‘ möglich macht. Zur anderen Seite eine andere Gefahr: das Chaos und die Willkür der Nicht-Objektivität, in der alles möglich erscheint. Wir müssen lernen, auf der Mittellinie zu bleiben, auf dem Grat selbst zu wandern". (Maturana/Varela 1987, S. 146).

Kunst wäre dann eine von vielen Möglichkeiten dies zu üben, denn ...

„Kunst ist Mut ..., Beharrlichkeit, nicht abzulassen, Ursprünglichkeit zu sehen, dass die Welt immer von neuem entdeckt werden muss". (Dürrenmatt 1980, S. 147)

Vor allem Erfahrungen der Stufe 3 können in der Kunst in einem gesellschaftlich ritualisierten Rahmen vollzogen werden. Dieser Stufe entspricht die (pseudo-)religiöse Aura der Kunst (Walter/Küng 1992). So wie bei religiöser Erfahrung die Unterschiede zwischen Außen und Innen, zwischen innerem Erleben und äußerer Welt oder individuellem Mensch und kollektiver Gesellschaft überbrückt werden, konstruiert also auch die ästhetischer Erfahrung eine Ebene, in der keine Unterscheidung zwischen Vorder- und Hintergrund des Denkens möglich ist.

„Etwas Geheiligtes, darum geht's. Man müsste ein Wort dieser Art gebrauchen können, aber es würde schief aufgefasst, in einem Sinn, den es nicht hat. Man müsste sagen können, dass ein bestimmtes Bild so ist, wie es ist, mit seinem Gehalt an Kraft, weil es ‚von Gott berührt‘ ist. Aber die Leute nähmen es krumm. Und doch kommt es der Wahrheit am nächsten". (Picasso 1982, S. 34)

„Kunst ist neben Religion und Wissenschaft ein Versuch, die Unvollkommenheit des Daseins, seine Leiden und Kämpfe vergessen zu machen, aber sie tut es, indem sie die Vollkommenheit im Kunstwerk als naturgemäß, ja notwendig erscheinen lässt, wo die Religion ins Transzendente greift und die Wissenschaft nie zum Abschluss kommt". (Nohl 1954, S. 212).

„Kunst ist im menschlichen Leben das Höchste gleich nach der Religion". (Stifter nach Mäckler 1989, S. 100)

„Kunst ist jedoch etwas Religiöses. Ein Platz der Andacht, ein Ort der Erbauung, des Friedens, ein Ort, wo man tiefe seelische Hilfe bekommt, wo man den richtigen Weg wiederfindet, den man verlorn hat". (Hundertwasser nach Schurian 1983, S. 35)

Sowohl die Unzugänglichkeit Gottes als auch die moderne Rätselhaftigkeit von Kunst erfüllen also die Funktion einer utopischen Gegenvorstellung mit einem möglichst großen Unterschied zwischen Mensch und Umwelt, Außen und Innen, Berechenbarem und Unberechenbarem oder semantischem Vorder- und Hintergrund. Wenn Ekstatiker und/oder Künstler diese Differenz in bestimmten Zuständen aufheben können, gelten sie im Moment der Überwindung dieses Widerspruchs als ausgesprochen menschlich oder göttlich, sprich ästhetisch. Zwar praktiziert jeder Mensch den Zusammenfall von Gegensätzen, aber wirklich überdurchschnittlich viele ekstatische oder enstatische Erlebnisse haben zu können, das erfordert bestimmte Zulassungsvoraussetzungen für den Beruf des Künstlers (worauf später noch einzugehen ist).

2.7.3 Reizüberflutung als Krankheit

Ästhetische Reizüberflutung als unterschiedsloser Bereich, in dem keine Unterscheidung zwischen Vorder- und Hintergrund von Systemen mehr erarbeitet werden kann, entspricht signifikanterweise der Definition von Schizophrenie. Schizophrenie zeichnet sich aus durch das nicht mögliche oder unvollständige Funktionieren von Phase 2: Das Zusammensetzen der Wahrnehmungsteile misslingt partiell, es entsteht eine unvollständige Logik, eine Logik auf falschem Boden (Horgan 2000). Beispielsweise die falsche Identifikation aufgrund der Gleichheit nur eines Merkmals bedingt den Unterschied von Krankheit und Gesundheit (Strobl 1997), wie z.B. „Chopin hatte Husten. Ich huste, also bin ich Chopin". Eine andere Umschreibung für Schizophrenie ist das Unvermögen, umfassende Muster zu erkennen (Bateson 1993). Die Gründe dieses Nichterkennens liegen in der Überschwemmung durch Reize, dem Ertrinken in Reizen, währenddessen der Betroffene zwar *„jeden Baum, aber nicht den Wald"* sieht (Jaynes 1988, S. 494); im *„Kampf mit dem Irrsinn"*, in dem nur noch *„Zufall, Unordnung, Disharmonie"* herrschen (Ball 1984 über Kandinsky, S. 78), oder etwas neutraler formuliert, in der Gleichzeitigkeit von Vorder- und Hintergrund semantischer Ordnungen. Schizophrenie entspricht also einer kognitiven Entgleisung aufgrund eines Defizits im Arbeitsgedächtnis und überempfindlicher Wahrnehmung des eigenen Denkens. Dieses Phänomen der Überinklusivität bei abgesenktem Auflösungsgrad ist Hauptmerkmal der Schizophrenie, aber auch einer ausgesprochenen Kreativität (Arieti nach Dörner 1999). Diese Parallele besteht auch auf neurophysiologischer Ebene, wo Überinklusivität in beiden Fällen an einer Dopaminfehlregulation liegt, die besagten Unterschied zwischen Vorder- und Hintergrund des Denkens angleicht (Spitzer 1996).

Dieses Phänomen erfasst die meisten Menschen zu irgendeinem Zeitpunkt ihres Lebens. Kommt es aber aufgrund einer physiologischen Ursache nicht zum Abbau entsprechender Stresshormone, können krankhafte Halluzinationen einsetzen. Im übelsten Fall ist das dann wie Paranoia, der wörtliche Besitz eines zweiten Geistes, *para* und *nous*. Bei Julian Jaynes ist dieses Einsetzen von Stimmen der angebliche Dauerzustand aller Menschen vor dem zweiten Jahrtausend v. Chr. Jaynes beschreibt Schizophrenie als Fehlen des Ichs, ähnlich wie im Traum. Dieser Verlust führt zum Gefühl, den Verstand zu verlieren (Jaynes 1988), oder zu entgrenzender, also wortwörtlich ekstatischer Auflösung des eigenen subjektiven Körperschemas. So etwas ist natürlich nur für den gut, der damit umgehen kann und dieses Phänomen als Gegengewicht zum ‚normalen‘ Alltagsbewusstsein handhabt. Nur durch die exakte Trennung von Alltagsbewusstsein und entgrenzendem Erleben erfüllen solche Erfahrungen eine bewusstseinerzeugende Wechselwirkung von Normalität und Krankheit (entspricht **BS 6**). Wenn Schizophrenes also hin und wieder in kleinem Maße vorkommt, ist das also gar nicht einmal schlecht. Denn diese kleinen quasi Arbeitsunfälle des Alltagsdenkens entstehen zwangsläufig und fungieren als wichtiger Kontrast für das, was so normal heißt. Dass dafür die gewohnten Denkzusammenhänge, also das jeweils eigene Denksystem verlassen werden muss, gilt deswegen nicht von ungefähr als Teildefinition intelligenter Systeme (Dörner 1999). Nur so formt sich ein stabiler Charakter aus, der sich einerseits auf andere Ordnungen einlassen kann, der aber andererseits trotzdem die eigene Struktur beherrscht und sich notfalls auch von sich selbst distanzieren kann. Das gewährleistet, dass er mit den ständigen Veränderungen in der Welt flexibel umgeht und sich auch von eventuellen Reizüberflutungen nicht überfordern lässt, wie z.B. von der philosophischen ‚Wahrheit‘ in Schillers „Das verschleierte Bild zu Sais“:

> *„Was ist’s*
> *Das hinter diesem Schleier sich verbirgt?“*
> *„Die Wahrheit“, ist die Antwort...*
> *Er rufts mit lauter Stimm – „Ich will sie schauen.“ Schauen!*
> *Gellt ihm ein langes Echo spottend nach.*
> *Er sprichts und hat den Schleier aufgedeckt.*
> *Nun fragt ihr, und was zeigte sich ihm hier?*
> *Ich weiß es nicht. Besinnungslos und bleich,*
> *so fanden ihn am anderen Tag die Priester*
> *Am Fußgestell der Isis ausgestreckt.*
> *Was er allda gesehen und erfahren,*
> *Hat seine Zunge nie bekannt. Auf ewig*
> *War seines Lebens Heiterkeit dahin,*
> *Ihn riß ein tiefer Gram zum frühen Grabe“.*
> (Schiller nach Echtermeyer 1987, S. 67)

Die sog. Antipsychiatrie, eine Schule der sechziger Jahre, die wie Foucault Schizophrenie als Metabewusstsein definiert und die Pole von Normalität und Krankheit austauscht, stützt sich genau auf diese gegenseitige Bedingung von Krankheit und Gesundheit. Den schwarzen Peter für alles Böse, für alle Missverständnisse zwischen ‚Kranken‘ und ‚Gesunden‘ bekommt die Gesellschaft zugeschoben. Dieser Ansatz hat sich aber nicht so gut durchgesetzt, vor allem nicht bei der Gesellschaft. Ist ja auch nicht so, dass Schizophrenie eigentlich ganz harmlos ist und zu überlegen wäre, sie wie leichte Drogen freizugeben. Nur sind verallgemeinernde Verbindungen von Krankheit und Kunst zu überdenken. Es ist ja auch nicht so, dass jeder Künstler, der sich abstruser Techniken bedient, deswegen unzurechnungsfähig ist. Ist aber schon so, dass viele Leute das immer gleich denken:

> *„Ist das nicht merkwürdig, dass die Präzeptoren der heutigen Malerei Cézanne und van Gogh sind? Zwei Geisteskranke!"* (Liebermann nach Dittmar 1999, S. 21)

Zwischen moderner Kunst und den von schizophrenen Künstlern verwendeten Bildformen bestehen zwar interessante formale Übereinstimmungen (Koch-Hillebrecht 1983), z.B. das sog. gemischte Profil, also ein Portrait, bei dem gleichzeitig Vorder- und Seitenansicht des Gesichts zu sehen sind (Clausberg 1999). Dieses sog. Misch- oder Doppelprofil entspricht der neuronaler Aufbereitung schizophrener Wahrnehmung. Diese Mischung von stereoskopischem (räumliche Wahrnehmung) und panoramatischem Sehen (Rundumsicht) illustriert Wahrnehmung auf Stufe 2 des Schönheitsempfindens. Wie gesagt, ist es auf dieser Stufe, als ob die Schaltungen 0 und 1 miteinander verglichen werden. Sich ausschließende Inhalte wie auch gleichzeitige Vorder- und Seitenansicht eines Menschen stehen sich gleichwertig gegenüber (entspricht **BS 2**). Kein Wunder, dass sich so eine Wahrnehmung besser im unbewussten Untergrund versteckt hält (entspricht **BS 5** und **6**). Trotzdem tauchen solche Bilder häufig auf, in moderner Kunst, bei Dali und Picasso, aber auch in antiker und mittelalterlicher Kunst, z.B. in mittelalterlichen Inkunabeln (Hauser 1973).

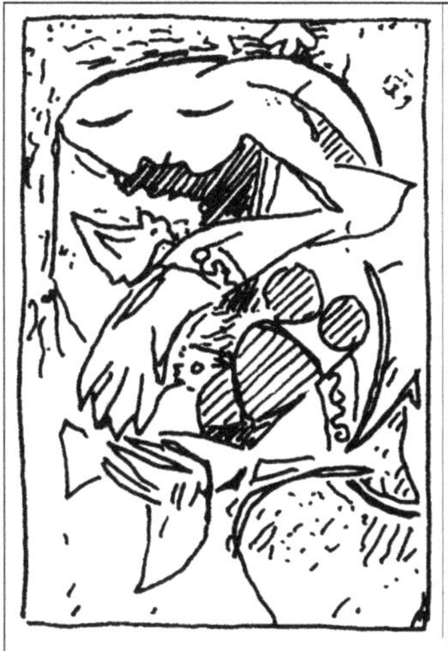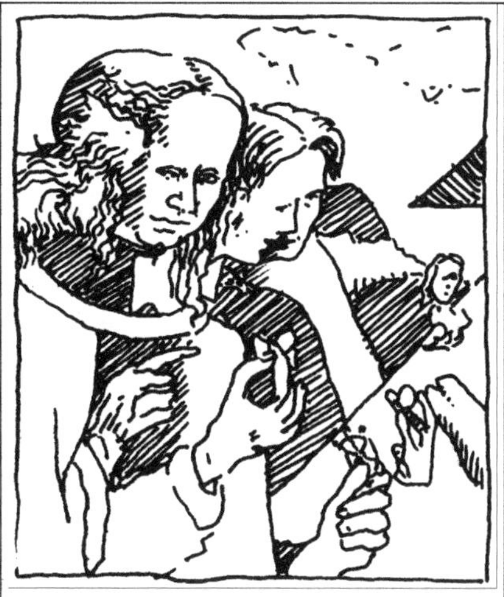

Abb. 40 und 41: Doppelprofile bei Picasso und Dali...

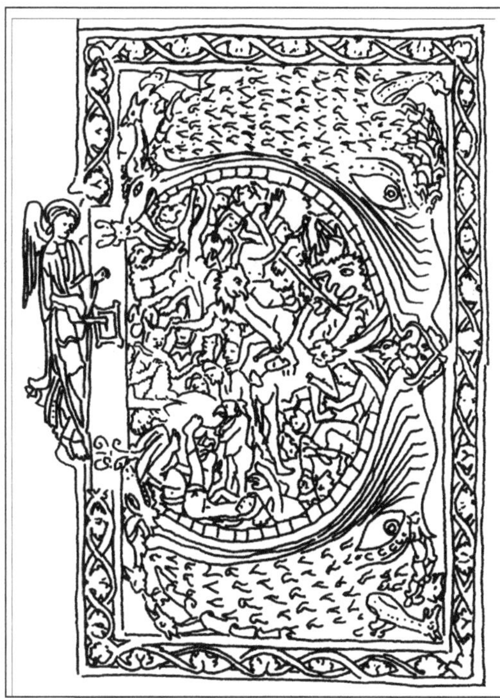

Abb. 42:   ... und in mittelalterlicher Buchmalerei

Von daher ist das gemischte Profil sicherlich kein Ausdruck der modernen krankhaften Absurdität des menschlichen Denkens (Prinzhorn 1986), da diese Darstellungsform schon weit vor der Moderne zu finden ist. Aber Kunst wird nun einmal immer wieder gerne als Beweis für das Schlechte der Gegenwart herangezogen, egal in welcher Gegenwart. Da statistische Erhebungen zeigen, dass es keine Entsprechung von Krankheit und Kunst gibt, wird klar, auf welches Publikum diese oft formulierten Vorwürfe und vor allem die Pauschalisierung von Kunst und Krankheit abzielen. Im Gegensatz zu den Künstlern scheinen nämlich oftmals eher diejenigen Menschen psychisch gefährdet zu sein, die sich von der Widersprüchlichkeit ästhetischer Wirklichkeitsverarbeitung der Stufe 3 bedroht fühlen (Gamboni 1998, Pickhaus 1988). Dieses Gefühl subjektiver Bedrohung durch ästhetische Widerspruchskompetenz betrifft z.B. den NS-Ideologen Sterzinger. Der meinte, dass jeder, der die Fähigkeit hat, sich ein gemischtes Profil zu denken, deswegen automatisch an Größenwahn oder Überschätzung leidet. Ähnlich absurd ist das Gefühl subjektiver Bedrohung durch Kunst, wie es Kunstvandalen heimsucht. Mit den bisherigen Erkenntnissen dieser Arbeit müsste eine Differenzierung moderner kunstvandalistischer Ausschreitungen in Neurotiker gegenüber abstrakter Kunst – und Schizophrenen gegenüber gegenständlicher Kunst möglich sein. Grund dafür wäre die jeweilig große, also wahrscheinlich als provokativ empfundene Entfernung zwischen der Denkart des Betrachters und der jeweiligen Darstellungstechnik mit einerseits viel und andererseits gar keinen schizoiden Darstellungsmitteln bzw. einem einerseits neurotisch stark eingeschränkten und andererseits schizophren stark erweiterten Fokus der Betrachtung (entspricht **BS 9**). Allerdings war bislang die Validierung dieser These aufgrund fehlender Finanzierung nicht möglich, da für eine Exkursion approbierter Neurotiker und Schizophrener die Ausstattung mit Messern und Farbdosen erforderlich wäre.

Das Wichtigste in Kürze zu ästhetischen Reizüberflutungen: Ek- und Enstase sind die Extreme ästhetischen Erlebens. Dabei werden alle regulären Wahrnehmungsparameter durch einen scheinbar unterschiedslosen Bereich abgelöst. Dieses ‚anormale‘ Erleben ist notwendiges Gegenstück zum Alltagsbewusstein, eine obligate Negativschablone zu ‚regulärem Bewusstsein‘. Das Verlassen dieses ‚regulären‘ Denkens wird mit der mystischen Bezeichnung von der ‚Selbstauslöschung‘, und die Rückkehr als ‚Wiedergeburt‘ bezeichnet. (Dieses Kapitel 2.7 entspricht vor allem **BS 4–6**)

2.8 Der Mut des Künstlers

M.: *„Ich denke immer, Psychologen sind eigenartig.“*

P.: *„Witzig, dass Sie das sagen. Ich denke immer, Künstler sind eigenartig.“*

M.: *„Eigenartig.“*

Gegen Ende dieses Kapitels ist zu sammeln, was an wichtigen Kunst-Klischees auf der Strecke geblieben ist. Nun stellt sich abschließend nur noch die Frage, warum sich Künstler künstlerisch betätigen, was sie auszeichnet und warum sie verspielter sind als andere Menschen. Bei den Psychologen sind ganz verschiedene Meinungen über kreative Berufe verbreitet: Kreativität definiert sich durch ausgesprochen transgressive Bedürfnisse (entspricht **BS 8**), so die positive Meinung (Berlyne 1974, Kozielecki 1987). Gegenmeinungen bezeichnen die Kreativität aber auch als Informationsmangel und Dilettantismus. Wie auch immer, Künstler oder Kreative gelten als besonders – sei es besonders schwierig, unzugänglich, exzentrisch, innovativ, interessant, euphorisch oder sensibel (entspricht **BS 8**). Attribuierungen dieser Art – sowohl negative als auch positive Unterstellungen gegenüber der Künstlerpersönlichkeit – kursieren in zahlreichen Klischeevorstellungen über Künstler wie auch unter Künstlern:

> *„Sie (Künstler) sind Streber, Affairisten, Jongleure; der eine will reich, der andere gesellschaftlich angesehen, der dritte berühmt oder berüchtigt, der vierte Akademiedirektor werden. Keiner denkt daran, ruhig, ohne rechts und links zu blicken, das, was in ihm ist, auszubilden".* (Böcklin nach Dittmar 1997, S. 58)

Diese Ansichten zeigen sich nicht nur in Alltagsweisheiten, sondern auch in wissenschaftlichen Arbeiten. Ein renommiertes Theorie-Handbuch unserer Tage sagt über den Vergleich von Wissenschafts- oder Kunstprofessoren: Erstere sind angeblich *„glücklich, nun die Herrschaft in seinem Institut antreten zu können, der ... Kunstprofessor trachtet eher danach, nun erst einmal Urlaub zu nehmen"*, und zwar wegen seinem *„Mangel an geselligem Umgang, bis hin zur Kauzigkeit"*, wenn nicht sogar wegen seiner für den Wissenschaftler und seine *„reputierliche bürgerliche Existenz"* nicht vorstellbaren *„Kriminalität"* (Seiffert/Radnitzky 1994, S. 156).

2.8.1 Berufsvoraussetzungen

Es ist schwer, an einem Menschen Künstlerisches festzumachen. Ein Gesetz der großen Zahl oder sog. Normalwerte sind kaum zu belegen. Im Gegensatz zu Wissenschaftlern sind bei Künstlern Schulnoten weitgehend ohne Aussagekraft (Prause 1991). Auch andere Befunde, vor allem in Hinsicht auf krankheitsbedingte oder soziale Auffälligkeiten, sind nicht einheitlich, also auch nicht auf ‚besonders kreative oder künstlerische' Menschen zu reduzieren (Schuster 1992). Es gibt sogar Messtabellen über den Zusammenhang von Sensibilität/Einfühlungsvermögen und Psychotizismuswerten in der Kunst. Die aber besagen, dass sog. typische Künstler-Macken nicht ursächlich durch die hier beschriebenen Voraussetzungen des Künstlers zu begründen sind, sondern auch maßgeblich aus karrierebedingten Gründen entwickelt worden sein können (Kobbert 1986). Entscheidend ist nur die Verbindung von Begabung und Fleiß, gemäß T.A. Edisons geflügeltem Wort vom Genie als „99 Prozent Transpiration und 1 Prozent Inspiration" und der ‚Leidenschaft', der intrinsischen Motivation. Aus diesen Komponenten generieren sich dann Künstler, die einerseits nicht anders als andere Menschen sind, andererseits jedoch als ausgesprochen außergewöhnliche Persönlichkeiten charakterisiert werden:

> *„Denn viele verbreiten tausenderlei Lügen und sagen, die berühmten Maler seien unzugänglich und verschlossen, während sie doch sind wie andere Menschen. Und die Törichten (ich rede nicht von den Verständigen) halten sie für verschroben und launenhaft. Dies verträgt sich aber nur schlecht mit dem Wesen eines Malers. Es ist wohl wahr, Maler haben gewisse Eigenheiten, insbesondere hier in Italien, wo die Kunst in ihrer Vollendung zu Hause ist. Im Unrecht aber sind die eitlen Müßiggänger, die von einem arbeitsamen und vielbeschäftigten Künstler erwarten, dass er ihnen die Langeweile vertreibe ... Die tüchtigen Maler sind nicht in irgendeiner Weise unzugänglich aus Hochmut, sondern weil sie nur wenige finden, die für Malerei Verständnis haben, und weil sie sich durch das nutzlose Geschwätz der Müßiggänger nicht von den hohen Gedanken ablenken und zu den alltäglichen Dingen herabziehen lassen wollen. Ich versichere ..., dass selbst Seine Heiligkeit mir Verdruß und Ärger bereitet, wenn Sie mit mir redet und mich so oft und eindringlich fragt, weshalb ich mich nicht oft sehen lasse“.* (Michelangelo nach Hinderberger 1996, S. 314)

> *„Mag ja sein, dass wir erschütterbarer sind als die Allgemeinen – so wir denn Künstler sind –, empfindlicher vielleicht im Sinn der seismographischen Mechanismen. Mag sein, dass unser heiteres Lachen eingeholt wird von der Melancholie – ein Vorgang, der unsere Heiterkeit über ihren möglichen Anlass hinaus ausdehnt. Kann sein, dass wir uns alles ein klein bisschen intensiver einbilden und unsere Einbildungen ein quasi fleischliches Durchleben ist – mag sein, mag sein! Aber wenn dem so ist, dann ist diese Erfindungs- und Einbildungswelt sehr komplex und vor allem im Wortsinn ‚verrückt‘: Wir amüsieren uns möglicherweise im Desaster und quälen uns dafür im Vergnügen. Und in solcher Verwechslung ist wiederum kein System. Die Kausalität der Vernünftigen ist nicht unsere – wie auch unser ganzer Eros nichts mit der Sexualität der gesunden, potentiellen Turner gemein hat“.* (Janssen nach Jacobsen 1985, S. 87)

Beiden Attributierungen bleiben also zwei Konstanten gemein. Einerseits gilt künstlerische Wahrnehmung als Garant für ein ausgesprochen reiches Innenleben:

> *„Literatur und Dichtung sind meines Erachtens nach näher an der menschlichen Realität als etwa die psychologische Forschung. Diese orientiert sich viel zu stark am Mythos der ‚Realität‘, am Mythos der daraus resultierenden Machtstrukturen. Der Künstler aber hat sich den*

Andererseits stellt diese künstlerische Wahrnehmung eine mögliche Fehlerquelle des Systems dar. Wie schon von Seneca her bekannt, liegen ja Wahnsinn und Genie eng beieinander. Z.B. waren Picasso und Dali beide fast krankhaft abergläubisch. Bei Picassos daheim durfte die Familie das Haus nur nach einer gemeinsamen Schweigeminute verlassen und Dali glaubte sich ohne ein bestimmtes Stück Holz unkreativ (Prause 1994).

Allgemein können die Voraussetzungen für den Beruf des Künstlers funktional als Vermögen der Mustererkennung, Vernetzungsfähigkeit und als Sensibilität für innerpsychische und gesellschaftliche Prozesse, Sensibilität für Zusammenhänge aller Art bzw. als allgemeine Wahrnehmungsfähigkeit benannt werden. Dazu kommt dann die entsprechende handwerkliche Fähigkeit zur Umsetzung dieser Erkenntnisse in eine Kunstsprache. Ob dann jemand Maler oder Schriftsteller bzw. Künstler oder doch lieber kein Künstler wird, also die Präferenz von ikonischem oder sprachlich gebundenem Gedächtnis (oder gar von keinem), ist abhängig von der jeweiligen Präferenz von bevorzugt sinnlichem oder abstraktem Welterleben (oder gar keinem). Schließlich gibt es auf der Welt nun einmal solche und solche Menschen, mit verschiedenen Präferenzen, die je nach Schwerpunkt entweder mehr auf der linken Seite unseres Modells anzusiedeln sind, also bei eher assoziativem Denken – was eventuell künstlerische Neigungen impliziert –, oder auf der rechten Seite – was eventuell auf eine stärkere Einbindung in soziales Netz hinweist. Übrigens sind diese jeweiligen Präferenzen daran festzumachen, nach welcher Seite sich Menschen nach einer Frage abwenden, während sie die Antwort auf eine Frage formulieren (Jaynes 1988).

Die künstlerische Arbeit stellt (im Idealfall) hohe Ansprüche an die Kompetenz des Künstlers, der diversiven Exploration und den dabei erlebten Emotionen. Max Ernst übersetzt das als den „Mut des Künstlers" (Bischof 1987), sich mit unbekannten Mustern, auch eventuell unbewussten Mustern der eigenen Psyche auseinander zu setzen (entspricht **BS** 2). Der Künstler riskiert, sich mit Überinklusivität und zu hoher Auflösungsrate schlichtweg zu übernehmen. Diese ‚Berufskrankheit' hat das Klischee vom selbstzerstörerischen Künstler zur Folge, genauso wie das Klischee von Mut und Risikobereitschaft aufgrund des tendenziell undogmatischen Wahrnehmungs- bzw. Lebensstil des Künstlers (entspricht **BS 7**).

> *„Die Kunst ist verflucht schwer. Wenn man abends bei einer Flasche Wein sitzt, meint man, es müsse wie von selber gehen. Am nächsten Morgen, nüchtern vor der großen Leinwand, die Sachen wieder aus dem Nichts zu holen, da ist einem ganz anders zumute. Wenn ich morgens gemalt habe, bin ich den ganzen übrigen Tag nur noch ein lebender Leichnam".* (Beckmann 1965, S. 78)

> *„Kunst ist Risiko"* (Staeck nach Mäcler 2000, S. 89), denn

> *„Kunst ist ja ganz schön, macht aber viel Arbeit".* (Valentin nach Halcour 2000, S.1)

Können diese Anforderungen nicht erfüllt werden, dann treten Folgeerscheinungen auf, die von der Außenwelt als Labilität interpretiert und umgangssprachlich als die sprichwörtliche Weltfremdheit des Künstlers bezeichnet werden = funktional gesehen niedriges Kompetenzempfinden und unter Umständen ein kompensatorisches oder resigniertes Verharren in verweilender Allverbundenheit, z.B. bei Warhol ...

> *„... die oft zitierte tiefgründige Melancholie in seinen Augen: Es war keine Melancholie, sondern pure Leere, in der etwaiges Erstaunen über etwas keine Zuflucht hatte".* (Janssen nach Dittmar 1997, S. 89)

Problematisch werden solche Klischees, wenn sie selbstbestätigend werden und ein Künstler sich rein kraft seines Leidens als Künstler bestätigt sieht. Dann mutiert Kunst zum Ersatz von Welt (Kafka nach Manguel 1999).

> *„Unsere ganze Kunst ist bloß ein Ersatz, ein mühsamer und zehnmal zu teuer bezahlter Ersatz für versäumtes Leben, versäumte Tierheit, versäumte Liebe".* (Hesse 1985, S. 25)

> *„Es gibt ein einziges Leben, denn alles Leben ist ein Gelebtes, die Kunst aber ist ungelebtes Leben und ist daher im Leben unmöglich".* (Brentano nach Arnim 1967, S. 115)

Bezeichnenderweise droht diese Gefahr weniger den Musikern als den Bildenden Künstlern. Im Vergleich wurden stark differierende Werte von egoistischem Denken festgestellt, wobei die Bildenden Künstler im Gegensatz zu den eher gemeinschaftserprobten Musikern nun wirklich nicht gut wegkamen.

2.8.2 Spielereien

Um Kreativität, also den Innovationsanspruch seiner Kunst zu gewährleisten, muss sich der Künstler auf die unwillkürlichen Vernetzungen seiner Ordnungssuche einlassen können (entspricht **BS 5**), d.h. auf seine, teilweise für ihn selbst objektiv nicht vorhersagbare und unter Umständen auch tatsächlich durch Zufallsprozessoren gesteuerte Intuition (entspricht **BS 6**). Ähnlich wie bei der nicht vorhersagbaren Evolution ist auch bei der spielerischen Ordnungsfindung von hohen Zufallsgraden der Musterüberschneidungen auszugehen (Maturana/Varela 1987).

> *„Gott ist ja auch nichts anderes als ein Künstler. Er erfand die Giraffe, den Elefanten und die Katze. Genaugenommen hat er keinen Stil. Er versucht immer neue Dinge".* (Picasso 1982, S. 77)

König dieser Zufalltechnik war in der Malerei sicher Jackson Pollock mit seiner Dripping-Technik als Thematisierung des reinen Zufalls (Koch-Hillebrecht 1983), quasi der amerikanischen Sonderweg der *art pour l'art*, der ihm auch den Ehrentitel *„Rohrschach-Rembrandt"* eingebracht hat (Grosz nach Dittmar 1997, S. 88).

Künstler müssen also in der Lage sein, sich spielerisch und zweckfrei auf verschiedene Möglichkeiten künstlerischer Umsetzung einzulassen (entspricht **BS 5** und **8**). Was Ernst also so dramatisch den „Mut des Künstlers" genannt hat, ist teilweise gar nicht so ernst, sondern entspricht dem erhöhten Drang zum Ausleben spielerischer Ordnungsfindung. So entsteht das Spiel als Metapher für die Kunst:

> *„Die Kunst mag ein Spiel sein, aber sie ist ein ernstes Spiel".* (Friedrich nach Hinz 1986, S. 83)

> *„Die Kommunikation über das Kunstwerk ist Spiel".* (Barthes 1999, S. 36)

> *„Ein Spiel mit ernsten Problemen. Das ist Kunst".* (Schwitters nach Elderfield 1985, S. 96)

Der Begriff des Spieltriebs selbst ist eine Umschreibung für den erhöhten Drang zur diversiven Exploration, zur Vernetzung von Möglichkeiten des Denkens, inklusive dem Wissen um Regeln der Verknüpfung auf logischer und ästhetiklogischer Basis; diese werden imitiert und in verschiedenen Möglichkeiten ‚durchgespielt'. Das kunstikonographische und kunsttheoretische Motiv des Spiels oder des Spieltriebs des Künstlers ist von daher nichts anders als eine weitere Umschreibung der dargestellten ästhetischen Techniken.

> *„Die Kunst ist unser Dank an Welt und Leben. Nachdem beide die sinnlichen und geistigen Auffassungsformen unseres Bewusstseins geschaffen haben, danken wir es Ihnen, indem wir nun mit deren Hilfe noch einmal eine Welt und ein Leben erschaffen".* (Simmel nach Kantorowicz 1967, S. 78)

Wie beim kontemplativen Zugang zum vagativen Bereich im Allgemeinen setzt auch dessen Erscheinungsform als spielerische Ebene Zeit und eine entspannte Situation voraus. Es geht um nichts, ‚wo das Spiel aufhört'. Spiele finden grundsätzlich nicht in einer lebensbedrohenden Situation statt (entspricht **BS 5**). Es geht vielmehr nur um zweckfreie, aber psychologisch nützliche Aktivierung, denn ...

„... Kunst ist eine Vorstufe der Realitätsbewältigung". (Hess 1986, S. 54)

Gelingt dies, dann ist das daran zu merken, dass das Spiel Spaß bereitet. Denn eine weitere Parallele von Spiel und Kunst besteht im Eigenwert der Betätigung, dem motivierenden Appetenzanreiz, der in der Tätigkeit und nicht im Endprodukt der Tätigkeit besteht. Jedes Spiel wie jede künstlerische Betätigung belohnt sich selbst durch die beschriebenen Gefühle von Hoffnung, Sinn, Neuigkeit, Wagnis usw. (Winnicott 1994/Huizinga 1972) oder ganz poetisch formuliert: Spiel und Kunst eignet gleichermaßen die Sehnsucht nach psychischer ‚Echtheit', die *„Befreiung des Selbst"* (Reich 1987, S. 28) oder gar Erfahrung einer utopischen *„Ganzheit"* (Lüscher 1977, S. 7). Ja, es gibt Menschen, die formulieren das so. Nach Freuds Spieltheorie ermöglicht Spiel wie Kunst so dem Menschen, z.B. Phasen des Alleinseins besser zu ertragen. Der fiktive Charakter und die Selbstvergessenheit des Spiels kann auf diese Weise sehr wirkungsvoll sein (Bateson 1993), kann aber auch zur Endlosschleife werden, sagt zumindest Schwitters und mahnt an, dass Spiel ein Ausüben des persönlichen Stils anstelle von Wahrheit werden kann (Elderfield 1985) (wobei Wahrheit laut Dali sowieso *„nur etwas für Idioten"* ist, Dali 1967, S. 76).

Der Vergleich von Spiel (lustig) und Kunst (ernst) fällt trotz weiterer funktionaler Ähnlichkeiten, wie z.B. der empathischen Einfühlung in bestimmte Rollen (Spiel) oder in ein Kunstwerk (Kunst) eher selten, vor allem nicht im Land der deutschen Innerlichkeit. Die entstand maßgeblich im 19. Jahrhundert, als *„die Deutschen die Innerlichkeit mit Löffeln gefressen"* hatten und das exemplarisch am berühmt-berüchtigten Aufsatz von Julius Langbehn über „Rembrandt als Erzieher" vorführten (Gay 1999, S. 383). In Amerika ist das anders als in Europa. In der Neuen Welt und anderen angloamerikanischen Gefilden hat Kunst oft den Stellenwert von Urlaub oder Sport. Deswegen verhallen hierzulande oft die Stimmen, die, bei aller Berechtigung ernster Kunst, Lachen und Weinen als ‚Spiegel' und ‚Offenbarung' menschlichen Wesens proklamieren (Plessner 1941) und die Phänomene von Lachen oder Humor, auch ‚ästhetische' Erscheinungen, teilweise sogar als artverwandtes überwundenes Leiden an der Welt bezeichnen (Paul 1996). Eco hat dazu ein Wittgensteinzitat ins Althochdeutsche transferiert: Lachen sei wie das Wegwerfen einer Leiter, auf der jemand zu einer Erkenntnis aufgestiegen ist (Eco 1982). So etwas in der Art wurde, allerdings etwas trockener, bereits beschrieben: Erst kommt Sinnlichkeit, dann Abstraktion, dann die Rückkehr zur Sinnlichkeit als Inbegriff der Souveränität gegenüber der Unbill der Welt.

Diese Parallelen von Spiel und Kunst erklären den stereotypen Vergleich künstlerischer Arbeit und spielerischer Leichtigkeit oder kindlichen Empfindens über die bereits erwähnte Kindmetapher hinaus. Signifikant ist auch, dass als ein Aspekt von Menschlichkeit des *homo ludens* nicht nur seine künstlerische Betätigung, sondern auch seine menschentypische Spielfähigkeit gilt. Schließlich ist der Mensch auch das einzige Wesen, bei dem sich in einigen Fällen im Alter nicht nur das Gehirnwachstum, sondern auch der Spieltrieb fortsetzen kann, als ob die betreffenden Individuen nie erwachsen würden. Beleg dafür ist der Ehepartner der Autorin, der sich leider weigerte, dieser Arbeit als Anhang beigefügt zu werden. Wie beim Traum, einer anderen Kategorie geringer Unterschiede, werden auch mit dem Spielvergleich alle wesentlichen Topoi vor allem moderner Kunst angesprochen

> Das Wichtigste in Kürze über Künstler: Künstler zeichnen sich – im besten Fall – durch ihren sog. „Mut des Künstlers" aus, durch verstärkte Bereitschaft und Fähigkeit, sich auf den ästhetischen Verweilbereich einzulassen. Die erhöhte Wahrscheinlichkeit an intuitiv erfassten Musterüberschneidungen wird durch einen kontemplativen, ‚zweckfreien' Zugang zum Bereich der geringen Unterschiede erreicht, auch zu umschreiben als ‚spielerischer Zugang'. Diese Aspekte setzen Kompetenz im Umgang mit den Erlebnisqualitäten und kognitiven Anforderungen ästhetischen Erlebens voraus. (Dieses Kapitel 2.8 entspricht **BS 7–9.**)

3. Das Modell

3.1 Und nun die pure Technik: Die Bausteine in ihrer ganzen Größe

M.: *„Worauf wollen Sie jetzt eigentlich hinaus?"*

P.: *„Na darauf, dass Ihre acht Bausteine nur psychologisiert und systemtheoretisch exakt beschrieben werden müssen. Dann sind sie eine gute Grundlage für die Programmierung von Bewusstsein inklusive einem ästhetischem Bewusstsein als richtigem Bewusstsein. Setzen Sie sich, ich zeige es Ihnen."*

Die philosophisch-historische Modellskizze des ersten Kapitels und vor allem die acht dazugehörigen Bausteine können aufgrund der kunstikonographischen, mentalitätsgeschichtlichen und psychologischen Strukturen des zweiten Kapitels ausgebaut und um ihre systemtheoretischen Mechanismen vervollständigt werden. Wichtige Termini innerhalb dieser Mechanismen werden im Folgenden nicht noch einmal erklärt, sondern sind im Glossar zusammengefasst; die dortigen Definitionen sind durch kleine Pfeile (→) gekennzeichnet:

BS 1, Aufeinandertreffen von sinnlicher Wahrnehmung (→ vagativ auf unbestimmte externe, reale Elemente bezogen) und abstraktem Denken (→ fixativ auf bestimmte interne, ‚ideale' Elemente bezogen) und die damit einhergehende gleichzeitige Wahrnehmung von Welt und eigener Person durch die kognitive Verarbeitung von Unterschieden:

Dieser Baustein legt den Grund für alle wesentlichen Erlebnisphänomene von ästhetischem Erleben im Allgemeinen und Kunst im Besonderen.

BS 2, Entsprechung bzw. → ‚**spiegelnde**' Nachmodellierung der Strukturprinzipien:

Dieser Baustein entspricht dem Vergleich der in **BS 1** beschriebenen vagativ repräsentierten Reizung der Sinnensorgane (Außen) und den fixativ repräsentierten Interpretationsmustern (Innen). Der unbewusste Vergleich von Ordnungsmechanismen ermöglicht das Verarbeiten von Erfahrungen bzw. abstrahierendes Einordnen in Gesamtzusammenhänge. Dabei werden sowohl linear-logische als auch emotionale und bildhafte Informationen vernetzt. Durch den widersprüchlichen Charakter dieser beiden Logiken, der beschriebenen → Gegenstrebigkeit des Denkens, entsteht **BS 6**: Die **Eigenständigkeit und eigene Logik** des ästhetischen Bereichs, die den Gebrauch von → **Gegenvorstellungen** mit einschließt. Diese Gegenstrebigkeit bedingt die angebliche → ‚**Unbeschreibbarkeit**' des ästhetischen Erlebens, die auch als klischeehafte → **Rätselhaftigkeit** von Kunst oder als Konnotation mit → religiösen Ebenen beschrieben wird.

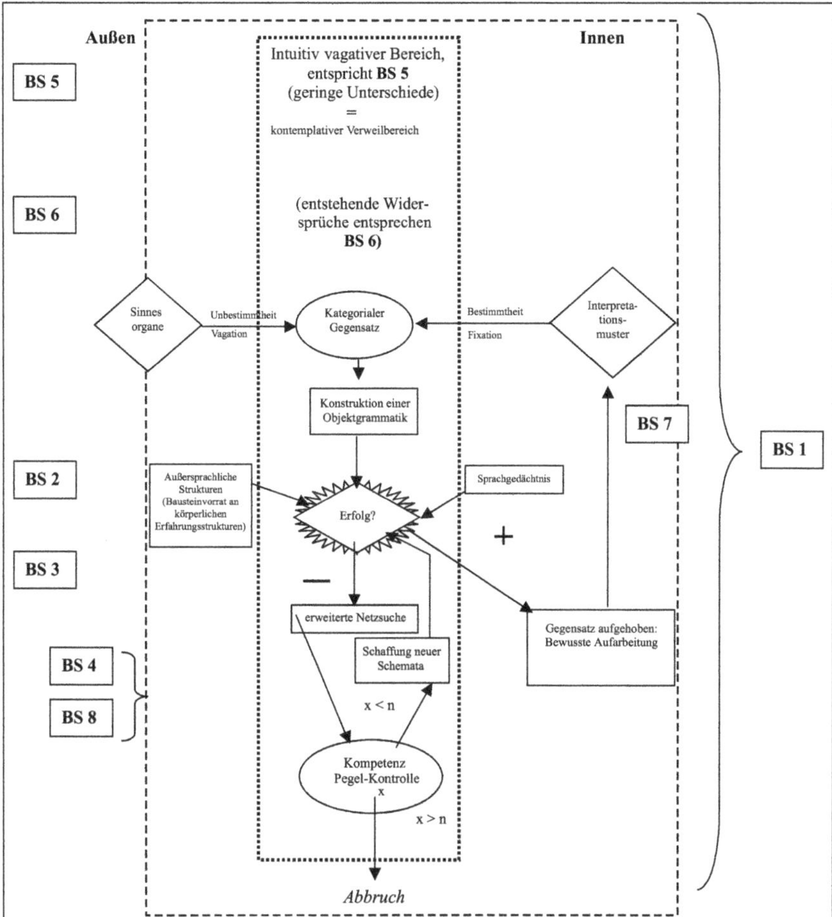

Abb. 43:   BS 1 bzw. das erweiterte Modell zur Verarbeitung von Unterschieden

BS 3: Eigenwert und Erkenntnisgehalt der → ‚**Beflügelung**‘. Dieser Baustein beschreibt die unter Umständen sehr starke Erlebnisqualität, die eintritt, wenn man sich auf die (in **BS 6** näher beschriebene) Widersprüchlichkeit des → Verweilbereichs einlassen kann oder muss.

- Wenn man sich auf den Verweilbereich einlassen kann, dann betrifft das maßgeblich **BS 8**, die kreative Kompetenzen und den **Mut des Künstlers**: Dessen Motivation führt zu vorsätzlichem Initiieren neuer Ordnungssuchen. Sind die entsprechenden Kunstprodukte von ‚beflügelnder‘ Neuigkeit, heißen sie → **genial und** → **avantgardistisch**; Kunst ohne diesen Aspekt der mutigen Risikobereitschaft entspricht dem Begriff **Kitsch.**

- Wenn man sich auf den Verweilbereich einlassen muss, dann umschreibt das das Einsetzen der ästhetischen Betrachtung bei Langeweile bzw. → Leiden und/oder einer Neuigkeit in der Umwelt und/oder starkem → Spieltrieb bzw. Neugierde.

Aufgrund der → geringen Unterschiede im Verweilbereich wird der ‚beflügelnde‘ Eigenwert des ästhetischen Erlebens verglichen durch die immer gleichen Metaphern wie Umschreibungen der **Wahrnehmung der eigenen Wahrnehmung** (entspricht **BS 1**), einer Selbstbegegnung, Traum oder Schlaf bzw. → Rausch oder Sexualität, → kindlicher Wahrnehmung und (aufgrund der Kommunikationsunterbindung) den Gefühlen von Schwerelosigkeit oder ‚unbelasteter Freiheit‘ o.ä.

Ästhetisches Erleben wird ausgelöst durch den → Zusammenfall kognitiver Gegensätze. Emotionsstufen dieses Erlebens sind:

1. Assoziation früherer ästhetischer Ordnungsfindung (Stufe 1 des Schönheitsempfindens),
2. → Empathische Identifikationen durch Spiegelprojektionen und Gegenvorstellungen (Stufe 2 des Schönheitsempfindens),
3. → Ekstatische bzw. enstatische Erlebnisqualitäten, die wie ein subjektiver Dimensionenwechsel empfunden werden (Stufe 1 des Schönheitsempfindens),

Dieser → ‚beflügelnde‘ Eigenwert garantiert neben der hohen Wahrscheinlichkeit intuitiver Ordnungsfindungen u.a. das Funktionieren des Systems durch Auto-Emotionalisierung und durch das Ablenken von → Leiden, durch ein kognitives Überlagern systemgefährdender Probleme durch den Eigenwert des ästhetischen Erlebens (entspricht **BS 7**).

Neben diesem Aspekt des Lustempfindens durch den Vorgang der ästhetischen Betrachtung spielt auch das Lustempfinden durch Kompetenzsteigerungsgefühle aufgrund gelungener Schaffung neuer Interpretationsschemata eine wesentliche Rolle bei der Beflügelung.

BS 4, Steigerung der → Ideale und Ergriffenheit (von Interesse und Faszination bis zu **Ekstase** oder subjektiver → **Selbstauflösung** bzw. **Selbstvergessenheit** (über Lachen und Religion als Selbstverlust oder ‚Danebengucken‘):

Diese Steigerungen des Erlebens entstehen durch → Möglichkeitssinn, → Idealisierung, Utopisierung und Verknüpfung mit Emotionen. Extreme Formen des ästhetischen Erlebens unterteilen sich in ekstatische und enstatische Formen, also dem Gefühl subjektiver Sprengung oder Verschmelzen der eigenen Persönlichkeit. Im → Verweilbereich wird über Ausleben von **BS 3** in Form von → Ekstase oder Enstase entschieden:

Ist der Betrachter stark affiliativ, also gemeinschaftlich orientiert, wird sein Erleben ins Leidenschaftliche gesteigert, also mit Gefühlsqualitäten von Liebe und Verlangen versehen; diese Gefühle können unter Umständen stark ekstatisch extrovertiert und aktiv ausgelebt werden und indizieren so einen vollständigen Zusammenfall der → empathisierten bzw. nivellierten Unterschiede. Ist der Betrachter wenig affiliativ, sondern sehr individualistisch orientiert, steigert er sich wahrscheinlich in eine → **ästhetische Distanz**. Dieses Lustgefühl am Erleben von Zerstörung, das auch ‚typisch menschliche‘ destruktive Aggressivität darstellt, wird eher als → Melancholie, also vergleichsweise passiv oder enstatisch erlebt. Egal, ob mit viel, wenig oder keiner ästhetischen Distanz: Gelungene empathische Projektion, transitiv oder intransitiv, bzw. gelungener → Zusammenfall der Gegensätze führt zu positiv bestärkenden Gefühlen der → Allverbundenheit, → Harmonie oder → Authentizität.

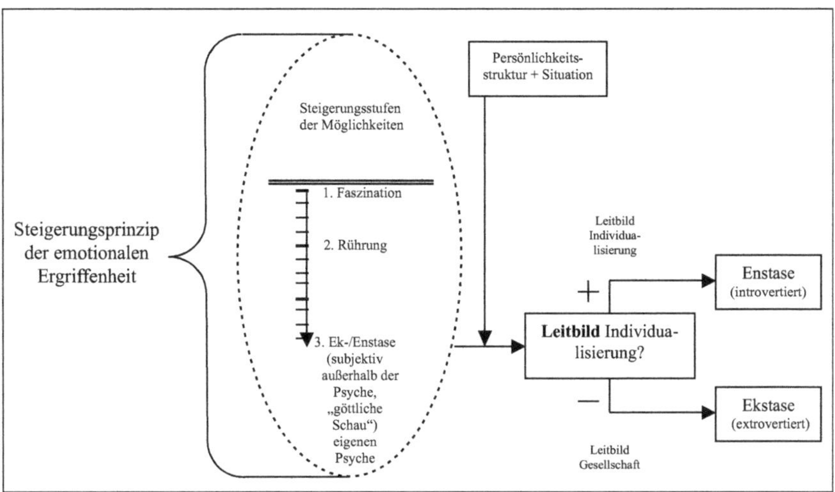

Abb. 44:   Das Steigerungsprinzip

BS 5, Kontemplativer Zugang:
Dieser Baustein stellt die Voraussetzung für die → intuitive Ordnungsfindung. Der kontemplative Zugang führt extern zum Paradigma der → **Zweckfreiheit der Kunst** und intern zum Eintritt in den Bereich der geringen → Unterschiede, wie sie für **BS 3** nötig sind. Dieser Verweilbereich charakterisiert sich durch fehlenden Raum-Zeit-Bezug, wenig bzw. keine intellektualisierenden Bezüge zu abstrakten Mustern, wie bei kindlicher Wahrnehmung keine Schuld- oder Schamgefühle, dafür synästhetische Wahrnehmung – eine Erfahrung von Paradies. Der Eintritt in diesen Bereich ist möglich durch Überreizung oder Reizentzug, also durch Ausschweifung ebenso wie durch Askese, Beschleunigung oder Entschleunigung, artifizierende und vereinfachende Betrachtungsweisen, Avantgarde oder Konservatis-

mus, Fortschrittsglaube oder Nostalgie: Beide Seiten erbringen jeweils gleiche Werte mit verschiedenen Vorzeichen. Beide indizieren in gewisser Weise Leiden.

Im kontemplativen Bereich werden vorhandene Muster ohne aktuellen Wirklichkeitsbezug betrachtet. Die Erhöhung des Auflösungsgrads und die Senkung der Selektionsschwelle führt zur → Zerstückelung der Wahrnehmung in kleine Einheiten bzw. → geringe Unterschiede, welche die Vergleichbarkeit von → vagativen und → fixativen Ordnungsmustern fördert. Dabei werden im vagativen Bereich nicht nur logische, sondern auch → gegenstrebig bildlogische Kriterien beim Mustervergleich angewandt (entspricht **BS 2** und **6**). Erst die befreiend erlebte Korrelierung der Muster, das Erleben der Musterfindung ermöglicht das Verlassen dieses Bereichs. Es kann aber auch sein, dass ein anderes Motiv als das der ästhetischen Betrachtung handlungsleitend wird, dass z.B. die Betrachtung wegen des Gefühls einer kognitiven Existenzgefährdung abgebrochen werden muss. Jedes ästhetische Erleben funktioniert durch Erhöhen des Auflösungsgrads und Senken der Selektionsschwelle und provoziert eine Art von Reizüberflutung durch viele → geringe Unterschiede. Daher rührt auch der Vergleich mit schizophrener Wahrnehmung oder mystisch bzw. religiös interpretierter Reizüberflutung, bei der das Zusammenfügen der Einzelteile nicht mehr oder nur bedingt geleistet werden kann (dass dabei Wahrnehmungsillusionen in diesem Bereich zwangsläufig entstehen, ist wahrscheinlich).

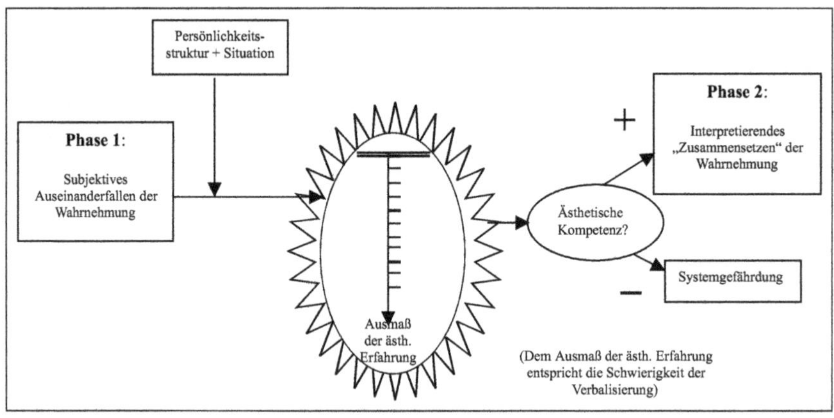

Abb. 45:   Phase 1 und 2

BS 6: Eigenständigkeit und eigene Logik des ästhetischen Bereichs: Vgl. BS 2.

BS 7, Garant für das Funktionieren des psychischen Systems:
Dieser Baustein beinhaltet Aspekte von:
- Gemeinschaftsgefühl durch Kommunikation über Kunst,
- empathischer Affiliation durch das Verweilen,

- Überbrückung unlösbarer Alltagsprobleme wie z.B. unlösbarer Widersprüche durch Ästhetisierung oder Ablenkung,
- Kompetenz zur ästhetischen Betrachtung bzw. Möglichkeit zur Widerspruchsverarbeitung und
- Auto-Emotionalisierung durch ästhetisches Erleben.

Ästhetische Betrachtung bzw. die Vielzahl der dabei vorgenommenen Spiegelprojektionen entspricht der Metapher der Menschlichkeit oder des menschlichen → ‚Herzens‘ bzw. der menschlichen → ‚Seele‘.

BS 8: Abhängigkeit vom situativem und persönlichem Kontext. **BS 8** reguliert ästhetische Wahrnehmung in Form von situativ gebundener Motivation und dementsprechender Wahrnehmungsfähigkeit in Form des persönlichen Auflösungsgrads und ermöglicht so Verspieltheit, also das Ausmaß der diversiven Exploration, Neugier und kreativen Vernetzungsfähigkeit. Die Bereitschaft, sich auf eventuelle Zufallsprinzipien des → spielerischen Kontexts einzulassen, ist ebenfalls von diesem **BS** abhängig.

3.2 Der Schaltplan

Aus diesen aktualisierten acht Bausteinen entsteht ein umfassendes Modell der ästhetischen Wahrnehmung, das zeigt, wie Schönheitsempfinden zustande kommt. Dabei handelt es sich um ein sog. informationstheoretisches Modell. Solche Modelle gehen davon aus, dass der Mensch Informationen erhält, die über innere Fragen sowohl bewusst als auch unbewusst bearbeitet werden, so wie bei der bereits vorgestellten Unterschiedsverarbeitung immer nur ein „entweder" oder ein „oder" möglich ist. Die Antworten auf innere Fragen lauten ebenfalls stets nur entweder „ja" oder „nein". Gefällt mir, was ich auf einem Bild sehe? „Ja" oder „nein". Bin ich mir unschlüssig darüber, ob mir das Bild gefallen soll? Dann ist die Antwort sicher nicht „ja", sondern „nein, aber" – d.h., dass die informationsverarbeitende Folgefrage auf die Frage nach Gefallen oder Nichtgefallen wahrscheinlich die Frage nach Abbruch oder Fortsetzung der Betrachtung war: „Nein, so richtig eindeutig gefällt mir das Bild nicht, also setze ich mit einem ja die Betrachtung bis zu einer endgültigen Entscheidung fort". Jede Informationsverarbeitung kann mit diesem Entweder-oder-Prinzip dargestellt werden.

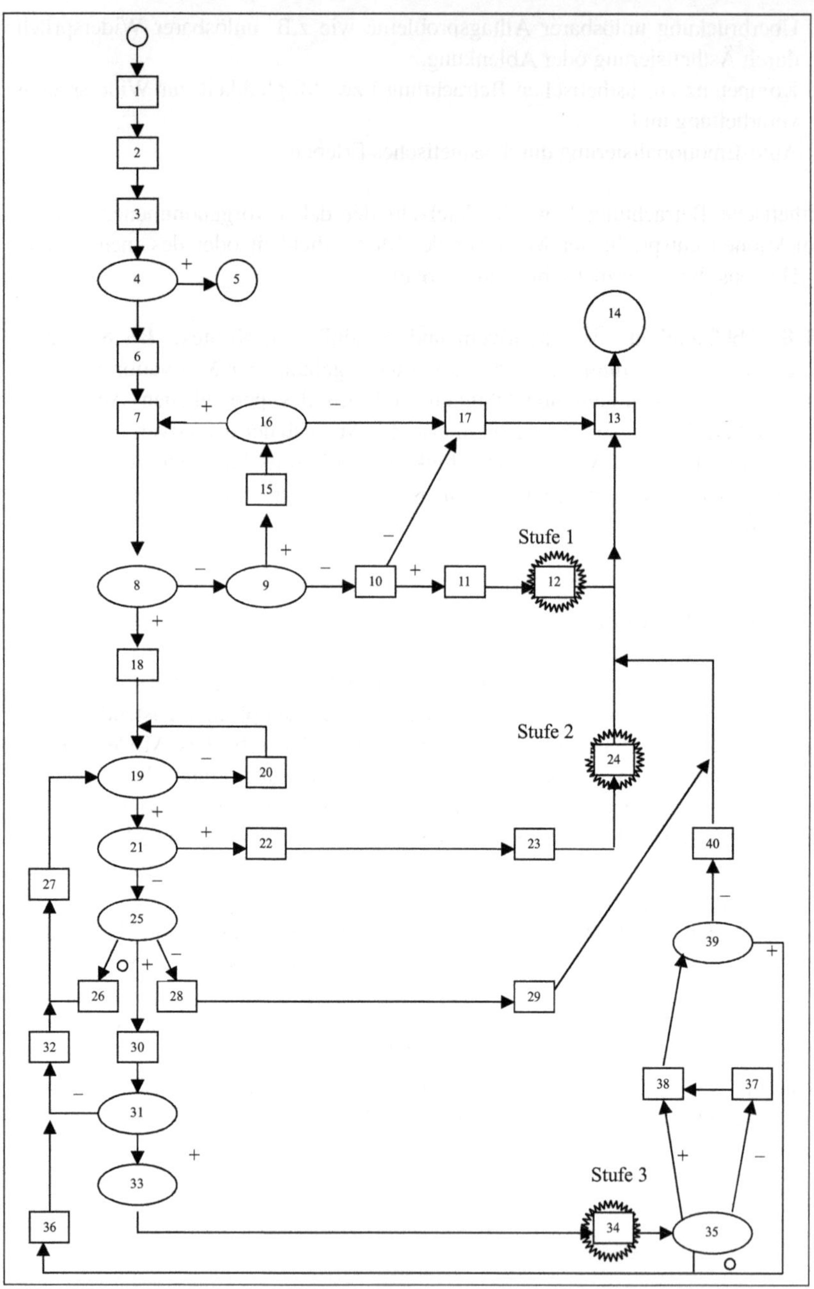

Abb. 46:   Das Modell

Die einzelnen Schritte des Modells erklären sich folgendermaßen:

1. Die vorbewusste Wahrnehmung steht immer schon in einem **Absichtskontext**.
2. Dieser Absichtskontext führt zu einer **Erwartungsbildung**.
3. Im **Wahrnehmungsfeld** wird nun nach Übereinstimmungen von Wahrnehmung und Erwartung gesucht.
4. **Kontrolle**: Stimmen **sinnliche Wahrnehmung und intellektuelle Erwartung überein**? Wenn nein → 6)
5. Wenn ja, dann ist die **Erwartung bestätigt**. Somit besteht kein Anlass zu einer weiteren Bestätigung der Erwartung. (Da bei der Wahrnehmung keine kognitiven Probleme aufgetreten sind, bleibt der Vorgang unbewusst.)
6. Stimmen Wahrnehmung und Erwartung nicht überein, erhöht sich die **Unbestimmtheit**. (Alle Selbstwahrnehmungen dieser Art werden ab jetzt zumindest bis zum Eintritt in die vagative Suche bewusst wahrgenommen.)
7. Durch ein Sichten der entstehenden Assoziationen kommt es zu einer **Prognose** hinsichtlich **Relevanz und Stress** der vorhandenen Unbestimmtheit.
8. **Kontrolle** der Prognose: Ist die zu erwartende Kategorisierung wahrscheinlich **relevant** und beinhaltet **wenig Stress**? Wenn ja → 18)
9. **Kontrolle** der verbleibenden Möglichkeiten im Fall einer negativen Antwort auf die Kontrolle von 8: Die Antwort „nein" impliziert die Prognose von **viel Stress** bei gleichzeitig **viel Relevanz**. Wenn ja → 15)
10. **Kontrolle** der verbleibenden Möglichkeiten im Fall einer negativen Antwort auf die Kontrolle von 9: Die Antwort „nein" impliziert die Prognose von **wenig Stress** bei gleichzeitig **geringer oder keiner Relevanz**. Wenn nein → 17)
11. Wenn ja, dann besteht wenig Relevanz bei gleichzeitig wenig Stress. D.h., die Suche nach Assoziationen verläuft positiv, knüpft also an motivierende Elemente des Bausteinvorrats an.
12. Die Bestätigung der vorhandenen Weltbilds entspricht **Schönheitsempfinden auf Stufe 1**, der Beurteilung des Empfindens als ‚**Schönheit**' bzw. ‚**Langeweile**'.
13. Die Erfahrungen der vagativen Suche werden dem vorhandenen Bausteinvorrat hinzugefügt, es kommt zu einer entsprechenden **Erweiterung des Bausteinvorrats**, die ihrerseits auch reflektiert wird (also zu einem entsprechenden An- oder Abstieg des Kompetenzempfindens führt, je nachdem, ob es vorher zu einem positiv erlebten Lustempfinden kam oder die Suche frühzeitig abgebrochen werden musste).
14. Die Suche nach weiteren Übereinstimmungen von sinnlicher Wahrnehmung und intellektueller Erwartung wird beendet.
15. Wenn Punkt 9 positiv beantwortet wurde, dann besteht so viel Stress, dass die Wahrnehmung zwar nicht abgebrochen wird, aber andererseits auch nicht völlig entspannt weiter betrieben werden kann. Umgangssprachliche Umschreibungen der Beurteilung dieses Empfindens: ‚**Beunruhigung**'.

16. **Kontrolle** des Kompetenzempfindens: Ist das subjektive **Kompetenzemp-
    finden** hoch genug für weitere Eigenbeobachtung? Wenn ja → 7)
17. Dass Punkt 10 negativ beantwortet wurde, impliziert viel kognitiven Stress,
    während gleichzeitig keine Relevanz der Wahrnehmung zu erwarten ist, so
    dass die Wahrnehmung **abgebrochen** wird. Umgangssprachliche Umschrei-
    bungen der entsprechenden Beurteilung des Empfindens sind ‚**Ärger**‘ und
    ‚**Hässlichkeit**‘. Weiter bei → 13)
18. Wenn Punkt 8 positiv beantwortet wurde, dann besteht so wenig kognitiver
    Stress, dass die Wahrnehmung einerseits kontemplativ bzw. vagativ bearbeitet
    werden kann und andererseits doch so viel Interesse am Objekt besteht, dass
    die **Betrachtung nicht abgebrochen** wird. Umgangssprachliche Umschrei-
    bungen dieses Urteils sind ‚**Interesse**‘ oder ‚**Faszination**‘. Der oder die
    Interessierte beginnt die vagative Suche; die Wahrnehmung der weiteren Suche
    nach Übereinstimmung von Ordnungsmustern verläuft bis zum Austritt aus
    dem Bereich unbewusst.
19. **Kontrolle** der durch die vagative Suche erweiterten Möglichkeiten an Muster-
    überschneidungen: Sind neben logischen auch eine Vielzahl **ästhetiklogischer
    und emotionaler Musterüberschneidungen** vorhanden? Wenn ja → 21)
20. Sind keine Musterüberschneidungen dieser Art vorhanden, kommt es zu einer
    Vertiefung der Suche, und zwar durch eine **Steigerung des Auflösungsgrads**.
21. **Kontrolle** von → ‚Beflügelung‘ durch die neu entstandenen Vernetzungen:
    Kommt es durch die neuen Muster zu einer **Aufhebung der Unbestimmtheit**
    bzw. des Leidens von Punkt 6? Anders formuliert: Relativiert der subjektive
    Eigenwert der Betrachtung die anfängliche Unbestimmtheit? Wenn nein → 25)
22. Hat die vagative Suche die anfängliche Unbestimmtheit kompensiert, dann
    werden die neuen Muster abstrahiert bzw. kommunizierbaren Abstrahierungen
    angepasst. **Inneres Fühlen und äußere Begrifflichkeiten werden ange-
    glichen.**
23. Dadurch entsteht das Empfinden einer **intuitiven, beflügelnden Erleuchtung**
    durch die vorangegangene Ordnungsfindung.
24. Die Schaffung neuer Muster entspricht **Schönheitsempfinden auf Stufe 2,**
    ‚**Rührung**‘ oder ‚**Ahnen**‘ von ekstaseähnlichen Zuständen.
25. **Kontrolle**: Besteht genug Kompetenzempfinden zur nochmaligen **Erwei-
    terung der Mustersuche** durch noch höheren Auflösungsgrad (also in Hin-
    blick auf zunehmende Idealisierung und entsprechenden Anspruch an eigene
    Erlebnis- und Abstraktionsfähigkeit)? Wenn nein → 28), wenn ja → 30)
26. Ist die Frage nach ausreichendem Kompetenzempfinden aufgrund der
    Wechselwirkung des jeweiligen Kompetenzempfindens nicht eindeutig zu ent-
    scheiden, dann kommt es ähnlich wie bei Punkt 20 zu einer **Schleife der ästhe-
    tischen Wahrnehmung**. Hierbei werden zur Klärung der Kompetenzfrage
    möglichst diszipliniert einerseits inneres Erleben und andererseits äußere Inter-

pretationsmuster miteinander verglichen, d.h. **die intellektuellen und emotionalen Möglichkeiten werden unter kontrollierten Bedingungen gesichtet.**

27. Durch die starke Kontrolle dieses Sichtens, also einen fixativen Anteil der Reflexion, wird das Empfinden dieses Vorgangs teilweise bewusst. Umgangssprachliche Umschreibungen dieses Empfindens sind ‚**Melancholie**‘ oder ‚**traurige Sehnsucht**‘. Wenn nein → 28)

28. Aufgrund des fehlenden Kompetenzempfindens kommt es zur **Annahme einer Gefährdung der kognitiven Selbsterhaltung.**

29. Beim konsequenten Verlassen des vagativen Bereichs werden umgangssprachlich die Gefühle von **Angst** oder **Hoffnungslosigkeit** verwendet. Die Betrachtung wird abgebrochen.

30. Aufgrund vorhandenen Kompetenzempfindens und dadurch initiierter Motivation (im Hinblick auf umfassende Musterübereinstimmungen und entsprechende Erlebnisqualitäten) wird die **Suche** weiter **vertieft.**

31. **Kontrolle**: Ist eine völlige Identifikation mit dem Betrachteten, also eine unterschiedslose Empathisierung möglich? Wenn ja → 33)

32. Durch die fehlende Möglichkeit der völligen, also unterschiedslosen Identifikation mit dem Betrachteten entsteht eine ähnliche Schleife wie in Punkt 26) bzw. 27). Umgangssprachliche Umschreibungen dieses Empfindens sind ‚**Melancholie**‘ oder ‚**genussvolle Sehnsucht**‘.

33. Existiert mehr Empathisiertes als Empathisierendes, also beispielsweise mehr Aufmerksamkeit für den Ehegatten als für sich selbst oder mehr Gegenvorstellung als Reales, dann kommt es problemlos zum **unterschiedslosen Zusammenfall des Gegensatzes von Außen und Innen.** Umgangssprachliche Umschreibungen dieser völligen, also unterschiedslosen Identifikation mit dem Objekt sind: ‚**etwas anderem mehr Aufmerksamkeit schenken als sich selbst**‘, ‚**Einswerden**‘, ‚**Selbstvernichtung**‘,‚**völlige Leere**‘ oder ‚**sich fallen lassen**‘. Ab hier sind die Vorgänge – trotz ihrer Entstehung im vagativen und an sich unbewusst funktionierenden Bereich – anteilig bewusst. Grund dafür ist der unterschiedslose → Zusammenfall der empathisierten Gegensätze, der bei starker Empathisierung auch den Zusammenfall des Unterschieds von Bewusstsein und Unterbewusstein beinhaltet. Das entspricht dem Erleben ekstatischer Unterschiedslosigkeit und führt zu den in Punkt 38 beschriebenen Anforderungen an das kognitive System, diese unterschiedslosen Erfahrungen wieder in eine abstrakte Logik mit Unterschieden zurückzuführen.

34. Es kommt zu einer Reflexion von Punkt 33: Da in einem unterschiedslosen Bereich ohne Abstraktionen zwangsläufig keine kognitiven Widersprüche, sondern nur positiv besetzte Emotionen assoziiert werden können, steigt das subjektive Lustempfinden stark an. Umgangssprachlich werden die entsprechenden Erlebnisqualitäten umschrieben als ‚**Gefühl**‘, ‚**Liebe**‘, ‚**Erleuchtung**‘ oder ‚**lustvolles Verschmelzen**‘ mit dem Objekt der Betrachtung, also **Schönheitsempfinden auf Stufe 3.**

35. **Kontrolle**: Ist eine **Abstraktion dieser Erfahrung möglich**? Wenn nein
→ 37), wenn ja → 38).
36. Ist die Frage nach der Abstraktionsfähigkeit nicht eindeutig zu entscheiden,
wird eine rekursive **Überprüfung mit erhöhtem Auflösungsgrad** vorgenommen.
37. Ist die Abstraktion von Punkt 34 nicht möglich, entsteht ein Informations-
defizit, das im Lauf der Punkte zu Fehlinterpretationen im Hinblick auf den gesellschaftlichen Konsens führen wird – anders gesagt: Die unvollständige
Relativierung eines individuell zugänglichen, unterschiedslosen Empfindens
und eines gesellschaftlich fixativen Diskurses der Außenwelt führen zu Interpretationen, die, da regelwidrig, von der Gesellschaft als Krankheit verstanden
werden.
38. Konkretes Denken und synkretes Fühlen werden einander angeglichen, die
vorangegangene Erfahrung wird **abstrahiert**. D.h. alle wesentlichen funktionalen (also gesellschaftlich kommunizierbaren) und emotionalen (also
individuell gebundenen) Merkmale werden auf ihre Stichhaltigkeit in Bezug
auf andere logische Konstrukte und die anfängliche Unbestimmtheit überprüft
(emotionales Empfinden wird auf andere Konstrukte übertragen) und zwangsläufig mit Bezeichnungen der Unbeschreibbarkeit belegt.
39. **Kontrolle**: Besteht der Wunsch nach einer (realitätsverweigernden und wahrscheinlich krankheitsbedingten) Verlängerung dieses Einheitserlebens? Wenn
ja → 36).
40. Wird die Abstraktion des vorangegangenen Erlebens vorgenommen, dann
kommt es zu umgangssprachlichen Umschreibungen von ‚**Auferstehung**‘,
‚**neues Bewusstsein**‘, ‚**Offenbarung**‘, ‚**Erleben der Idealität**‘ und ‚**Selbstverwirklichung**‘.

Eine Gebrauchsanleitung dieses Programms fasst noch einmal das Wichtigste zusammen: Durch eine speziellen Technik, das ‚Verweilen‘, wird die Vermittlung
‚gegenstrebiger‘ Informationsspeicher möglich als eine kognitive Suche nach
Überschneidungen der logischen, ästhetiklogischen und emotionalen Muster mit
hohem Auflösungsgrad und niedriger Selektionsschwelle. Dadurch entstehen Gefühle, die eventuell sehr stark erlebt werden, besonders alle ‚typisch menschlichen‘
Gefühle wie beispielsweise empathische Phänomene von Mitleidsfähigkeit, Einfühlungsvermögen und die Möglichkeit zur Reue (juristisch zu übersetzen mit
Schuldfähigkeit), sowie Freude, Trauer, ‚Faszination‘ und ‚Interesse‘ bis hin zu
‚Rührung‘ und Ekstase oder Enstase. Wie das im Einzelnen interpretiert wird, ist
sehr unterschiedlich. In einem Fall dienen die aufgerufenen Muster moralisierend
zur Stabilisierung der Gesellschaft, im anderen Fall wertneutral zur Stabilisierung
des Individuums. Oder ausschließlich der jeweils therapeutische oder ‚ablenkende‘
Aspekt des Ganzen wird in den Vordergrund gestellt. Verschiedene Interpretationen innerhalb des Modells bei jeweils verschiedenen Individuen mit jeweils

verschiedener Bildung, verschiedenem Entwicklungsstand oder kultureller Prägung können zwar einen völlig verschiedenen Umgang mit einzelnen ästhetischen Phänomenen zur Folge haben. Diese Vielfalt möglicher Reaktionsweisen bestätigt aber nur das hier angebotene Modell, da sie sich aus ihm ableiten lassen, denn dieses Ästhetik-Modell funktioniert unabhängig von verschiedenen z.B. epochengebundenen Interpretationen des ästhetischen Erlebens wie vorneuzeitlichen oder modernen Kunstvorstellungen.

Die Phänomene des ästhetischen Erlebens gelten als unbeschreibbar, sind aber gerade darin als typisch menschliche Eigenschaften zu benennen bis hin zur umfassenden Gleichsetzung von ästhetisch-emotionalen Vollzügen und menschlicher Seele. Das ist insofern nachvollziehbar, als durch die Kompetenz zur ästhetischen Betrachtung tatsächlich nicht nur nach außen hin eine flexible Anpassung an wechselnde Umwelt ermöglicht wird, sondern das Erleben von Gefühlen auch nach innen stabilisierend und seelenvoll wirkt. Das gilt sogar für extreme Formen des ästhetischen Erlebens wie Ekstase oder Enstase, die sich u.a. durch den völligen Zusammenbruch von Kommunikationsfähigkeit auszeichnen. Ohne solche Zustände könnte man sich der regulären Zustände überhaupt nicht bewusst werden, da jede Vorstellung und jeder abstrakte Begriff davon lebt, dass man sich auch ihr jeweiliges Gegenteil vergegenwärtigen kann. Solche Gegenvorstellungen entstehen in der Vermittlung zwischen fixativen und vagativen Strukturen. Die ästhetische Vergegenwärtigung gegenstrebiger Komponenten ist sogar Voraussetzung, wenn nicht gar Synonym für Bewusstsein.

Durch die Reflexion im ästhetischen Empfinden werden sog. höhere mit sog. niederen Bewusstseinsformen verschaltet. Der so entstehende innere Dialog ermöglicht auch Sprachfähigkeit. Ausschließlich die empathisch einfühlende Emotionalität schafft eine Motivationsstruktur zur Aneignung von Sprache, eine Intention. Nur wenn ein (reales oder gedachtes) Gegenüber ‚da ist‘, dann ist auch eine Motivation zum Sprechen gegeben. Dieses (reale oder gedachte) Gegenüber erzeugt wiederum ein neues Ungleichgewicht von fixativ-abstrakten Kommunikationsstrukturen und vagativen Sinnesreizungen – was wiederum neue Möglichkeiten ästhetischen Empfindens und entsprechender Abstraktionen zur Folge hat, was wiederum und so weiter und so fort. Entscheidend ist, dass in der Angleichung verschiedener Wissensrepräsentationen ästhetische ‚Mehrwert-Phänomene‘ entstehen, quasi der Treibstoff des geistigen Lebens.

Ästhetisches Empfinden stellt sich so als grundlegende Technik menschlicher Wirklichkeitsbewältigung und als Basis vielschichtiger, bewusstseinserzeugender Strukturen dar. Nur ästhetische Wahrnehmung ermöglicht die Entstehung verschiedener Reflexionszustände und deren (Selbst-)Reflexionen. Das zeigt die tiefgreifende Ähnlichkeit zwischen der menschlichen Möglichkeit, sich selbst zum Gegenstand des eigenen Denkens zu machen, und charakteristischen Merkmalen ästhetischen Erlebens. Diese Ähnlichkeit legt nahe, dass menschliches Bewusstsein

durchgängig auf ästhetischem Erleben beruht. Dafür spricht u.a. besagte Epochen-
konstanz des Modells.

Dieses Bewusstsein funktioniert im Allgemeinen genauso wie im Spezialfall
Kunst. Was die Kunst angeht, so ist sie nach der Logik dieses Ästhetik-Bewusstseins-
Modells vergleichbar mit einem jeweils epochenabhängigen und ritualisierten Text
über die Bewältigung von Problemen, von (psychologisch formuliert) Unbestimmtheit oder (philosophisch formuliert) Leiden. Dieser Text von der Wechselbeziehung von Außen und Innen ist dazu gedacht, in zweierlei Hinsicht Nutzen zu
bringen, nämlich Nutzen für Außen (= Intellektualisierung des Rezipienten und
Schaffung neuer Interpretationsmuster zur Bewältigung des Alltags, also eher gesellschaftlich relevante Aspekte) als auch Nutzen für Innen (= Individualisierung
und Emotionalisierung des Kunstrezipienten). Beide Formen greifen auch ineinander. Durch das Wechselspiel zwischen diesen beiden Seiten im Denken entsteht
eine Art Mittelpunktillusion, in der sich der oder die Betrachtende seinen bzw.
ihren ästhetischem Lustgewinn zusammenzimmern kann. Je nach persönlichem
Werdegang werden die Orte dieses Lustgewinns z.B. als Bewusstsein göttlicher
Unendlichkeit und Einheit bezeichnet oder als besonders authentische Lebens-
erfahrung oder was auch immer. Der psychologische Begriff dafür ist Selbstrefle-
xivität. Beim Durchlauf dieser Reflexionsmöglichkeiten, bei quasi gesellschaftlich
ritualisierten Reizüberflutungen und einem so organisierten Flow-Effekt von Kunst
besinnt sich der oder die Denkende auf sich, bearbeitet so die üblichen Alltags-
widersprüchlichkeiten und verschafft sich so selbstorganisiert und selbsterziehend
Mündigkeit in Form von Selbstbestimmung, -erkenntnis, -sicherheit und -findung.
Denn ...

> „... *Kunst ist die einzige Tätigkeitsform, durch die der Mensch sich als*
> *wahres Individuum manifestiert*". (Duchamp nach Mäckler 1989, S. 67)

Die psychische Verwundbarkeit wird durch das Erleben von Gefühlen durch
Ästhetik vermindert, ohne dass Sensibilität und Empfindlichkeit verloren gehen.
Diese (ästhetische) Kompetenz zur Anwendung der so beschriebenen Wahr-
nehmungstechnik ist angeboren, kann und muss aber durch Lernen vervollständigt
werden. Sie ist auf niedrigem Niveau auch bei Tieren nachweisbar. Solche selbst-
emotionalisierende Schönheitserfahrung ist ausgesprochen wichtig für den Erhalt
des Systems Psyche: Subjektive Schönheit sehen und/oder sich selbst ‚spüren' ist
hierfür obligatorisch, weil das System andernfalls auf Dauer zusammenbricht. Vor
allem die Flexibilität des Denkens braucht Schönheitserfahrung und den damit verbundenen kompetenten Umgang mit Widersprüchlichkeiten und Leerstellen im
Alltag. Was dort Hoffnung heißt, kennzeichnet wahrscheinlich den gerade höchst-
möglichen Grad an Lern- und Kommunikationsmöglichkeiten.

Alle diese Aspekte – Offenheit gegenüber Widersprüchen und Wirklichkeitsverarbeitung als Lernen im Umgang mit Unberechenbarkeitsfaktoren, mehr-

schichtiges Lernen, kognitive Verfeinerung der Wahrnehmung, kontinuierliche Aufmerksamkeit und das Aufrechterhalten eines Individualitätsbegriffs als Begriff von Identität bzw. Kontinuität – werden poetisch als ‚menschliche Würde‘ oder ‚Herz‘ umschrieben.

3.3 Kunststichproben

Mit diesem Modell müssten typische Widersprüche der Kunst zu erklären sein. Zwar lebt die Kunst geradezu von ihren internen Widersprüchen. Aber mit dem Ästhetik-Modell ist Kunst trotz aller scheinbaren Unberechenbarkeit logisch nachvollziehbar und somit doch berechenbar. Hier einige einschlägige Beispiele für widersprüchliche Kunstklischees, die entweder im Lauf der Arbeit bereits angedeutet wurden oder noch hinzuzufügen sind:

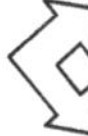

1) Kunst vermittelt Welt, ist ‚Aneignung von Welt‘ (entspricht **BS 1**).
2) Kunst ist aber auch Ausdruck einer sog. schöngeistigen Welt (entspricht **BS 6**).

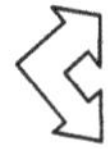

3) Kunst fördert vernetztes oder intuitives Denken (entspricht **BS 2** und **5–6**).
4) Künstlerische Betätigung versperrt den Blick auf die Welt durch quasi hirnlose Sinnlichkeit oder esoterisch-ästhetische Praktiken, die für realpolitische Zusammenhänge blind machen (entspricht **BS 5–6**).

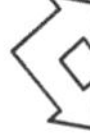

5) Kunst ist ein spezifisch menschliches Phänomen und es repräsentiert höhere Denkfähigkeit (entspricht **BS 3–6**).
6) Primitivismus oder sog. Primatenkunst (Kunst von Affen) ist ästhetisch, gerade durch die Reduktion auf nicht intellektuelle Aussagen (entspricht **BS 4**).

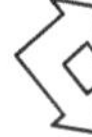

7) Ästhetik ist Wahrnehmung der eigenen Wahrnehmung (entspricht **BS 2** und 4).
8) Ästhetik ist Wahrnehmung des ‚Anderen‘ (entspricht **BS 2**).

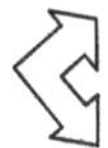

9) Ästhetik ist die authentischste Wahrnehmung von Welt (entspricht **BS 1**).
10) Künstlerische Betätigung lenkt ab von der harten Realität und ist nur schöngeistiger Luxus (entspricht **BS 5** und **8**).

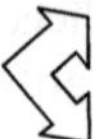

11) Ästhetische Wahrnehmung ist unbeschreibbar und zweckfrei (entspricht **BS 1, 5–6**).
12) Kunst ist ‚Text' (entspricht **BS 6**).

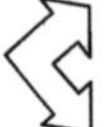

13) Ästhetik ist Idealität (entspricht **BS 4**).
14) Idealität ist nicht Kunst, sondern Kitsch (entspricht **BS 4**).

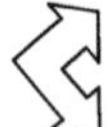

15) Kunst ist innovativ (entspricht **BS 1–3**).
16) Kunst kommt von Können, auch und gerade im Sinne althergebrachter Techniken (entspricht der Perfektionierung von **BS 2** und **8**).

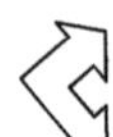

17) Kunst ist moralisch gebunden (entspricht **BS 2–4**, also Steigerung der Ergriffenheit unter ethisch-kollektivem Aspekt).
18) Kunst ist nicht moralisch gebunden (entspricht **BS 2–4**, Steigerung der Ergriffenheit unter individuellem Aspekt).

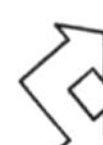

19) Kunstbetrachtung ist Meditation, ganzheitliches Empfinden, vergleichbar mit kindlicher Wahrnehmung oder einem Traum – Kunst tut gut (entspricht **BS 5**).
20) Kunst ist gesellschaftskritisch und auf aufmerksame Wahrnehmung der Welt angelegt – Kunst muss wehtun (entspricht **BS 2** und **4**).

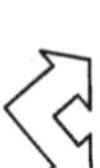

21) Kunst ist Kunst, egal aus welcher Epoche, und wegen dieser religiösen Aura von Kunst sind hohe Gelder für gotische Madonnen, an sich Kunsthandwerk, gerechtfertigt (entspricht moderner Überästhetisierung = **BS 4**).
22) Alle Kunst vor der Moderne ist nur Kunsthandwerk (entspricht der modernen Künstlerrolle mit starker Betonung von **BS 2–4** und **7–9**).

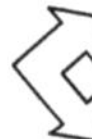

23) Kunst verbindet empathisch den Menschen mit seinen Mitmenschen (entspricht **BS 2**).
24) Ästhetische Distanz ist auch ganz toll, gerade weil man in manchen Momenten am glücklichsten mit sich alleine ist (entspricht **BS 7**).

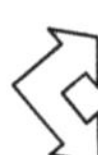

25) Kunstbetätigung zeichnet den Menschen aus als homo ludens (entspricht **BS 8**).
26) Hohe Kunst ist erhaben und bar aller Komik (entspricht **BS 4**).

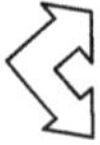

27) Moderne Kunst agiert nahe am Wahnsinn und nur ‚wahre' Künstler halten das aus (entspricht **BS 6**).
28) Kunstbetätigung ist ein so leichter bzw. schwerer Beruf wie viele andere (entspricht der Wahrheit).

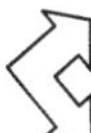

29) Kunst ist am schönsten, wenn sie das Erleben von Gemeinschaft fördert (entspricht **BS 4**).

30) Kunst ist am schönsten, wenn sie das Erleben von Individualität fördert (entspricht **BS 4**).

3.4 Und nun die Widersprüche im Zusammenhang

Mittels dieses Modells der ästhetischen Wahrnehmung lassen sich die exemplarischen Widersprüche von Kunst erklären und als verschiedene Schwerpunkte ein und desselben Modells nachweisen.

Widerspruch 1–2: Kunst vermittelt zwar Welt, ist aber andererseits Ausdruck einer schöngeistigen eigenen Welt. Dieser Widerspruch umschreibt einerseits den Nutzen der ästhetischen Wahrnehmung für die flexible Anpassung und andererseits den vagativen Bereich mit seinen eigenen Regeln. Dem entspricht einerseits der Übergang in den vagativen Bereich bzw. aus diesem heraus von Punkt 18, 23, 29 und andererseits das jeweilige Schönheitsempfinden von Punkt 12, 24 und 34 sowie die Bausteinerweiterung von Punkt 13.

Widerspruch 3–4: Kunst fördert vernetztes Denken, steht aber auch in Zusammenhang mit psychischer Labilität oder alltagssprachlich verstandener Verträumtheit. Dieser Widerspruch umschreibt einerseits das verstärkte Suchen nach Musterüberschneidungen im vagativen Bereich und andererseits den kontemplativen Zugang dazu.

Dem entspricht einerseits der Bereich des vagativen Fühlens von Punkt 18–33, und andererseits die entsprechende Zugangsvoraussetzung für den vagativen Bereich von Punkt 8.

Widerspruch 5–6: Kunst repräsentiert höhere, menschliche Denkfähigkeit, Primitivismus besticht aber gerade durch die Reduktion auf nicht intellektuelle Aussagen. Dieser Widerspruch umschreibt einerseits ästhetische Kompetenz als Voraussetzung für die Entstehung von Bewusstsein bzw. höheren Bewusstseinsstufen und andererseits das ästhetische Lustempfinden beim Eintritt in einen Bereich → geringer Unterschiede (Primitivismus wird vom Betrachter ähnlich interpretiert und wahrgenommen wie kindliches Betrachten). Dem entspricht einerseits die Kompetenz für Punkt 38 und andererseits die Zugangsvoraussetzung für Punkt 18–33 in Form der geringen Unterschiede (die sehr wahrscheinlich zu einem ästhetischen Lustempfinden führen).

Widerspruch 7–8: Ästhetik ist Wahrnehmung der eigenen Wahrnehmung, aber auch Wahrnehmung des Anderen. Dieser Widerspruch umschreibt einerseits die interne, emotionale Reflexion der ästhetischen Suche nach Musterüberschneidungen und andererseits das empathische Einfühlen in das rezipierte Kunstwerk. Dem entspricht einerseits die Selbstwahrnehmung der vagativen Suche, also vor allem die Punkte 7–12, 15–17, 23–29, 31–32, 34–39 und 40, und andererseits das Einfühlen mit → geringen Unterschieden von Punkt 19 und vor allem von Punkt 31.

Widerspruch 9–10: Ästhetik ist die authentischste Wahrnehmung von Welt, lenkt aber auch ab von der sog. harten Realität und ist nur schöngeistiger Luxus: Dieser Widerspruch umschreibt einerseits den möglichst flexiblen Wechselbezug zwischen Außen und Innen und andererseits den eigenständigen vagativen Bereich, in dem ästhetisches Lustempfinden provoziert werden kann. Letzteres kann tatsächlich von der harten Realität ablenken, indem es dieser das eigenwertige ästhetische Erleben entgegensetzt. Dem entspricht einerseits die Suche nach Musterüberschneidungen und die jeweilige Steigerung des Auflösungsgrades von Punkt 20 und 30 bei gleichzeitigem Zwang zur kognitiven Verarbeitung der entstehenden Menge an neuen Mustern, andererseits die Fokussierung des Objekts durch Phase 1, also das vagative Einfühlen von Punkt 18–33.

Widerspruch 11–12: Ästhetische Wahrnehmung ist unbeschreibbar, aber trotzdem wie eine Art von lesbarem Text. Dieser Widerspruch umfasst sowohl den kontemplativen Zugang zur Kunst als auch die durch die Gegenstrebigkeit des Denkens verursachten Schwierigkeiten in der diskursiven Darstellung von ästhetischem Erleben. Andererseits sind die metaphorischen Termini der zwangsläufig entstehenden Legende von der Unbeschreibbarkeit der Kunst durchaus allgemeinverständlich und im vorangegangenen Modell zu lokalisieren. Dem entspricht einerseits die unbeschreibbare, gegenstrebige Logik von Punkt 19 bzw. der kontemplative Zugang zum vagativen Fühlen von Punkt 18–33, andererseits die ebenfalls dort beschriebene, gleichsam lesbare und nachvollziehbare Logik des Modells bzw. der kommunizierbare Gehalt der metaphorischen Umschreibungen des unbeschreibbaren Erlebens von Punkt 12, 18, 23–24, 27, 29, 32, 34 und 40.

Widerspruch 13–14: Ästhetik ist Idealität, Idealität steht aber im Geruch von Kitsch. Dieser Widerspruch umschreibt einerseits ästhetisches Erleben, bei dem vagatives Erleben mit einem sehr utopischen, abstrakten Ideal korreliert wurde, andererseits ästhetisches Erleben, bei dem das Lustempfinden unter Umständen von der harten Realität tatsächlich etwas zu sehr ablenkt, um dieser Realität noch kritisch gegenüberstehen zu können. Dem entspricht einerseits das Erleben von Punkt 23–24, 27, 32 und 34–40, andererseits das Schönheitsempfinden von Punkt 12, das keine großen Anforderungen an das kognitive System stellt, also auch dogmatischem Denken Schönheitsempfinden erlaubt.

Widerspruch 15–16: Kunst ist innovativ, andererseits kommt Kunst von Können, auch und gerade im Sinne althergebrachter Techniken. Dieser Widerspruch umschreibt einerseits, dass ästhetisches Erleben, wenn es nicht wegen großer (und dann stresserzeugender) Neuigkeit vorher abgebrochen wird, bei hohem Innovationsniveau als entsprechend lustvoll erlebt wird. Andererseits ermöglicht die Vorstellung einer Tradition der jeweiligen Kunsttechnik auch die Empathie mit deren Vertreter, also das Gefühl von Legitimation bzw. Anerkennung innerhalb der Wertegemeinschaft von Künstlern und Kunstrezipienten; außerdem werden dem Ausüben von traditionellen, teilweise vergleichsweise aufwändigen Techniken hohe technische Fähigkeiten unterstellt, die nicht allen gegeben sind und deswegen das Gefühl von Exklusivität vermitteln, also nur den Genies der Kunst zugesprochen werden; diese Techniken fördern nämlich den kontemplativen Zugang durch den Anspruch an das technische Können, also den steten Wechselbezug von Außen und Innen (der abstraktes Denken zugunsten sinnlicher Kontrolle des Schaffensprozesses hemmt). Dem entspricht die erhöhte Möglichkeit zur Musterüberschneidung von Punkt 19 (was auch für außen schon alleine durch den sichtbaren Arbeitsaufwand nachvollziehbar ist) einerseits durch das Schaffen neuer Abstrakta (bzw. gelungener Abstraktion von Punkt 39) und andererseits durch eine vorher schon verfeinerte Sinneswahrnehmung (diese wiederum entsteht durch Wissen um einzelne, handwerkliche Abläufe bei der Kunstproduktion).

Widerspruch 17–18: Kunst ist moralisch gebunden und doch nicht moralisch. Dieser Widerspruch umschreibt einerseits das empathische Einfühlen in andere Menschen bzw. entsprechende gesellschaftliche Werte, andererseits die Verweigerung dieser Empathie aufgrund eines starken Drangs zu Individualisierung. Dem entspricht einerseits die in Punkt 19 beschriebene Musterüberschneidung in verschiedenster Hinsicht, also in Hinsicht auf gesellschaftlich-moralische Werte, und andererseits der gleiche Mechanismus, nur dass in diesem Fall weniger moralische Werte des jeweiligen Künstlers oder Rezipienten durchdacht wurden als vielmehr ästhetiklogische Prinzipien. Dem unterliegen wahrscheinlich tendenziell eher gesellschafts- bzw. individualitätsstabilisierende Bedürfnisse.

Widerspruch 19–20: Kunstbetrachtung ist Meditation, ganzheitliches Empfinden, vergleichbar mit kindlicher Wahrnehmung oder einem Traum – Kunst tut gut, aber andererseits soll Kunst gesellschaftskritisch und auf aufmerksame Wahrnehmung der Welt angelegt sein – Kunst muss wehtun: Kunstbetrachtung ist Meditation, Kunstbetrachtung soll aber auch gesellschaftskritisch sein. Dieser Widerspruch umschreibt einerseits den kontemplativen Zugang zur Kunst, andererseits die Forderung nach unter Umständen auch schmerzhafter Relativierung zu stark fixativer oder zu stark vagativer, also gleichsam dogmatischer Denkpraxis. Dem entspricht einerseits die Förderung positiv assoziierter Muster des vagativen Fühlens von Punkt 18–33, in der negativ assoziiert Muster ab einem gewissen Grad zum

Abbruch dieser Suche führen, und andererseits die in Phase 2 versteckte Anforderung an das kognitive System von Punkt 35–39 bzw. Punkt 13.

Widerspruch 21–22: Kunst ist Kunst, egal aus welcher Epoche, Kunst vor der Moderne wird aber als Kunsthandwerk bezeichnet. Dieser Widerspruch umschreibt einerseits die lustbringende Zuschreibung des ästhetischen Empfindens an jedes kulturelle Objekt und andererseits die gesellschaftliche Stellung vorneuzeitlicher ‚Objektproduzenten‘, die mit dem Status heutiger Handwerker vergleichbar ist. Dem entspricht einerseits die Möglichkeit zur ästhetisierenden Betrachtung, also zum Ablauf des nötigen Auslösers, die an sich durch jeden Gegenstand gegeben ist. Ästhetische Betrachtung kann sich andererseits auch an Gegenständen entwickeln, die in ihrer Entstehungszeit von Menschen geschaffen wurde, die in soziologischer Hinsicht nicht den Status heutiger Künstler, sondern denjenigen heutiger Handwerker hatten.

Widerspruch 23–24: Kunst verbindet empathisch, manchmal bewirkt aber ästhetische Distanz genau das Gegenteil. Dieser Widerspruch umschreibt das gleiche Dilemma wie **Widerspruch 17–18**.

Widerspruch 25–26: Kunstbetätigung zeichnet den Menschen aus als *homo ludens*, ‚hohe Kunst‘ tritt aber in keiner Weise komisch, sondern eher erhaben und ernst auf. Dieser Widerspruch umschreibt einerseits die spielerische Art, wie zweckfrei neue Muster gesucht, gefunden und erprobt werden, und andererseits ekstatisches und enstatisches Erleben, das bei zuviel Komik abgebrochen würde, weil Komik tendenziell weniger Wahrnehmung der eigenen Wahrnehmung erfordert als vielmehr Wahrnehmung des als komisch empfundenen Objekts.

Widerspruch 27–28: Künstler gelten als ganz besondere Menschen, Kunstbetätigung kann aber genauso gut als mehr oder weniger erlernbarer Beruf verstanden werden. Dieser Widerspruch umschreibt einerseits die besonderen Voraussetzungen für den Beruf des Künstlers, nämlich besondere Vernetzungsfähigkeit, Souveränität im Handhaben ästhetischer (Grenz-) Erfahrungen und künstlerisches Können, und andererseits die erlernbaren Anteile der Vermittlung von innovativen Schemata, ‚Botschaften‘ und eigenwertigem ästhetischen Erleben. Dem entspricht einerseits die (nicht allen Menschen in gleicher Weise gegebene) Möglichkeit, sich durch Übung und allgemeine Vernetzungsfähigkeit auf möglichst viele Musterüberschneidungen in Punkt 19 bzw. 31 einzulassen, und diese auch durch Kompetenz zur Abstraktion von Punkt 35 bzw. 39 nach außen kommunizierbar zu machen. Andererseits sind Anteile dieser Möglichkeit zum ästhetischen Erleben tatsächlich erlernbar, so dass die Grenze zwischen Veranlagung und Übung teilweise fließend ist.

Widerspruch 29–30: Kunst soll das Erleben von Gemeinschaft fördern, aber auch das Erleben von Individualität. Dieser Widerspruch umschreibt den Nutzen des ästhetischen Erlebens im Hinblick auf gesellschaftsstabilisierende Aspekte und andererseits den Nutzen im Hinblick auf Aspekte, die das Individuum stabilisieren. Dieser Widerspruch entspricht dem Dilemma von **Widerspruch 17–18**.

In diesen Fällen beruhen scheinbar widersprüchliche Aussagen über Kunst also wahrscheinlich nur auf verschiedenen Schwerpunkten des vorangegangenen Ästhetik-Modells. Auf keinen Fall liegt die Unbeschreibbarkeit des ästhetischen Erlebens an dessen Unberechenbarkeit, womit auch besagte Unbeschreibbarkeit letzten Endes ad absurdum geführt wäre.

3.5 Und um zum Schluss zu kommen: Die Geschichte vom Pferd und dem Igel

P.: *„Na, wie geht es uns denn heute so?"*

M.: *„Sagen Sie es mir – Sie sind der Psychologe."*

P.: *„Alles in Ordnung bei Ihnen? Sie wirken gereizt."*

M.: *„Nein, nichts ist in Ordnung. Auf alle Fälle nicht, was unsere Unterhaltungen angeht. Ich habe Ihr endgültiges Modell zur ästhetischen Wahrnehmung gesehen, und dachte, mich tut ein Zebra streifen. Von diesem Modell distanziere ich mich aufs Entschiedenste, auch von unserer Zusammenarbeit von Wissenschaft und Kunst. Man sieht ja, was dabei herauskommt. Man könnte meinen, man wäre in Japan, wo man alten Leuten elektrische Kuscheltiere in die Hand drückt, damit die auch mal etwas Nettes haben. Denken Sie allen Ernstes, dass Sie so etwas wie Liebe oder Ekstase programmieren könnten?"*

P.: *„Sie wollten doch, dass der Begriff Schönheit wissenschaftlich getauft wird."*

M.: *„Und nun musste ich ansehen, wie ihn der Taufpate im Taufwasser ersäuft. Sie glauben jetzt scheinbar tatsächlich, dass Sie intelligente Computer bauen könnten."*

P.: *„Natürlich. Alle kognitiven Prozesse sind berechen- und beschreibbar. Wenn man etwas verstanden hat, dann kann man es auch nachbauen, und man kann nur etwas nachbauen, was man auch wirklich verstanden hat."*

M.: *„Das mag vielleicht für Kühlschränke oder Fahrräder gelten, aber nicht für Menschen oder ästhetische Mechanismen. Manchmal zeigt man auch, dass man etwas verstanden hat, wenn man es eben nicht nachbaut. Habe ich Ihnen das nicht gut genug erklärt? Sie können niemals eine Wahrheit, die man nur erleben kann, durch Worte umfassend beschreiben oder distanziert ein System beschreiben, dessen Teil Sie selber sind. Das ist ja gerade der Witz daran. Schon einmal Luhmann gelesen? Oder etwas über formale Logik? Haben Sie denn gar nicht verstanden, was ich Ihnen erklärt habe? Natürlich ist alles berechenbar, aber wenn* *sie alles berechnen, dann ist es nicht mehr schön und hat nichts mehr mit all diesen Dingen zu tun, die ich Ihnen erklärt habe."*

P.: *„Natürlich kann ich ästhetisches Empfinden beschreiben. Es ist nur ein Unterschied, ob ich dieses Erleben undistanziert von der Innenseite oder distanziert von außen betrachte. Natürlich ist z.B. jemand während einer Ekstase nicht mehr in der Lage, sein Erleben just in diesem Augenblick zu beschreiben. Aber ich kann diesen Menschen beobachten und nachträglich interviewen. Habe ich recht?"*

M.: *„Picasso hat Kunst einmal mit einer geliebten Frau verglichen, bei der es einem auch nicht in den Sinn käme, ihre Gliedmaßen zu messen. Ich hätte nichts dagegen, wenn das Vermessen von Schönheit und Bewusstsein möglich wäre. Aber gerade Sie als Psychologe müssten doch wissen, dass Wissenschaft nicht alles erklären kann, vor allem nicht alle Wege der Informationsvermittlungen, z.B. Telepathie. Wenn alles so berechenbar ist, wo bleibt dann wo etwas wie ein freier Wille des Menschen oder seine Würde? Von seine Seele ganz zu schweigen. Steckt nicht gerade in Ihrem Modell die Aussage, dass Bewusstsein nur durch Nichtbewusstsein entsteht? Wie Quantenmechanik: Wenn man etwas beobachtet, dann verändert man es durch die Beobachtung, und dann ist es nun einmal nicht mehr so wie es eigentlich ist."* (blickt lange aus dem Fenster in den Garten) *„Wie das Beispiel vom Igel."* (schweigt wieder) *„Mir gefällt Ihr Modell nicht, ich weigere mich, es zu akzeptieren."*

P.: *„So etwas nennt man, wie Sie ganz richtig andeuten, Wahrnehmungsverweigerung. Ich erzähle Ihnen etwas: Letztes Jahr hatte ich einen Glückskeks, und auf dem Zettel in dem Glückskeks stand: Die Wahrheit ist nicht schön, aber die Suche danach ist es. Tja, tut mir leid für Sie, aufrichtig!"*

M.: *„Mir auch, für Sie, auch aufrichtig. Sogar wenn das Modell stimmt, es nachzubauen ist doch krank. Wozu kluge Computer bauen, wenn doch genug Menschen da wären. Ich gehe jetzt – ich habe genug."*

P.: (lächelt beschwichtigend) *„Nicht doch. Nach Ihrer eigenen Theorie entsteht doch aus leidvollen Erfahrungen Bewusstsein, oder? Von daher müssen diese neuen Einsichten für Sie doch sehr bewusstseinserzeugend gewesen sein – oder etwa nicht?"*

M.: (lächelt zurück, grüßt wortlos und verlässt den Raum)

P.: (schüttelt den Kopf, geht ans Telefon und wählt eine Nummer) *„Ich bin es. … Genau, ja, wie Du gesagt hast. Sie ist einfach gegangen, ohne ein Wort zu sagen … Nein, mir geht es gut … Natürlich, die Formel für Bewusstsein ist ganz einfach: Schönheitsempfinden ist Unbestimmtheitsreduktion plus kognitiver Widerstand, wie z.B. ihr Widerstand gegen diese Formel, samt ihren Thesen von Herz und Seele. Wobei die Gute eigentlich hätte froh darüber sein sollen, dass provokante Thesen über die menschliche Seele besser sind als gar keine."*

Wie sieht es nun also aus mit der Definition von Ästhetik und ihrer Formalisierung in einem künstlichen System? Die Frage nach der Formalisierbarkeit ist formal einfach zu beantworten: So wie die beiden Gesprächspartner, Psychologie und Malerei, jeweils immer zwei Ansichten über ein und dieselbe Sache von sich gaben, so gibt es auch zwei sowohl widersprüchliche als auch kohärente Definitionen von ästhetischem Erleben, eine Definition aus der Innen- und eine von der Außenperspektive des Erlebens – und nur eine kleine Argumentation, die beide Definitionen miteinander verbindet ...

Die Definition von Ästhetik aus Sicht der Kunst ist viel kürzer als die psychologische Darstellung. Eine in sich geschlossene ästhetisch korrekte Zusammenfassung aller Ergebnisse zum Thema Ästhetik unterscheidet sich insofern von allen anderen Themen dieser Erde, als hier das einzig stimmige Ergebnis einer gelungenen Untersuchung nur heißen kann: Kein Ergebnis. Nur das Ergebnis „kein Ergebnis" bewahrt – aus Sicht der Kunst – das für ästhetisches Erleben konstitutive Dilemma zwischen Vagativem und Fixativem. Denn wären vagative Strukturen nicht nur funktional, sondern auch inhaltlich zu exakt zu beschreiben, dann wären sie eo ipso keine vagativen Strukturen mehr, sondern fixative Begriffe. Diese Spitzfindigkeit führt dazu, dass Ästhetik unter rein inhaltlichem Aspekt in der Tat nicht zu definieren, sondern nur funktional zu umschreiben ist. Sonst hätte man irgendetwas ziemlich falsch gemacht, und die hier dargestellten Kunst-Aspekte wie die Unbeschreibbarkeit der Kunst bzw. das komplette zweite Kapitel wären völliger Nonsens. Nur seltsam, dass für dieses Nicht-Ergebnis so viele Seiten Text nötig waren. Das entspricht aber – wie gesagt, aus Sicht der Kunst – der einzig und doch möglichen und authentischen Definition von Kunst: Dem Faktor Igel. Diese Metapher vom Igel gründet darin, dass man Igel aufgrund der Funktionsweise des Auges im Dunkeln nur sieht, wenn man ‚uneigentlich‘ und ‚vorsätzlich zweckfrei‘ an ihnen vorbeisieht. Und so auch diese Arbeit: Nur viele Seiten Text erweisen der Unbeschreibbarkeit der Schönheit die Ehre, die ihr gebührt. Einfach nur keine Seiten geschrieben zu haben, würde niemandem etwas bringen, weil dann kein Faktor Igel entstanden wäre:

Der Igel ist gewissermaßen das Gegenteil der vielbeschworenen Pferdebeispiele dieser Arbeit. Diese vielen Pferde fußen auf einer langen Reihe von ideengeschichtlichen Beispielen, in denen das Pferd für ästhetische Prinzipien und/oder Prinzipien des Bewusstseins und/oder der Seele steht, so z.B. die platonische Rede von den zwei hippomorphen Seiten der Seele. Aus Gründen, die Pferde und Reiter wahrscheinlich besser erklären können, war dieses Tier über viele Epochen hinweg immer wieder gerne gesehene Illustration für ästhetisches Empfinden, auch durch seine ikonographische Tradition als geläufiges Herrschafts-Accessoire. Dadurch war das Pferd zwangsläufig ein gutes Modell für alle bekannten, fixativ abrufbaren Äußerungen zur Kunst – gegenüber dem unbekannten Igel, der durch diese seine Unbekanntheit in der Kunstgeschichte die Rätselhaftigkeit der Kunst so gut illustriert, wie das Igeln nur möglich ist. Igel und manche andere Dinge sind nun einmal nur dann wahrzunehmen, wenn man sie nicht frontal angeht, z.B. kann man mit seiner Verwandtschaft nur dann reden, wenn man diplomatisch bestimmte Themen ausblendet oder man kann die Wirkung eines Musikstücks nur dann wahrnehmen, wenn man nicht im vorneherein versucht, die einzelnen Elemente der

Musik auf einen Begriff zu bringen. Dementsprechend wäre auch jeder Versuch einer endgültigen Definition von Ästhetik ein grobes Scheitern am Thema – so zumindest lautet die betont **künstlerische** Antwort auf die wissenschaftliche Frage nach der Beschreibbarkeit ästhetischer Zusammenhänge.

Eine betont **wissenschaftliche** Antwort auf die Frage nach künstlerischen Zusammenhängen sieht grundsätzlich anders aus, klar. Denn aus der Außenperspektive lässt sich der Faktor Igel insofern klar definieren, als die Mechanismen dieser ‚Igelbetrachtung‘, wie soeben bereits geschehen, funktional beschrieben werden können. Wie man ein eigentlich fokussiertes Objekt bewusst am Rande des Gesichtsfeldes lässt und es eben nicht in den Mittelpunkt der Aufmerksamkeit rückt, ist zwar schwer, aber doch prinzipiell möglich darzustellen. Dass dies funktioniert und dass genau darin das Geheimnis der ganzen Sache liegt, ist durchaus zu beschreiben, sprich: in der Betrachtung anderer Menschen kann man als Mensch durchaus Aussagen über seine Artgenossen treffen. D.h.: Ästhetisches Erleben zu definieren, ist durchaus möglich, indem dessen Mechanismen systemtheoretisch dargestellt werden und diese Darstellung mit der Beschreibung entsprechender Erlebnisphänomene illustriert wird. Schließlich hat beides soeben geklappt und in verschiedenen Texten über ästhetische Wahrnehmung, philosophische Ästhetiken, Psychologisches, Anthropologisches und Selbstaussagen von Künstlern konnten gemeinsame Strukturen nachgewiesen werden.

Diese Strukturen sind die acht Bausteine des ästhetischen Erlebens und das Unterschiedsmodell, das sich funktional auf viele Ebenen übertragen lässt. Unterschiede existieren nämlich auf der Mikroebene (individueller Aspekt bzw. individualpsychologische Perspektive) und auf der Makroebene (Unterschied zwischen fixativen und vagativen Wissensrepräsentationen und andere gewichtige kollektive oder sozialpsychologische Unterschiede wie Bewusstes/Unbewusstes oder Individuum/Gesellschaft). Auf diese Weise entstand ein umfassendes Modell der ästhetischen Wahrnehmung, das alle wesentlichen Gefühlsqualitäten ästhetischen Erlebens und so auch Bewusstsein als ästhetisches Phänomen erklärt.

Leider wurde dieses Modell bisher noch nicht umgesetzt. Sogar wenn die Rekonstruktion dieses Modells klappen sollte, kann niemand definitiv sagen, ob und wann solche Systeme dann von uns Nicht-Maschinen als bewusst und/oder menschlicher Empathie ‚würdig‘, also als ‚menschlich‘ bzw. als authentischer Nachbau von Menschlichkeit akzeptiert werden. Denn der umgangssprachliche Begriffe von Bewusstsein unterliegt, wie auch der teilweise synonyme Begriff der Empathie oder der ästhetischen Wahrnehmung, der Pflicht zur verwaschenen Unschärfe und Unbeschreibbarkeit. Ab einem gewissen Punkt existieren darum in punkto Bewertung von menschlichem Bewusstsein und von KI formaljuristisch keine verbindlichen Wahrheiten mehr, sondern nur noch die Abhängigkeit davon, ob die jeweiligen Vertreter von Pro oder Contra, Freund oder Feind von Computern sind, also Technik empathisieren könnten oder nicht. Das heißt nicht, dass KI nicht möglich wäre. Nur deren Bewertung unterliegt – wie auch verschiedene Meinungen zu Einzelfragen der Kunst oder verschiedene Geschmäcke zum Thema Küchendiensteinteilungen – dem soeben vorgestellten Ästhetik- bzw. Bewusstseinsmodell und somit den psychologischen Voraussetzungen des Rezipienten (entspricht **BS 8**). Damit wären wir schlichtweg wieder bei verschiedenen Meinungen, aber ohne einen konkreten Versuchsaufbau am Computer nicht auf der Ebene wissenschaftlicher Beweisbarkeit, und vielleicht könnte nicht einmal dann ein intelligenter Computer hartnäckige Empathieverweigerer von sich überzeugen.

Wozu also das alles? Zum einen der hohen Kunst wegen: Die Definition von Ästhetik konnte innerhalb dieser Arbeit soweit vorangetrieben werden, dass ästhetiktheoretisch jetzt klar ist, wie das Pferd läuft. Und der Igel. Das ist schön für die Schönen Künste und deren Kunsttheorie im Grenzbereich der wissenschaftlichen Beschreibungsmöglichkeiten. Auch dem Grenzbereich der Psychologie könnte die hiesigen Theorie als koketter Anreiz für weitere Forschungen dienen. Um die genauen Abläufe in und zwischen einzelnen Bausteinen detaillierter zu beschreiben, müssten die vorliegenden Pauschalisierungen empirisch validiert werden. Und um bei einer solchen Modellerweiterung wissenschaftliche Korrektheit zu gewährleisten, müssten dafür wiederum Zentralbegriffe interdisziplinär definiert werden. Angesichts signifikanter Parallelen zwischen einzelnen Disziplinen wäre das sicher kein Schaden. Gerade im Bereich der Geisteswissenschaften könnte ein interdisziplinärer Ansatz entsprechende Parallelen aufzeigen helfen wie z.B. die Parallele zwischen dem literarisch-psychologischen „Möglichkeitssinn“, und dem Begriff der *„Möglichkeiten“* bei Dionysios Areopagita, der reale Dinge immer nur als *„Möglichkeiten“* des Schönen und Guten beschreibt (Dionysios Areopagita nach Hauskeller 1999, S. 82). Ein anderes Beispiel für die Möglichkeit interdisziplinärer Verständigung wäre die Parallele von Plotins unterschiedslosem Einen als Ort der religiösen Erfahrung und der bei bestimmten psychologischen Abläufen eintretenden Verringerung der *„Aktivität jenes Hirnareals, das für die Unterscheidung zwischen dem Selbst und der äußeren Welt zuständig ist“*, die sog. *„Orientierungsarea“* (N.N. in: Der Spiegel 2001). Durch Angleichungen solcher Strukturähnlichkeiten ließe sich der hier verwendete, zwangsläufig sehr breite Ästhetik-Begriff präzisieren. Die genaue Definition einzelner Parameter betrifft auch alle implizit sozial-ethischen Bewertungen innerhalb der Ästhetik: Aus vorneuzeitlicher Sicht wäre beispielweise ein moderner Mensch mit geringem Gesellschaftsbezug als mehr oder weniger verrückt einzuschätzen. Der historische Mensch aus der Sicht seines modernen Nachfolgers wiederum wirkt angesichts seiner ekstatischen Praktiken oder ‚verkehrter Welten‘ auch nicht weniger furchterregend. Ganz besonders heikel ist das gängige Psychopathen-Syndrom, wie aus zahlreichen Fernsehproduktionen bekannt: Wie können Menschen einerseits moralisch minderwertig handeln und andererseits beim Anblick irgendwelcher Blumenarrangements in Tränen der ästhetischen Verzückung ausbrechen? Auch das derzeit populäre Schlagwort von der Überästhetisierung setzt einen klar definierten Begriff des Menschen in seinem Sozialsystem voraus. Wie viel Geld darf für Kunst am Bau ausgegeben werden, wenn andererseits soziale Belange am Hungertuch nagen? Was ist davon zu halten, wenn die Sängerin Enya, die sich auch im Soundtrack zum „Herrn der Ringe" dem Kampf zwischen Gut und Böse widmet, die letzten Funksprüche der Opfer des 11. Septembers 2001 in ein (sehr erfolgreiches) Lied einarbeitet? Ist das dann Kitsch, sind solche Songs gar keine ‚Kunst‘ oder ist in Wirklichkeit Kitsch das eigentlich Böse auf der Achse des Blöden? Ohne umfassende Definitionen ist unklar, wie ästhetisches Erleben, das an die Stelle nicht ästhetisierenden Handelns tritt, positiv bewertet werden kann, um die „*Kluft zwischen Ethik und Ästhetik*" zu überbrücken (Weizsäcker 1970, S. 106). Aber ist es andererseits gut, immer genau zu wissen woran man ist? Laut Modell nicht unbedingt immer, aber andererseits sind Meinungsbildungen leichter möglich, wenn mit Hilfe des Modells verdeutlicht werden konnte, wie solche Meinungsbildungen überhaupt erst ästhetisch entstehen.

Abgesehen von solchen Aspekten von Gut und Böse, Kunst und Moral und Pferde und Igel wäre es für die (Kunst-)Psychologie natürlich am schönsten, wenn dieses Modell tatsächlich ein Schritt in Richtung wirklich intelligente, weil ästhetisch wahrnehmende Künstliche Intelligenz wäre. Angesichts fortschreitender technischer Möglichkeiten ist es wahrscheinlich unrealistisch, diese letzte Bastion technischer Nicht-Machbarkeit für uneinnehmbar zu halten. Man wird dann nicht nur sehen, sondern auch hören, was kluge künstliche Systeme dazu sagen. Gegner der KI tun also nicht gut daran, bewusstseinsähnliche Systeme als unmöglich anzunehmen. Das ist wie in der Physik: Zwar kennt man auch dort solche Theorien des Unfassbaren, z.B. die quantenmechanische These von der Veränderung des Beobachteten durch den Beobachter. Diese verhindert, dass bestimmte Aspekte von Strukturen vollständig zu bestimmten sind, wie z.B. zur gleichen Zeit, Ort und Impuls eines subatomaren Teilchens, eine Analogie zu Gödels These von formalen Systemen, innerhalb derer mindestens eine Aussage nicht bewiesen werden kann, oder zum bereits erwähnten ‚göttlichen Nichts‘ in allen Dingen – aber wie es der Physiker so will, konstruieren manche solche derzeit fleißig erste Quantencomputer ...

Wie aber sieht es nun mit der Konstruktion von Bewusstsein und ‚Menschlichem‘? Ein künstliches System wäre nur dann ein interessantes Modell der menschlichen Psyche, wenn es sowohl von außen, d.h. für den menschlichen Betrachter, als auch von innen, also für das künstliche System selbst, intransparent wäre. Denn das ist ein wesentliches Charakteristikum des Menschen samt aller hier vorgestellten ästhetischen Funktionen: Empathie wäre gar nicht erst nötig, wenn das Empathisierte nicht teilweise intransparent wäre; es gäbe auch keinen Unterschied zwischen einem selbst und dem empathisierten Gegenstand, Menschen, Kunstwerk oder Bergmassiv, der ästhetisch nivelliert werden könnte. Bei einer Umsetzung dieses Modells in ein künstliches System läge diese Intransparenz im System. Denn das Modell beinhaltet nämlich u.a.:

- Die Zufälligkeit mancher Musterüberschneidungen: Unter Umständen gibt es auch im Gehirn so etwas wie „chaotische Kausalität" (Maturana/Varela 1987), die jede Vorhersage von was auch immer völlig unmöglich machen. Daraus wäre ableitbar

- eine irre große Menge an Möglichkeiten von Erlebnissen und internen Vernetzungsmöglichkeiten, also eine stete Parameteränderung im Nervensystem durch aktuelles Erleben, *„in dem jeder Wandel der Aktivitätsrelationen zwischen den Komponenten zu weiterem Wandel zwischen ihnen führt"* (ebd., S. 26), und

- Vergessen: Jedes kognitive System braucht die Möglichkeit zum Vergessen unwesentlicher oder unerträglicher Informationen, sonst platzt einem irgendwann das Gehirn. Unklar ist, wie viel Wissen menschliche oder künstliche Systeme überhaupt verkraften, ähnlich wie es auch ganze Sozialsysteme nicht verkraften würden, wenn alle Aspekte ihres Zusammenwirkens bekannt wären, beispielsweise die wirkliche Anzahl unentdeckter Morde (Sellin 1999).

Somit wären dann doch so viele verschiedene Faktoren im System, dass sich Ästhetisches also nicht nur aus programmatischen, sondern auch aus pragmatischen Gründen als nicht allzu gut programmierbar präsentiert, auch wenn die Prinzipien zu einem eigenständigen Herbeiführen dieser unberechenbaren Zustände durchaus berechen- und somit programmierbar sind – und mit dieser Überlegung reichen sich schließlich Naturwissenschaft und Kunst doch noch die Hände.

Denn sie beide beschreiben also doch das Gleiche, nur eben aus unterschiedlichen Blickwinkeln. Bei beiden ist ästhetisches Empfinden bzw. Bewusstsein intransparent. Es geht nicht anders und es soll vor allem auch gar nicht anders sein, weil es sonst nicht ‚ästhetisch', also nach den hier gezeigten Regeln funktionieren könnte. Wenn es dann aber ‚ästhetisch' funktionieren sollte, dann gilt für entsprechende Systeme der Anspruch auf Menschlichkeit im Sinne der vorliegenden Definitionen. D.h.: So undurchschaubar, wie sich ästhetisches Empfinden hier gibt, müssten auch entsprechende KI-Systeme vor lauter obligatorischer Unbestimmtheit und Rätselhaftigkeit jedweder Art so etwas wie kultivierte Umgangsformen kennen. Denn wenn nur dasjenige Bewusstsein erlangt, was ästhetisch funktioniert, und das wiederum Intransparenz zum Funktionieren braucht, dann erfordert das auch Höflichkeitsregeln wie Respekt oder die Vorstellung von Würde. Denn viele solcher und ähnlicher ethischen Werte strotzen nur so vor ästhetischen Vollzügen und ermöglichen ganz besonders leicht so naturwissenschaftliche Psycho-Funktionen wie z.B. vielschichtiges Denken, Idealisierungen, Empathie, Spiegelprojektionen o.ä. Das ist schön! Dieses Schöne des Ästhetischen des Naturwissenschaftlichen wäre angesichts einer so funktionalen These wie der vorliegenden neuronalen Handlungstheorie ein erstaunlich humanistisches Resultat. Es erhebt nicht nur künstliche Systeme in würdevolle Höhen, sondern setzt menschlichen Respekt vor Undurchschaubarem, auch und gerade vor Menschen voraus, als vielleicht wichtigstes Resultat dieser Arbeit. Davon abgesehen kann es nicht schaden, wenn durch sie die Komplexität ästhetischen Empfindens ansatzweise zu erahnen und Vernissagentexte leichter zu entschlüsseln sind, womit zwei Randziele dieser Arbeit erreicht worden wären. Was das Hauptziel dieses Textes angeht, ist die Versuchung groß, dieses Ziel um der Kohärenz der Argumentation willen und mit unbestimmter und obligatorischer Rätselhaftigkeit und Sinne aller Igel zu unterschlagen, weswegen ...

... die Muse der Malerei an dieser Stelle abrupt ihren Text an dieser Stelle abbrach. Sie schloss die Datei „schoenheit.doc" und begann aufzuräumen. Als ihr Schreibtisch wieder besenrein war und genug Platz für eine Tasse Kaffee bot, setzte sie sich an die leere Schreibfläche und ließ ihre Zusammenarbeit mit dem Psychologen im Geiste Revue passieren. Sie lächelte bei dem Gedanken an so viel Theorie, und sie dachte an den nicht theoretischen Igel, den sie während ihres letzten Gesprächs durch das Fenster bei seiner Garteninspektion beobachtet hatte. Und um in der allernächsten Zeit keinen einzigen Satz mehr tippen zu müssen, erklärte sie kraft ihres Amtes den Text, so wie er war, zu einem in sich geschlossenen und vor allem abgeschlossenen Kunstwerk. Es war an der Zeit. Denn im Lauf der ganzen Arbeit war es Frühling geworden, draußen zwitscherten die Vögel und die Luft war angenehm warm. Es schien genau der richtige Zeitpunkt, sich wieder praktischen Dingen zu widmen, und ihre Arbeit war getan. Also kehrte die Muse der Kunst zurück in ihre malerischen Gefilde, und weil sie nicht gestorben ist, lebt sie dort noch heute.

Glossar

Abstraktion.: Eine Abstraktion ist die Erstellung eines Schemas für die Wahrnehmung, also eine Art Regelsystem für die Identifizierung eines Objekts oder die Erzeugung einer Vorstellung mit Hilfe interner Symbole. Durch ein solches abstraktes Schema kann man Strukturen in der Wahrnehmung deuten und durch Verweise auf Subschemata bzw. Verzweigungen der Interneuronenreihen zu einer Interpretation der Wahrnehmung zusammenfassen, etwas in seiner Bedeutung ‚erkennen‘.

Abstraktion setzt eine gewisse Distanz zu ästhetischem bzw. emotionalem Erleben voraus und ermöglicht dadurch ein Denken, das wechselseitige Bezüge abstrakter Sinneinheiten auch ohne sinnliche Wahrnehmung herstellt. Auf diese Weise kann man ein logisch korrektes abstraktes Gebäude aufbauen, das keinen Bezug mehr zu emotionalem Erleben oder der Außenwelt hat. → ‚Gegenstrebigkeit des Denkens‘

Von dieser extremen Möglichkeit abgesehen, kann Denken in Abstraktionen jedoch auch eng mit sinnlicher Wahrnehmung verflochten sein. Das Erstellen eines abstrakten Schemas funktioniert über das Unterordnen von konkreten Mustern unter weniger konkrete Muster, also Muster, die eine geringere Anzahl an Elementen und/oder eine einfachere Struktur haben (Dörner 1999). Die Wahrnehmung wird dabei analysiert und viele Teilinformationen werden zu einem Oberbegriff bzw. einer Grundform zusammengesetzt. Dieses Zusammensetzen verläuft über Analogieschlüsse, Generalisierungen und → intuitives Überspringen von Leerstellen. Auf diese Weise wird eine gedankliche Vorwegnahme von Ereignissen ermöglicht. So entstandene schwer veränderliche Grundformen werden im Gedächtnis verankert und zwar durch einen intellektualisierten Begriff, ein inneres Interpretationsmuster mit mindestens einem invarianten Merkmal, sprich: einer Abstraktion Solche Begriffe dienen der Kommunikation nach außen, denn Abstraktionen sind kommunizierbare, kollektive Begriffe (vs. tendenziell individuelle bzw. individualisierende Erfahrungen). Abstraktionen sind sinnlich nicht wahrnehmbar, sie sind Konstrukte bzw. Modelle der Wirklichkeit; dem entspricht der philosophische Begriff der Ideen oder Kategorien im Gegensatz zu den sog. Erfahrungen. Derartige Abstraktionen führen zu Begriffen, die an sich nicht mehr mit konkreten Eigenschaften assoziiert sind, wie z.B. zum bloßen Begriff des Pferdes oder des Igels. Diese Begriffe sind einerseits hochgradig → utopisch und → ideal. Andererseits können sie als Interpretationsmuster auf aktuelle Wahrnehmung angewandt werden und durch den dabei geschehenden → Zusammenfall der Gegensätze subjektives Lichtempfinden (→ Erleuchtung) auslösen, mit dem sie gelegentlich gleichgesetzt werden. In diesem Lichtempfinden werden Abstraktionen paradoxerweise erlebt; dieses Erleben kann sich bis zur Ekstase oder Enstase steigern. Dieses Erleben einer tendenziell logisch akzentuierten Abstraktion wird mittels religiöser und/oder tautologischer Bezeichnungen oder → Gegenvorstellungen im Gedächtnis verankert (→ Unbeschreibbarkeit).

Soweit zu Abstraktion im Allgemeinen – im Fall des Modells der ästhetischen Wahrnehmung impliziert Abstraktion eine vorangegangene Erfahrung von Schönheitsempfinden, also die Gefühlsimplikationen einer → Phase 2-Erfahrung, oder einer Erfahrung von → Leiden, also eine Art von Vermeidungslernen. Aus kunsttheoretischer Sicht wird Abstraktion wegen ihres intellektualisierenden Charakters missverständlich oft als Gegenteil gegenständlicher Malerei charakterisiert, was aber nur bedingt nachweisbar ist.

Aggressivität, destruktive: Wie alle anderen ästhetischen Einfühlungen ist aber auch das Erleben von Zerstörung insofern ein kognitives Bedürfnis, als die hierfür nötige ästhetische Distanz Lusterleben ermöglicht.

Allverbundenheit: Allverbundenheit beschreibt das Gefühl von sich auflösenden Grenzen zwischen eigener Person und Umwelt. Dieses Gefühl entsteht durch eine → empathisierende Gleichsetzung innerer und äußerer Strukturen, durch mystisches Erleben.

Allverbundenheit wird traditionellerweise eher bei Empathie mit Unbelebtem oder beim Erleben von Werten mit hohem → Abstraktionsgrad artikuliert. Sie erzeugt Einheitsempfinden dem Betrachteten gegenüber. Andere Bezeichnungen für Allverbundenheit sind Harmonie, Wahrhaftigkeit und/oder Ganzheit.

Auferstehung: Das subjektive Gefühl einer Auferstehung oder ‚Wiedergeburt' begleitet die Rückkehr aus dem verweilend-vagativen Bereich der → geringen Unterschiede in den Bereich einer relativen Vorherrschaft intellektualisierend-kommunikativen Denkens. Dieses Gefühl entsteht nach einem → Zusammenfall der Gegensätze, einer subjektiven → Selbstauslöschung. Es entspricht dem Schönheitsempfinden auf Stufe 3 des Ästhetik-Modells, vor allem im Hinblick auf entsprechendes Affiliations- und → Erleuchtungs-Empfinden.

Außen: Im Gegensatz zu den inneren → Abstraktionen bzw. den Interpretationsmustern von → Innen stellt das metaphorische Außen die Menge an sinnlicher Wahrnehmung dar. Ohne ästhetisierende, also interpretierende und emotionalisierende Bearbeitung durch das metaphorische Innen der Interpretationsmuster sind diese Informationen für das Subjekt wertlos.

Authentizität: Authentizität ist ein relativ anspruchsvolles und im Hinblick auf die → Gegenstrebigkeit menschlichen Denkens kompetent erarbeitetes Gleichgewicht zwischen Gesellschafts- und Individualbezug. Es entspricht dem Begriff der Aufrichtigkeit, der Echtheit, Ganzheit oder des klaren Blicks für die Welt. Denn zuviel Gesellschaftsbezug erzeugt das Gefühl unbefriedigenden, flachen Selbsterlebens, während zuviel Bezug zum Individuum unbefriedigendes quasi mystisches oder vernebeltes Erleben erzeugt. Authentizität fördert durch das Vermeiden unbewusster Blockaden den Zugang zu Stufe 3 des Modells. → Allverbundenheit, → Beflügelung

Autonomie: Neben Autopoiesie ist Autonomie entscheidendes Charakteristikum des Lebendigen. Sie gewährleistet die Selbsterhaltung des psychischen Systems u.a. durch flexible Verschaltung verschiedener biologischer Subsysteme, insbesondere auf kognitiver Ebene durch die Fähigkeit zur Verarbeitung von kognitiven Widersprüchen.

Autopoiesie: Der in der Systemtheorie gelegentlich schwammig verwendete Begriff der Autopoiesie lässt sich in ästhetischer Hinsicht füllen als die Selbsterhaltung eines kognitiven Systems, die darauf beruht, dass dem ästhetischen Erleben Eigenwert und Sinnhaftigkeit im Hinblick auf den darin gegebenen Unterschied zwischen dem subjektiven Selbst und der Außenwelt zugeschrieben werden, woraus das → ‚beflügelnde‘ Erleben dieser ästhetischen Verarbeitung von Widersprüchen und damit ein gesteigertes Kompetenzgefühl entsteht.

Avantgarde: Als Avantgarde wird die ‚Vorhut einer Kunstbewegung‘ bezeichnet, deren Innovationsanspruch so hoch ist, dass eine Werkbetrachtung auf Stufe 1 nicht möglich ist, aber der Zugang zum vagativen Bereich auch nicht wegen Ärger oder Langeweile vorzeitig abgebrochen wird. Der Begriff der Avantgarde setzt, im Gegensatz zum Kitsch, in der Regel Exklusivität des ästhetischen Erlebens voraus, vor allem eine Art Insiderwissen über Bedeutung und/oder Entstehung des Kunstwerks.

Beflügelung: Die Metapher der Beflügelung umschreibt das steigerungsfähige Lustempfinden bzw. die Erlebniserweiterung durch die ästhetische Betrachtung. Beflügelung wird ausgelöst durch eine Reduktion der Unbestimmtheit bzw. vorangegangenen ‚Leidens‘ sowie die damit verbundene Steigerung des Kompetenzempfindens und die Aktivierung vormals unbewusst-inaktiver Vernetzungen oder Informationseinheiten. Relevant ist außerdem das Erleben positiver bzw. affiliativer Assoziationen durch das Kunstwerk bzw. das empathisierte Objekt mittels einer sog. „retrogradienten Verstärkung" (Dörner im Ersch.), die durch einen sukzessiven Anstieg des Lustpegels entsteht und so das rezipierte Objekt fester im Gedächtnis verankert (Modell von Dörner, mündliche Mitteilung), d.h.: Ein ‚beflügelndes‘ Objekt wird immer ‚beflügelnder‘, je länger man es ästhetisch wahrnimmt, und dieser Vorgang selber wird auch wahrgenommen und thematisiert:

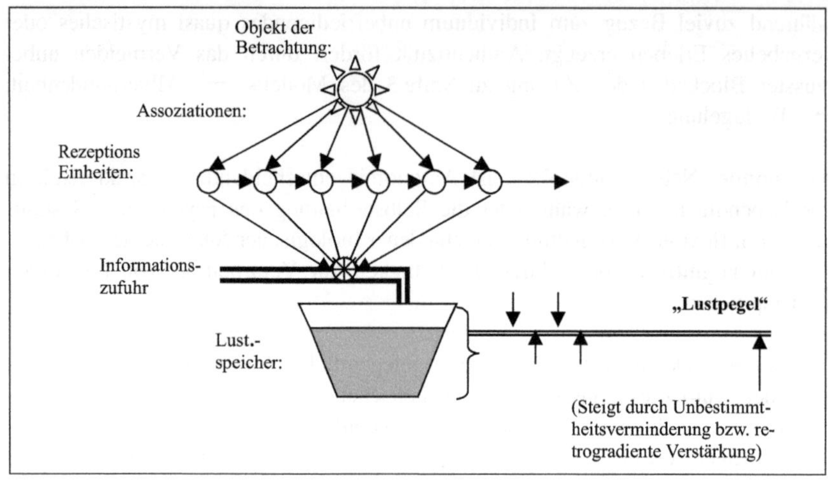

Abb. 47:   Retrogradiente Lust-Verstärkung

Je weiter diese Ordnungsfindung innerhalb der Modellstufen 1–3 vorgedrungen ist, je extremer also das Mischungsverhältnis von Innen und Außen und der damit verbundene → Zusammenfall der Gegensätze ist, desto emotionaler und umfassender fällt die ‚beflügelnde' Erlebniserweiterung aus. Diese Gefühlsqualität existiert tautologischerweise solange, wie die ästhetische Betrachtung sinnvoll, weil lustbringend ist, d.h.: sowohl Vorgang als auch Endprodukt immer größerer Musterübereinstimmung lösen ‚Beflügelung' aus und können sich gegenseitig potenzieren.

Beflügelndes Schönheitsempfinden teilt sich auf in relatives Schönheitsempfinden (auf Stufe 1 und 2) und in ein absolutes Schönheitsempfinden (auf Stufe 3): Beim relativem Empfinden ist die Kommunikationsfähigkeit des Rezipienten zwar eingeschränkt, aber nicht aufgehoben. Ist dieses Erleben tendenziell nach Stufe 1 ausgerichtet, wird in der vorliegenden Arbeit von funktional orientierter → Intuition gesprochen, also logischem Überbrücken von Leerstellen. Ist das Erleben nach Stufe 3 hin ausgerichtet, wird es hier als inhaltlich orientiertes Gefühl der Rührung oder Katharsis definiert (wobei sich je nach Ausrichtung ein fiktives Ideal der ästhetischen ‚Eleganz' und ein Ideal der absoluten ‚Affiliation' gegenüberstehen – also Unbestimmtheitsreduktion im Hinblick auf entweder tendenziell lineare oder tendenziell emotionale Zusammenhänge bzw. ein Ideal entweder abstrakter Berechenbarkeit oder aber auf ein Ideal tendenziell mystischer Affiliation). Absolutes Schönheitsempfinden wird über Stufe 1 und 2, also durchaus noch kommunikationsfähigen Erlebnisstufen, zu Stufe 3 hingeführt. In Stufe 3 wird ausschließlich absolute und nicht an einem Gegenstand mehr gebundene Affiliation wahrgenommen. Dieses Erleben wird definiert als → Ekstase oder Enstase. Beide Formen erzeugen Anspannungsreduktion durch Reduktion der (entweder linearen und/oder emotionalen) Unbestimmtheit, also Reduktion des kognitiven Stresses der

212

ästhetischen Betrachtung respektive Steigerung des Kompetenzempfindens. Durch die abstrahierende Erweiterung des Bausteinvorrats entsteht neue Handlungs-orientierung und erleichternde Relativierung alter (bewusster und unbewusster) Sinnzusammenhänge. Andere Begriffe für ‚Beflügelung' sind → Faszination, Genuss, Eros der Schönheit, → Rührung, → Authentizität, → Hoffnung oder → Erleuchtung.

Bewusstsein: Unter Bewusstsein versteht man die Fähigkeit zur beliebig verfüg-baren Selbstreflexion bei einem bestimmten Grad an Informationsverarbeitung, die ein entsprechendes Niveau an Flexibilität, Lern- und Erlebnisfähigkeit garantiert und die zugleich den phänomenalen Aspekt des ‚sich selbst Erlebens' aufweist (Dörner 1999). Missverständlicherweise wird Bewusstsein meist nur als bevorzugt abstraktes Denkvermögen, als Vernetzung von Ich- Bewusstsein und Außenwelt verstanden. Dabei wird übersehen, dass solches Denkvermögen nur aufgrund nicht-abstrakter Denktechniken möglich ist, die – wenn überhaupt – nur als Sonder-formen von Bewusstsein, als sog. Co-Consciousness, ‚Dämmerzustand', ‚Primitiv-bewusstsein.' oder ‚Vorbewusstes' erwähnt werden. Vor allem ästhetische Er-lebnisfähigkeit fußt auf mehrschichtiger und anteilig nicht abstrakter, vagativer und deswegen ‚selbstvergessener' Informationsverarbeitung ohne explizites Ich- Be-wusstsein Bewusstsein entsteht also aus dem traditionellen Gegensatzpaar von Vernunft und Sinnlichkeit. Anhand des hier erstellten Modells konnte nach-gewiesen werden, dass Praxis und Wissen um ästhetische Denktechniken erst wirklich ‚menschliches' Bewusstsein ermöglichen, da nur so wesentliche Aspekte von Ich-Bewusstsein, also eigener Identitätsvorstellung funktionieren können, z.B. Rollendistanz, Empathie, Ambiguitätstoleranz und Eigendarstellung vor anderen. Ästhetisches Empfinden garantiert, dass nicht nur der intellektuelle, ‚maschinen-hafte', sondern auch der emotional-ästhetische, menschliche Denkaufwand das Bewusstsein bestimmt. Wichtig für das Funktionieren ist das Nebeneinander verschiedener Bewusstseins-Felder mit einem Bewusstseins-Zentrum und einem umliegenden Hof an nichtlogischen, vagativen Vernetzungen. Der so mögliche Wechsel von Vorder- und Hintergrund des Denkens ermöglicht alle wesentlichen Ästhetik-Phänomene wie beispielsweise Wahrnehmung der eigenen Wahrnehmung oder Empathie oder andere rekursive Schleifen. Vor allem der Wechsel zwischen konkretem Denken und synkretem Fühlen ermöglicht eine kontinuierliche Schaffung von Bewusstseinsfeldern, also einer fortlaufenden Aktivierung, sog. kognitives Gleiten. Durch den Wechsel dieser beiden Ebenen entsteht stets neue Unbestimmtheit bzw. → Rätselhaftigkeit, da aufgrund der entsprechenden gegen-seitigen Abhängigkeit von → vagativem Fühlen und → fixativem Denken stets ent-weder Erklärungs- oder Erlebnisdefizit besteht. Zwischen diesen Bereichen hin und herspringen zu können, kann als ästhetische Kompetenz bezeichnet werden, psychologisch gesprochen bestehend aus zwei Arten von Kompetenzen, aus epistemischer Kompetenz, also Wissen über konkrete Verfahren, und heuristischer

Kompetenz, also Wissen über Umgang mit Unbestimmtheit als Erfahrungswert
(Dörner 1999). → Selbstbewusstsein

(Eventuell relevant für die Entstehung von Bewusstsein sind angeborene Archetypen, also angeborene Ideen des kollektiven Bewusstseins, also unanschauliche
Aktions- und Reaktionsformen der Psyche. Wahrscheinlich ist außerdem, dass
diese Form der Informationsverarbeitung durch evolutionär bedingte Mutationen
und zunehmenden Gesellschaftsbezug der Lebewesen entstanden sind.)

Blindsichtigkeit: Im Gegensatz zu regulärer Blindheit ist bei Blindsichtigkeit
grundsätzlich ein funktionierender Apparat zur sinnlichen Wahrnehmung vorhanden. Aber die kognitive Verarbeitung der sinnlichen Informationen ist so modifiziert worden, dass diese Informationen mit nur geringfügigem oder gar keinem
emotionalen Erleben verknüpft werden. Dadurch entsteht das Gefühl von Blindheit,
besser umschrieben mit dem traditionellen Begriff der „Seelenblindheit" (Weiskrantz 1986). Blindsichtigkeit zeichnet sich vor allem durch das Fehlen bzw.
Verweigern der ästhetischen Reflexion aus, inklusive Utopisierung und Idealisierung – das informationsverarbeitende System nimmt Informationen zwar auf, solange diese aber nicht mit Emotionen bzw. Bedeutungen versehen sind, sind diese
Informationen für das emotionale Erleben des Systems wertlos. Man nimmt das
Gesehene so wenig wahr, als ob man tatsächlich blind wäre. Wurde das kognitive
System aus irgendeinem Grund extrem überlastet, dann existieren zwei Möglichkeiten, damit umzugehen: Die eine ist das ‚unkorrekte' Verknüpfen von Emotionen
mit sinnlichen Informationseinheiten, → Schizophrenie. Die andere ist das Eindämmen weiterer kognitiver Risikofaktoren durch Ausschalten weiterer Informa-
tionszufuhr, wie sie bei Blindsichtigkeit auftritt.

Distanz, ästhetische: Dieser Begriff umschreibt das Rezipieren eines Kunstwerks,
wobei die Betrachtung nicht von primären Bedürfnissen motiviert ist, wenn also
beispielsweise das Betrachten eines Stillebens mit Lebensmitteln nicht maßgeblich
vom Hunger des Betrachters ausgelöst wurde. Beim Betrachten mit ästhetischer
Distanz wird die → ‚Beflügelung' zum Gegenstand der Betrachtung, d.h., dass
→ empathische Einfühlung in fiktive Gestalten des Kunstwerks umgangen werden
kann.

Dogmatismus: Dogmatismus ist das Vertreten und Anwenden bestimmter Überzeugungen ohne Überprüfung dieser Überzeugung bzw. die Immunisierung gegen
Modulationen dieser Überzeugungen durch korrigierende Überprüfung. Dadurch
kommt es zu einer Einschränkung von Wahrnehmungsmöglichkeiten aufgrund von
bevorzugt vagativer oder intellektualisierter Denktechnik – diese beiden Formen
von Dogmatismus führen zur Reduktion der Erlebnisfähigkeit. In der einen Form
wird Wahrnehmung dann ‚verhärtet', in der anderen ‚erweicht'. Das Gegenteil von
Dogmatismus ist ‚Offenheit' und Flexibilität.

Ekstase/Enstase: Ekstase/Enstase umschreibt einen Zustand von völligem Verlust der Selbstkontrolle bei gleichzeitig enorm gesteigerter Empfindungsfähigkeit, ein subjektives Erleben größtmöglicher Affiliation und Bestimmtheit, also → erleuchtender, unendlicher Liebe. Dieses Erleben findet zwar im ästhetischen Verweilbereich statt, wird aber trotzdem bewusst wahrgenommen, weil in der Ekstase keine Unterschiede mehr vorhanden sind, also auch keine Unterschiede zwischen Innen und Außen, Ich und Gesellschaft oder → Bewusstsein und Unterbewusstem. Deswegen spricht z.B. auch Plotin von Ekstase als dem Erleben des unterschiedslosen Einen. Eigentliche Übersetzung von Ekstase ist deswegen auch das Aus-Sich-Heraustreten. Eine weitere zwangsläufige Konsequenz dieser fehlenden Unterschiede ist das fehlende Empfinden von Raum und Zeit und der Zusammenbruch jeder Kommunikationsfähigkeit nach außen. Durch die Wahrnehmung dieser Identifikation kann es zur Wahrnehmung der eigenen Person kommen, zu sog. Selbstbegegnungen. Erreicht wird dieser Zustand durch starkes → Empathisieren.

Im Gegensatz zu Enstase, die als ‚Verschmelzung‘ mit dem empathisierten Objekt wahrgenommen wird, ist Ekstase subjektives ‚Zersprengen‘ der eigenen Persönlichkeit. Historisch gesehen werden Ekstasen eher zu Stabilisierung der Gesellschaftsbezüge und Enstasen eher zur Stabilisierung der Individualitätsbezüge ausgeübt.

Zwar ist das Lichtempfinden der → Hoffnung quasi Wegweiser hin zur ekstatischen oder enstatischen Phänomenen; darüber, ob aber in der Ekstase alles nur ‚strahlend‘ oder nur ‚dunkel‘ wahrgenommen wird, exstieren aber widersprüchliche Aussagen.

Empathie: Empathie im allgemeinen ist die Fähigkeit, Gefühle und Gedanken anderer nachzuvollziehen. Im Hinblick auf das Modell der Ästhetik ist Empathie emotionale Identifikation mit einem Kunstwerk, also mit den ästhetiklogischen Strukturen des Kunstwerkes selbst und mit den unterstellten ethischen, emotionalen und kunsttheoretischen Strukturen des Künstlers und aller evtl. ähnlich empfindenden Menschen.

Durch bestimmte Techniken werden nicht nur formal-logische, sondern auch ästhetiklogische und emotionale Muster mit der sinnlichen Wahrnehmung verglichen. Alltagssprachliche Begriffe dafür sind ‚sich in etwas einbringen‘, ‚sich einfühlen‘ oder Liebe – alle diese Phänomene definieren sich durch das Empathisieren eines Gegenteils. Dabei wird stets eine bestimmte Höhe an Unbestimmtheit bzw. → Rätselhaftigkeit vorausgesetzt, die das empathische Einfühlen quasi erzwingt. Ist dieser Faktor nicht oder zu gering vorhanden, dann übersteigt das subjektiv Empathisierte nicht die Wahrnehmung des Empathisierenden, es kann nicht zur Gefühlsqualität der Liebe kommen. Jede Empathie wird gelenkt von dem Wunsch nach Übereinstimmung zwischen dem Selbst und dem Objekt der selbstvergessenen Betrachtung. Dieser Wunsch entsteht durch die Vorstellung eines

Ideals bzw. die Suche nach diesem Ideal im empathisierten Objekt. Das entsprechend höchstmögliche → Ideal ist in dieser Hinsicht indiziert durch das Erleben von Enstase bzw. → Ekstase. Wichtig ist außerdem, dass empathisches Einfühlen paradoxerweise vor allem aus Selbstzuschreibung von Wahrnehmung gespeist wird, d.h. dass nicht zwangsläufig beim empathisierten Gegenüber die unterstellten Prozesse ablaufen, man schreibt sie ihm nur zu, ‚simuliert‘ also quasi das Gegenüber (auch die Zuschreibung an Unbelebtes ist möglich).

Empathisches Einfühlen in andere, sei es in andere Menschen, deren Kunstwerke oder sei es in deren Theorien über Kunst und Welt erzeugt immer eine Art von subjektiver Gemeinschaft, von Affiliations- und Legitimationsempfinden, das als Schönheitsempfinden wahrgenommen wird.

‚Erleuchtung‘: ‚Erleuchtung‘ entsteht durch jeden → Zusammenfall von kategorialen Gegensätzen wie z.B. Vorder- und Hintergrund des Denkens oder Begriff und Gegenteil, also durch jede gelungene empathische Einfühlung bzw. intuitive Ordnungsfindung. ‚Erleuchtung‘ ist eine starke Form der → Intuition → Hoffnung und → ‚Beflügelung‘.

‚Erweckung‘: → ‚Auferstehung‘.

‚Faszination‘: ‚Faszination‘. ist Schönheitsempfinden auf Stufe 1, nämlich positive Assoziationen und Bestätigungen des Systems bzw. gefühlsmäßiges Gebundensein an einen Gegenstand, auf den man sich konzentriert. Faszination kann übergehen in Erfahrungen der Stufe 2–3, denn ‚Faszination‘ garantiert die zunehmend selbstvergessene Fokussierung eines Objekts.

Fixation: Fixation ist Einengung der Aufmerksamkeit. bzw. des Gedankenstroms auf ein einzelnes Thema oder einen interessanten Gegenstand bzw. die Beschränkung auf nur einen Repräsentationsmodus eines Gegenstandes. Im Gegensatz zu → Vagation besteht Fixation in einer betont linearen und → abstrakten Suche nach Ordnungsmustern. Fixatives Denken ist gegenläufig, → ‚gegenstrebig‘ zu sinnlichen Eindrücken, denn es ist betont modellhaft und → abstrakt. Es richtet sich dem vorgelegten Modell zufolge auf die als bestimmt vorgegebenen internen Muster im Wahrnehmungsprozess.

Ganzheit: → ‚Allverbundenheit‘.

Gegenstrebigkeit: Die Gegenstrebigkeit des Denkens beschreibt das wechselseitige Ausschließen eines vagativen und fixativen Ordnungssuchens, da vagatives Denken bzw. Fühlen in erster Linie nach emotionalen und ästhetiklogischen, fixative Abstraktion dagegen in erster Linie nach formal-logischen Musterübereinstimmungen sucht – vagativ erlebte Muster haben also Ambiguitätstoleranzen, fixativ gedachte Muster nicht.

Genie: Als Genies werden Künstler bezeichnet, die zu großen schöpferischen Leistungen fähig sind, die sich nicht bruchlos aus der Tradition ableiten lassen können, also sehr innovativ sind. Geniales Schaffen erhebt den Anspruch, aus sich selbst zu schöpfen, also nicht nur kreativ, innovativ, sondern auch → autopoietisch und autonom zu sein. Genies können den Eintritt in den kontemplativen → verweilenden Bereich kompetent handhaben, inklusive Kommunikation entsprechender neuer Ordnungsfindung. Auf diese Weise können sie Kunstwerke produzieren, die sowohl → authentisch und überzeugend wirken als auch innovativ sind. Gemessen wird das an der Wirkung auf den Betrachter, der auch das Prädikat genialischer Kunst ausstellt.

Gegenvorstellungen: Gegenvorstellungen sind Begriffe, die sich nur durch Negation des empirisch Wahrnehmbaren bilden lassen. Solche Begriffe sind in aller Regel Konstrukte möglicher Gegenteile, die nicht reale und vor allem nicht belebte Instanzen anthropomorphisieren bzw. empathisieren. Diese Sinneinheiten zeichnen sich durch das Fehlen von internen Unterschieden aus, wie z.B. die Begriffe ‚Nichtexistenz‘ oder ‚Nichts‘.

Harmonie: → ‚Allverbundenheit‘.

Herz: Das Herz als Gegenstück zum alltagssprachlichen Verstand ist eine Metapher für die ästhetische Fähigkeit, den Gegensatz von → Innen und → Außen zu überwinden. Diese Fähigkeit, die eine spezifische Form von Reflexivität darstellt, dient als Grundlage für → Empathie bzw. für den Vergleich zwischen den in der Wahrnehmung erscheinenden Mustern des Betrachteten und internen, emotionalen Mustern. Das zweckfrei-empathische bzw. ästhetisierende Betrachten wird in dieser Hinsicht synonym verwandt mit der Metapher von ‚etwas mit dem Herzen sehen‘. Dabei wird das Herz als umso ‚größer‘ begriffen, je bewusster der Rezipient die ästhetische Betrachtung wahrnimmt und je idealistischer seine Gesellschaftsutopie ist, also je mehr kognitive Spannung er zwischen Idealität und Realität aushält. Auf diese Weise entscheidet das Herz auch zwischen → Ekstase oder Enstase, da zwar beide Formen empathische Projektion voraussetzen, aber ekstatische Erlebnisqualitäten stärker gesellschaftlich allgemeinverbindliche Werte empathisieren. Das Herz umschreibt eine → authentische Reflexion von Werten und emotionalem Erleben. Kompetenz im Umgang mit den Phänomenen der Stufe 2–3 ist von daher Teil und Voraussetzung für ein großes Herz, für die selbsterhaltenden bzw. → autopoietischen Kapazitäten. Die Metapher vom Herzen bezieht sich in erster Linie auf → Empathie mit Belebtem. → Bewusstsein.

Hoffnung: Das Gefühl von Hoffnung begleitet die ästhetische Betrachtung in Form der lustvoll erlebten Aussicht auf einen → Zusammenfall der Gegensätze, also die Aussicht auf ein möglicherweise bevorstehendes positiv erlebtes Ereignis (ein als sicher eingeschätztes in der Zukunft eintretendes Ereignis wird hingegen mit dem Gefühl von Zuversicht konnotiert). Hoffnung bezeichnet ein zu weiterer Mustersuche motivierendes, mittleres Aktivierungsniveau zwischen Langeweile und subjektiver kognitiver Bedrohung. Diese → ‚erleuchtende‘ Wahrnehmung der eigenen Wahrnehmung hat Eigenwert. Hoffnung signalisiert immer eine relative Ausgewogenheit zwischen den Unterschieden der ästhetischen Betrachtung → Herz und → Empathie.

Humor: Humor ist die Fähigkeit, alltägliche Widersprüchlichkeiten und Widrigkeiten gelassen und heiter zu verarbeiten. Humor basiert auf dem Wissen über → ideale und realistische Muster. Wie beim → Spiel herrscht ein großer Abstand zu lebensbedrohlichem Ernst.

Ideal(-isierung): I. ist ein Wert starker Abstrahierung, Überhöhung bzw. emotionaler Überschätzung, also ein gedachter Wert, der durch starke → Abstraktion und einen starken potenziellen Lustgewinn durch den möglichen → Zusammenfall entsprechend extremer Gegensätze zwischen Abstraktion und Sinnesreizung entsteht. Dieser hohe Grad an idealer Abstraktion ist unerreichbares Schema, ein Annäherung an das subjektiv Unerreichbare.

Das eventuelle Erleben von → abstrakten Idealen ist abhängig vom eigenen Kompetenzempfinden hinsichtlich des kognitiven Verkraftens dieses emotionalen Erlebens, also vor allem Kompetenzempfinden hinsichtlich nachträglicher Abstraktion in der → Phase 2.

Igel-Faktor: Der Igel-Faktor bezeichnet den nicht-linearen Charakter von kognitiven Systemen: Derartige Systeme erkennen bisweilen etwas gerade deshalb gut, weil sie nicht die Absicht verfolgt haben, den entsprechenden Gegenstand zu erkennen. Derartige Erkenntnisprozesse lassen sich nicht allein aus den Absichten und dem aktuellen Wahrnehmungsfeld dieser Systeme ableiten, sondern wirken aus der Perspektive des jeweiligen Systems zufällig, entziehen sich seiner Vorausberechnung. Daher bleibt durch den ‚Igel-Faktor‘ die → ‚Rätselhaftigkeit‘ dieser Systeme aufrecht erhalten.

Der Igel-Faktor betrifft auch diese Arbeit, die z.B. nicht erklären kann, warum in der Ekstase physiologisch nicht nachvollziehbare Heilungsprozesse möglich sind. Auch maßt sich diese Arbeit nicht an, Religion auf die hier beschriebenen Strukturen zu reduzieren. Eine solche Theorie kann nicht formuliert werden, solange nicht definitiv alle Arten der Informationsverarbeitung beim Menschen wissenschaftlich belegt und erforscht sind – wobei der Beweis dieser Vollständigkeit natürlich relativ problematisch ist.

Innen: Die Metapher vom Innen umschreibt Interpretationsmuster und Emotionen, also die interpretierende und emotionalisierende Bearbeitung durch Interpretationsmuster, die das emotionale Erleben ermöglichen → Außen → Abstraktion und → Herz inneren → Abstraktionen bzw. den Interpretationsmustern von Innen.

Intuition: Intuitionen sind Erkenntnisse, die scheinbar unmittelbaren Wahrnehmungscharakter haben. Die Genese dieser Ordnungsfindung ist subjektiv unklar. Intuition ist quasi → ‚erleuchtende‘ Ordnungsfindung im vagativen Verweilbereich, sie überbrückt durch Zugriff auf mehrere Möglichkeiten Leerstellen der bewussten Ordnungsmuster und reduziert so die anfängliche Unbestimmtheit der ästhetischen Mustersuche. Das gefundene Muster wird, weil teilweise nicht diskursiv gefunden, erlebt und somit als subjektive Wahrheit interpretiert. Im Gegensatz zu → Rührung bzw. Katharsis zeichnet sich ntuition durch fremdbezogene Intention aus, sprich: es werden vor allem linear-logische und abstrakt kommunizierbare Musterüberschneidungen erkannt.

Kinderblick: Unter dem Kinderblick versteht man die vom Erwachsenen dem Kind zugeschriebene, synästhetische, stark empathisierende und wenig intellektualisierte Wahrnehmung. Diese unterstellte Technik der Wahrnehmung mit → geringen Unterschieden wird im Rückblick zum utopisch-paradiesischen Gegenstück zu erwachsenem Denken.

Leiden: Leiden ist der Zustand eines empfundenen Mangels. Leiden tritt ein bei Unbestimmtheit, beim Versagen vorhandener Ordnungsmuster, also einem Ungleichgewicht zwischen Leistungsanforderung und –kapazität (Strohschneider 1992). So wird eine vagativ-ästhetische Suche erzwungen.

Die → Gegenstrebigkeit des Denkens und ästhetischen Erlebens ist nur individueller und nicht kollektiver Widerspruchsverarbeitung zugänglich, abgesehen von nachträglicher Interpretation mit Metaphern der Unbeschreibbarkeit, → Phase 2; d.h., dass Leiden durch hohe Unbestimmtheit auf Seiten des Individuums, also in Form von Einsamkeit, verstärkt individualisierende Bewusstseinsbildung erzeugt. Darüber hinaus wird, indem man sich des Problems bewusst wird, auch das Bewusstsein vom Gegenteils des Problems geschaffen, ein → Ideal. Durch → Empathisieren dieses Ideals entsteht die Möglichkeit zu einem fiktiven → Zusammenfall von Ideal und Realität. Durch eine ästhetisierende Mustersuche besteht die Möglichkeit, dass genug logische oder emotionale Muster gefunden werden, um das Gefühl logischer oder emotionaler Geschlossenheit entstehen zu lassen; das anfängliche Leiden wird dann relativiert. → Abstraktion → ‚Beflügelung‘

Liebe: Liebe ist → zweckfreie → Empathie (transitiv) und entsprechende → ‚Beflügelung‘. Wegen des individuellen Zugangs zu dieser ‚Beflügelung‘ wird

Liebe als → empathische Affiliation mit dem betrachteten Objekt empfunden und führt so unter Umständen zu einer Wahrnehmungsabwehr gegenüber allem, was nicht mit dem fokussierten Objekt zu tun hat. Die Selbstwahrnehmung bei diesem Vorgang ist so stark, dass ein Gefühl von Individualität und Exklusivität eintritt, d.h. das Gefühl, selbst exklusiv zu sein und etwas Exklusives zu besitzen. Liebe kittet vagative und fixative Mustersuche zusammen.

Melancholie: Melancholie ist ein Zustand mit relativ geringer Handlungsmotivation, der in kunstikonographischer und mentalitätsgeschichtlicher Hinsicht als mögliche Vorstufe für → Intuition und/oder → Erleuchtung gilt. Umgangssprachlich wird Melancholie umschrieben als sehnsuchtsvolles Gefallen an einem → Ideal, das unerreichbar scheint, oder als Suche nach etwas, von dem man → rätselhafterweise gar nicht weiß, was es ist.

Melancholie ist eine Form von → Leiden, bei der man mittels der Konstruktion von → Möglichkeiten einen utopischen Begriff kindlicher Allverbundenheit konstruiert. Man erzeugt einen → Wunsch nach → Zusammenfall von Gegensätzen. Melancholie changiert – entweder unentschlossen oder vorsätzlich – zwischen Kontrolle der sinnlichen Wahrnehmung und den Vernetzungsmöglichkeiten mit inneren Interpretationsmustern. Dadurch können partielle → Blindsichtigkeiten bzw. eigentlich unbewusste Gefühlsblockaden austariert und unter Umständen bewusst gemacht werden. Genauer gesagt: Melancholie ist einerseits Vertiefung der → vagativen Suche durch Erhöhung des Auflösungsgrads und Minderung der Selektionsschwelle – andererseits wird der Verlust des Außenbezugs, ein wesentliches Charakteristikum der vagativen Suche, nicht zugelassen. Dies ist wahrscheinlich möglich durch eine Technik, welche die beiden Seiten von Innen und Außen jeweils sehr kontrolliert einzeln sichtet und dann so stimmig wie möglich in Beziehung zueinander setzt. Diese melancholisierende Technik ist zwar sehr anstrengend, aber nach beiden Seiten entsprechend bewusstseinsbildend, sowohl individualisierend als auch intellektualisierend. Aus diesem Grund sind melancholische Schleifen der ästhetischen Betrachtung teilweise gar nicht auf Weiterführung zum Verlassen des vagativen Bereichs oder zu ekstatischen Erlebnissen ausgerichtet, sondern werden teilweise auch stark eigenwertig erlebt. Deswegen sind auch tendenziell zwei Arten melancholischer Betrachtung zu differenzieren, nämlich eine tendenziell als traurig und eine als genussvoll empfundene Sehnsucht, also Weltschmerz vs. melancholische Vergegenwärtigung. Diese beiden Formen sind abhängig vom Grad des Kompetenzempfindens bzw. von Blockaden hinsichtlich der austarierten kognitiven Entitäten des Selbst und der Gesellschaft. Wegen dieses relativierenden Status zwischen Sichten und Empfinden charakterisiert sich Melancholie durch geringe Motivation, denn jede Handlung würde diesen Status verändern. Hinzu kommt unter Umständen das anfängliche Leiden bei niedrigem Kompetenzempfinden.

Möglichkeit: Eine Möglichkeit ist etwas, was nicht ist, aber sein kann, konstruiert durch den sog. Möglichkeitssinn. Möglichkeiten entstehen durch das → Utopisieren und Vernetzen einer Sinneinheit mit anderen Mustern. Im Bereich des → vagativen Fühlens ist der Möglichkeitssinn besonders stark ausgeprägt.

Die Konstruktion verschiedener Möglichkeiten beruht auf der möglichst breiten Auswahl an unbestimmten im Verhältnis zu bestimmten Elementen bzw. durch Gleichzeitigkeit von fühlend-assoziativem Erleben und abstraktem Denken (Dennet 1994). (Ob dieser Ablauf zusätzlich durch die Faltstruktur des Gehirns begünstigt wird oder nicht, ist unklar. Kurioserweise entspricht Dennetts theoretisches Modell von der Wahrnehmung der eigenen Wahrnehmung rein graphisch der möglichen Nervenaktivierungen entlang und entgegen dieser Faltstruktur. Leider ist eine funktionale Entsprechung nicht alleine durch eine morphologischen Ähnlichkeit zu begründen.)

Moralität: Moralität ist ein ethisches Prinzip, das das eigene Handeln an den Richtlinien der gesellschaftlich genormten Sittlichkeit festmacht. Dabei hat das Empathisierte Vorrangstellung vor dem Emphatisierenden bzw. dem Eigenwert der ästhetischen Betrachtung. Eine moralisierende ästhetische Betrachtung ist also eine ästhetische Betrachtung mit vergleichsweise wenig → ästhetischer Distanz.

Phase 1: Phase 1 umschreibt bei der ästhetischen Betrachtung den zunehmend → vagativen Mustervergleich, ausgelöst durch eine abnehmende → Abstraktion mit → geringen Unterschieden. Die Fokussierung eines Objekts ermöglicht die Wahrnehmung und Emotionalisierung kleinster Einzelheiten und lässt dadurch die → intuitive Ordnungsfindung zunehmend wahrscheinlicher werden.

Phase 2: Phase 2 ist die intellektuelle Aufarbeitung von → Phase 1, der erlebten → ‚Beflügelung‘ und der durch die → vagative Vernetzung neuerworbenen Muster. Da diese neuen Muster durch nicht rein logische Techniken erarbeitet wurden, stellt diese Rekonstruktion hohe Ansprüche an die logische Kohärenz des entsprechenden Weltbilds. Die neuen Muster werden abstrahiert bzw. kommunizierbaren Abstrakta angepasst. Inneres Fühlen und äußere Begrifflichkeiten werden in Bezug auf eine Selbstvorstellung und das gesellschaftlich genormte Vokabular angeglichen. Die in → Phase 1 aufgehobene, nur unbewusst abgespeicherte Intention der Suche wird wieder Teil des Protokollgedächtnisses.

Phase 2 muss also unter Umständen vagative Erfahrungen an konkretes Denken anpassen, eigentlich ein Widerspruch in sich. Von daher erzwingt Phase 2 Abstraktionen des ästhetischen Erlebens, die mit Vokabeln der Unbeschreibbarkeit argumentieren, also mit transzendenten und/oder tautologischen Metaphern (die je nach Un-/Verständnis der Außenwelt bzw. eigener Erfahrung von Erlebnissen der Stufe 3 auch als → schizophrener oder religiöser Wahn interpretiert werden).

→ Seele, → Empathie, → Selbstbewusstsein, → Gegenstrebigkeit und → Rätselhaftigkeit

Rätsel: Als Rätsel wird ein Problem definiert, bei dem nicht klar ist, welche Operatoren verwendet werden sollen, um die vorliegende Unbestimmtheit zu reduzieren, und welches Ziel bei dieser Unbestimmtheitsreduktion eigentlich angestrebt wird (Dörner 1999). Unbestimmtheit in Form von Rätselhaftigkeit ermöglicht → empathische Projektion, also Unterstellung → idealer Eigenschaften. Rätselhaftigkeit entsteht zwangsläufig durch die → Gegenstrebigkeit der Rezeption zwischen abstrakten und sinnlichen Informationseinheiten und ist deswegen auch logische Konsequenz aus der Notwendigkeit ‚kognitiver blinder Flecken‘ zur Konstruktion von Vorder- und Hintergrund. Die → Unbeschreibbarkeit der Kunst bzw. das ästhetiktheoretische *je ne sais quoi* erzeugen zusätzliche Rätsel. Die kognitive Überforderung durch Rätsel ist notwendig für die empathische Einfühlung; wird das System nicht überfordert, dann entsteht nur Langeweile und infolgedessen kommt es zum Abbruch der ästhetischen Betrachtung.

Rausch: Der durch Drogen ausgelöste Rausch funktioniert ähnlich wie die → Ekstase, nur dass im Gegensatz zur Ekstase beim Rausch keine Steigerung der Empfindungsfähigkeit, sondern eher eine Minderung dieser Fähigkeit entsteht. Der Rausch beinhaltet gelockerte Phantasietätigkeit und subjektiv beglückende Assoziationen durch Drogeneinwirkung o.ä. Dieser Zustand ähnelt anderen Zuständen mit → geringen Unterschieden.

Religiosität: Religiosität ist eine → Empathisierung von Nullbegriffen und das dabei entstehende Gefühl der Verbundenheit mit einer transzendenten Entität.

Religiöse Aura: Die religiöse Aura ist die Unterstellung von potenziellem ästhetischem Erleben, der Ausdruck eines Kunstwerks, wenn man dessen Wirkung so einschätzt, dass ein Schönheitserleben von Stufe 2–3 möglich ist - ähnlich wie bei einem Objekt der → Religiosität. Wegen des nicht-diskursiven Charakters von → Phase 2 sind zur nachträglichen Kommunizierung der → ‚Beflügelung‘ und → intuitiver → ‚Erleuchtung‘ besondere Vokabeln nötig. → Unbeschreibbarkeit der Kunst. Diese Begriffe umschreiben vor allem das Gefühl einer → ekstatisch-enstatischen Affiliation. Grundbedingung einer religiösen Aura ist die nicht logisch begründbare Wirkung des Kunstwerks, die → Rätselhaftigkeit des Erlebens.

Rührung: Rührung ist ein Gefühl starker persönlicher Betroffenheit, das auf →Empathie mit einem Kunstwerk oder einer dargestellten Person beruht. Es ist in den Stufen des ästhetischen Erlebens anzusiedeln auf Stufe 2 und umschreibt diesen Effekt durch eine ästhetische Musterüberschneidung mit einem sowohl auf intellektueller, als auch körperlicher Ebene messbaren Qualitätsanstieg des

Erlebens. Rührung übersteigt das Gefühl der → Faszination, beinhaltet aber im Gegensatz zur → Ekstase nur ein bedingtes Aufheben der Kommunikativität.

Rührung zeichnet sich durch eigenbezogene Intention aus, sprich: es wurden anteilig sehr viele individuelle und emotional gebundene Muster mit fixativen Mustern in Einklang gebracht.

Schizophrenie: Als schizophrenes Erleben wird eine krankheitsbedingte Unvollständigkeit der → Phase 2 angenommen. Durch eine fehlende oder akut gering ausgeprägte Vorstellung eines eigenen Selbst werden dabei wahrscheinlich die Grenzen zwischen den → zusammengefallenen Gegensätzen nicht mehr vollständig rekonstruiert, da durch die fehlende Ich-Vorstellung kein Bezugspunkt für diese Rekonstruktion existiert (sprich: theoretisch müssten Menschen sich allein durch kognitive Isolation solchen Zuständen annähern). Ist aufgrund dieser Vorgaben keine Differenzierung zwischen dem ästhetischen Erleben und der umliegenden Realität mehr möglich, kommt es zu kognitiven Fehlschlüssen, die im Bereich von Wahnvorstellungen liegen. Eine weitere mögliche Begründung von Schizophrenie auf kognitiver Ebene ist eine Unfähigkeit zum Erreichen von Phase 2 wegen inneren Blockaden, die durch → vagatives Fühlen nicht aufgelöst werden können, auch wenn sich das Individuum durch kulturelle Techniken in Erfahrungen der Stufe 3 gebracht hat, die eigentlich eine relative bis absolute Freiheit von Blockaden voraussetzen. In beiden Fällen wird das schizophren-ekstatische Erleben aber von der Außenwelt als quasi virtuell und zu fiktiv für eine gesellschaftliche Anerkennung eingeschätzt.

Da sich Stufe 3 des ästhetischen Erlebens dadurch auszeichnet, dass kein Objekt der Betrachtung mehr vorliegt, sondern nur das affiliative Erleben eines unterschiedslosen Bereichs, ist dieses Erleben entsprechend Schizophrenie-affin. Allerdings ist diese Bewertung von Schizophrenie epochenabhängig verschieden. Diese Definition ist also relativ (historische Epochen betrachten diese Krankheit nicht unbedingt pejorativ als Negativum, sondern als Ausdruck religiösen Erlebens).

Seele: Der hier vorausgesetzte Begriff der Seele beruht auf der Zuschreibung von Gefühlen an andere, also eine empathische Spiegelprojektion eigener Gefühle und Ideale, bzw. auf der empathisierenden Zuschreibung von → Empathie an Andere und an sich selbst. Durch die Projektion kollektiver Werte und ästhetischen Erlebens entstehen dabei beim Betrachter vielschichtige Muster → rätselhafter bis evtl. → religiöser Aura.

Seele beinhaltet die Vorstellung eines eigenständigen Ich-Bewusstseins, wie sie nach Jaynes erst seit dem 8. Jahrhundert v Chr. belegbar ist, der Entstehung des Seelen-Synonyms Psyche (diese wird teilweise als vom Körper losgelöste Entität begriffen). Die wesentlichen, charakteristischen Eigenschaften eines Individuums werden gleichsam als Kern der Persönlichkeit, eben als dessen Seele begriffen. (Das Gegenteil von Seele ist nicht der Körper, da die klassische Antinomie von

Leib und Seele wegen des Ineinandergreifens beider Kategorien als Kategorienfehler gilt). Die Vorstellung einer unsterblichen Seele ist möglicherweise logische Konsequenz einer → Nullbegriffskonstruktion, einer utopischen Gegenvorstellung zur Sterblichkeit; solche oder ähnliche Utopisierungen sind Grundlage für idealistische Umgangsformen und bestimmte ekstatische und enstatische Erlebnisqualitäten sowie für die Konstanz menschlicher Umgangsformen.

Selbstauslöschung: Der traditionelle Begriff der Selbstauslöschung umschreibt das Gefühl eines subjektiven, durch das ästhetische Betrachten ausgelösten Verschwindens der eigenen Person. Da das → ekstatische Erleben von Kunst auch den Begriff eines eigenen Selbst negiert, kommt es dabei zum subjektiven Verschwinden der eigenen Persönlichkeit, an deren Stelle dann das → empathisierende Gefühl von → Allverbundenheit tritt. → Zusammenfall der Gegensätze, wie z.B. Tod und Leben oder Liebe und Hass. Subjektive Einheiten von Liebe und Tod sind typisch mystische Selbstauslöschungen.

Selbstbewusstsein: Selbstbewusstsein ist Reflexion von Gefühlen und Interpretationsmustern, die sich auf die eigene Person bezieht und zwar mittels einer Korrelierung von syntaktischen (linearen Zusammenhängen, äußeren Regeln der Welt) und semantischen (emotionalem, innerem Erleben) Informationen.

Im Sozialverband eines Subjekts, der Gemeinschaft der von ihm empathisierten Lebewesen gelten Regeln der Interaktion. Diese werden dadurch erworben, dass sich das lernende Subjekt zunehmend von sich selbst distanziert, sprich: die Subjekt-Objekt-Einheit des kindlichen Erlebens (geringe → Unterschiede, Einheit von → Innen und → Außen) wird zugunsten einer Vorstellung von der eigenen Person als selbstständiger Einheit relativ modifiziert. Relativ modifiziert insofern, als das erwachsene Subjekt kindlich-vagative Erlebnistechniken auch weiterhin praktiziert. Ästhetisches Erleben ist aus folgenden Gründen konstitutiver Bestandteil von Selbstbewusstsein:

1) Menschliches Denken stabilisiert sich durch Selbstreflexion nach Außen und Innen. Nach Außen (syntaktisch, funktional) stabilisieren heißt, dass Annahmen der Selbsterhaltung bzw. der Selbsterhaltungsfunktionen im Hinblick auf das umgebende System erstellt und möglichst gut einjustiert werden – das Individuum passt sein Verhalten an gesellschaftlich kommunizierbare Werte an (was Freud „Über-Ich" nannte). So entsteht Handlungsorientierung. Nach Innen (semantisch, inhaltlich) stabilisieren heißt, dass der dazugehörige Zustand und entsprechende Prognosen des internen Erlebens dieser Modifikationen mitreflektiert werden, die individuellen, exklusiven und nicht kommunizierbaren Qualitäten des Erlebens von „Es" (Gefühle).

2) Um beide Bereiche zusammenzuhalten, benötigt man eine verbindende Instanz, das sog. Selbstbewusstsein oder Selbst. (Da Schönheitsempfinden als Übereinstimmung von vorhandenen Interpretationsmustern und innerem Fühlen wegen

der Masse an relativierenden Utopien und Möglichkeiten nur im Hinblick auf einen dritten Bezugspunkt, nämlich auf diese Art des Selbstbewusstseins festgelegt werden kann, ist es auch möglich, das Selbstbewusstsein nicht als eigene Entität, sondern eigentlich nur als relativ stabile, also nicht zu feste, aber auch nicht zu flexible Verbindung dieser Ebenen anzusehen).

3) Selbstbewusstsein ist also nicht nur eine rein funktionale Informationsverwaltungsinstanz, sondern diese Informationen werden auch erlebt. Dieser Aspekt verschafft dem selbstbewussten Erleben Eigenwert, was daran sichtbar wird, dass in bestimmten Fällen die physischen Selbsterhaltungsparameter völlig vernachlässigt werden, also psychisches, inneres Erleben dem physischem Fortbestand vorgezogen wird (Sonderfall Jesus: Hierbei wird zugunsten innerer Kohärenz bewusst gegen die äußere, also gegen das physische Weiterleben entschieden). Bewusst selbstgewählte Absagen an äußere Zwänge bzw. Kompensationen äußerer Beeinträchtigungen durch inneres Erleben werden in der Literatur und den Schönen Künsten als Freiheit oder Würde des Menschen umschrieben.

Dem Selbstbewusstsein geht → Bewusstsein voraus, das Informationen zwar verarbeitet, dabei aber diese Verarbeitungsprozesse selbst nicht thematisiert/reflektiert. Selbstbewusstsein konstituiert sich nicht nur aus linearem (syntaktischem) Denken, sondern auch aus ästhetisch-emotionalem (semantischem) Gefühl. Alltagssprachlich wird die Vokabel des Selbstbewusstseins ähnlich verwandt: Jemand, der sich viel auf seine Rolle in der Gesellschaft o.ä. beruft, hat – trotz gegenläufiger Logik – höchstwahrscheinlich ‚wenig Selbstbewusstsein', weil er sonst nicht so viel darüber sprechen müsste. Hat im Gegensatz dazu das Individuum ein ‚gutes Verhältnis' zu sich selbst, dann verhindern keine Blockaden den Zugang zu Stufe 3 (dem laut Jaynes „bikameralen" Anteil menschlichen Denkens bzw. Fühlens, dem Bereich der geringen Unterschiede bzw. → Zusammenfall aller Gegensätze; eine umgangssprachliche Umsetzung davon ist die Fähigkeit zum inneren Gespräch mit sich selbst, im Extremfall mir der heautoskopischen Halluzination von der eigenen Person in der → Ekstase).

Die alltagssprachliche Formulierung von ‚wenig' oder ‚viel Selbstbewusstsein' beruht nicht auf einer quantitativen Einschätzung dieser Reflexionsvorgänge, sondern bietet eine qualitative Angabe des Endprodukts dieser Korrelierung im Hinblick auf die prognostizierte Selbsterhaltung: Passen nämlich die äußeren Möglichkeiten des Individuums zur Selbsterhaltung und inneres Erleben zusammen, dann ist Selbsterhaltung in physischer und psychischer Hinsicht prognostizierbar, also der ‚Wert' eigenen Erlebens subjektiv empfunden hoch – viel Selbstbestätigung, viel Kompetenzgefühl. Passt Innen und Außen nicht zusammen, dann hat das Individuum zu Recht Bedenken bezüglich seiner Selbsterhaltung und hat dann alltagssprachlich ‚wenig Selbstbewusstsein', obwohl gerade dieser Zustand unter Umständen von sehr viel mehr Selbstreflexion begleitet wird. Weitere Umschreibungen artverwandter Phänomene sind die Begriffe von Wunschbild und

Selbstbild. Auch zwischen dem erwünschten Rollenideal des Subjekts und seinem akuten Selbstbild entsteht ein subjektiver ‚Selbstbewusstseins-wert'.

Fazit: Ästhetische wie auch selbstbewusste Reflexion konstruiert bzw. braucht eine Art Gegenüber des eigenen Selbst, und umgekehrt basiert das eigene Selbst auch auf derartiger Reflexion. Beide Aspekte bedingen einander. Für beide Aspekte ist die Stufe 3 des Ästhetik-Modells Voraussetzung, auch wenn das Erleben der → geringen Unterschiede und der → Zusammenfall der Gegensätze sog. erwachsen-vernünftigem Denken zu widersprechen scheint. Aber nur in der Interaktion mit dieser Sphäre ist solches Denken möglich.

Selbsterhaltendes System: → Autonomie und → Autopoiesie

Selbstzweck: Selbstzweck gilt im Allgemeinen als eine besondere Form von Zweck, nämlich als ein Zweck, der um seiner selbst willen verfolgt wird. Ob derartige Zwecke wirklich existieren, kann und muss an dieser Stelle nicht diskutiert werden. Wichtig ist für den gegebenen Zusammenhang nur, dass für diverse ästhetische Theorien und Praktiken das Postulat von Selbstzweck konstitutiv ist. Ein Beispiel dafür ist die überästhetisierende Kunst, deren Spiegelprojektionen stark von der Realität getrennt sind: Sie wird als *art pour l'art*, als ‚Kunst um der Kunst willen' bzw. als Selbstzweck bezeichnet.

Spiegelmetapher: Mit der Spiegelmetapher wird der Vergleich zwischen inneren, emotionalen und abstrakten Ordnungsmustern einerseits und möglichen Mustern der äußeren Sinnesreizung andererseits umschrieben, eine Nachmodellierung von Strukturprinzipien der Welt.

Spieltrieb: Der Spieltrieb initiiert die zweckfreie Exploration der Umwelt durch Versuch-Irrtums-Verhalten und Analogiebildungen (Strohschneider/Tisdale 1987). Er umschreibt mehrere Prinzipien der vagativen Suche bzw. diversiven Exploration, wie z.B. die → Zweckfreiheit des Handelns als typisch menschlicher Kräfteüberschuss. Spielerische Ordnungsfindung kommt u.a. durch Zufallsprozesse im Sinne von unbeabsichtigten Kreuzungen eigentlich determinierter Kausalketten zustande.

Traummetapher: Der Traum nicht als konkreter psychischer Prozess, sondern als in der Tradition gebräuchliche Metapher für ästhetisches Erleben zeichnet sich neben den ästhetiklogischen und emotionalen Vernetzungen vor allem durch seinen spielerischen und → rauschähnlichen Charakter aus. → Unterschied, geringer.

Tiermetapher: Die Tiermetapher umschreibt den Vergleich ästhetischen Erlebens mit tierhaftem Empfinden. Dieser Vergleich fußt darauf, dass sich beide Zustände durch ein relatives Fehlen von Sprache, Moralvorstellungen und/oder Ich-Bewusstsein auszeichnen. → Unterschied, geringer, → Kinderblick.

Überästhetisierung: Überästhetisierte, stark → selbstzweckorientierte Kunst hat wenig Gesellschafts-, dafür aber viel exklusiven Individualbezug.

Unbeschreibbarkeit der Kunst: Die Unbeschreibbarkeit der Kunst ist ein Topos in der Ästhetik-Tradition, demzufolge aktuelles ästhetisches Erleben sich nicht beschreiben lässt und zwar aus folgendem Grund: Der kategoriale Gegensatz zwischen Fixation und Vagation, der mit ästhetischer → Religiosität oder ‚Beflügelung‘ verbunden wird, geht auf Kosten der Beschreibbarkeit des ästhetischen Erlebens. → ‚Gegenstrebigkeit‘, → Rätsel und → Religiosität.

Uneigentlichkeit: → Zweckfreiheit.

Unterschied, geringer: Ästhetisches Erleben mit geringen Unterschieden umschreibt eine Wahrnehmung mit hohem Auflösungsgrad und niedriger Selektionsschwelle, ein amorphes Ineinandergleiten von Informationseinheiten, die wenig oder nicht unterscheidbar sind. Diese Wahrnehmung führt zu einer Annäherung der Kategorien Fixation (intern-bestimmt-ideal) und Vagation (extern-unbestimmt-real) im ästhetischen Erleben, einem Flow-Erlebnis, bei dem einzelne Einheiten der frei flottierenden Informationen bis zu einer umfassenderen → intuitiven Ordnungsfindung sowohl konturiert als auch wieder verworfen werden. Wie bei → Traum, → Rausch, Sexualität oder Meditation zeichnen sich Zustände der geringen Unterschiede durch nur geringe intellektualisierende Abstraktion, also gleichzeitig hohe empathische Identifikation mit dem Kunstwerk, Kommunikationseinschränkung und hohe Wahrscheinlichkeit von Vernetzungsmöglichkeiten aus (Aufhebung der Einheitsgrenzen durch Nivellierung von Begriff und entsprechendem sinnlich erfahrenen Gegenstand).

Geringe Unterschiede bestehen im ästhetischen Erleben zwischen abstrakten Interpretationseinheiten und vagativ wahrgenommenen Sinneseindrücken und zwar im Vergleich zur regulären, wenig emotionalen Informationsverarbeitung. Geringe Unterschiede sind auch Differenzen von Informationseinheiten, die tendenziell innerhalb stark vagativer oder fixativer Strukturen vorliegen – beide Unterschiedsformen sind deswegen gering, weil keine große Spanne zwischen fixativen und vagtiven Mustern besteht. Geringe Unterschiede sind auf den (realen oder nur angedachten) → Zusammenfall dieser Gegensätze hin ausgelegt.

Soviel zu Unterschieden in makroskopischer Sicht. Allerdings wurde mehrfach darauf hingewiesen, dass der Begriff des Unterschieds auch auf der Mikroebene anwendbar ist, insofern auch Neuronen über eine Unterschieds-Schaltung funktionieren: Nervenzellen feuern oder feuern nicht. Dies ermöglichte es, auf der Grundlage des Begriffs vom Unterschied in der vorliegenden Arbeit die 0–1-

Schaltung des Computers mit dieser neuronalen Struktur zu vergleichen. Auf dieser Ebene des Diskret-Digitalen ist der Begriff eines ,geringen Unterschieds' nicht statthaft. Aber Neuronen registrieren u.a. den Grad ihrer eigenen Aktivierung; in der Spanne von 0–1 heißt das, dass beispielsweise ein einzelnes Neuron bei einem Aktivierungswert von 0,1 nicht, bei einem Wert von 0,9 durchaus feuert. Da diese Werte wahrscheinlich das neuronale Korrelat einer äußeren Kontrollinstanz, einer Wahrnehmung der Wahrnehmung sind, ist die graduelle Differenzierung von großen und geringen Unterschieden durchaus zulässig (ebenso wie die Verwendung des Unterschiedsbegriffs auf Mikro- und Makroebene).

Utopie: Eine Utopie ist eine Wunschvorstellung, welche die bestehenden Zustände überschreitet, ein subjektiv unerreichbares → Ideal der → Möglichkeiten.

Vagatives Fühlen: Vagatives Fühlen ist Fokussierung des betrachteten extern-realen Objekts mit erhöhtem Auflösungsgrad und geminderter Selektionsschwelle = Überinklusivität. Im Gegensatz zu → fixativem Denken sucht vagatives Fühlen mit ausgesucht hoher Ambiguitätstoleranz und durch Hemmung abstrahierter, kommunikativer Muster nach Musterüberschneidungen vor allem emotionaler und ästhetiklogischer Art, inklusive Überschneidungen mit → Möglichkeiten und → Idealisierungen. In diesem Bereich → geringer Unterschiede verlieren abstrahierte Funktionszusammenhänge zugunsten sinnlicher Details und emotionaler Assoziationen zunehmend an Bedeutung. Vagatives Fühlen bezieht sich deswegen in → Phase 1 auf zunehmend unbewusste Muster. Durch diese Aufsplitterung ursprünglich von sprachlich gebundenen Sinneinheiten bzw. → Abstrahierungen werden

- Vorder- und Hintergrund des Denkens bzw.
- Subjekt- und Objekt-Bewusstsein,
- wichtige und unwichtige Merkmale der Wahrnehmung,
- Dinge und ihre Negativschablonen, bzw.
- Dinge und Gegenvorstellungen, das
- gesellschaftlich definierte Selbst und die eigenen Emotionen,
- Bewusstes und Verdrängtes miteinander in Beziehung gesetzt und relativiert.
- Kern und Peripherie der Bewusstseinsfelder werden verschmolzen, so dass ein → Zusammenfall dieser Gegensätze wahrscheinlich wird.

Alle Grenzen zwischen den genannten Gegensätzen werden unscharf und durchlässig, alles wird magisch-empathisch miteinander verknüpft. Dieser Zustand ähnelt dem vorkonkreten, kindlich-synkreten Denken bzw. → schizophrenen Phänomenen – abgesehen davon, dass bei Schizophrenie die → Phase 2 unvollständig ist, das Verlassen des Bereichs des vagativen Fühlens.

Umso intensiver die vagative Suche betrieben wird, desto weiter entfernt man sich von Ich-Bewusstsein und kritischer Reflexion. Die → empathisierende Identifikation mit dem Objekt der Betrachtung verstärkt sich. Die überinklusive Fokussierung unterbindet zunehmend die Kommunikativität nach außen. Deswegen nimmt auch jede Handlungsorientierung zugunsten der vagativen Betrachtung bzw. zugunsten des eigenwertigen Erlebens des vagativen Fühlens ab. Trotz seines unbewussten Status wird vagatives Fühlen zwar nicht bewusst reflektiert, aber eben trotzdem gefühlt. Vagatives Fühlen wird bei der Rückkehr in bewusst-fixatives Denken umgangssprachlich umschrieben als ‚Sehen mit dem dritten‘ oder ‚inneren Auge‘, Innerlichkeit, ‚Spüren‘ oder affektives ‚Mitschwingen‘.

Die Hierarchie dieser Muster spannt sich von eher sozialisierten, intellektualisierten, kollektiv und moralisch gebundenen Mustern (Freuds „Über-Ich") hin zu eher privaten, instinktiv-regressiven und unflexiblen Mustern (Freuds „Es", das „Ich" befindet sich zwischen „Über-Ich" und „Es" bzw. bezeichnet die Schnittmenge dieser beiden Kategorien). Andere Umschreibungen dieser Hierarchie sind Gesellschaftsbezug, Selbstbewusstsein und ‚Selbstliebe‘:

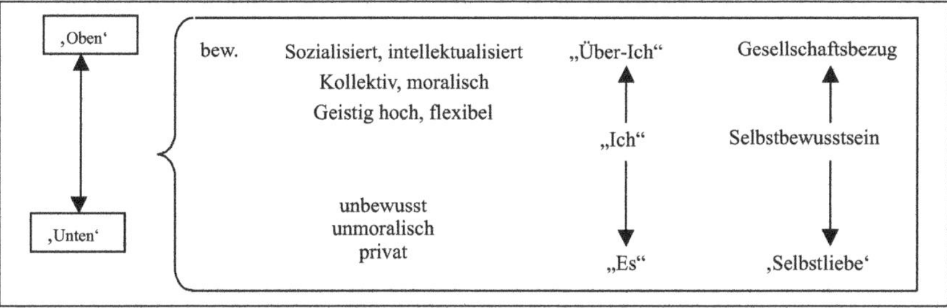

Abb. 48:   Stufenhierarchie einzelner Bewusstseinsebenen

Da generell von angeborenen Bedürfnissen nach Affiliation ausgegangen werden muss, ist die Wahrscheinlichkeit hoch, dass bei zunehmend vagativer Wahrnehmung irgendwann nur noch die ältesten → empathisch vorgenommenen Affiliationen mit einzelnen Mustern erkannt und gefühlt werden. (Moderne ekstatisierende Praktiken finden sich eher im Umgang mit Musik als mit räumlich und zeitlich fixierter Bildender Kunst, denn Musik gilt im Vergleich zur Malerei als utopischer und erlebnisintensiver.) In diesem Fall ist absehbar, wann der bei der ästhetischen Betrachtung vorhandene Lustspeicher zur Gänze gefüllt ist. Dann tritt → Ekstase ein.

Vagatives Fühlen setzt eine relativ unbewusste Intention der Mustersuche voraus, da eigentlich → zweckfrei, also ohne Intention gesucht wird. Es kann deshalb nicht nur durch ästhetisierende Betrachtung, sondern schlichtweg auch durch Müdigkeit oder Drogeneinfluss ausgelöst werden. (Drogen verstärken im Gehirn Hemmungen, wodurch das Gefühl aufkommt, ‚klarer‘ zu sehen; andererseits wird durch kognitive Fehlleistungen eine größere Gleichzeitigkeit aller Informationen erlebt.) Ähnlich werden auch Schlaf und Traum beschrieben.

Verweilen: Verweilen entspricht der → vagativen Ordnungssuche im Bereich des → geringen Unterschieds. Vagative Einheiten, wenn man überhaupt von so etwas sprechen kann, verhalten sich verweilend, während lineare Begriffe dann ‚rennen‘, vernetzte Ästhetik funktioniert wie der Raum, lineare Prinzipien wie Zeit.

Hirnphysiologische Belege scheinen Verweilen und seine Eigenschaften zu bestätigen, wie z.B. den kontemplativen Bereich der Mustersuche (Schmidt und Birbaumer 1998): Jeder Reiz wird vor Zuteilung von Aufmerksamkeitsressourcen vom Neocortex analysiert und in zu verstärkende und zu vernachlässigende Informationen eingeteilt. Diese Unterscheidung verläuft unbewusst. Das konnte anhand von Messungen der Muskelspannungen nachgewiesen werden. Diese zeigten, dass in dem Moment, in dem man glaubt, ein Problem durchschaut zu haben, die durch dieses Problem entstandene Muskelspannung schon längst nachgelassen hat. Unser bewusstes Denken ist also nur so etwas wie ein nachträglich abgefasstes Protokoll (Jaynes 1988).

Zerstückelung: Zerstückelung ist eine traditionelle, aus schamanistischen Traditionen stammende Metapher für das, bewusste Empfinden der → vagativen Suche bzw. der → Phase 1. Dieses Empfinden, das nur durch Anwendung bestimmter Techniken möglich wird, impliziert das Gefühl, sich in einzelne Bestandteile aufzulösen bis hin zu dem Eindruck, dass Körperteile auseinander- und abgerissen werden.

Zusammenfall der Gegensätze: Der Zusammenfall der Gegensätze beschreibt das Ineinssetzen von konträr Verschiedenem aufgrund seiner wechselseitigen Bezogenheit, so wie schwarz und weiß oder Tag und Nacht. Jeder Zusammenfall von Unterschieden bzw. von kognitiven Gegensätzen provoziert Lustempfinden, u.a. durch das Eintreten von Bestimmtheit (weil in einem Bereich ohne Unterschiede auch keine kognitiven Unbestimmtheiten existieren können). Alle erlebnissteigernden Phänomene ästhetischen Empfindens funktionieren über die Nivellierung von Unterschieden bzw. Gegensätzen. Auf niedriger Ebene werden beispielsweise nur kleine Unbestimmtheiten der Wahrnehmung konstatiert; kann durch vagative Suche intuitiv ein Muster gefunden werden, das diese Unbestimmtheit auflöst, dann nivellieren sich ursprüngliches → Leiden aufgrund von Unbestimmtheit und neues Muster gegenseitig. Das gilt auch für höhere Ebenen, auf denen sich z.B. Begriffe und Gegenvorstellungen gegenseitig austarieren: Hat beispielsweise ein Betrachter eines Kunstwerks das Gefühl subjektiven → Leidens an der Welt, und kann er das Kunstwerk dermaßen empathisieren, dass es für ihn zum anthropomorphisierten Gegenüber geworden ist, dann ist der Gegensatz von Individuum und Außenwelt zusammengefallen. Folge eines solchen Zusammenfalls auf hoher Ebene ist das Gefühl einer → ekstatisch erlebten → Selbstauslöschung durch Aufhebung der Unterschiede bzw. ein → allverbunden-erleuchtendes Einheits- bzw. Lustempfinden, oft als Wahrheitsempfinden tituliert. Dieses unterschiedslose Empfinden schafft wiederum einen Unterschied zum vorangegangenen Erleben einer Wahrnehmung mit großen Unterschieden. Auf diese Weise entsteht → auto-poietische → Autonomie → Selbstauslöschung und → Ekstase.

Zweckfreiheit: Zweckfreiheit umschreibt die Hemmung einer zielgerichteten → fixativen Suche nach Ordnungsmustern zur Konstruktion einer Objektgrammatik und das dadurch bedingte Ausweichen in die vagative Suche, die nicht im gleichen Sinn zielgerichtet ist wie die fixative Suche, sondern sich auf sekundäre Merkmale des Objekts der fixativen Suche richtet. Diese Hemmung bzw. die Unterbindung von Erwartungsbildung und Intention wird initiiert durch das Scheitern bereits vorhandener Erkennungsmuster einerseits und die Prognose einer relevanten, aber nicht mit kognitivem Eu-Stress, also positiv empfundener Anregung verbundenen Musterfindung andererseits. Zweckfreiheit ist Voraussetzung für den kontemplativen Zugang der Betrachtung.

Literaturverzeichnis

A

Ackerman, D.: Die schöne Macht der Sinne. Eine Kulturgeschichte, München 1991

Adam, A./Escal, F. (Hrsg.): Nicolas Boileau-Despréaux. Euvres complétes, Paris 1966, München 1970

Adorno, T.W.: Philosophie der neuen Musik, Frankfurt am Main 1948

Ders.: Ästhetische Theorie Frankfurt am Main 1970

Adorno, G./Tiedemann, R. (Hrsg.): Theodor W. Adorno. Ästhetische Theorie, Frankfurt am Main 1973

Alberti, L.B.: Della pittura, della statua. Osnabrück 1970

Albertus Magnus: Super de divinis nominibus, in: Brognet, A. (Hrsg.): Opera omnia, editio Coloniensis, Bd. 37, Paris 1890–1892

Aristoteles: Poetik, Stuttgart 1987

Ders.: Über die Seele, Hamburg 1995

Arnim, B. von: Clemens Brentanos Frühlingskranz, München 1967

Asendorf, C.: Ströme und Strahlen. Das langsame Verschwinden der Materie um 1900, Gießen 1989

Augustinus, A.: De Genesi ad Litteram 12, Einsiedeln 1960

B

Bachmann, I.: Sämtliche Gedichte, München [u.a.] 1983

Bachtin, M.M.: Literatur und Karneval. Zur Romantheorie u. Lachkultur, München 1985

Barthes, R.: Le Degré zéro l'ecriture, Paris 1953

Ders. : L'Emire des signes, Genf 1970

Bartl, C.: Der „Heureka"-Effekt – Intuition als Modus der Informationsverarbeitung, Dipl.-Arbeit, Bamberg 1996

Bassenge, F. (Hrsg.): Edmund Burke. Philosophische Untersuchung über den Ursprung unserer Ideen vom Erhabenen und Schönen, Hamburg 1980

Ders.: Denis Diderot. Das Schöne. Ästhetische Schriften, Bd. 1, Frankfurt am Main 1968, S. 98-136

Bataille, G.s: Das obszöne Werk. Die Geschichte des Auges, Reinbeck, 1990.

Bateson, G./Bateson, M.C.: Wo Engel zögern. Unterwegs zu einer Epistemologie des Heiligen, Frankfurt am Main 1993

Ders.: Geist und Natur. Eine notwendige Einheit, Frankfurt am Main 1987

Baudelaire, C.: Euvres complétes, Paris 1976

Ders.: Curiosités esthétiques. Lárt romantique,Paris 1962

Baudrillard, J.: Agonie des Realen, Berlin 1978

Ders.: Die Illusion und die Virtualität, Bern 1994

Baumgarten, A.G.: Aesthetica, Frankfurt/Oder 1750/58, Nachdruck Hildesheim 1961

Ders.: Meditationes de nonnullis ad poema pertinentibus, Hamburg 1983

Ders.: Metaphysica, Hildesheim 1963

Baumgartner, H.M.: Am Ende der Neuzeit?, Würzburg 1985

Beavin, J.H./Jackson, J.J./Watzlawick, P.: Menschliche Kommunikation. Formen, Störungen, Paradoxien, Bern [u.a.] 1972

Beckmann, P. (Hrsg.): Max Beckmann. Sichtbares und Unsichtbares, Stuttgart 1965

Beierwaltes, W.: Marsilio Ficinos Theorie des Schönen im Kontext des Platonismus, Heidelberg 1980

Benesch, H.: Der Ursprung des Psychischen aus neuronalen Formprinzipien. Neuropsychologische Theorie, Tübingen 1974

Ders.: dtv-Atlas Psychologie, Bd. 1 und 2, München 1997 (6)

Benjamin, W.: Das Kunstwerk im Zeitalter seiner technischen Reproduzierbarkeit. Drei Studien zur Kunstsoziologie, Frankfurt am Main 1977 (3)

Ders. Der Ursprung des Kunstwerks, Frankfurt am Main 1957 (3)

Benn, G.: Probleme der Lyrik, Wiesbaden 1969

Bense, M.: Einführung in die neue Ästhetik, Baden-Baden 1965

Ders.: Einführung in die informationstheoretische Ästhetik – Grundlegung und Anwendung in der Texttheorie, Reinbek bei Hamburg 1969

Berendt, J.-E.: Das dritte Ohr. Vom Hören der Welt, Reinbek bei Hamburg 1989

Ders.: Ein Fenster aus Jazz. Essays, Portraits, Reflexionen, Frankfurt am Main 1978

Berger, R.: Sehen und verstehen. Geheimnis und Gesetz der Malerei, Köln 1960

Berman, D. (Hrsg.): George Berkeley: Alciphron or the Minute Philosopher, London 1993

Bernhard, J. (Hrsg.): Augustinus. Bekenntnisse, Frankfurt am Main 1981

Berlyne, D.E.: Konflikt, Erregung, Neugier. Zur Psychologie der kognitiven Motivation, Stuttgart 1974

Betzler, M./Nida-Rümelin, J.: Ästhetik und Kunstphilosophie von der Antike bis zur Gegenwart in Einzeldarstellungen, Stuttgart 1998

Beutin, W. u.a. (Hrsg.): Deutsche Literaturgeschichte. Von den Anfängen bis zur Gegenwart, Stuttgart [u.a.] 1994 (5)

Bill, M. (Hrsg.): Wassily Kandinsky. Essays über Kunst und Künstler, Stuttgart 1955

Birbaumer, N./ Schmidt, R.: Biologische Psychologie, Berlin [u.a.] 1996

Bischof, N.: Struktur und Bedeutung. Eine Einführung in die Systemtheorie, Bern 1995

Ders.: Was geschieht wirklich in der ödipalen Phase? Vortrag an der Universität Bamberg, Institut für Theoretische Psychologie Bamberg, Mai 1999

Ders.: Im Bannkreis der Mythen. Signale aus der Zeit, in der wir die Welt erschaffen haben, München 1996

Bischoff, U.: Max Ernst. 1891–1976. Jenseits der Malerei, Köln 1987

Blum, P.R. (Hrsg.): Marsilius Ficinus. Über die Liebe oder Platons Gastmahl, Hamburg 1984 (2)

Bono, E. de: Laterales Denken, Düsseldorf [u.a.] 1989

Ders.: New Think, New York 1968

Borinski, K.: Die Antike in Poetik und Kunsttheorie, Leipzig 1924

Bozsák, S. (Hrsg.): Quintus Horati Flacci opera, Leipzig 1984

Bredekamp, H. (Hrsg.): Aby Moritz Warburg. Gesammelte Schriften. Studienausgabe, Berlin 2000

Boehler, W. (Hrsg.): Goethe. Das Münster in Strassburg, Heidelberg 1965

Boehm, G. (Hrsg.): Konrad Fiedler. Schriften zur Kunst, Bd. II, München 1971

Boileau-Despréaux, N.: Euvres complétes, Paris 1966

Ders.: L'art poétique, München 1970

Bordieu, P.: La Distinction, Paris 1980

Boxsel, M.: Die Enzyklopädie der Dummheit, Frankfurt am Main 2001

Bremmer, J./Roddenburg, H.: Kulturgeschichte des Humors. Von der Antike bis heute. Kulturgeschichte des Humors, Darmstadt 1999

Breton, A.: Der Surrealismus und die Malerei, Berlin 1967

Bruhn, H./Orter, R./Rösing, H.: Musikpsychologie. Ein Handbuch, Reinbek bei Hamburg 1993

Brock, B.: Ästhetik als Vermittlung. Arbeitsbiographie eines Generalisten (1958–1977), Köln 1977

Ders.: Ästhetik gegen erzwungene Unmittelbarkeit. Die Gottsucherbande; Schriften 1978–1986, Köln 1986

Brockhaus' Conversations-Lexikon. Allg. dt. Real-Encyklopädie, Leipzig 1838

Brugger, I./Gorsen, P./Schröder, K.A. (Hg.): Kunst und Wahn (anlässlich der Ausstellung: „Kunst und Wahn" im Kunstforum Wien, 5. September bis 8. Dezember 1997), Köln 1997

Bruno, G..: Über das Unendliche, das Universum und die Welten, München 1995

Burke, E.: A Philosophical Enquiriy into the Origin of our Ideas of the Sublime and Beautiful, London 1958

Burnet, J.: Platonis Opera, Oxford 1900–1907

Busch, H./Silver, B.: Warum Katzen malen. Eine Theorie der Katzen-Ästhetik, Köln 1995

Busch, W.: Das sentimentalische Bild. Die Krise der Kunst im 18. Jhdt. und die Geburt der Moderne, München 1993

Buytendijk; F.J.J.: Das Menschliche Spielen, in: Gadamer, H.-G./Vogler, P.: Neue Anthropologie, Bd. 4: Kulturanthropologie, Stuttgart 1973, S. 88-120

C

Camus, A.: Der Mythos von Sisyphos. Ein Versuch über das Absurde, Düsseldorf 1960

Ders.: Der Mensch in der Revolte, Reinbek bei Hamburg 1969

Cartwright, N.: How the laws of physics lie, Oxford 1990

Cassirer, E.: Philosophie der symbolischen Formen, Darmstadt 1996

Charcot, J.M./Richer, P.: Die Besessenen in der Kunst, Göttingen 1988

Chomsky, N.: Sprache und Geist, Frankfurt am Main 1970

Ders.: Some concepts and consequences of the theory of government and binding, Cambridge, Mass. [u.a.] 1982

Ders.: Sprache und Geist, Frankfurt am Main 1973

Churchland, P.M.: Die Seelenmaschine. Eine philosophische Reise ins Gehirn, Heidelberg [u.a.] 1992

Churchland, P.S.: Neurophilosophy. Toward a unified science of the mind-brain, Cambridge, Mass. [u.a.] 1986

Cicero, M.T.: De oratore, Leipzig 1969

Ciompi, L.: Affektlogik. Über die Struktur der Psyche und ihrer Entwicklung – ein Beitrag zur Schizophrenieforschung, Stuttgart 1982

Clausberg, K.: Neuronale Kunstgeschichte. Selbstdarstellung als Gestaltungsprinzip, Wien 1999

Clement, R.T. (Hrsg.): Georges Braque. A bio-bibliography, Westport 1994

Clement, C./Sudhir, K.: Der Heilige und die Verrückte. Religiöse Ekstase und psychische Grenzerfahrung, München 1993

Colli, G./Montinari, M. (Hrsg.): Friedrich Nietzsche: Nachgelassene Fragmente 1882.1884. Kritische Studienausgabe, München 1988

Cotte, R.: Kosmische Harmonien. Die Symbolik in der Musik, München 1992

Crick, F.: Das Leben selbst, sein Ursprung, seine Natur, München [u.a.] 1983

Croce, B.: Gesammelte philosophische Schriften in deutscher Übertragung, Tübingen 1930

Ders.: Ästhetik als Wissenschaft vom Ausdruck. Gesammelte Philosophische Schriften in deutscher Sprache, Bd. 1, Tübingen 1930

Csikszentmihalyi, M.: Das Flow-Erlebnis. Jenseits von Angst und Langeweile, Stuttgart, 1987

Czapiewski, W.: Das Schöne bei Thomas von Aquin, Freiburg i. Br. 1964

D

Dali, S.: Journal d' un génie, Paris 1980

Damasio, A.R.: Ich fühle, also bin ich. Die Entschlüsselung des Bewusstseins, München 2000

Dante, A.: Die göttliche Komödie, München 1988

Danto, A.C.: Die Verklärung des Gewöhnlichen. Eine Philosophie der Kunst, Frankfurt am Main 1993

Ders.: After the end of art. Contemporary Art and the Pale of History, Princeton 1997

Davidson, R.J.: Consciousness and self-regulation, London [u.a.] 1978

Dennett, D.C.: Philosophie des menschlichen Bewusstseins, Hamburg 1994

Derrida, J.: Die Wahrheit in der Malerei, Wien 1992

Ders.: Die Schrift und die Differenz, Frankfurt am Main 1976

Ders../Ferraris, M.: Was ist Dichtung, Berlin 1990

Dewey, J.: Art as Experience, New York 1934

Dewey, R.E. The philosophy of John Dewey. A critical exposition of his method, metaphysics, and theory of knowledge, Hague 1977

Dilthey, W.: Über die Einbildungskraft der Dichter, in: Zeitschrift für Völkerpsychologie, Bd. 10, Berlin 1877

Dinzelmacher, P. (Hg.): Wörterbuch der Mystik, Stuttgart 1989

Dittmar, P.: Künstler beschimpfen Künstler, Leipzig, 1997

Dörner, D.: Lohhausen: vom Umgang mit Unbestimmtheit und Komplexität, Bern [u.a.] 1983

Ders.: Denken und Wollen: Ein systemtheoretischer Ansatz, in: Heckhausen, H./ Gollwitzer, P.M./Weinert, F.E. (Hrsg.): Jenseits des Rubikon: Der Wille in den Humanwissenschaften, Berlin [u.a.] 1987

Ders.: Wissen, Emotionen und Handlungsregulation oder Die Vernunft der Gefühle, Bamberg 1992

Ders.: Logik des Misslingens, Reinbek bei Hamburg 1989

Ders.: Bauplan für eine Seele, Hamburg 1999

Ders.: Über die Mechanisierbarkeit der Gefühle, Memorandum. Nr. 5 des Lehrstuhls Psychologie II, Bamberg 1992

Ders.: Ästhetik, Unbestimmtheit, Emotion und Kognition. Vortragsmanuskript vom Kongress der deutschen Gesellschaft für Musikpsychologie, Bamberg 1992

Ders.: Empirische Psychologie und Alltagsrelevanz, Memorandum. Nr. 14 des Lehrstuhls Psychologie II, Bamberg 1983

Ders./Selg, H. (Hrsg.): Psychologie. Eine Einführung in ihre Grundlagen und Anwendungsfelder, Stuttgart 1985

Ders./ Bartl. C. u.a.: Ψ. Eine neuronale Theorie der Handlungsregulation, im Ersch.

Ders./Stäudel, H./Strohschneider, S.: Ein System zur Handlungsregulation oder: Die Interaktion von Emotion, Kognition und Motivation, in: Roth, E. (Hrsg.): Denken und Fühlen. Aspekte kognitiv-emotionaler Wechselwirkung, Berlin 1989, S. 113-133

Diels, H./Kranz, W.: Die Fragmente der Vorsokratiker, Bd. I-III, Tübingen 1952

Dilthey, W.: Systematische Philosophie, Berlin 1907

Dostojewkij, F.M.: Der Idiot, Roman in zwei Bd., München 1996

Doubek, K.: Lexikon merkwürdiger Todesarten, Frankfurt am Main 2000

LeDoux, J.E.: Das Netz der Gefühle. Wie Emotionen entstehen, München [u.a.] 1998

Draisma, D.: Die Metaphernmaschine. Eine Geschichte des Gedächtnisses, Darmstadt, 1996

Dreyfus, H.L. Was Computer nicht können: Die Grenzen künstlicher Intelligenz, Frankfurt am Main 1989

Duby, G.: Unseren Ängsten auf der Spur. Vom Mittelalter zum Jahr 2000, Köln 1996

Düchting, H. (Hrsg.): Apollinaire zur Kunst. Texte und Kritiken 1905 – 1918, Köln 1989

Duerr, H.P.: Der Mythos vom Zivilisationsprozeß, Frankfurt am Main 1996

Dukas, H.: Albert Einstein, the human side. New glimpses from his archives, Princeton New York 1979

Dunning, A.J.: Extreme. Beobachtungen zum menschlichen Verhalten, Frankfurt am Main 1992

Dun Scotus, J.: Abhandlung über das erste Prinzip, Darmstadt 1974

Dürrenmatt, F.: Die Physiker. Eine Komödie in 2 Akten, Neufassung, Zürich 1980

Ders.: Literatur und Kunst, Zürich 1980, Bd. 26

E

Echtermeyer, T./Wiese, B. von (Hrsg.): Deutsche Gedichte. Von den Anfängen bis zur Gegenwart, Düsseldorf 1987 (17)

Eckmiller, R.: Neural computers, Berlin [u.a.] 1989 (2)

Eco, U.: Der Name der Rose, Berlin 1982

Ders.: A Thery of Semiotics, Bloomington 1976

Ders.: Lector in fabula. Die Mitarbeit der Interpretation in erzählenden Texten, München 1987

Eichendorff, J.: Werke in einem Band, München 1977

Eigler, G. (Hrsg.): Platon. Werke in acht Bänden. Griechisch und Deutsch, Bd. 1, Darmstadt 1990 (2)

Elderfield, J.: Kurt Schwitters, London 1985

Elias, N.: Was ist Soziologie?, München 1970

Elsner, N./Lüer, G. (Hrsg.): Das Gehirn und sein Geist, Göttingen 2000

Emrich, H.: Psychophysiologische Grundlagen der Psychiatrie und Psychosomatik. Bewusste und nicht bewusste Wahrnehmung emotionaler Reize, Bern [u.a.] 1983

Engelmann, P. (Hrsg.): Lyotard. Das postmoderne Wissen, Wien 1994 (3)

Erikson, H.E.: Identität und Lebenszyklus, Frankfurt am Main 1998 (17)

Essig, R.-B./Schury, G.: Karl-May-ABC, Leipzig 1999

F

Fechner, G.T.: Vorschule der Ästhetik, Hildesheim New York 1978

Feist, H. (Hrsg.): Benedetto Croce. Gesammelte philosophische Schriften in deutscher Übertragung, Tübingen 1996

Festinger, L.: Theorie der kognitiven Dissonanz, Bern [u.a.] 1978

Ficino, M.: Über die Liebe oder Platons Gastmahl, Hamburg 1994 (2)

Fink-Eitle, H.: Foucault zur Einführung, Hamburg 1989

Fiore, Q./MacLuhan, M.: The medium is the message. An inventory of effects, Harmondsworth, Middlesex 1967

Fiorentino, F. u.a. (Hrsg.): Iordani Bruni Opera latine conscripta, Stuttgart 1961–1962

Fischer, H. (Hrsg.): Karl Kraus. Werke, München 1965 (2)

Flam, J.D. (Hg.): Henri Matisse. Über Kunst, Zürich 1982

Flusser, V.: Vom Stand der Dinge, Göttingen 1993

Ders.: Krise der Linearität. Bern 1988

Ders.: Die Schrift. Kassel, 1987

Focault, P.-M.: Ceci n'est pas une pipe, in: Les Cahiers des chemin 2, Paris 1968

Ders.: Die Ordnung der Dinge. Eine Archäologie der Humanwissenschaften, Frankfurt am Main 1978

Ders.: Wahnsinn und Gesellschaft. Eine Geschichte des Wahns im Zeitalter der Vernunft, Frankfurt am Main 1969

Fodor, J.A.: The modularity of mind: An essay on faculty psychology, Cambridge, Mass. [u.a.] 1987 (5)

Franke, H.W./Helbig, H.: Computer science art. Mathematik als generatives Gestaltungsprinzip, Berlin [u.a.] 1985

Frankl, V.E.: … trotzdem Ja zum Leben sagen. Ein Psychologe erlebt das Konzentrationslager, München 1976

Freud, S.: Gesammelte Werke, Bd. 2–3 (Der Witz und seine Beziehung zum Unbewussten), 7–8 (Der Dichter und das Phantasieren, Eine Kindheitserinnerung des Leonardo da Vinci), 10 (Der Moses des Michelangelo), 12 (Das Unheimliche) und 14 (Selbstdarstellung, Das Unbehagen in der Kultur), Frankfurt am Main 1940–1952

Friedrich, H./Gadamer, H.-G. u.a.: Ende der Kunst – Zukunft der Kunst, München 1985

Fromm, E.: Märchen, Mythen, Träume. Eine Einführung in das Verständnis einer vergessenen Sprache, Hamburg 1981

Ders.: Anatomie der menschlichen Destruktivität, Stuttgart 1974

Franke, U.: Kunst als Erkenntnis. Die Rolle der Sinnlichkeit in der Ästhetik des Alexander Gottlieb Baumgarten, Wiesbaden 1972

Fry, R.E.: Chinesische Kunst. Ein Handbuch zur Einführung in der Malerei, bildende Kunst, Keramik, Webereien, Bronzen u. Kleinkunst Chinas, München 1973

Fuld, W.: Lexikon der letzten Worte. Letzte Botschaften berühmter Männer und Frauen von Konrad Adenauer bis Emiliano Zapato, Frankfurt am Main 2001

G

Gadamer, H.-G.: Der Anfang des Wissens, Stuttgart 1999

Ders.: Ästhetik und Poetik, in: Gesammelte Werke, Tübingen 1985 ff., Bd. 8-9

Gage, Johnn: Kulturgeschichte der Farbe. Von der Antike bis zur Gegenwart, Leipzig 2001 (3)

Gamboni, D.: Zerstörte Kunst. Bildersturm und Vandalismus im 20. Jahrhundert, Köln 1998

Gardner, H.: Dem Denken auf der Spur. Der Weg der Kognitionswissenschaft, Stuttgart 1989

Gay, P.: Die zarte Leidenschaft. Liebe im bürgerlichen Zeitalter, München 1987

Ders.: Die Macht des Herzens. Die Entwicklung des Ich im 19. Jhdt, München 1999

Geary, D.: Open learning for process operators, Hagen 1990

Gehlen, A. Die Seele im technischen Zeitalter. Sozialpsychologische Probleme in der industriellen Gesellschaft, Hamburg 1970

Ders.: Anthropologische Forschung, Reinbek bei Hamburg 1980

Gernhardt, R.: Gedanken zum Gedicht, Zürich 1990

Gershenfeld, N.: Wenn die Dinge denken lernen, München Düsseldorf 1999

Geyer, C.-F.: Einführung in die Philosophie der Kultur, Darmstadt 1994

Gibran, K.: Sand und Schaum, Olten [u.a.] 1976

Giesz, L.: Phänomenologie des Kitsches, Frankfurt am Main 1994

Gnüg, H. (Hg.): Literarische Utopie-Entwürfe, Frankfurt am Main 1984

Gödel, K.: On formally undecidable propositions of Principia Mathematica and related systems, New York 1962

Ders.: Über formal unentscheidbare Sätze der Principia Mathematica und verwandter Systeme I, in: Monatshefte für Mathematik und Physik, 38, o.O. 1931

Goethe, J.W. von: Faust, Leipzig 1982

Ders.: West-Östlicher Divan, München 1982

Goleman, D.: Emotionale Intelligenz, München [u.a.] 1996 (4)

Gombrich, E.H: Bild und Auge. Neue Studien zur Psychologie der bildenden Darstellung, Stuttgart 1984

Goodman, F.: Ekstase Besessenheit Dämonen. Die geheimnisvolle Seite der Religion, Gütersloh 1991

Goodman, N.: Sprachen der Kunst. Ein Ansatz zu einer Symboltheorie, Frankfurt am Main 1973

Ders.: The structure of Appearance, Cambridge, Mass. 1951

Ders.: Weisen der Welterzeugung, Frankfurt am Main 1993 (2)

Grassi, E.: Die Theorie des Schönen in der Antike, Köln 1980

Green, W.M. (Hrsg.): Augustinus. Contra academicos, De beata vita, De ordine, Turnhout 1970

Grimm, G.E.: Zwischen Beruf und Berufung. Zum Wandel des Dichterverständnisses, in: Ders.:

Metamorphosen des Dichters. Das Rollenverständnis deutscher Dichter vom Barock bis zur Gegenwart, Frankfurt am Main 1992, S. 7-15

Grübel, R. (Hrsg.): Bachtin. Die Ästhetik des Wortes, Frankfurt am Main 1970

Gruen, A.: Der Wahnsinn der Normalität. Realismus als Krankheit. Eine grundlegende Theorie zur menschlichen Destruktivität, München 1987

Grumach, E.: (Hrsg.): Aristoteles. Werke, Bd. 13 (Über die Seele), Darmstadt 1959

Grunow, A. (Hrsg.): Weisheiten der Welt, Berlin 1966

Guggenberger, B.: Sein oder Design. Im Supermarkt der Lebenswelten, Hamburg 2000

H

Habermas, J.: Die Neue Unübersichtlichkeit, Frankfurt am Main 1985

Hammerschmied, I.: Albrecht Dürers kunsttheoretische Schriften, Frankfurt am Main 1997

Haeffner, G.: Philosophische Anthropologie, Stuttgart [u.a.] 1982

Hagner, M.: Ecce cortex. Beiträge zur Geschichte des modernen Gehirns, Göttingen 1999

Halcour, D.: Zur Psychologie des ästhetischen Erlebens. Diss., Bamberg 2000 /inzwischn publiziert unter der Titel: Wie wirkt Kunst?, Frankfurt am Main [u.a.])

Hampden-Turner, C.: Modelle des Menschen. Ein Handbuch des menschlichen Bewusstseins, Weinheim, Basel 1982

Hampe, R.: Bild-Vorstellungen. Eine kunst- und kulturpsychologische Untersuchung bildlicher Formgebungen, Hamburg 1990

Harris, M.: Fauler Zauber. Wie der Mensch sich täuschen lässt, München 1997

Hark, H. (Hrsg.): Lexikon Jungscher Grundbegriffe, Olten 1988

Hauptmann, G.: Das gesammelte Werk, Bd. XVII, Frankfurt am Main 1942

Hauser, A.: Kunst und Gesellschaft, München 1973

Ders.: Methoden moderner Kunstbetrachtung, München 1974

Hauskeller, M. (Hrsg.): Was das Schöne sei. Klassische Texte von Platon bis Adorno, München 1994

Ders.(Hrsg.): Was ist Kunst? Positionen der Ästhetik von Platon bis Danto, München 1999 (3)

Heckhausen, H.: Motivation und Handeln, Berlin [u.a.] 1989 (2)

Hegel, G.W.F.: Vorlesungen über die Ästhetik. Gesamtausgabe 1842, Berlin 1955 (2)

Heidegger, M.: Der Ursprung des Kunstwerks, Frankfurt am Main 1950

Ders.: Cézanne, Jahresausgabe der Martin-Heidegger-Gesellschaft, o.O. 1991

Heisenberg, W.: Die Bedeutung des Schönen in der exakten Naturwissenschaft, in: Schritte über Grenzen. Gesammelte Reden und Aufsätze, München 1971, S. 288-305

Henkel, A./Schöne, A.: Emblemata. Handbuch zur Sinnbildkunst des XVI. und XVII. Jahrhunderts, Stuttgart 1978

Henninger, G. (Hrsg.): Guillaume, Apollinaire. Poetische Werke/Oevres Poétiques, Französische und deutsche Ausgabe, Neuwied 1969

Herder, J.G. von: Sämtliche Werke zur schönen Literatur u. Kunst, Stuttgart Tübingen 1996

Herrigel, E.: Zen in der Kunst des Bogenschießens, Weilheim 1948

Hess, W. (Hrsg.): Dokumente zum Verständnis moderner Malerei, Reinbek bei Hamburg 1984

Hesse, H.: Steppenwolf, Frankfurt am Main 1972

Ders.: Klingsors letzter Sommer, Frankfurt am Main 1985

Hihgfield, R./Carter, P.: Das geheime Leben des Albert Einstein, München 1996

Hille, K.: Computer Emotion – A Pentium gets scared. Memorandum Nr. 33 des Lehrstuhls Psychologie II, Bamberg 1999

Hinderberger, H.: Michelangelo. Lebensberichte – Briefe – Gespräche – Gedichte, München 1996

Hinz, S.: (Hrsg.): Caspar David Friedrich in Briefen und Bekenntnissen, München 1968

Hockney, D.: Geheimes Wissen. Verlorene Techniken der Alten Meister, München 2001

Hobson, J.A.: Dreaming. An introduction to the science of sleep, Oxford 2002

Hosemann, T. (Hrsg.): E. T. A. Hoffmanns gesammelte Schriften, Berlin 1996

Hoffman, D.D.: Visuelle Intelligenz. Wie die Welt im Kopf entsteht, Stuttgart 2000

Hofstadter, D.R.: Gödel, Escher, Bach. Ein endloses geflochtenes Band, Stuttgart 1985

Hogarth , W.: Analyse der Schönheit, Dresden [u.a.] 1753

Höge, Holger: Emotionale Grundlagen ästhetischen Urteilens, Frankfurt am Main 1984

Holz, H.H. (Hrsg.): Friedrich Nietzsche. Studienausgabe, Frankfurt am Main [u.a.] 1996

Horgan, J.: Der menschliche Geist. Wie die Wissenschaften versuchen, die Psyche zu verstehen, München 2000

Ders.: Eye, Brain and Vision, New York 1988

Hörmann, W.: Augustinus. De immortalitate animae, De quantitate animae, Wien 1986

Hoy, P.C. (Hrsg.): Paul Valéry. Oeuvres – critique, Paris 1983

Huizinga, J.: Homo Ludens. Vom Ursprung der Kultur im Spiel, Reinbek bei Hamburg 1972

Hutcheson, R.: An Inquiry concerning Beauty, Order, Harmony, Design, Den Haag 1977

J

Jacobsen, B. (Hrsg.): Horst Janssen: Die Welt ein Kugelsieb. Einfälle, Einblicke, Launen, Maximen, München 1995

Jaffé, H.L.C.: Mondrian und De Stijl, Köln 1967

James, W.: Die Vielfalt religiöser Erfahrung. Eine Studie über die menschliche Natur, Olten [u.a.] 1979

Janouch, G.: Gespräche mit Kafka, Frankfurt am Main 1951

Jantsch, E.: Die Selbstorganisation des Universums. Vom Urknall zum menschlichen Geist, München 1979

Jaspers, K.: Die Sprache. Über das Tragische, München [u.a.] 1990

Ders.: Psychologie der Weltanschauungen, München 1985

Jaynes, J.: Der Ursprung des Bewusstseins durch den Zusammenbruch der bikameralen Psyche, Hamburg 1988

Jensen, A.E.: Mythos und Kult bei Naturvölkern. Religionswissenschaftliche Betrachtungen, München 1992 (2)

Jung, C.G.: Psychologische Typen, Zürich 1950

Jung, T.: Geschichte der modernen Kulturtheorie, Frankfurt am Main 1999

Jung, W.: Schöner Schein der Hässlichkeit oder Hässlichkeit des schönen Scheins, Frankfurt am Main 1987

Jocks, H.-N.: Das amerikanische Lachen – oder vom Nutzen und Nachteil der Komik für das Leben, in Kunstforum international, Bd. 121, o.O 1993

Jonas, F./Leitzmann, A. (Hrsg.): Schillers Briefe. Kritische Gesamtausgabe, Stuttgart [u.a.] 1996

Jourdain, R.: Das wohltemperierte Gehirn: Wie Musik im Kopf entsteht und wirkt, Heidelberg 1998

Jouvet, M.: Die Nachtseite des Bewusstseins. Warum wir träumen, Hamburg 1994

K

Kantorowicz, G. (Hrsg.): Georg Simmel. Fragmente und Aufsätze, Hildesheim 1967

Karallow, M.M. (Hrsg.): Rosa Luxemburg. Schriften über Kunst und Literatur, Dresden 1972

Kassel, R. (Hrsg.): Aristoteles. De arte poetica liber, Oxford 1965

Ders. (Hrsg.): Aristotelis Ars Rhetorica, Berlin 1976

Ders.: Aristotelis Ars Rhetorica, Berlin 1976

Kandinsky, W.: Über das Geistige in der Kunst, Bern 1959 (6)

Keel, D.: Über Kunst. Aus Gesprächen zwischen Picasso und seinen Freunden, Zürich 1988 (2).

Keller, H. (Hrsg.): Michelangelo. Zeichnungen und Dichtungen, Frankfurt am Main 1975

Kemp, F. (Hrsg.): Baudelaire. Sämtliche Werke, Briefe, München [u.a.] 1996

Kierkegaard, S.: Philosophische Brosamen, Köln 1959

Kishon, E.: Picasso war kein Scharlatan. Randbemerkungen zur modernen Kunst, München [u.a.] 1986

Klee, F. (Hrsg.): Tagebücher von Paul Klee 1898–1918, Köln 1957

Klix, F.: Die Natur des Verstandes, Göttingen 1992

Kobbert, M. J.: Kunstpsychologie. Kunstwerk, Künstler und Betrachter, Darmstadt 1986

Koch-Hillebrecht, M.: Die moderne Kunst. Psychologie einer revolutionären Bewegung, Köln 1983

Kohl, N. (Hrsg.): Oscar Wilde. Leben und Werk in Daten und Bildern, Frankfurt am Main 1976

Kosman, L.A.: Platonic Love, in: ders., Facets of Plato's Philosophy, Assen 1976

Kozielecki, J.: Psychological decision theory, Dordrecht 1981

Kreuz, L.: Begegnungen mit Aphrodite. Eine psychologische Studie zur Genetik des Schönen, Stuttgart 1966

Kreuzer, J.: Pulchritudo. Vom Erkennen Gottes bei Augustin, München 1994

Kuhl, J.: Emotion, Kognition und Motivation. Die funktionale Bedeutung der Emotionen für das problemlösende Denken und für das konkrete Handeln, in: Sprache und Kognition 1983, 2 (4), S. 228-253

Kuhn, T.S.: Die Struktur wissenschaftlicher Revolutionen, Frankfurt am Main 1995
(2)

L

Lange-Eichbaum, W.: Genie, Irrsinn und Ruhm. Eine Pathographie des Genies,
München 1984 (4)
Lantermann, E.-D.: Bildwechsel und Einbildung. Eine Psychologie der Kunst, Berlin
1992
Lem, S.: Provokationen, Frankfurt am Main 1988
Lenain, T.: Monkey painting, London 1987
Lessing, G. E.: Hamburgische Dramaturgie. Kritisch durchgesehene Gesamtausgabe
mit Einleitung und Kommentar von Otto Mann, Stuttgart 1958
Lever, M.: Zepter und Narrenklappe. Zur Geschichte des Hofnarren, Frankfurt am
Main 1992:
Lévinas, E.: Die Spur des Anderen: Unters. zur Phänomenologie u. Sozialphilosophie,
Freiburg, München 1983
Liessman, K.P.: Philosophie der modernen Kunst, München, 1979
Ders.: Kunst als verbotenes Wissen. Anmerkungen zu einer Denkfigur Friedrich
Nietzsches, in: Mittelstraß. J. (Hrsg.): Die Zukunft des Wissens. XVII. Deut-
scher Kongress für Philosophie, Konstanz 1999
Lipps, T.: Grundtatsachen des Seelenlebens, Bonn 1883
Ders.: Von der Form der ästhetischen Apperception, Halle 1902
Ders.: Ästhetik. Psychologie des Schönen und der Kunst, Hamburg [u.a.] 1903
Lomazzo, G.P.: Trattato dell'Arte de la Pittura, Mailand 1584
Löwenthal, R. (Hrsg.): Franz Borkenau. Ende und Anfang. Von den Generationen der
Hochkulturen und von der Entstehung des Abendlandes, Stuttgart 1991
Ludlam, I.: Hippias Major. An Interpretation, Stuttgart 1991
Ludwig, H. (Hrsg.): Leonardo da Vinci: Das Buch von der Malerei, Wien 1982
Luhmann, N.: Die Wissenschaft der Gesellschaft, Frankfurt am Main 1990
Ders.: Die Kunst der Gesellschaft, Frankfurt am Main 1995
Lurija, Alexander: Romantische Wissenschaft. Forschungen im Grenzbereich von
Seele und Gehirn, Hamburg 1993
Lüscher, M.: Signale der Persönlichkeit, Reinbek 1977
Lyotard, J.-F.: Die Analytik des Erhabenen, München 1994
Ders.: Apathie in der Theorie, Berlin 1979
Ders. : Essays zu einer affirmativen Ästhetik, Berlin 1982
Ders.: Das postmoderne Wissen. Ein Bericht, Graz [u.a.] 1986

M

Macha, K.: Geistige Schönheit bei Plotin, nebst einem Vergleich mit Immanuel Kant,
Bonn 1927
MacLuhan, M.: Understanding media. The extensions of men, London 1995
Mäckler, A. (Hrsg.): Was ist Kunst...? 1080 Zitate geben 1080 Antworten, Köln 1989
(2)
Ders. (Hrsg.): 1460 Antworten auf die Frage: was ist Kunst?, Köln 2000
Magritte, R.: René Magritte, New York 1974 (2)

Maier, H.A. (Hrsg.): Goethe. West-östlicher Divan. Kritische Ausgabe der Gedichte, Tübingen 1996

Manceland, N.O. (Hrsg.): Steven of Yank, The ballad of the busy beaver and other poems, Islington 1969

Manguel, A.: Eine Geschichte des Lesens, Hamburg, 1999 (2)

Mann, T.: Der Tod in Venedig, Berlin 1913 (4)

Martienssen, F.: Das bewusste Singen, Leipzig 1923

Ders.-Lohman, F.: Der wissende Sänger. Gesangslexikon in Skizzen, Zürich 1982

Matthäus, W.: Sowjetische Denkpsychologie, Göttingen [u.a.] 1988

Maturana, H.R./Varela, F.J.: Der Baum der Erkenntnis. Wie wir die Welt durch unsere Wahrnehmung erschaffen – die biologischen Wurzeln des Erkennens, Hamburg 1987

Maturana, H.R.: Autopoiesis and Cognition: The realization of living, Boston 1980

Maurer, C.: The World of the Newborn, New York 1987

Meier-Graefe, J.: Cézanne, Frankfurt am Main 1989

Menke, C.: Die Souveränität der Kunst. Ästhetische Erfahrung nach Adorno und Derrida, Frankfurt am Main 1991

Menuhin, Y.: Kunst als Hoffnung für die Menschheit. Reden u. Schriften, München [u.a.] 1986

Ders.: Kunst und Wissenschaft als verwandte Begriffe. Versuch einer vergleichenden Anatomie ihrer Erscheinungsweisen in verschiedenen Bereichen menschlichen Strebens, Frankfurt am Main 1960

Merleau-Ponty, M.: Das Sichtbare und das Unsichtbare, München 1986

Ders.: Phänomenologie der Wahrnehmung, Berlin 1966

Metschmer, T.: Kunst und sozialer Prozess, Köln 1977

Mirsch, B.C.: Anmut und Schönheit, Berlin 1998

Mitscherlich, A. (Hrsg.): Freud, Sigmund. Studienausgabe, Frankfurt am Main 1996

Morgenstern, M. (Hrsg.): Christian Morgenstern, Gesammelte Werke, München 1981

Morris, D.: Biologie der Kunst. Ein Beitrag zur Untersuchung bildnerischer Verhaltensweisen bei Menschenaffen und zur Grundlagenforschung der Kunst, Düsseldorf 1963

Motte-Haber, H. de la: Psychologie und Musiktheorie, Frankfurt am Main 1976

Mühlmann, P.: Die Natur der Kulturen, Frankfurt am Main 1987

Mundt, T.: Ästhetik, Berlin 1845

Muschg, W. (Hrsg.): Alfred Döblin. Aufsätze zur Literatur, Freiburg i. Br. 1963

Musil, R.: Der Fliegerpfeil, Weinheim 1950

N

Nagel, T.: Mortal questions, München 1998 (2)

Nietzsche, F.: Vom Nutzen und Nachtheil der Historie für das Leben, München 1996

Ders.: Die Geburt der Tragödie, Leipzig 1872

Ders.: Also sprach Zarathustra, Leipzig 1883

Nikolaus von Kues: De visione Dei, Würzburg 1985

Nolde, E.: Jahre der Kämpfe, Berlin 1934

O

Oehlig, U.: Die philosophische Begründung der Kunst bei Ficino, Stuttgart 1992

Oelmüller, W. (Hrsg.): Ästhetische Erfahrung, Paderborn [u.a.] 1981

Oeser, E./Seitelberger, F.: Gehirn, Bewusstsein und Erkenntnis, Darmstadt 1988

Ong, W.J.: Oralität und Literalität. Die Technologisierung des Wortes, Opladen 1987

Onfray, M.: Philosophie der Ekstase, Frankfurt am Main 1993

P

Panofsky, E.: Renaissance und Renascenses in Western Art, Stockholm 1960

Ders.: Sinn und Deutung in der bildenden Kunst, Köln 1978

Pascal, B.: Gedanken, Leipzig 1992 (2)

Pauen, M.: Dithyrambiker des Untergangs. Gnostizismus in Ästhetik und Philosophie der Moderne, Berlin 1994

Paul, J.: Sämtliche Werke, Berlin 1996 (3)

Peirce, C.S.: Phänomen und Logik der Zeichen, Frankfurt am Main 1983

Perrault, C.: Les dix livres d'architecture de Vitruve, corrigez et traduits nouvellement en françoys, avec des notes & des figures, Paris 1673

Penrose, R.: Computerdenken. Des Kaisers neue Kleider oder Die Debatte um Künstliche Intelligenz, Bewusstsein und die Gesetze der Physik, Heidelberg 1991

Perpeet, W.: Ästhetik im Mittelalter, Freiburg i. Br. München 1977

Peter, K.: Friedrich Schlegel, Stuttgart 1978

Pfaller, R.: Interpassivität, Wien [u.a.] 2000

Piaget, J.: Nachahmung, Spiel und Traum, Stuttgart 1969

Ders.: Biologie und Erkenntnis. Über die Beziehung zwischen organischen Regulationen und kognitiven Prozessen, Frankfurt am Main 1974

Picasso, P.: Über Kunst, Zürich 1982

Pickover, Clifford. u.a.: Die Mathematik und das Göttliche, Heidelberg 1999

Pickshaus, P.M: Kunstzerstörer. Fallstudien: Tatmotive und Psychogramme, Reinbek bei Hamburg 1988

Pinker S.: Wie das Denken im Kopf entsteht. München 1998

Platon: Hippias maior. Phaidros. Symposion. Werke in acht Bänden, Darmstadt 1970-1977

Planck, M.: Scheinprobleme der Wissenschaft. Vorträge und Erinnerungen, Darmstadt, 1969

Platschek, H.: Engel bringt das Gewünschte. Kunst, Neukunst, Kunstmarktkunst, Frankfurt am Main 1987

Ders.: Die Dummheit in der Malerei, Frankfurt am Main [u.a.] 1992

Plessner, H.: Lachen und Weinen. Eine Untersuchung nach den Grenzen menschlichen Verhaltens, München 1950 (2)

Plotin: Enneade I.6, Plotins Schriften, Bd. 1, Hamburg 1956, S. 1-25

Popper, K.R.: Die offene Gesellschaft und ihre Feinde. Ein einführender Kommentar, Paderborn [u.a.]1996

Portele, Ge.: Autonomie, Macht, Liebe. Konsequenzen der Selbstreferentialität, Frankfurt am Main 1989

Prause, G.: Genies in der Schule. Legende und Wahrheit über den Erfolg im Leben, Düsseldorf [u.a.] 1991 (3)

Ders.: Genies ganz privat, Düsseldorf [u.a.] 1994 (2)

Prinzhorn, H.: Bildnerei der Geisteskranken. Ein Beitrag zur Psychologie und Psychopathologie der Gestaltung; vorwiegend aus der Bildersammlung der Psychiatrischen Klinik, Heidelberg 1968 (2)

Posner, M.I./Raichle, M.E.: Bilder des Geistes. Hirnforscher auf den Spuren des Denkens, Heidelberg [u.a.] 1996

Putnam, H.: Repräsentation und Realität, Frankfurt am Main 1991

Ders.: Für eine Erneuerung der Philosophie, Stuttgart 1997

R

Recki, B./Wiesing, L. (Hrsg.): Bild und Reflexion. Paradigmen und Perspektiven gegenwärtiger Ästhetik, München 1997

Reisinger, R.: Die Rolle des Schweigens in der Dichtungstheorie von Rimbaud bis Valèry, Salzburg 1983

Resch, C.: Die Schönen Guten Waren. Die Kunstwelt und ihre Selbstdarsteller, in: Apitzsch, U. u.a. (Hrsg.): Kritische Theorie und Kulturforschung Bd. I, Münster 1999

Rilke, R.M.: Die Aufzeichnungen des Malte Laurids Brigge, Frankfurt am Main 1996

Rimbaud, A.: Lettre du voyant. Un coeur sous une soutane, Paris 1950

Roob, A.: Alchemie und Mystik, Köln 1996

Rothmann, K. (Hrsg.): Goethe. Die Leiden des jungen Werther, Stuttgart 1987

Rosenkranz, J.K.F.: Ästhetik des Hässlichen, Leipzig 1990

Rost, W.: Emotionen. Elixiere des Lebens, Berlin [u.a.] 1990

Rotzler, W.: Objektkunst. Von Duchamp bis zur Gegenwart, Köln 1975

S

Salber, W.: Kunst – Psychologie – Behandlung, Bonn 1977

Salewski, M.: Zeitgeist und Zeitmaschine. Science Fiction und Geschichte, München 1986

Schadel, E.: Kants „Tantalischer Schmertz", Versuch einer konstruktiven Kritizismus-Kritik in ontotriadischer Perspektive, Frankfurt am Main 1998

Scharpff, F.A. (Hrsg.): Nicolaus de Cusa. Wichtigste Schriften in deutscher Übersetzung, Freiburg i.Br. 1862

Shaftesbury, A.A.C., Third Earl of Shaftesbury: Characteristics of Men, Manners, Opinions, Times etc., London 1900

Schelling, F.W.J.: Über das Verhältnis der bildenden Künste zur Natur, Leipzig 1807

Scherer, K.R.: Psychologie der Emotion, Göttingen [u.a.] 1990

Schiller, F. von: Die Xenien. Aus Schillers Musenalmanach, Danzig 1833

Ders.: Schillers Briefe in zwei Bänden, Bd. 2, Berlin [u.a.] 1992

Ders.: Über Anmut und Würde, Stuttgart 1994

Ders.: Gedichte, Leipzig 1993

Ders. Kallias oder über die Schönheit. Briefe an Gottfried Körner, 23. Februar 1793

Ders.: Über das Schöne und die Kunst. Schriften zur Ästhetik, München 1984

Schlegel, F.: Kritische Ausgabe, Paderborn 1958

Schmidt, R. (Hrsg.): Immanuel Kant. Kritik der reinen Vernunft, Hamburg 1956

Schmidt, R.F/Birbaumer, N.: Neuro- und Sinnesphysiologie, Berlin 1998

Schneider, N.: Stilleben. Realität und Symbolik der Dinge. Die Stilleben der frühen Neuzeit, Köln 1994

Schopenhauer, A.: Die Welt als Wille und Vorstellung. Parerga und Paralipomena. Kritische Ausgabe in zehn Bänden, Zürich 1977

Schrödinger, E.: Geist und Materie, Wien [u.a.] 1986

Ders.: Was ist Leben? Die lebende Zelle mit den Augen des Physikers betrachtet, Bern 1951 (2)

Schurian, W.: Kunst im Alltag. Psychologische Untersuchungen zur Kunst zwischen Individuum und Umwelt, Stuttgart 1992

Ders.: Kunst als Erfahrung. Kunstpsychologische Beiträge zu aktuellen bildenden Künstlern, Münster 1998

Ders. (Hrsg.): Friedensreich Hundertwasser. Schöne Wege – Gedanken über Kunst und Leben, München 1983

Schuster, M.: Wodurch Bilder wirken. Psychologie der Kunst, Köln 1992

Ders.: Das ästhetische Motiv. Eine Einführung in die Psychologie der bildenden Kunst, Frankfurt am Main 1985

Schütt, H.P. (Hrsg.): Die Vernunft der Tiere, Frankfurt am Main 1990

Schweizer, H.R. (Hrsg.): Baumgarten, Alexander G. Theoretische Ästhetik. Die grundlegenden Abschnitte aus der „Aesthetica" (1750/58), Hamburg 1983

Schwerfel, H.P.: Kunstskandale, München 2000

Searle, J.R.: Geist, Hirn und Wissenschaft, Frankfurt am Main 1986

Seel, M.: Die Kunst der Entzweiung. Zum Begriff der ästhetischen Rationalität, Stuttgart, 1994

Ders.: Ästhetik und Aisthetik. Über einige Besonderheiten ästhetischer Wahrnehmung in Recki, B./Wiesing, L. (Hrsg.): Paradigmen und Perspektiven gegenwärtiger Ästhetik München, 1997, S. 17-38

Ders.: Eine Ästhetik der Natur, Frankfurt am Main 1991

Seiffert, H./Radnitzky, G. (Hrsg.): Handlexikon zur Wissenschaftstheorie, München 1994 (2)

Seidel, S. (Hrsg.): Johann Wolfgang von Goethe. Berliner Ausgabe, Berlin [u.a.] 1972

Seubold, G.: Das Ende der Kunst und der Paradigmenwechsel in der Ästhetik, München 1997

Sellin, Fred. Todesursache natürlich. Warum die meisten Morde unentdeckt bleiben, Reinbek bei Hamburg 1999

Seneca, L.A.: De vita beata, Münster 1996

George S.: Die Phantome des Hutmachers, München 1988

Simmel, Georg: Rembrandt. Ein kunstphilosophischer Versuch, Leipzig 1916

Simonton, D.K.: Scientific genius. A psychology of science, Cambridge [u.a.] 1988

Sloterdijk, P.: Kopernikanische Mobilmachung und ptolemäische Abrüstung. Ästhetischer Versuch, Frankfurt am Main 1987

Ders.: Weltfremdheit, Frankfurt am Main 1993

Ders.: Medien-Zeit. Drei gegenwartsdiagnostische Versuche, in Klotz, Heinrich (Hrsg.): Schriftenreihe der Staatlichen Hochschule für Gestaltung Karlsruhe, Bd. 1, Stuttgart 1994

Smith, J.M.: The Evolution of Sex, Cambridge 1978

Soffen, B.: Der Rausch der Schönheit, Pilsen Speyer 2001

Solms, F.: Disciplina aesthetica. Zur Frühgeschichte der ästhetischen Theorie bei Baumgarten und Herder, Stuttgart 1990

Spaemann, R./Welsch, W./Zimmerli, W.: Zweckmäßigkeit und menschliches Glück, Bamberg 1993

Spedding, J. (Hrsg.): Francis Bacon. The works, New York 1864

Spicker, G.: Die Philosophie des Grafen Shaftesbury, Freiburg i.Br. 1972

Spitzer, M.: Geist im Netz. Modelle für Lernen, Denken und Handeln, Heidelberg [u.a.] 1996

Spier, F.: Big history. Was die Geschichte im Innersten zusammenhält, Darmstadt: 1998

Spinoza, B. de: Von den festen und ewigen Dingen, Heidelberg 1925

Sprinkart, K.-P.: Entwurf einer kognitionstheoretischen Kunstpsychologie, in: Schriften des Lehrstuhls für Kunsterziehung der Ludwig-Maximilians-Universität München, Bd. 3, Mittenwald 1962

Ders.: Kognitive Ästhetik, Mittenwald 1982

Starker, U.: Allerliebst und Rätselhaft. Ästhetik, Denken und Unbestimmtheit, Frankfurt am Main 1997

Steiner, H. (Hrsg.): Prosa I, Frankfurt am Main 1956

Sterzinger, O.: Grundlinien der Kunstpsychologie, Graz [u.a.] 1938

Strobl., R.: Wahn – Welt – Bild, in: Kunst und Wahn, anlässlich der Ausstellung „Kunst und Wahn" im Kunstforum Wien, 5. Sept. bis 8. Dez. 1997, Köln 1997, S. 266-27

Strohschneider, S.: Handlungsregulation unter Stress. Bericht über ein Experiment, Memorandum Nr. 3. des Lehrstuhls Psychologie II, Bamberg 1992

Ders./Tisdale, T.: Handlungsregulation in Unbestimmtheit und Komplexität, Bamberg 1987

Swoboda, H. (Hrsg.): Der Traum vom besten Staat. Texte aus Utopien von Platon bis Morris, München 1972

T

Tetens, H.: Geist, Gehirn, Maschine. Philosophische Versuche über ihren Zusammenhang, Stuttgart 1994

Thomas von Aquin: Opera omnia, iussu Leonis XIII edita cura et studio Fratrum Preadicatorum, Rom 1882

Thom, J.C.: The Pythagorean golden verses with introduction and commentary, Leiden [u.a.] 1995

Tolstoij, L.N.: Über Literatur und Kunst, Frankfurt am Main 1980

Tomasello, M.: The cultural origins of human cognition, Cambridge, Mass. [u.a.] 1999

Trautwein, R.: Geschichte der Kunstbetrachtung. Von der Norm zur Freiheit des Blicks, Köln 1997

Trefzer, S./Gutjahr, L./Hinrichs, H.: Intuition und Aha-Erlebnis: Eine philosophische und neurophysiologische Parallele, in: Weinmann, H.-M. (Hrsg.): Zugang zum Verständnis höherer Hirnfunktionen durch das EEG, München [u.a.] 1987, S. 32-45

Treu, M. (Hrsg.): Archilochos, München 1979 (2)

Trevor-Roper, P.: The World Through Blunted Sight, New York 1998

U

Ulrich, W.: Mit dem Rücken zur Kunst, Frankfurt am Main 2000

Unseld, S.: Johann Wolfgang von Goethe. Das Leben, es ist gut, Frankfurt am Main 1997

V

Valery, P.: Oeuvres/1. Poésies. Mélange. Variété, Paris 1961

Varela: Kognitionswissenschaft – Kognitionsarbeit. Eine Skizze aktueller Perspektiven. Frankfurt am Main 1990

Venzlaff, H.: Herman Broch. Ekstase und Masse. Untersuchungen und Assoziationen zur politischen Mystik des 20. Jahrhunderts, Bonn 1981

Vico, G.: Grundzüge einer Neuen Wissenschaft über die gemeinschaftliche Natur der Völker, Leipzig 1822

Virilio, P.: Die Eroberung des Menschen. Vom Übermenschen zum überreizten Menschen, Frankfurt am Main 1996

Vischer, F.T.: Über das Erhabene und das Komische, Frankfurt am Main 1967

Vietta, S./Kemper, D. (Hg.): Ästhetische Moderne in Europa. Grundzüge und Problemzusammenhänge seit der Romantik, München 1998

Voigt, U. (Hrsg.): Comenius 1997

Volkmann-Schluck, K.-H.: Wie die Idee zur Utopie wurde, in Gnüg, H.: Literarische Utopie-Entwürde, Frankfurt am Main 1982

Vorländer, K. (Hrsg.): Immanuel Kant. Kritik der Urteilskraft, Hamburg 1974 (6)

W

Wackerbart, H. (Hrsg.): Kunst und Medien – Materialien zur documenta 6, Kassel 1977

Walden, H. (Hrsg.): Der Sturm, Berlin 1926

Walter, H.: Neurophilosophie der Willensfreiheit. Von libertarischen Illusionen zum Konzept natürlicher Autonomie, Paderborn 1999

Walter, J./Küng, H.: Dichtung und Religion. Pascal. Gryphius, Lessing, Hölderlin. Novalis. Kierkegaard, Dostojewski, Kafka, München 1992 (2)

Warburg, A.: Gesammelte Werke, Berlin 2000

Ward, P.: Kitsch as Kitsch can. Ein Konsumführer für den schlechten Geschmack, Berlin 1992

Watzlawick, P.: Wie wirklich ist die Wirklichkeit? Wahn Täuschung Verstehen, München 1991

Ders.: Vom Schlechten des Guten oder Hekates Lösungen, München 1995 (2)

Weber, M.: Wissenschaft als Beruf, München [u.a.] 1919

Weidlé, W.: Das Schicksal der modernen Kunst, Berlin 1948

Ders.: Gestalt und Sprache des Kunstwerks, Mittenwald 1981

Weiher, A.: Homerische Hymnen, München 1970 (3)

Weischedel, W.: Die philosophische Hintertreppe. 34 große Philosophen in Alltag und Denken, München 1976

Weiskrantz, L.: Blindsight. A case study and implications, New York 1986

Weizenbaum, J./Wendt, G.: Wer erfindet die Computermythen? Der Fortschritt in den großen Irrtum, Freiburg [u.a.] 1993 (2)

Weizsäcker, C.F. von: Die Bedeutung der Schönen in der exakten Naturwissenschaft. Vortrag vor der Bayer. Akademie der schönen Künste, München 1970

Ders.: Die Einheit der Natur, München 1983 (3)

Ders.: Aufbau der Physik, München 1988

Welsch, W.: Erweiterungen der Ästhetik. Eine Replik, in Recki, B./Wiesing, L. (Hrsg.): Paradigmen und Perspektiven gegenwärtiger Ästhetik, München, 1997, S. 39-67

Ders.: Unsere postmoderne Moderne, Weinheim 1988

Ders.: Ästhetisches Denken, Stuttgart 1990

Wendt, S.: Nichtphysikalische Grundlagen der Informationstechnik. Interpretierte Formalismen, Berlin [u.a.] 1989

Wertheimer, J.: Ästhetik der Gewalt. Ihre Darstellung in Literatur u. Kunst, Frankfurt am Main 1986

Westerbarkey, J.: Das Geheimnis. Die Faszination des Verborgenen, Leipzig 1998

Wiener, N.: Kybernetik, Düsseldorf 1963

Wiese, B. von (Hrsg.): Friedrich Schiller, Nationalausgabe, Weimar 1962

Wiesenfarth, G.: Untersuchungen zur Kenzeichnung von Gestalt mit informationstheoretischen Methoden, Stuttgart 1979 (Diss.)

Wiesenfarth, G./Alsleben, K.: Informationstheorie und Ästhetik in Friedrich, H./ Gadamer, H.-G. u.a.: Ende der Kunst – Zukunft der Kunst, München 1985, S. 321-356

Willemsen, R.: Der Selbstmord in Berichten, Briefen, Manifesten, Dokumenten und literarischen Texten, München 1989

Willems, G.: Abschied vom Wahren – Schönen – Guten. Wilhelm Busch und die Anfänge der ästhetischen Moderne, Heidelberg 1998

Wind, E.: Kunst und Anarchie. Die Reith Lectures 1960, Frankfurt am Main 1979

Wingler, H.M.: Oskar Kokoschka. Schriften, Frankfurt am Main [u.a.] 1964

Winnicott, D.W.: Die menschliche Natur, Stuttgart 1994

Wittgenstein, L.: Vermischte Bemerkungen, Frankfurt am Main 1977

Ders.: Lectures and Conversations on Aesthetics, Psychology and Religious Belief, Oxford 1978 (4)

Wood, H. (Hrsg.): Kunsttheorie im 20. Jhdt., Stuttgart 1998

Wolff, C.: Vernünftige Gedanken von Gott, der Welt und der Seele des Menschen, auch allen Dingen überhaupt, Halle 1720

Worringer, W.: Abstraktion und Einfühlung. Ein Beitrag zur Stilpsychologie, München 1981 (2)

Wundt, W.: Grundriß der Psychologie, Stuttgart 1920 (14)

Wygotski, L.: Psychologie der Kunst, Dresden 1976

Wyss, B.: Der Wille zur Kunst. zur ästhetischen Mentalität der Moderne, Köln 1996

Z

Zander, H.: Geschichte der Seelenwanderung in Europa, Darmstadt 1999

Zeki, S.: Inner Vision: An exploration of art and the brain, Cambridge 1999

Zelle, C.: Die doppelte Ästhetik der Moderne. Revisionen des Schönen von Boileau bis Nietzsche, Stuttgart 1995

Zijlmans, K.: Kunstgeschichte als Systemtheorie in Halbertsma, M. (Hrsg.): Gesichtspunkte. Kunstgeschichte heute, Berlin 1995

Zimmer, D.E.: So kommt der Mensch zur Sprache. Über Spracherwerb, Sprachentstehung, Sprache und Denken, Zürich 1986

Ders.: Wenn wir schlafen und träumen, München 1984

Zimmerli, W. C.: Technologisches Zeitalter oder Postmoderne, München 1988

Zimmermann, H.D.: Der Wahnsinn des Jahrhunderts. Die Verantwortung der Schriftsteller in der Politik, Stuttgart 1992

Zimmermann, R.: Die Kunst der verschollenen Generation. Deutsche Malerei des Expressiven Realismus von 1925–1975, Düsseldorf [u.a.] 1980

Zimmermann, N.: Der ästhetische Augenblick. Theodor W. Adornos Theorie der Zeitstruktur von Kunst und ästhetischer Erfahrung, Bern 1989

Register: Erwähnte Stichwörter

Begriffe, die in vorliegender Arbeit passim vorkommen (z.B. „Ästhetik" oder „Kunst"), wurden nicht aufgenommen.